Ägyptologische Abhandlungen

Herausgegeben von Christian Leitz
und Martin Andreas Stadler

Band 72

2016
Harrassowitz Verlag · Wiesbaden

Monika Zöller-Engelhardt

Sprachwandelprozesse im Ägyptischen

Eine funktional-typologische Analyse
vom Alt- zum Neuägyptischen

2016

Harrassowitz Verlag · Wiesbaden

Umschlagabbildung: Papyrus London BM EA 10102 recto (18. Dynastie):
Brief an Ahmose-Peniati.
© The Trustees of the British Museum

Bibliografische Information der Deutschen Nationalbibliothek
Die Deutsche Nationalbibliothek verzeichnet diese Publikation in der Deutschen
Nationalbibliografie; detaillierte bibliografische Daten sind im Internet
über http://dnb.dnb.de abrufbar.

Bibliographic information published by the Deutsche Nationalbibliothek
The Deutsche Nationalbibliothek lists this publication in the Deutsche
Nationalbibliografie; detailed bibliographic data are available in the Internet
at http://dnb.dnb.de.

Informationen zum Verlagsprogramm finden Sie unter
http://www.harrassowitz-verlag.de

© Otto Harrassowitz GmbH & Co. KG, Wiesbaden 2016
Das Werk einschließlich aller seiner Teile ist urheberrechtlich geschützt.
Jede Verwertung außerhalb der engen Grenzen des Urheberrechtsgesetzes ist ohne
Zustimmung des Verlages unzulässig und strafbar. Das gilt insbesondere
für Vervielfältigungen jeder Art, Übersetzungen, Mikroverfilmungen und
für die Einspeicherung in elektronische Systeme.
Gedruckt auf alterungsbeständigem Papier.
Umschlaggestaltung: Tatjana Beimler
Druck und Verarbeitung: Memminger MedienCentrum AG
Printed in Germany
ISSN 0568-0476
ISBN 978-3-447-10549-1

Für Björn

"There is a theory which states that if ever anyone discovers exactly what the Universe is for and why it is here, it will instantly disappear and be replaced by something even more bizarre and inexplicable.

There is another theory which states that this has already happened."

Douglas Adams, *The Restaurant at the End of the Universe,* London 1980.

Inhalt

Abkürzungsverzeichnis XIII
    Allgemeine Abkürzungen XIII
    Abkürzungen innerhalb der Interlinearversion XIV

Tabellenverzeichnis XVII

Abbildungsverzeichnis XVII

Vorwort XIX

1. Einleitung 1

Anmerkung: Zum Verständnis der ägyptischen Beispiele 5

2. Linguistische Vorbetrachtungen 11
    2.1 Sprachwandel 11
    2.2 Prinzipien und Mechanismen sprachlichen Wandels 12
        2.2.1 Grammatikalisierung 13
        2.2.2 Reanalyse 16
        2.2.3 Analogie 17
        2.2.4 Ursachen sprachlichen Wandels: *Competing Motivations* 18
    2.3 Diffusion 22

3. Ägyptologische Vorbetrachtungen 25
    3.1 Die ägyptische Sprache und Schrift 25
    3.2 Sprachgeschichte des Ägyptischen 30
        3.2.1 Einteilung der Sprachphasen 30
        3.2.2 Forschungsgeschichte 35
            3.2.2.1 Stricker 35
            3.2.2.2 Hintze 37
            3.2.2.3 Junge 38
            3.2.2.4 Jansen-Winkeln 40
            3.2.2.5 Kammerzell 43
            3.2.2.6 Quack 43
    3.3 Varietät im Ägyptischen 45
        3.3.1 Linguistische Grundlagen 46
        3.3.2 Diatopische Dimension 50
        3.3.3 Diastratische und diaphasische Dimension 55
        3.3.4 Einfluss auf die Untersuchung 61

4. Analyse	63
4.1 Textkorpus	63
4.1.1 Kriterien zur Textauswahl	64
4.1.2 Zusammenstellung der Texte	70
4.2 Morphosyntaktischer Wandel in nominalen Ausdrücken	74
4.2.1 Entstehung des definiten Artikels	74
4.2.1.1 Linguistische Grundlagen: Artikelfunktion und -genese	74
4.2.1.2 Überblick: Demonstrativa und Artikel im Ägyptischen	82
4.2.1.3 Forschungsgeschichte	85
4.2.1.4 Markierung von Definitheit	92
4.2.1.5 Dimensionen der Demonstrativa im älteren Ägyptisch	97
4.2.1.6 Phasen der Entwicklung des definiten Artikels	108
4.2.1.7 Entstehung des Demonstrativs des jüngeren Ägyptisch	129
4.2.2 Entstehung des indefiniten Artikels	130
4.2.3 Wandel in der Possession	135
4.2.3.1 Linguistische Grundlagen: Possession	135
4.2.3.2 Überblick: Possession im älteren Ägyptisch	139
4.2.3.3 Wandel der attributiven Possession (nominal)	145
4.2.3.4 Wandel der attributiven Possession (pronominal)	158
4.2.4 Wandel der Endungen am Substantiv	170
4.2.4.1 Überblick: Endungen ägyptischer Substantive	172
4.2.4.2 Verlust nominaler Endungen	173
4.2.4.3 Zusammenhang mit der Artikelgenese	176
4.3 Morphosyntaktischer Wandel in der Phrasen- und Satzstruktur	178
4.3.1 Entwicklung verbaler Periphrasen mit *jrj*	178
4.3.1.1 Linguistische Grundlagen: Verbale Periphrasen	178
4.3.1.2 Phasen der Entwicklung verbaler Periphrasen mit *jrj*	179
4.3.2 Wandel der Haupt- und Nebensatzmarkierung	187
4.3.2.1 Linguistische Grundlagen: Strukturierung von Satzgefügen	188
4.3.2.2 Wandel der Funktionsreichweite der Partikel *jw*	189
4.3.3 Wandel der Phrasen- und Satzstruktur des Ägyptischen	199
4.4 Auswertung: Geschwindigkeit und Interdependenzen sprachlicher Wandelprozesse im Ägyptischen	204
4.5 Exkurs: Sprachliche Register und diachroner Wandel	215
5. Fazit	219
Literaturverzeichnis	223
Internetquellen	250

Anhang I – Textkorpus 252
    Private Briefe, Verwaltungsmitteilungen 253
    Briefe vom und an den Wesir 273
    Briefe vom und an den König bzw. aus dem königlichen Umfeld 275
    Briefe an Tote 279

Anhang II – Chronologie des Alten Ägypten 281

Index Originalbeispiele (Belegstellen) 285

Abkürzungsverzeichnis

Allgemeine Abkürzungen

ÄM	Ägyptisches Museum, Berlin: Registrierungskürzel
AR	Altes Reich
BM	The British Museum, London
BM-RP	The British Museum, London: The Ramesseum Papyri, BM Online Research Catalogue
BN/BnF	Bibliothèque national de France, Paris
BrM	Brooklyn Museum, New York
CG	Catalogue général (des antiquités égyptiennes du Musée du Caire), Ägyptisches Museum Kairo: Registrierungskürzel
DeM	Deir el-Medine
DP	Determinansphrase
Dyn.	Dynastie
EA	Egyptian Antiquities, The British Museum: Registrierungskürzel
[H]	Hieroglyphische Umschrift[1]
JE	Journal d'entrée (Musée du Caire), Ägyptisches Museum Kairo: Registrierungskürzel
Kol.	Kolumne
MAH	Musée d'art et d'histoire, Genf
MFA	Museum of Fine Arts, Boston
MG	Musée de Grenoble
MMA	The Metropolitan Museum of Art, New York
MR	Mittleres Reich
NP	Nominalphrase
NR	Neues Reich
o/O.	Ostrakon
OD	Onlinedatenbank
p/P./Pap.	Papyrus
PP	Präpositionalphrase
RMO	Rijksmuseum van Oudheden, Leiden
ROM	Royal Ontario Museum, Ontario
rto.	Recto (Vorderseite eines Papyrus/Ostrakons)
TLA	Thesaurus Linguae Aegyptiae
UC/UCL	University College, London (Petrie Museum of Egyptian Archaeology/Petrie Collection)

---

1 Hiermit gekennzeichnete Sekundärliteratur gibt nur die hieroglyphische Umschrift eines ursprünglich hieratischen Textes wieder.

vso.	Verso (Rückseite eines Papyrus/Ostrakons)
Z.	Zeile
Zw.Zt.	Zwischenzeit

Abkürzungen innerhalb der Interlinearversion

Die Abkürzungen der Interlinearversion richten sich nach dem System in DI BIASE-DYSON ET AL. 2009. Im Folgenden werden nur die in der vorliegenden Arbeit verwendeten Abkürzungen sowie Ergänzungen angegeben.[2]

1	Erste Person
1SG/1PL/1DU	Erste Person Singular/Plural/Dual
2	Zweite Person
2SG/2PL/2DU	Zweite Person Singular/Plural/Dual
3	Dritte Person
3SG/3PL/3DU	Dritte Person Singular/Plural/Dual
ADJ	Adjektiv/adjektival
ADJZ	Adjektivierer/Adjektivierung (adjectivizer/adjectivization)
ADV	Adverb/adverbial (adverbializer/adverbialization)
ADVZ	Adverbialisierer/Adverbialisierung
AGR	Kongruenz (agreement)
AGT	Agens-Marker (agent marker)
ANT	Vorzeitigkeit/vorzeitig (anterior)
ART	Artikel
ATTN	Präsentative Partikel (attention marker)
AUX	Auxiliar
BEN	Benefaktiv
CARD	Kardinalzahl (cardinal number)
CAUS	Kausativ (causative)
CJVB	Fortführende(s) Verb(form) (conjunctional verb)
CNJ	Konjunktion (conjunction)
COMP	Komplementsatz-Marker (complementizer [als Objektsatzmarkierung])
COND	Konditional (conditional)
COP	Kopula (copula)
CORD	Koordinierende Partikel (coordinating particle)
DEF	Definit
DEM	Demonstrativ/demonstratives Element
DET	Determinierer

---

[2] Da das System in Di Biase-Dyson et al. 2009 in Englisch konzipiert wurde, wurden die englischen Abkürzungen beibehalten. Das Verzeichnis schlüsselt zum besseren Verständnis die entsprechenden deutschen Termini auf: Falls sich die Abkürzung eines englischen Begriffes nicht aus der deutschen Benennung erschließt, folgt die englische Bezeichnung in Klammern.

DIST	Distal
DU	Dual
F	Feminin
FOC	Focus
FUT	Futur
IMP	Imperativ
IMPRS	Unpersönlich (impersonal)
INDF	Indefinit
INF	Infinitiv
IPFV	Imperfekt/imperfektiv
M	Maskulin
MCM	Hauptsatzmarker (main clause marker)
MODP	Modalpartikel
NEG	Negation/negativ
NMLZ	Nominalisierer/Nominalisierung (nominalizer/nominalization)
ORD	Ordinalzahl (ordinal number)
PASS	Passiv
PERF/PRF	Perfekt
PL	Plural
POST	Nachzeitigkeit/nachzeitig (posterior)
POSS	Possession/possessiv
PREP	Präposition (preposition)
PROS	Prospektiv
PRS/ PRES	Präsens (present)
PST/PAST	Vergangenheit/Präteritum (past; preterite)
PTCP	Partizip (participle)
PTCL	Partikel (particle)
Q	Fragepartikel (question particle/marker)
QUAN	Quantor
QUOT	Marker für wörtliche Rede (quotative)
REL	Relativ
RES	Resultativ
SBJ	Subjekt
SBJV	Subjunktiv
SBRD	Subordinierende Partikel
SG	Singular
STAT	Stativ
TOP	Topic
TOPZ	Topikalisierer/Topikalisierung (topicalizer/topicalization)
VP	Verbalphrase

Tabellenverzeichnis

Tabelle 1: *Kontextexpansion vom Demonstrativ zum Definitartikel* 78
Tabelle 2: *Formen der postpositionierten Demonstrativa im Altägyptischen* 83
Tabelle 3: *„Selbständige" Demonstrativa* 84
Tabelle 4: *Postpositionale, attributiv verwendete Demonstrativa des AR* 98
Tabelle 5: *Präpositionale, selbständige Demonstrativa des AR* 99
Tabelle 6: *Einteilung der altägyptischen Demonstrativa* 100
Tabelle 7: *Häufige Konstruktionstypen possessiver Relationen* 136
Tabelle 8: *Ägyptische Suffixpronomen* 143
Tabelle 9: *Konstruktionstypen attributiver possessiver Relationen im Ägyptischen* 145
Tabelle 10a & 10b: *Entwicklung der Gebrauchskontexte der pränominalen pʒ-Reihe* 208

Abbildungsverzeichnis

Abbildung 1: Entwicklung der ägyptischen Sprache 36
Abbildung 2: Unterteilung des Phrasalartikels 80
Abbildung 3: Prototypische Charakterisierung possessiver Konzepte 138
Abbildung 4: Exemplarischer Verlauf der Übernahme von Lautwandel 205
Abbildung 5: Exemplarischer Verlauf des Anstiegs der absoluten Frequenz einer neuen Form 205
Abbildung 6: Verlauf des Wandels französischer Wortendungen auf -n 206
Abbildung 7: Verlauf des Akzentwandels im chinesischen Shuang-Feng Dialekt 206
Abbildung 8: Anstieg der Frequenz einer neuen Form im Modell des *Constant Rate Effect*s 206
Abbildung 9: Hauptphasen und chronologische Abfolge der untersuchten Sprachwandelprozesse 211

Vorwort

Die ägyptische Sprache bietet einen einzigartigen Untersuchungsgegenstand für diachrone linguistische Forschungen. In ihrer mehr als viertausend Jahre umfassenden Geschichte lassen sich Prozesse sprachlichen Wandels von ihrem ersten Auftreten in schriftlichen Quellen über eine weite Verbreitung bis hin zu ihrem Schwund nachvollziehen. Der historische Charakter einer nur schriftlich überlieferten Sprache birgt allerdings auch viele Fallstricke, die es zu berücksichtigen gilt, darunter bspw. synchrone Varietät oder Lücken in der Überlieferungslage. Auch das komplexe Schriftsystem verschleiert oft sprachliche Innovationen. Doch trotz aller Hindernisse ist die Erforschung ägyptischer Sprachphasen ein sehr lohnenswertes Unterfangen, von dem die ägyptologische Forschung durch Erkenntnisse der modernen Linguistik profitiert und der Sprachwissenschaft eine der ältesten belegten Sprachen der Welt näher erschlossen wird. An kaum einer anderen Beleglage lassen sich zudem Theorien zum Ablauf diachronen Wandels in der Sprache besser überprüfen, was die vorliegende Arbeit versucht. Sie wurde als Dissertationsprojekt mit dem Titel „Sprachwandelprozesse altägyptischer Sprachstufen aus typologischer Sicht" an der Johannes Gutenberg-Universität Mainz am 19.11.2014 im Fach Ägyptologie innerhalb des Instituts für Altertumswissenschaften im Fachbereich 07 – Geschichts- und Kulturwissenschaften verteidigt. Inhaltlich wurden für die Druckfassung leichte Änderungen vorgenommen. Die linguistische Herangehensweise aus funktional-typologischer Sicht war dabei eine logische Konsequenz des diachronen Charakters der vorliegenden Untersuchung: Keine andere theoretische Grundlage schien geeigneter, sprachliche Wandelprozesse beschreiben und erklären zu können. Hierbei widmet sich die Analyse nur einem Ausschnitt der ägyptischen Sprachgeschichte, dem Übergang vom „älteren" zum „jüngeren Ägyptisch" bis etwa 1100 v. Chr., in dem gravierende Veränderungen der sprachlichen Struktur im morphosyntaktischen Bereich nachweisbar sind.

Mein Dank gilt all jenen, die mich während der Arbeit an dieser Dissertation unterstützt haben. Besonderer Dank gebührt hierbei den Betreuerinnen meiner Doktorarbeit, Prof. Dr. Ursula Verhoeven-van Elsbergen und PD Dr. habil. Marion Grein, die nicht nur Referentin und Korreferentin, sondern wirkliche Betreuerinnen, Ratgeberinnen und Motivatorinnen waren, wann immer ich sie brauchte.

Bedanken möchte ich mich auch bei den drei weiteren Gutachterinnen der Arbeit, Prof. Dr. Tanja Pommerening, PD Dr. habil. Dagmar Budde und Prof. Dr. Damaris Nübling, die ebenso mit wertvollen Anregungen, Diskussionen und Betreuung zum Gelingen der Dissertation sowie der Verbesserung der Druckfassung beigetragen haben.

Auch danke ich den Herausgebern dieser Reihe, Prof. Dr. Martin Stadler und Prof. Dr. Christian Leitz, für ihre Aufnahme in die Ägyptologischen Abhandlungen und die konstruktiven Anmerkungen und Verbesserungsvorschläge zum Manuskript, die ich vollständig berücksichtigen konnte.

Großen Dank möchte ich auch der Studienstiftung des deutschen Volkes, e. V., aussprechen, die mich von Mai 2008 bis Oktober 2010 in ihrem Doktorandenprogramm mit einem Dissertationsstipendium gefördert hat. Zudem waren vor allem die interdisziplinären Arbeitsgruppen und Workshops ein großer Gewinn für meinen wissenschaftlichen Werdegang. Ferner hat sich Prof. Dr. Joachim Friedrich Quack als Gutachter der Studienstiftung die Zeit genommen, die eingereichte Fassung der Dissertation zu lesen und mir hilfreiche Literaturhinweise und Anmerkungen für das Manuskript zukommen lassen, wofür ich sehr dankbar bin.

Gedankt sei außerdem der inneruniversitären Forschungsförderung der JGU Mainz, die mir großzügigerweise einen Druckkostenzuschuss für die vorliegende Arbeit gewährte.

Dr. Barbara Krauß und Jens Fetkenheuer vom Harrassowitz-Verlag gebührt Dank für ihre freundliche und schnelle Hilfe bei der Drucklegung, die die Publikation des Manuskripts ermöglicht und erheblich beschleunigt hat.

Viele weitere Personen haben auf unterschiedlichste Art und Weise zum Gelingen dieser Arbeit beigetragen. Daher möchte ich unter anderem Prof. Dr. Frank Kammerzell danken, insbesondere für das großzügige Bereitstellen einer Kopie seiner noch unpublizierten Habilitationsschrift. Für Diskussionen, Anregungen, Ratschläge, Kritik, Korrekturlesen, Hilfe bei der Literaturbeschaffung, dem freundlichen Empfang auf Konferenzen und Tagungen oder motivierendem Beistand, der mehr als einmal vonnöten gewesen ist, danke ich weiterhin in unvollständiger und keinerlei Weise wertender, sondern gleichberechtigender alphabetischer Reihenfolge: Dr. Meike Becker, Christiane Dorstewitz, M.A., Dr. Åke Engsheden, Dr. Diana Fragata, Eva Gervers, M.A., Nadine Gräßler, M.A., Prof. Dr. Jochem Kahl, Jessica Kertmann, M.A., Elisabeth Kruck, M.A., Dr. Lutz Popko, Barbara Reichenbächer, M.A., den Dozierenden sowie Teilnehmerinnen und Teilnehmern des Kolloquiums für Examenskandidaten der Ägyptologie und Altorientalistik der JGU Mainz und den Mitgliedern des „Doktorandentreffens". Außerdem sei den wissenschaftlichen Hilfskräften des Arbeitsbereiches Ägyptologie sowie Ruth Kreis-Thies großer Dank ausgesprochen für ihre Einsatzbereitschaft.

Immensen Dank verdient zudem Andrea Kilian, M. A., deren konstante Unterstützung eine unschätzbare Hilfe war – ich danke ihr zudem für wiederholtes Korrekturlesen und ihre Geduld. Jeder noch enthaltene Fehler ist ganz allein mein Verschulden.

Größter Dank gilt auch meiner Familie, die mich trotz ungewöhnlicher Berufswahl immer vorbehaltlos unterstützt und gefördert hat. Es ist meinen wunderbaren Eltern zu verdanken, dass ich tatsächlich „werden konnte, was ich wollte, wenn ich groß bin". Seit der Kindheit bzw. seit dem Studium habe ich außerdem besondere Freunde in meinem Leben, die immer für mich da waren: Fabienne Fußnegger-Förster, Diana Kleiber, M.A. und Tobias Dany bin ich sehr dankbar.

Das Wort „Danke" schließlich reicht nicht aus, um zu beschreiben, wie sehr ich die Unterstützung, den Rückhalt, den Zuspruch und die Geduld meines Mannes zu schätzen weiß. Diese Arbeit ist ihm gewidmet.

Mainz, im Dezember 2015/Frühjahr 2016
Monika Zöller-Engelhardt

Soli homini datum est loqui, cum solum sibi necessarium fuerit.

„Allein dem Menschen wurde es gegeben zu sprechen, weil ihm allein es notwendig war."

Dante Alighieri, *De vulgari eloquentia:* 1,2,1.

1. Einleitung

1652 war der Jesuitenpriester und Universalgelehrte ATHANASIUS KIRCHER in seinem *Œdipus Ægyptiacus* der Ansicht, ägyptische Hieroglyphen seien allegorische Bildzeichen, von denen jede einzelne einen eigenen, symbolischen Sinngehalt habe. So entstanden ‚Übersetzungen' einer kurzen Zeile wie (*dd mdw jn Wsjr* „Worte zu sprechen durch Osiris") von phantasievoller Interpretation: „Das Leben der Dinge, nach Typhons Besiegung, die Feuchtigkeit der Natur, durch die Wachsamkeit des Anubis nach vorausgegangenen Opfern."[3] Die Sprache hinter den komplexen Schriftsystemen der Hieroglyphen, des Hieratischen und Demotischen blieb den frühen Gelehrten und Forschern durch solche Vorstellungen lange Zeit verborgen, allein das größtenteils mit dem griechischen Alphabet geschriebene Koptische konnte auch inhaltlich erfasst werden. Erst mit dem Durchbruch der Entzifferung der Hieroglyphen als System von Schriftzeichen durch JEAN-FRANÇOIS CHAMPOLLION (und anderen) im Jahr 1822 begann die grundlegende Beschäftigung mit der Struktur der ägyptischen Sprache,[4] wobei lange Zeit nicht erkannt wurde, dass auch Ägyptisch, Demotisch und Koptisch einem durchgängigen Entwicklungsstrang folgen [vgl. Kapitel 3.2.1]. Seither ist die Ägyptologie als verhältnismäßig junge Disziplin in dieser Hinsicht jedoch weit gekommen. In der Sprachgeschichte des Ägyptischen werden mittlerweile anhand verschiedener Kriterien mehrere „Sprachstufen"[5] unterschieden, die üblicherweise zu zwei Hauptphasen zusammengefasst werden:[6]

---

3 Nach Altenmüller 2005: 5.
4 Vgl. Altenmüller 2005: 5–14. Athanasius Kircher war mit solchen Interpretationen natürlich ein ‚Kind seiner Zeit'. Zum Trend der in Gelehrtenkreisen ab dem 15. Jhd. beliebten „Hieroglyphik", in der altägyptische Hieroglyphen als „geheimnisvolle Symbole, hinter denen die ägyptischen Priester ihre Weisheit vor profanen Augen verborgen hätten" (Thissen 1998: 3) verstanden wurden, vgl. Eco 1994: 163–167. 171–177; Thissen 1998; Hornung 1999: 89–98 und Thissen 2001: VIII–XVI.
5 Mit dem Begriff „Sprach**stufe**" wird mancherorts in der älteren ägyptologischen Forschungsliteratur ein relativ abruptes Aufeinanderfolgen und Verdrängen einzelner Entwicklungsschritte impliziert. Es ist zu betonen, dass dies nicht der Fall ist und der Terminus „Sprachphase" wohl einen neutraleren Ausdruck darstellt. Dennoch wird „Sprachstufe" im Folgenden synonym zu „Sprachphase" verwendet, da es einen gängigen Terminus der historischen Forschung darstellt und die Intention durch diese Anmerkung vereindeutigt wird.
6 Der Forschungsgeschichte und den Merkmalen, die zu dieser Einteilung führten, ist Kapitel 3.2.1 gewidmet.

Älteres Ägyptisch: (Frühägyptisch,[7]) Altägyptisch, Mittelägyptisch
Jüngeres Ägyptisch: Neuägyptisch, Demotisch, (Ptolemäisch[8]), Koptisch

Obwohl mit diesen Sprachphasen gern auch Epochen der ägyptischen Geschichte korreliert werden (Altägyptisch = die Sprache des Alten Reiches, Mittelägyptisch = die Sprache des Mittleren Reiches etc.), zeigt die Beleglage ein anderes Bild, sodass nicht zwangsläufig ein in Mittelägyptisch verfasster Text auch in das Mittlere Reich zu datieren ist; vielmehr entspricht Mittelägyptisch einem sprachlichen Register, das ansatzweise mit dem mittelalterlichen Latein zu vergleichen ist und in Epochen nach dem Mittleren Reich weiterhin bspw. für religiöse Texte oder monumentale Inschriften Verwendung fand. Dieser Umstand sowie die ungleichmäßige Beleglage und die Komplexität der ägyptischen Schriftsysteme [s. Kapitel 3.1] erschweren die Erforschung des sprachlichen Wandels im Ägyptischen. Obwohl inzwischen detaillierte Grammatiken der Sprachphasen, zusammenfassende Werke zu sprachlichen Phänomenen der jeweiligen Epochen sowie Untersuchungen zur Entwicklung einzelner Gebiete vorliegen [s. Kapitel 3.1], sind Analysen, die sich dezidiert aus sprachwissenschaftlicher Sicht mit Prozessen des Wandels über mehrere Sprachphasen beschäftigen, weiterhin selten.[9] Noch seltener sind Arbeiten, die die Abläufe der ägyptischen Sprachgeschichte übergreifend thematisieren [s. Kapitel 3.2.2].[10] Die vorliegende Untersuchung möchte daher einen Beitrag zu beiden dieser Bereiche leisten: Ausgewählte sprachliche Phänomene werden interdiziplinär aus ägyptologischer und linguistischer Perspektive über mehrere altägyptische Sprachstufen hinweg beschrieben und analysiert [s. Kapitel 4], um anschließend mögliche Interdependenzen der Entwicklungsstränge dieser Einzelphänomene aufzuzeigen. Letztlich werden hieraus Erkenntnisse zu den Mechanismen, dem Ablauf und der Geschwindigkeit dieser Bereiche sprachlichen Wandels im Ägyptischen gewonnen [s. Kapitel 4.4].

Dass sich moderne Sprachwandeltheorien auf die Prozesse einer antiken Sprache übertragen lassen, wurde als Uniformitätsprinzip formuliert, so zum Beispiel von LABOV: „the forces operating to produce linguistic change today are of the same kind and order of magnitude as those which operated in the past".[11] HOCK konstatiert Ähnliches: „[t]he general processes and principles which can be noticed in observable history are applicable in all

---

7 Ob Frühägyptisch und Ptolemäisch als eigene Sprachphasen abzugrenzen sind oder sich die Unterschiede mehr auf die Besonderheiten des jeweiligen Schriftsystems zurückführen lassen, wird noch kontrovers diskutiert. Näheres hierzu s. Kapitel 3.1, Fußnoten 111 und 112.
8 S. Fußnote 7.
9 Obwohl hier in den letzten Jahren ein sehr positiver Trend zu interdisziplinären sprachwissenschaftlichen Forschungen zu verzeichnen ist. Siehe z. B. Kammerzell 2000; Allen 2013; Stauder 2015.
10 Dennoch basiert eine Analyse wie die hier vorgenommene auf wesentlichen Vorarbeiten früher Gelehrter wie Sethe, Erman, Gardiner, Edel oder Černý und aktuell Forschender, darunter sind insbesondere Kroeber, Loprieno, Allen, Kammerzell, Junge, Jansen-Winkeln und Schenkel zu nennen.
11 Labov 1972: 275. Die Ursprünge dieses Prinzips liegen jedoch weit vor der modernen Linguistik. Aristoteles bspw. postulierte in Kapitel 25 des ersten Buches seiner Ἀναλυτικὰ ὕστερα (Analytica posteriora): „[…] it may be assumed, given the same conditions, that that form of demonstration is superior to the rest which depends on fewer postulates, hypotheses, or premises – for, supposing that all of the latter are equally well known, knowledge will be more quickly attained when there are fewer of them, and this result is to be preferred" (Janda/Joseph 2003: 24).

stages of language history."¹² Eine diachrone Analyse umfasst aus linguistischer Sicht jedoch eine Vielzahl von Forschungsfeldern, darunter die historische Linguistik, die Varietätenforschung, die Soziolinguistik und nicht zuletzt die Ansätze der modernen Neurolinguistik. Diese Tatsache sowie die mehrere Jahrtausende umfassende Sprachgeschichte des Ägyptischen machten es unumgänglich, die Thematik einzugrenzen. Die vorliegende Analyse wird sich daher chronologisch auf den Zeitraum von den letzten beiden Dynastien des Alten Reiches bis zum Ende des Neuen Reiches [ca. 2500–1076 v. Chr.]¹³ beschränken, welcher die Hauptbelegphasen des Alt-, Mittel- und Neuägyptischen umfasst. Grund für diese Einschränkung ist die Beobachtung, dass in diesem Zeitraum die einschneidensten Veränderungen am Übergang der typologischen Struktur vom älteren zum jüngeren Ägyptisch zu verorten sind [s. Kapitel 3.2.2]. Die Betrachtung fokussiert sich zudem auf den morphosyntaktischen Bereich der Grammatik, d. h. die eng verknüpfte Schnittstelle zwischen morphologischen Phänomenen wie Flexion, Wortbildung etc. und syntaktischen Erscheinungen wie Wortstellung, Phrasenstruktur u. ä.; phonologische Phänomene, semantische Veränderungen sowie pragmatische Zusammenhänge werden ausschließlich aus der Perspektive der zentralen Themenkomplexe behandelt [Kapitel 4].

Die Vielzahl ägyptischer Textgattungen und damit verbundener sprachlicher Register sorgt zudem für große sprachliche Varietät, die teilweise den Blick auf diachrone Prozesse verstellt [s. Kapitel 3.3]. Um diesen Interferenzfaktoren Rechnung zu tragen, wurde ein möglichst homogenes Textkorpus zusammengestellt, das aus Briefen bzw. Verwaltungsmitteilungen besteht, die zudem den Vorteil bieten, die üblicherweise der gesprochenen Sprache am nächststehenden¹⁴ Quellen zu sein [s. Kapitel 4.1]. Eine solchermaßen begrenzte Quellenauswahl stellt naturgemäß kein repräsentatives Korpus der ägyptischen Sprache dar und kann in dieser Hinsicht bestimmte Fragestellungen nur in einer eingeschränkten Weise beantworten. So können bspw. regionale Unterschiede aufgrund der synchron ungenügenden Vergleichsbelege nicht analysiert werden. Auch ein Vergleich ‚höhersprachlicher' und ‚umgangssprachlicher' Textsorten [s. Kapitel 3.3] und der Verbreitung sprachlicher Innovationen in diesen übergreifenden Kategorien ist nicht möglich. Der Vorteil der möglichst homogenen Kommunikationssituation in den Quellen des gewählten Textkorpus überwiegt für die hier vorgenommene Analyse jedoch diese Nachteile.

Linguistisch erfolgt die Analyse aus einer funktional-typologischen Betrachtungsweise (wie sie bspw. kennzeichnend für die Arbeiten von HIMMELMANN, CROFT, HOPPER/TRAUGOTT und HEINE ist)¹⁵, da sie auf der Basis einer sprachvergleichend-typologischen Perspektive Prinzipien und Mechanismen abstrahiert, die sich auf die antike Beleglage anwenden lassen. Prozesse der Grammatikalisierung spielen hierbei eine wesentliche Rolle [s. Kapitel 2.2.1]. Die Ursachen sprachlichen Wandels liegen in der kognitiven Struktur sowie den Kommunikationsbedürfnissen des Menschen begründet, daher kann

---

12 Hock ²1991: 630.
13 Angaben nach Schneider 2002: 315–319 [siehe Anhang II - Chronologie des Alten Ägypten].
14 Abgesehen von der Wiedergabe gesprochener Sprache in bestimmten Textsorten, s. Kapitel 3.2, 3.3 und 4.1.
15 Z. B. Himmelmann 1997; Himmelmann 2001; Croft ²2003; Hopper/Traugott ²2008; Heine 1997; Heine 2003.

eine historische Untersuchung immer nur bedingt auf diese Faktoren eingehen; in Kapitel 2.2.4 werden einige dieser Motivationen vorgestellt.

Die vorliegende Arbeit ist interdisziplinär ausgerichtet, jedoch im Kern ägyptologisch. Durch ihren Aufbau wird allerdings insbesondere einer nicht-ägyptologisch ausgebildeten Leserschaft das Verständnis ermöglicht: Nach einleitenden Bemerkungen zu den ägyptischen Beispielen, die alle sowohl mit einer traditionellen ägyptologischen Umschrift als auch einer linguistischen Interlinearversion versehen sind,[16] werden dem Analyseteil [Kapitel 4] linguistische [Kapitel 2] und ägyptologische [Kapitel 3] Vorbetrachtungen vorangestellt. Der Analyseteil selbst wird mit Bemerkungen zur Auswahl des Textkorpus eingeleitet [Kapitel 4.1], bevor morphosyntaktischer Wandel in der Nominalphrase [Kapitel 4.2], vor allem rund um die Entstehung des definiten und indefiniten Artikels [Kapitel 4.2.1 und 4.2.2] sowie der nominalen Possession [Kapitel 4.2.3], untersucht wird. Nach abschließenden Bemerkungen zum Verlust nominaler Endungen [Kapitel 4.2.4] werden in einem kürzeren Überblick zwei Themenbereiche der Phrasen- und Satzstruktur betrachtet, die zur Verdeutlichung von Parallelen und Unterschieden zu den Grammatikalisierungsprozessen der Nominalphrase dienen: die Herausbildung verbaler Periphrasen mit dem Auxiliar *jrj* „tun, machen" [Kapitel 4.3.1] sowie der Vorgang der Reanalyse der Partikel *jw* als ägyptische Nebensatzmarkierung [Kapitel 4.3.2]. In Kapitel 4.3.3 wird auf typologische Fragen des Wandels der Phrasen- und Satzstruktur mit Bezug auf die vorhergehenden Themenbereiche eingegangen. Kapitel 4.4 dient der zusammenführenden Auswertung der zuvor analysierten Komplexe und bespricht diese im Hinblick auf Interdependenzen, während das Fazit [Kapitel 5] die Erkenntnisse der Arbeit zusammenfasst und einen Ausblick auf mögliche weiterführende Forschungsgebiete gibt.

Der ägyptologische Nutzen dieser Arbeit liegt vor allem in der Übertragung funktional-typologischer Methoden der Linguistik auf die Analyse der ägyptischen Sprache. Dabei werden Themenkomplexe aufgegriffen, die andere Untersuchungen aufgrund ihrer Zielstellungen nicht berücksichtigen können, was insbesondere theoretische Felder der linguistischen und sprachgeschichtlichen Sphäre betrifft. Für die linguistische Forschung erhofft sich die Verfasserin, Teile der ägyptischen Sprachgeschichtsforschung durch die Analyse und entsprechende Aufbereitung zugänglicher zu machen, sodass diese in linguistische Untersuchungen verstärkt einbezogen werden kann. Die ägyptische Sprache bietet zudem ein nahezu einzigartiges Forschungsfeld zur Überprüfung funktional-typologischer Modelle der modernen Linguistik, was die vorliegende Untersuchung anhand einiger Beispiele im morphosyntaktischen Bereich zeigen möchte.

---

16 M. E. ist eine fehlende Interlinearversion ein Defizit vieler ägyptologischer Untersuchungen, die aufgrund der Eigenheiten der konventionalisierten ägyptologischen Transkription von fachfremden Forschenden nur schwer auszuwerten sind. Vorreiter auf dem Gebiet der Anwendung linguistischer Interlinearversion in ägyptologischen Werken sind u. a. Allen, Loprieno, Kammerzell, Di Biase-Dyson und Werning, vgl. den Abschnitt „Anmerkung: Zum Verständnis der ägyptischen Beispiele".

Anmerkung: Zum Verständnis der ägyptischen Beispiele

Jeder linguistisch arbeitende Ägyptologe muss bei der Publikation von Text- und Sprachbeispielen einen gewissen Spagat meistern, um ägyptologischer Fachkonvention und moderner linguistischer Transkription gerecht zu werden. Die vorliegende Arbeit möchte sowohl einer ägyptologischen als auch linguistischen Leserschaft das Verständnis ermöglichen und bietet daher für Phrasen- und Satzbeispiele eine Zeile mit Angabe des hieroglyphischen Textes bzw. der hieroglyphischen Transliteration[17] des hieratischen Texts; denn obwohl die meisten der im Textkorpus enthaltenen Quellen als Handschriften in Hieratisch verfasst sind und die Umsetzung in Hieroglyphen, wie in der Forschung vielfach angemerkt wurde, eine künstliche ist,[18] erscheint es der Verfasserin sinnvoll, die für Ägyptologen schnell und eindeutig nachvollziehbare Visualisierung in hieroglyphischer Umsetzung anzubieten. Darunter findet sich die „traditionelle" ägyptologische Umschrift (Transkription) sowie eine weitere Zeile Interlinearversion mit linguistischer Glossierung, die sich nach den in DI BIASE-DYSON ET AL. 2009 vorgeschlagenen Konventionen richtet, aber für die Untersuchung an mehreren Stellen leicht abgewandelt wurde [s. unten]. Um die Einheitlichkeit des vorgeschlagenen Systems nicht weiter abzuändern, werden die Kürzel der Glossierung auf Englisch belassen, das Abkürzungsverzeichnis listet diese jedoch mit deutscher Übersetzung auf. Zuunterst wird eine deutsche Übersetzung geboten. Dem Beispiel steht die Angabe des Quellentextes voran; mit Pfeilsymbolen wird die originale Ausrichtung der Hieroglyphen bzw. hieratischen Zeichen angegeben.

Auch die konkrete Umsetzung von Transkription und Interlinearglossierung stellt einen Kompromiss dar, um einerseits möglichst nahe an der „traditionellen" ägyptologischen Transkription zu bleiben und andererseits in der Glossierung Wesentliches für die Analyse hervorzuheben. Dies führt aufgrund der Besonderheiten des ägyptischen Schriftsystems und den (für nicht ägyptologisch ausgebildete Leser schwer nachvollziehbaren) Konventionen ägyptologischer Transkriptionen dazu, dass z. T. in der ägyptologischen Transkription Ergänzungen vorgenommen werden, die das hieroglyphische/hieratische Schriftbild nicht zeigt, sowie Tilgungen von Zeichen(gruppen), die keine Entsprechung (mehr) in lautlicher Form hatten [vgl. Kapitel 3.1].

In der hieroglyphischen Zeile markieren Schraffierungen Zerstörungen oder Beschädigungen des Originals. In Anlehnung an das System in KITCHEN[19] geben vor den hieroglyphischen Zeilen Pfeile die originale Blickrichtung der hieroglyphischen bzw. hie-

---

17 Zur Verwendung der Begrifflichkeiten „Transkription" und „Transliteration" in der Ägyptologie vgl. Schenkel 2012: 19. In der vorliegenden Arbeit ist unter „Transliteration" die Umsetzung hieratischer Schrift in hieroglyphische Zeichen zu verstehen, „Transkription" stellt die ägyptologische Umschrift in lateinische Buchstaben mit diakritischen Zeichen dar.
18 Zu den Schwierigkeiten der Umsetzung von Hieratisch in Hieroglyphen siehe u. a. Peust 1999: 40 mit weiterer Literatur.
19 Kitchen 1975–1990.

ratischen Zeichen an: ⬊ bedeutet bspw.: Leserichtung ist von rechts nach links, die Hieroglyphen/hieratischen Zeichen blicken nach rechts und sind in Kolumnen von oben nach unten angeordnet.[20] Die Lesereihenfolge der Kolumnen erfolgt ebenfalls von rechts nach links. Einen Sonderfall hierin bildet die „retrograde" Anordnung; obwohl die Blickrichtung der Zeichen in diesem Fall nach rechts ausgerichtet ist, werden die Kolumnen der Reihenfolge nach von links nach rechts gelesen bzw. im Fall von retrograden Zeilen nicht entgegen der Blickrichtung der Zeichen. In solchen Fällen sind die Beispiele zusätzlich mit dem Vermerk „retrograd" versehen.

Da es zudem aus Platzgründen nicht sinnvoll war, Transkription und Interlinearversion direkt unter den entsprechenden hieroglyphischen Symbolen auszurichten, entspricht die Transkription nicht den direkt darüber abgebildeten Hieroglyphen, sondern gibt das Beispiel als fortlaufende Zeile wieder.

In der **ägyptologischen Transkription** werden folgende diakritische Zeichen verwendet:[21]
. (Punkt)   markiert Morphemgrenzen zwischen Stamm und Endungen (z. B. Pluralendungen, Tempusaffixe)
=   markiert Verbindung zwischen Stamm und Klitika (z. B. Suffixe)[22]
-                    markiert Bestandteile eines Kompositums (z. B. $ḥm$-$nṯr$ – „Gottes-Diener", „Priester")
:   markiert Morphemgrenze zwischen Präfix und Stamm (z. B. beim sog. „j-Augment")[23]

Zudem wird folgendes Klammersystem verwendet:[24]
( )   umschließt nicht-overte Phoneme, Ergänzungen der Bearbeiterin
[ ]   umschließt eine Lücke, evtl. mit ergänztem Inhalt
{ }   umschließt die Verbesserung eines Schreibfehlers (Tilgung)
< >   umschließt die Verbesserung eines Schreibfehlers (Ergänzung)

Die ägyptologische Transkription orientiert sich an LOPRIENO 1995, allerdings werden in der vorliegenden Arbeit das Doppelschilfblatt als y und dessen Kurzform (zwei kurze diagonale Striche am Wortauslaut [Gardiner Z4]) als $ï$ transkribiert;[25] der Plural Feminin

---

20 In den meisten Fällen verläuft in solchen Beispielen die Kolumnenzählung von rechts nach links, Ausnahme: das Verso des Papyrus New York MMA 22.3.516 [pHekanacht I] (12. Dynastie, Sesostris I.).
21 Vgl. Schenkel 2012: 25; Di Biase-Dyson et al. 2009: 352.
22 Ob es sich bei ägyptischen „Suffixpronomen" um Klitika oder gebundene Morpheme handelt, ist nicht endgültig geklärt: Da sie die syllabische Struktur eines Wortes, bspw. beim Infinitiv, beeinflussen können, könnte es sich eher um gebundene Morpheme handeln, andererseits spricht ihre Verwendung an Präpositionen, Verbformen und Nomen eher für Klitika. Vgl. Di Biase-Dyson et al. 2009: 353 und weiterführend Peust 1999: 285–292. In der vorliegenden Arbeit werden sie durchgängig als Affixe markiert und angesprochen.
23 Zum verbalen Präfix j, dem sog. „j-Augment", s. Fußnote 232.
24 Siehe Di Biase-Dyson et al. 2009: 352.
25 Zur Diskussion der Funktion und Entwicklung der Zeichen Schilfblatt, Doppelschilfblatt und diagonaler Doppelstrich s. Peust 1999: 49–50.

mit -.*ut* angegeben.²⁶ Die interlineare Glossierung basiert weitgehend auf den Vorschlägen in DI BIASE-DYSON ET AL.²⁷ Abweichend werden folgende Änderungen umgesetzt:

- die Partikel des sogenannten „indirekten Genitivs" *n* wird als Possession (POSS) glossiert [vgl. Kapitel 4.2.3.2 und 4.2.3.3]
- enklitische/abhängige Pronomen werden nicht durch = verbunden, sondern stehen ohne Markierung im Satzgefüge
- Nominalendungen (Feminin, Plural, Dual, Nisbe etc.) sowie Verbalflexion werden in der ägyptologischen Transkription weiterhin konventionell mit . (Punkt) abgetrennt
- reduplizierte Morpheme werden nicht gesondert gekennzeichnet

Anzumerken sind noch die in der vorliegenden Arbeit verwendeten Konventionen hinsichtlich der Transkription logographisch bzw. historisch oder defektiv geschriebener Worte: Üblicherweise wird die etablierte, im „Altägyptischen Wörterbuch"²⁸ bzw. „Thesaurus Linguae Aegyptia"²⁹ erfasste Transkription unter Anwendung der erwähnten Transkriptionszeichen verwendet, d. h. bspw. auch ein logographisch geschriebenes Wort erhält ohne besondere Kennzeichnung die morphologische Endung, falls es sich um ein feminines Wort handelt:³⁰

Mastaba Saqqara LS16[S209], Inschriften Raschepses (5. Dynastie, Djedkare-Isesi);³¹ Kol. 12:

mḏ3.t=k
Brief(F.SG)=2SG.M
„dein Brief"

Falls besonderes Augenmerk auf die Schreibung ohne Endung gelenkt werden soll, wird dies an entsprechender Stelle gekennzeichnet. In der neuägyptischen/ramessidischen Orthographie werden gruppenschriftliche Schreibungen nicht Zeichen für Zeichen transkribiert, sondern in die entsprechenden lexikalischen Ausdrücke umgesetzt. Demonstrativa und der definite Artikel werden in der im Schriftbild erhaltenen Länge transkribiert und als separate Lexeme angegeben, auch wenn phonologisch möglicherweise schon nur noch der erste Konsonant als Präfix erhalten geblieben sein mag [vgl. Kapitel 4.2.1.6]. In der hieroglyphischen Transliteration hieratischer Belege werden Demonstrativ und Artikel *p3* – sofern nicht eindeutig anders identifizierbar – mit der Vogel-Hieroglyphe G41 wiedergegeben.³²

---

26 S. auch die Transkription bei Di Biase-Dyson et al. 2009: 355.
27 Di Biase-Dyson et al. 2009.
28 Erman/Grapow 1926–1931(1971).
29 http://aaew.bbaw.de/tla/index.html (Zugriff: 14.05.2014).
30 Eine Ausnahme bildet Kapitel 4.2.4, hier werden Ergänzungen aufgrund des Untersuchungsgegenstandes explizit markiert.
31 Sethe 1933: 179–180; Eichler 1991: 150.
32 Vgl. Černý/Groll 1975: 1; Zonhoven 2000: 27; Junge ³2008: 54. Als hieratische Zeichen sind G40 und G41 zumeist nicht zu unterscheiden. In Fällen, in denen es in der hieratischen Schreibung erkennbar ist,

Beispiele

(7) Papyrus Kairo CG 58043/JE 15000 [= Papyrus Boulaq 8] (6. Dynastie, Pepi I.);[33] Kol. 7[34]:

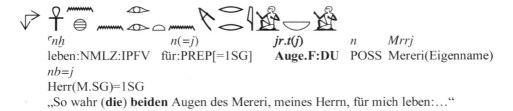

ꜥnḫ	n(=j)	**jr.t(j)**	n	Mrrj
leben:NMLZ:IPFV	für:PREP[=1SG]	**Auge.F:DU**	POSS	Mereri(Eigenname)

nb=j
Herr(M.SG)=1SG

„So wahr (**die**) **beiden** Augen des Mereri, meines Herrn, für mich leben:..."

(22) Papyrus New York MMA 22.3.516 [= pHekanacht I] (frühe 12. Dynastie);[35] vso. Kol. 1 (retrograd):

jn jr	grt	**pꜣ**	rḏ.t	jwt	n=j
Q PTCL	PTCL	**DEM:M.SG**	veranlassen:INF	kommen:SBJV	zu:PREP=1SG

Sꜣ-Ḥw.t-Ḥr
Sahathor(Eigenname)

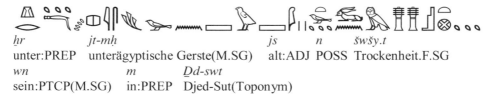

ḥr	jt-mḥ	js	n	šwšy.t
unter:PREP	unterägyptische Gerste(M.SG)	alt:ADJ	POSS	Trockenheit.F.SG

wn   m   Ḏd-swt
sein:PTCP(M.SG) in:PREP Djed-Sut(Toponym)

vso. Kol. 2 (retrograd):

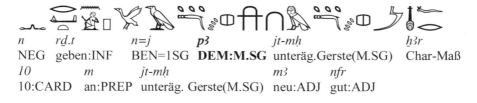

n	rḏ.t	n=j	**pꜣ**	jt-mḥ	ḥꜣr
NEG	geben:INF	BEN=1SG	**DEM:M.SG**	unteräg.Gerste(M.SG)	Char-Maß

10	m	jt-mḥ	mꜣ	nfr
10:CARD	an:PREP	unteräg. Gerste(M.SG)	neu:ADJ	gut:ADJ

---

zeigen diese wohl überwiegend G41, während hieroglyphische Quellen bevorzugt G40 aufweisen.
33 Mariette 1871: Tf. 39; Baer 1966: 2 [H]; Goedicke 1967: 2 [H].
34 Kolumnen-Zählung nach Baer 1966. Abweichende Zählung bei Goedicke 1967 und Goedicke 1988. Hieroglyphische Transkription von jr.t(j) folgt Goedicke 1988: 138, im Gegensatz zu Baer 1966: 2 mit jr(.tj).
35 James 1962: Tf. 3–3a; Goedicke 1984: Tf. 6; Allen 2002: Tf. 8–9. Tf. 28–29.

n	ḫr	nfr	tw	ḥr	wnm	jt-mḥ
NEG	PTCL	gut:ADJ	2SG.M	bei:PREP	essen:INF	unteräg. Gerste(M.SG)

nfr	jw=j	r	tȝ
gut:ADJ	PTCL:SBRD³⁶=1SG	zu/auf:PREP	Erde(M.SG)

„Was aber soll **das/dieses** Senden von Sahathor zu mir (wörtl.: das Veranlassen, dass Sahathor zu mir kommt) mit (wörtl.: unter) alter, trockener unterägyptischer Gerste (wörtl.: alter Gerste der Trockenheit), die in Djed-Sut war, (und) mir nicht zu geben **die/diese** 10 Char-Maß unterägyptischer Gerste an neuer, guter unterägyptischer Gerste? Geht es dir nicht gut beim Essen von guter unterägyptischer Gerste, während ich ‚fort'³⁷ (wörtl.: „auf/zu der Erde") bin?"

---

36 Zum subordinierenden Charakter des *jw* vgl. Allen 1994: 8; Loprieno 2006: 432 und s. unten, Kapitel 4.3.2.2.

37 Die Schreibung von *r tȝ* ist im Original mit einem Strich senkrechten Strich versehen, vermutlich zur Betonung, vgl. Allen 1994: 8; Loprieno 2006: 432. Zur Übersetzung „fort" ibd.

> *"Le temps altère toutes chose; il n'y a pas de raison pour que la langue échappe à cette loi universelle."*
>
> Ferdinand de Saussure, *Cours de Linguistique générale*, Paris 1916 (komm. Nachdruck 1995): 112.

2. Linguistische Vorbetrachtungen

2.1 Sprachwandel

Sprache wandelt sich. Diese scheinbar simple Feststellung birgt bereits zahlreiche Implikationen, die nicht nur linguistische Untersuchungen beeinflussen. Was versteht man bspw. unter „Sprache"? Obwohl dieses vieldiskutierte Thema hier nicht vertieft werden kann, ist es dennoch lohnenswert, einen Hinweis auf ihre Charakteristika und Funktionen zu geben:

> „Language is many things – a system of communication, a medium for thought, a vehicle for literary expression, a social institution, a matter of political controversy, a catalyst for nation building. All human beings normally speak at least one language and it is hard to imagine much significant social, intellectual, or artistic activity taking place in its absence."[38]

Implizit liegt solchen Beschreibungen die Annahme von Sprache als primär *gesprochenes* Medium zu Grunde. Für Untersuchungen historischer Sprachen steht uns hingegen „Sprache" nur in schriftlich niedergelegter Form verschiedener Ausprägungen zur Verfügung.[39] Des Weiteren bestehen nicht nur Unterschiede zwischen Einzelsprachen, sondern es existieren zahlreiche Varietäten innerhalb einzelner Sprachen, die sich synchron wie diachron unterteilen lassen. Für das Ägyptische wird auf diese Besonderheiten in späteren Kapiteln [s. Kapitel 3.3.2–3.3.4] näher eingegangen.

Auch der Ausdruck „wandelt sich" bedarf einer eingehenderen Betrachtung. Obwohl Sprache in einigen frühen Theorien zum Wesen der Sprache mit einem Organismus verglichen wurde,[40] ist diese Analogie ungünstig gewählt: Sprache ist nicht selbständig, sie existiert nicht ohne die Individuen, die sie anwenden oder angewandt haben, nicht ohne ihre Funktion im Diskurs. Sie „wandelt sich" nicht selbständig, sondern durch ihre Anwendung und deren Anpassung an sich ändernde Kommunikationssituationen. KELLER weist darauf hin:

> „Neuerungen in unserer Welt sind weder notwendig noch hinreichend für Veränderungen in unserer Sprache. Die Idee, daß es so sei, hängt mit der Ideologie zusammen, daß es die Aufgabe der Sprache sei, die Welt abzubilden (nach Möglichkeit

---

[38] O'Grady et al. ³1996: 1.
[39] Zum Abstand geschriebener und gesprochener Sprache im Ägyptischen vgl. Kapitel 3.3.
[40] Z. B. Humboldt 1822(1843): 241–268; Schleicher ²1873: 7–33. Vgl. zusammenfassend McMahon 1994: 314–340.

eindeutig), und daß Kommunizieren seinem Wesen nach darin bestehe, wahre Aussagen über die Welt zu treffen. Aber dies ist nur **ein** Aspekt des Kommunizierens. Kommunizieren heißt zuallererst auf bestimmte Art und Weise **beeinflussen wollen**."[41]

KELLER macht deutlich, dass Kommunikation nicht allein dem Selbstzweck dient, sondern vom Individuum ergebnisorientiert und bewusst eingesetzt werden kann. Wichtiger noch ist die Feststellung, dass sich Sprache nicht notwendigerweise aufgrund von Veränderung der Umwelt wandelt.[42] Die Ursachen sprachlichen Wandels sind vielmehr eine Kombination interner und externer Faktoren. Da die vorliegende Analyse sich der Beschreibung der Prozesse des Wandels der ägyptischen Sprache widmet, wie sie in dem für die Untersuchung festgelegten Textkorpus zu beobachten ist, und den Mechanismen, die diesen Prozessen zugrundeliegen, werden in den folgenden Abschnitten überblicksartig das relevante linguistische Gerüst und die zugrundeliegenden Thesen vorgestellt.

2.2 Prinzipien und Mechanismen sprachlichen Wandels

„Könnten wir uns eine Sprache vorstellen, die sich nicht verändert? Ist das überhaupt eine vernünftige Frage? Müßten wir nicht vielmehr die Frage stellen, ob wir uns ein Volk vorstellen können, das seine Sprache nicht verändert? [...] Eine solche Sprache hätte zweifellos einige Vorteile: Die Verständigung wäre über Generationen hinweg frei von ‚unnötigen' Erschwernissen, die Weitergabe von Traditionen wäre einfacher, Probleme mit den Jugendlichen könnten von den Alten nicht auf die Sprache geschoben werden, und die Theoretiker des Sprachverfalls wie die Sprachpuristen hätten Zeit für nützliche Dinge."[43]

Was KELLER in obigem Zitat humorvoll beschreibt, beinhaltet mehrere zentrale Ansätze diachroner linguistischer Forschung: Unter anderem wird deutlich, dass sich alle Sprachen wandeln, sprachlicher Wandel innerhalb von einer oder wenigen Generationen stattfinden kann und dass sich die Sprecher (zumindest einiger) sprachlicher Veränderungen durchaus bewusst sind. In der Ägyptologie wird für letzteren Sachverhalt häufig das vieldiskutierte[44] Zitat des Beamten Month-User (auch: Usermonth, Wesermonth) auf seiner autobiographischen Stele (Stele New York, Metropolitan Museum 12.184) vorgebracht, der vermeintlich den Sprachverfall durch die Verwendung des neu entstehenden definiten Artikels *pꜣ* beklagt:

---

41 Keller ³2003: 20. Hervorhebungen im Original.
42 Generell stellt Wandel nach Keller keine wesentliche oder notwendige Eigenschaft natürlicher Sprachen dar. Keller ³2003: 20–25. 206.
43 Keller ³2003: 19.
44 Siehe Allen (2009: 263–275) mit ausführlicher Diskussion und weiterführender Literatur.

jnk	*mdw*	*r*	*rʾ-ꜥ*	*sr.w*	*šw.y*
1SG	sprechen:PTCP	nach:PREP	Art(M.SG)	Ser-Beamte.M.PL	frei.RES
m	*ḏd*	*pꜣ.w*			
von:PREP	sagen:INF	*pꜣ*:M.PL			

„Ich bin einer, der gemäß der Art (der) Ser-Beamten spricht, frei von ‚*pꜣ*-Sagerei'."

Wie bewusst sich die alten Ägypter des Wandels ihrer sprachlichen Umgebung tatsächlich waren, kann heute nicht mehr nachvollzogen werden. Das Bewusstsein für Sprache (und Schrift) als Medium wird hingegen in allen geformten Textzeugen nicht zuletzt durch die Verwendung unzähliger sprachlicher Stilmittel und der für das Ägyptische einzigartigen Kombination von graphischer Darstellung und sprachlich-semantischem Inhalt deutlich. Lebenslehren und einige literarische Texte thematisieren zudem konkret die Wertschätzung, die wohlgeformte Sprache im alten Ägypten genießt sowie das hohe Ansehen, das Personen mit Schreib- und Lesefähigkeit entgegengebracht wird.[45]

Gegenstand der vorliegenden Arbeit sind nicht (primär) die Ursachen sprachlichen Wandels im Ägyptischen, sondern Mechanismen, die die Veränderungen, die sich an den Textzeugen der altägyptischen Sprachphasen belegen lassen, formen. Dabei erfolgt die Beschreibung sprachlicher Veränderungen auf der Basis typologischer Konzepte und einem funktional ausgerichteten grammatiktheoretischen Rahmen. Die Kombination dieser Grundlagen führt vor allem zum Bereich der Grammatikalisierung, der als Theoriegerüst diachronen Wandel anhand darunter subsumierter Vorgänge erfasst. Aus typologischer Sicht fügen sich zudem noch Analysen struktureller Prozesse, wie der Wandel der Wortstellung [s. Kapitel 4.3.3] oder die Bewertung der Markiertheit von Strukturen in die Analyse ein [s. Kapitel 4.2.3.4 und 4.3.2].

Im Folgenden werden, in der gebotenen Kürze, einige Mechanismen und Prinzipien sprachlichen Wandels vorgestellt, die in der historischen Linguistik und typologischen Forschung ausgearbeitet wurden, um den Verlauf diachroner Prozesse zu beschreiben und zu erklären. Detaillierte Informationen zu den in dieser Untersuchung analysierten Phänomenen werden den jeweiligen Kapiteln des Analyseteils [Kapitel 4] vorangestellt.

2.2.1 Grammatikalisierung

Unter dem Begriff der „Grammatikalisierung"[46] wurden in den letzten Jahrzehnten vermehrt sprachliche Mechanismen zusammengeführt, die Prozessen des Sprachwandels zugrunde liegen bzw. diese beschreiben.[47] Der Terminus, der auf MEILLET zurückgeht,[48] wird mittlerweile sehr häufig gebraucht, ohne dass eine Definition oder Eingrenzung desselben erfolgt. Daher wird in diesem Abschnitt eine kurze Abgrenzung des Begriffes der „Gram-

---

45 So zum Beispiel in der Lehre des Ptahhotep, vgl. Junge 2003: 80. 135–140, oder in der Lehre des Cheti, die den Schreiber- bzw. Beamtenberuf preist, vgl. Jäger 2004.
46 Im englischen Sprachgebrauch wird zum Teil unterschieden zwischen den Begriffen „*grammaticalization*", „*grammaticization*" und „*grammatization*" (Heine 2003: 577), während sich im Deutschen der Terminus „Grammatikalisierung" weitestgehend einheitlich etabliert hat.
47 Je nach Forschermeinung bilden Grammatikalisierungsprozesse die Ursache sprachlichen Wandels oder aber beschreiben nur Wandelprozesse, die durch tiefergehende sprachliche Motivationen oder kognitive Prozesse ausgelöst werden. Vgl. Heine 2003: 575.
48 Meillet 1926; vgl. Bußmann ³2002: 260; Lehmann 2004.

matikalisierung" vorgenommen, um dann in den darauf folgenden Kapiteln einige der darunter zusammengeführten Einzelmechanismen sowie weitere Prinzipien sprachlichen Wandels vorzustellen.

Generell bezeichnet „Grammatikalisierung" einen diachronen Sprachwandelprozess, in dem eine „autonome lexikalische Einheit allmählich die Funktion einer abhängigen grammatischen Kategorie erwirbt"[49]. Sie lässt sich auch beschreiben als den „Prozess der Entstehung und Weiterentwicklung grammatischer Morpheme bis hin zu ihrem Untergang"[50]. Passend ist bis heute die abstrakte Definition, die KURYŁOWICZ 1965 formulierte:

> „Grammaticalization consists in the increase of the range of a morpheme advancing from a lexical to a grammatical status, e.g. from a derivative formant to an inflectional one."[51]

Noch etwas passender ist die Feststellung, dass sich bei der Grammatikalisierung ein Element „from a less grammatical to a more grammatical status"[52] entwickelt,[53] da oftmals konkreter Anfangs- und Endpunkt eines Grammatikalisierungsprozesses nicht zu erfassen sind, sondern häufig nur Phasen im Verlauf einer Grammatikalisierung beobachtet werden können und sich in diesem Verlauf grammatische Elemente zu noch ‚grammatischeren' entwickeln.[54] Um diesen Einschränkungen Rechnung zu tragen, fasst HASPELMATH Grammatikalisierung in einer leicht abgeänderten Definition zusammen:

> „The most general definition of grammaticalization would therefore not restrict this notion to changes from a lexical category to a functional category but would say that grammaticalization shifts a lingusitic expression further toward the functional pole of the lexical-functional continuum."[55]

Oder bildhafter im Sinne HOPPERs:

> „Grammaticalization can be thought of as a salvation narrative. It is the tragedy of lexical items young and pure in heart but carrying within them the fatal flaw of original sin; their inexorable weakening as they encounter the corrupt world of Dis-

---

49 Bußmann ³2002: 260.
50 Szczepaniak 2009: 5.
51 Kuryłowicz 1965: 69.
52 Lehmann ²2002: 10. Vgl. auch Campbell/Janda 2001: 95.
53 Man beachte auch die Diskussion zur Terminologie selbst in: Lehmann ²2002: 8–10. Er bespricht die teils missverständliche, da verschiedene Konzepte umfassende Verwendung der Begriffe „grammatisch", „grammatikalisch" und „Grammatikalisierung" und legt schließlich fest, dass in seiner Konzeption unter „grammatisch" (‚grammatical') das verstanden werden soll, was „zur Grammatik gehört" und nicht, was als „grammatisch korrekt" angesehen werden soll. Vgl. auch Szczepaniak 2009: 3–5 zur genaueren Beschreibung, was als „zur Grammatik gehörend" anzusehen sei (u. a. die interagierenden Bereiche der Phonologie, Morphologie und Syntax). In der vorliegenden Bearbeitung werden die Begriffe „grammatisch" und „grammatikalisch" synonym verwendet und bezeichnen jeweils in obigem Sinne „zum Bereich der Grammatik gehörig".
54 Vgl. Heine 2003: 575.
55 Haspelmath 1999: 1044.

course; their fall into the Slough of Grammar; and their eventual redemption in the cleansing waters of Pragmatics."[56]

Sorgfältig unterschieden werden sollte zunächst auch zwischen der Untersuchung von Grammatikalisierungsphänomenen (Veränderungen, die zu weniger lexikalischen und/oder erhöhtem grammatischen Status von Elementen führen) und der Grammatikalisierungstheorie (die Summe der Hypothesen, die bislang über die oben genannten Phänomene aufgestellt wurden).[57]

Wichtige Beobachtungen in den Grammatikalisierungs*theorien* sind vor allem jene, die die Prozesse als unidirektional und zyklisch beschreiben – Eigenschaften, die Grammatikalisierungsprozesse kategorienübergreifend charakterisieren.[58] Das bedeutet, dass sich die Entwicklung grammatischer Morpheme aus lexikalischen (oder weniger grammatischen) Elementen immer in Richtung „more grammatical" vollzieht – die umgekehrte Reihenfolge, in welcher ein Element von einem grammatischeren zu einem weniger grammatischen Zustand gelangt, ist „practically unattested"[59]. Durch Schwund jeglicher Art (ob phonetisch, semantisch o. ä.) gehen diese Elemente verloren, bis sie durch neue Worte, die den Grammatikalisierungspfad durchlaufen, ersetzt werden. Diese Vorgänge laufen jedoch nur in spezifischen, konstruktionsbedingten Kontexten ab und gehen nicht primär vom sich wandelnden Element aus:

„One major class of correlated unidirectional changes has emerged from diachronic typological (that is, typological historical linguistic) research: grammaticalization. Grammaticalization is often described as a process by which individual lexical items evolve grammatical functions [...], but it is more recently recognized that lexical items develop grammatical functions only in specific constructional contexts. That is to say, grammaticalization is essentially syntagmatic [...]. This process is unidirectional and cyclic in the senses of the terms given above: grammatical morphemes originate from lexical items, disappear through loss and reappear when new words become grammatical morphemes."[60]

Weitere Ansätze beziehen auch den pragmatischen Ursprung der sich wandelnden Elemente mit ein und berücksichtigen somit die Entwicklungslinie vom Diskurs bis zum Schwund:[61]

---

56 Hopper 1998: 147–148.
57 Vgl. Campbell/Janda 2001: 94; Heine 2003: 575.
58 Vgl. Campbell/Janda 2001: 98.
59 Haspelmath 1998: 78. Einen seltenen Fall von De-Grammatikalisierung im Ägyptischen beschreibt Stauder 2014 mit der Entwicklung der flexionalen Passiv-Endung zu einem unpersönlichen Subjektspronomen.
60 Croft ²2003: 253. Den notwendigen Zusammenhang mit Konstruktionen bespricht Heine (2003: 581) kritisch: Trotz der stetigen Betonung der Konstruktion, in welcher ein Grammatikalisierungsprozess ablaufe, seien zahlreiche Grammatikalisierungsprozesse bisher auch ohne direkten Bezug auf die Konstruktion erfolgreich beschrieben worden – umgekehrt gäbe es aber auch kein überzeugendes Beispiel, bei dem nur die Konstruktion, ohne Bezug auf die Form-Bedeutungs-Ebene des sich wandelnden Elementes zu nehmen, analysiert worden sei.
61 Heine et al. 1991: 13.

discourse > syntax > morphology > morphophonemics > zero

Zusammenfassend bieten Campbell und Janda eine formelhafte Definition von Grammatikalisierung an:

> „Nevertheless, we are left with a notion of grammaticalization which minimally includes, at its core: *some linguistic element > some more grammatical element.*"[62]

Der Vorgang der Grammatikalisierung umfasst somit die Veränderung eines sprachlichen Zeichens (sowohl die materielle Ausdrucksseite als auch die inhaltliche Seite) von einem weniger grammatischen zu einem grammatischeren Zustand, wobei sich zunächst die Funktion des Elements und dann die Form wandelt (im Englischen gern als „*form follows function*" zusammengefasst). Diesem Prozess liegen einige allgemeine Mechanismen zugrunde, die wiederum verschiedene Einzelprozesse umfassen können:[63]

1. Desemantisierung (*semantic bleaching*)
2. Extension (Kontextgeneralisierung), Ausweitung des Gebrauchskontexts
3. Dekategorialisierung (Verlust der morphosyntaktischen Eigenschaften des Ursprungswortes, was bis zum Verlust der syntaktischen Selbständigkeit und damit zur Entwicklung einer gebundenen Form führen kann)
4. Erosion (Verlust phonetischer Substanz)

Die Prozesse, die unter Grammatikalisierung subsumiert werden, sind besonders interessant für die vorliegende Untersuchung, da Entwicklungen dieser Art im Ägyptischen im morpho-syntaktischen Bereich beobachtet werden können. Zudem lassen sich auf dieser Grundlage konkretere Beschreibungen der zu untersuchenden Wandelphänomene und der ihnen zugrundeliegenden Mechanismen erzielen. Es ist jedoch zu betonen, dass Grammatikalisierungsprozesse nicht als ursächliche Motivationen sprachlichen Wandels angesehen werden dürfen, sondern nur den Verlauf und die Entwicklungsrichtung von Vorgängen formen, die durch verschiedene Einflüsse verursacht werden können.[64]

2.2.2 Reanalyse

Reanalyse bezeichnet einen Mechanismus sprachlichen Wandels, der eng mit der Grammatikalisierung verbunden, aber nicht mit ihr identisch ist:

> „It is best, then, to regard grammaticalization as a subset of changes involved in reanalysis, rather than to identify the two [...]. Whereas grammaticalization always involves reanalysis, many clear cases of reanalysis do not result in grammaticalization."[65]

Bei der Reanalyse wird die Struktur und Bedeutung einer Form vom Hörer anders interpretiert als vom Sprecher. Dies kann zur Neubewertung eines Elements oder (des Teils) einer

---

62 Campbell/Janda 2001: 107.
63 Heine 2003: 579; Szczepaniak 2009: 11–12.
64 Vgl. Heine 2003: 575.
65 Vgl. Hopper/Traugott ²2008: 59.

syntaktischen Struktur führen. HOPPER und TRAUGOTT zeigen bspw. die Reanalyse eines einzelnen, lexikalischen Elementes:[66] [Hamburg] + [er] ‚ein Element (hier: Nahrungsmittel) aus Hamburg', welches verstanden wird als [ham] + [burger] ‚ein ‚Schinken-Burger'. Früher oder später würde dann der Bestandteil [ham] ersetzt durch Begriffe wie [cheese] oder Ähnliches, das heißt die Reanalyse als solche bleibt verborgen, bis sie durch eine Modifizierung des Ausdrucks erkennbar wird. Solche Prozesse lassen sich auf syntaktische Bereiche übertragen, so hat bspw. die Entstehung von Auxiliaren im Englischen viel Aufmerksamkeit in diesem Bereich erfahren.[67]

Nach HOPPER und TRAUGOTT beinhaltet Reanalyse somit u. a. einen Wandel in der Konstituenz (d. h. dem Aufbau eines Syntagmas aus den Relationen seiner Konstituenten), der hierarchischen Struktur, der Kategoriezugehörigkeit[68], der grammatischen Relation und der Kohärenz (d. h. der Art der Phrasengrenze) bzw. einer Kombination aus mehreren dieser Faktoren. Reanalyse ersetzt graduell ältere Strukturen durch neue.[69]

2.2.3 Analogie
Im Gegensatz zur Reanalyse, welche ältere Ausdrucksmuster ersetzt, überträgt Analogie bestehende Formen auf andere, bereits existierende Konstruktionen.[70] Als Mechanismus sprachlichen Wandels bezeichnet Analogie somit die Angleichung einer Form an eine oder mehrere bereits etablierte Form(en) und wird daher auch als Mechanismus einer „*rule generalization*"[71] angesehen. Während Reanalyse erst durch eine Modifizierung des entsprechenden Musters erkennbar wird, ist Analogiebildung ‚sichtbar', also overt.[72] In der Morphologie ist die Analogie nur innerhalb von Paradigmen wirksam, in denen die von ihr vorausgesetzte Proportion herrscht. Morphologische Formen, welche nicht in solchen Proportionen stehen, sind isoliert und können folglich auch nicht paradigmatisch ausgeglichen werden.[73] Ein proportionales Paradigma wäre bspw.:[74]

cat: cats = child: X
X = **childs*

Ein solches Paradigma sagt allerdings weder etwas darüber aus, warum eine Form als Modell für Analogiebildung gewählt wird, noch, ob der Analogieprozess sämtliche Formen des Paradigmas durchläuft (s. eben englisch *child – children*). Auch in der Syntax kann analogischer Wandel greifen, so bspw. in der aktuellen Tendenz des Neuhochdeutschen, die Verb-

---

66 Hopper/Traugott ²2008: 50.
67 S. Lightfoot 1979: 81–120; Plank 1984; Krug 2000; Hopper/Traugott ²2008: 55–58.
68 Z. B. die Reanalyse der Kombination zweier Nomen (Kopf und abhängiges Nomen) als zusammengesetzte Präposition und Nomen: [[back] of the barn] > [back of [the barn]], s. Hopper/Traugott ²2008: 51.
69 S. Hopper/Traugott ²2008: 63.
70 S. Hopper/Traugott ²2008: 63–65.
71 Ibd.
72 Ibd.
73 http://www.christianlehmann.eu/ling/wandel/index.html?http://www.christianlehmann.eu/ling/wandel/Analog.html (Zugriff: 09.05.2014).
74 Nach Hopper/Traugott ²2008: 64.

endstellung in bestimmten Nebensätzen zugunsten der Verbzweitstellung analog der neuhochdeutschen Hauptsätze zu konstruieren.[75]

Die Junggrammatiker entwickelten das Konzept der Analogie und sahen es als mit dem Lautwandel interagierende, aber entgegengesetzte Kraft, die sich in STURTEVANTs Paradoxon zusammenfassen lässt: „[…] sound change is regular, but produces irregularity, while analogy is irregular but produces regularity."[76] Die irreguläre Natur des Auftretens analogischer Prozesse macht sie nicht vorhersagbar, allerdings geschieht sie sprachübergreifend scheinbar nicht völlig zufällig.[77] Zumindest lassen sich Aussagen über den Ablauf eines analogen Prozesses machen, sobald er „in Gang gekommen" ist.[78]

Zusammenfassend lässt sich festhalten:

„[…] reanalysis and analogy (generalization) are distinctly different mechanisms and have different effects. Reanalysis essentially involves linear, syntagmatic, often local, reorganization and rule change. It is not directly observable. On the other hand, analogy essentially involves paradigmatic organization, change in surface collocations, and in patterns of use. Analogy makes the unobservable changes of reanalysis observable."[79]

Reanalyse beschreibt somit die Innovation (der Funktion) eines sprachlichen Elements, während Analogie die Verbreitung eines Ausdrucksmusters umfasst.[80]

2.2.4 Ursachen sprachlichen Wandels: *Competing Motivations*

Noch komplexer als die Analyse der Prozesse sprachlichen Wandels ist die Forschung nach seinen Ursachen. Diese Auslöser sprachlichen Wandels stellen eine Vielzahl auch außersprachlicher Einflussfaktoren dar, die in zwei generelle Bereiche einzuteilen sind, welche einerseits aus externen soziolinguistischen Einflüssen sowie andererseits internen psycholinguistischen Faktoren bestehen.[81] Zu soziolinguistischen Einflüssen zählen u. a. Sprachkontakt oder soziale Notwendigkeit, während psycholinguistische Faktoren letztlich auf biologische oder kognitive Ursachen zurückzuführen sind. Aufgrund der Komplexität des Themenfeldes sowie der Ausrichtung der vorliegenden Untersuchung werden im Folgenden nur einige typologische Faktoren beschrieben, die für die auswertenden Kapitel relevant sind.

Bislang gibt es keine universale Erklärung für die Entstehung sprachlichen Wandels, was der Natur der Sprache als Kommunikationsmedium geschuldet ist: Im Vergleich einzelner Sprachen entwickeln sich – auch unter vermeintlich gleichen Umgebungsbedingungen – Neuerungen nicht automatisch in gleicher Art und Weise, da zahlreiche Einflüsse auf die Entwicklung eines Elementes bzw. einer Struktur wirken. Neben außersprachlichen Gegebenheiten wie Sprachkontakt oder sozialen Gefügen lassen sich sprachinhärent zumindest einige grundlegende Prinzipien ableiten, denen die Veränderung sprachlicher Struktu-

---

75 Vgl. Keller ³2003: 23.
76 McMahon 1994: 70.
77 Vgl. Hopper/Traugott ²2008: 64.
78 McMahon 1994: 76.
79 Hopper/Traugott ²2008: 68.
80 Hopper/Traugott ²2008: 69.
81 Vgl. Aitchison ³2001: 134.

ren folgt, welche auf kognitiven Verarbeitungsstrukturen des Menschen zu basieren scheinen. Dabei lässt sich nicht im eigentlichen Sinne von ‚grundlegenden Motivationen' sprechen, vielmehr handelt es sich um beeinflussende Faktoren der Initiation und dem weiteren Ablauf eines Wandelprozesses. Zumeist bilden mehrere dieser Einflüsse einen „cluster of interacting factors"[82]. Teile der sprachlichen Ursachenforschung fallen in den Bereich der Neurolinguistik und können hier nicht eingehender behandelt werden,[83] andere sind jedoch Gesetzmäßigkeiten der Entwicklung von Einzelsprachen, die sich an der Entwicklung bestimmter Phänomene beobachten lassen. Das entgegengesetzte Wirken dieser Tendenzen wird häufig als „*competing motivations*"[84] bezeichnet.

Als grundlegendes Prinzip des Aufbaus natürlicher Sprachen wird **Ikonizität** beschrieben: Entgegen der SAUSSURE'schen Sichtweise, dass eine Sprache ein System arbiträrer Zeichen darstellt, zeigen Sprachen die Tendenz, mit sprachlicher Kodierung die außersprachliche Realität abzubilden.[85] Mit anderen Worten ist ein ikonisches Zeichen ein „non-arbitrary intentional sign – that is, a designation which bears an intrinsic resemblance to the thing it designates"[86]. Die ägyptische Schrift bietet eindeutige Beispiele dieser Zuordnung, indem logographische Zeichen wie Tier- oder Naturdarstellung tatsächlich das Abgebildete bezeichnen. Auf sprachlicher Ebene haben Onomatopoetika als lautmalerische Elemente einen konkreten Bezug zur dargestellten Realität. HAIMAN unterteilt das Prinzip der Ikonizität in zwei Subtypen: „Isomorphie" und „ikonische Motivation",[87] wobei er Isomorphismus als die eindeutige Zuordnung von Form und Bedeutung bzw. Bezeichnendem und Bezeichnetem definiert, während ikonische Motivation die Widerspiegelung der außersprachlichen Bedeutung mit grammatischen Mitteln darstelle.[88] Letzteres zeige sich laut HAIMAN am deutlichsten in der linearen Ordnung sprachlicher Sequenzen. Der berühmte Satz „*veni vidi vici*" spiegele die temporale Abfolge der Geschehnisse in der sprachlichen Sequenz auch ohne zusätzliche Markierung wider.[89] Isomorphismus zeige sich bspw. in der Tendenz zur eindeutigen und immer öfter einheitlichen Markierung des englischen Plurals mit -s: *cow* vs. *cows*.[90] Üblicherweise sei in den Sprachen der Welt eine solche Pluralmarkierung sprachlich aufwendiger (und damit „schwerer") als der Singular, sodass der Plural die **markierte** Form darstelle, der Singular die **unmarkierte** bzw. **weniger markierte**, was wiederum die außersprachliche Realität abbilde. Dieses Phänomen wird u. a. als „diagram-

---

82 McMahon 1994: 44. Vgl. auch Aitchison ³2001: 133–134.
83 Einführend s. z. B. Aitchison 2003: 736–743; Müller (H. M.) 2013.
84 Vgl. z. B. Haiman 1985a: 237–256; Haiman 1985b: 1–7.
85 McMahon 1994: 84–85.
86 Westcott 1971: 416. Die Definition basiert laut Westcott auf den Ausführungen des Philosophen Charles Sanders Peirce aus dem Jahr 1931.
87 Haiman 1980: 515–540. Pusch (2001: 372) konstatiert ausdrücklich, dass die Begriffe bereits als unscharf kritisiert wurden, vor allem im Hinblick auf den Terminus ‚motivation', der den Blick dafür verstelle, dass es sich nur um eine Dimension von externer Motivierung handele und ferner den Eindruck vermittle, dass Isomorphie nicht extern motiviert sei, sich aber noch keine passenderen Begriffe durchgesetzt hätten.
88 Ibd.
89 Haiman 1980: 528.
90 McMahon 1994: 86. Ältere Pluralformen, die den Wortstamm veränderten, sind im Englischen weitgehend reduziert worden, man vergleiche: *brother – brethren* mit modernem *brother – brothers*.

matische Ikonizität" bezeichnet.[91] Im Prozess der Grammatikalisierung verlieren Elemente allmählich ihre Ikonizität und werden zu funktionaleren Einheiten.[92] Die Ikonizität liegt einem weiteren Prinzip zugrunde, das HAIMAN als Neuformulierung der Thesen älterer Forscher folgendermaßen formuliert:

> „Ideas that are closely connected tend to be placed together."[93]

BYBEE folgt dieser Ansicht („[...] elements that go together semantically tend to occur close together in the clause"[94]) und weist anhand verbaler Endungen einen Zusammenhang mit Grammatikalisierungsprozessen nach. Ikonizität sorge ihrer Ansicht nach für eine möglichst nahe Platzierung der betroffenen Elemente im Satzgefüge und Grammatikalisierung sei anschließend für eventuelle Fusion selbständiger Elemente verantwortlich.[95] Obwohl die linguistische Forschung in diesem Bereich keine einheitliche Meinung vertritt, ist anzumerken, dass zahlreiche Grammatikalisierungsprozesse durch das Streben nach ikonischeren Strukturen motiviert sein könnten.[96] Unabhängig von diesem Zusammenhang stehen der Ikonizität die Auswirkungen des Lautwandels entgegen, die Irregularität wie Homonymie und Synonymbildung in ikonischen Systemen erzeugen. Die zuvor besprochene Analogiebildung kann diesem wiederum entgegenwirken und Regularität wiederherstellen.[97]

Entgegengesetzt wirkende Prinzipien vereint auch der Begriff der sprachlichen **Ökonomie**. Nach BUSSMANN ist darunter zu verstehen:

> „Ursache bzw. Anlass für die Tendenz, mit einem Minimum an sprachlichem Aufwand ein Maximum an sprachlicher Effektivität zu erzielen. Dieses Ziel lässt sich durch verschiedene Maßnahmen anstreben, z.B. Vereinfachung durch Kürzung [...], Verwendung von Abkürzungen, Systematisierung und Vereinheitlichung von Flexionsformen oder analogischer Ausgleich zwischen verwandten Formen [...]."[98]

Diese Definition macht deutlich, dass nicht nur Kürzungen und Vereinfachungen unter sprachlicher Ökonomie zu verstehen sind, sondern auch systematischer Ausgleich durch Analogiebildungen, was dazu führen kann, dass eine Form paradigmatisch angepasst, aber nicht unbedingt kürzer oder weniger markiert ist: z. B. ich buk > ich backte. Somit führen konträre Bedürfnisse wie Kommunkationsbedürfnisse (darunter das Streben nach Expressivität und Originalität) im Gegensatz zu Vereinfachung der Artikulation oder Erleichterung der Gedächtnisleistung zu ständig polaren Tendenzen innerhalb der Sprache.[99] Im Streben nach sprachlicher Ökonomie stehen sich paradigmatische (Ökonomie der Inventare, d. h.

---

91 Aitchison ³2001: 164–165.
92 McMahon 1994: 172.
93 Haiman 1985a: 238; vgl. Pusch 2001: 377. Haiman nennt in Anlehnung an ältere Forschungsansätze zwei weitere Prinzipien der Strukturierung sprachlicher Äußerungen, die miteinander konkurrieren können (Haiman 1985a: 237–238):
„What is old information comes first, what is new information comes later, in an utterance."
„What is at the uppermost in the speaker's mind tends to be first expressed."
94 Bybee 1985: 11.
95 Vgl. McMahon 1994: 171–172; Pusch 2001: 378.
96 Vgl. Pusch 2001: 382.
97 Vgl. McMahon 1994: 90–92; Pusch 2001: 373.
98 Bußmann³ 2002: 627.
99 Wurzel 2001: 386.

beispielsweise des Phoneminventars, die eine Sprache verwendet) und syntagmatische (Ökonomie der sprachlichen Formen, d. h. zum Beispiel der Anzahl der morphologischen Markierungen) Ökonomie gegenüber, die sich beide wiederum in qualitative und quantitative Bereiche unterteilen lassen.[100] Dies kann dazu führen, dass eine qualitativ ökonomische Vereinfachung eines Phänomens zu einer Erhöhung der Komplexität der quantitativen Ökonomie beiträgt. So ist zum Beispiel die Herausbildung eines Auxiliars [vgl. Kapitel 4.3.1], an dem sich ein einheitliches Paradigma zur Flexion realisieren lässt, im Ägyptischen ein Phänomen syntagmatischer Ökonomie. Es ist qualitativ ökonomisch, da ein einziges Flexionsmuster weniger Gedächtnisaufwand erfordert, als unterschiedliche Flexionsmuster für einzelne Verbalklassen bzw. Verbformen einzusetzen. Die phonetische Realisierung einer Verbalphrase in mehreren, getrennten Lexemen ist rein quantitativ jedoch aufwendiger. Ikonischer ist die Variante mit einer Form für eine Funktion, also die analytische Variante. Ikonizität und Ökonomie sind daher nach HAIMAN keine unvereinbaren Konzepte, vielmehr müsse eine genaue Trennung der darin widersprüchlichen Motivationen vorgenommen werden. HAIMAN bezeichnet das Streben nach der Maximierung von Ikonizität und Ökonomie als zwei der wichtigsten „competing motivations" der Bildung linguistischer Formen generell.[101] Diese Prinzipien sind jedoch keine bewusst eingesetzten Strategien der Sprecher, um möglichst ikonische und ökonomische sprachliche Systeme zu schaffen:

> „Es bleibt also nur die Schlußfolgerung, daß die Sprecher, die ja die Sprachveränderungen unbewußt herbeiführen, nicht in der Lage sind, wie ein Schachspieler die Konsequenzen eines Wandels im System zu berücksichtigen. Sie streben einfach nach der Vermeidung von Markiertheit hinsichtlich eines bestimmten Parameters, also etwa dem der phonologischen Kürze. Das führt zu einer lokalen Verbesserung der grammatischen Struktur, die eben nicht notwendigerweise auch eine globale Verbesserung der grammatischen Struktur darstellt."[102]

Die vorangehenden Betrachtungen machen deutlich, dass entgegengesetzt wirkende Motivationen Einfluss auf die Gestaltung sprachlichen Wandels haben und helfen können, die grundlegenden Ursachen für Veränderungen zu bestimmen, die letztlich im Sprachgebrauch des Menschen zu suchen sind.[103] Abschließend lässt sich zudem festhalten, dass diese Tendenzen keine sporadischen Mechanismen sind, die einzelne Irregularitäten eines sprachlichen Systems ausgleichen, sondern allzeit wirkende Prinzipien, die durch ihr konstantes Interagieren steten sprachlichen Wandel verursachen. Dies bedeutet auch, dass

---

100 Wurzel 2001: 387.
101 Haiman 1985a: 18.
102 Wurzel 2001: 399.
103 Abgesehen von biologischen Faktoren wie kognitiven Strukturen oder Artikulationsorganen sind offenbar nicht nur Kommunikationsbedürfnisse oder das Streben nach Ökonomie für die sprachgeschichtliche Entwicklung verantwortlich zu machen. Keller (^{3}2003) spricht bspw. in Anlehnung an einen Begriff aus der Ökonomie zusätzlich von einem Prozess der „unsichtbaren Hand": Sprache stellt hiernach ein Phänomen „dritter Ordnung" dar, in dessen System das Individuum intentionell sprachliche Handlungen nach bestimmten Kriterien einsetze, die Implementierung und Diffusion in den Sprachgebrauch jedoch übergeordneten Gesetzmäßigkeiten folge, die nicht vom Einzelnen beabsichtigt oder geplant wurden.

Sprachen im Laufe der Zeit nicht generell ikonischer oder ökonomischer werden – das Neuhochdeutsche bspw. ist weder ikonischer noch ökonomischer als das Althochdeutsche. Sprachwandel ist daher kein linearer Prozess hin zu einem bestimmten Ziel oder Ideal, sondern ein dauerhaft repetitiver Vorgang.

2.3 Diffusion

Nach den vorangehenden Ausführungen zu Prinzipien und Ursachen sprachlichen Wandels wird im Folgenden ein Überblick zu dem Bereich der Verbreitung sprachlichen Wandels gegeben. Dieser ist, wie sprachlicher Wandel selbst, untrennbar mit sprachlicher Variation verbunden [vgl. Kapitel 3.3.1]. Generell entsteht sprachlicher Wandel durch die Einführung neuer Varianten Einzelner in die Sprachgemeinschaft. Jedoch führt nicht jede Innovation automatisch zu Sprachwandel – zunächst muss die Neuerung von einer Gruppe von Sprechern übernommen und systematisiert werden, um tatsächlich sprachlichen Wandel auszulösen.[104] Um letztlich für den historisch Forschenden sichtbar zu werden, muss diese Veränderung sich so weit verbreitet haben, dass sie in die standardisierte Schriftsprache Eingang gefunden bzw. soziale Signifikanz erreicht hat, so dass sie in Schriftzeugnissen als Teil einer Varietät wiedergegeben wird. Da Schriftsprache aufgrund ihres hohen Maßes an Standardisierung (sie muss überregional gelernt, gelehrt und verstanden werden, um als Kommunikationsmedium zu fungieren) ‚träge' ist, wird davon ausgegangen, dass sprachliche Innovationen zeitlich vor ihrem Auftreten in der Schriftsprache bereits in gesprochenen Varietäten entstehen und erst später Eingang in die Schriftsprache finden.

Verschiedene Modelle der geographischen Verbreitung einer sprachlichen Innovation stehen der Linguistik zur Verfügung, die je nach grammatiktheoretischer Ausrichtung, aber auch Untersuchungsgegenstand variieren. Die Ausbreitung kann nach diesen Mustern erfolgen:[105]

– wellenförmig (*wave* bzw. *contagion diffusion*) von einem zentralen Punkt aus in konzentrischen Kreisen nach außen, vergleichbar der Ausbreitung der Wellen, die ein ins Wasser geworfener Stein verursacht
– von Großstädten hin zu ländlicheren Gebieten (*urban hierarchical* bzw. *cascade diffusion*)
– von einer Region, einschließlich größerer Städte und ländlichen Gebieten, zu anderen Landesteilen (*cultural hearth diffusion*)
– von ländlichen Gebieten hin zu städtischen Regionen (*contra-hierarchical diffusion*)

Soziokulturell gesehen verbreitet sich eine sprachliche Neuerung von der Innovation oder Variation eines einzelnen Sprechers zu seiner sozialen Umgebung, welche die Veränderung übernehmen kann, um sie dann innerhalb der Einflüsse der jeweiligen sozialen Struktur weiterzutradieren.[106] Insbesondere das Streben nach Prestige und der Ausdruck sozialer

---
104 Vgl. McMahon 1994: 248. Vgl. auch Labov 2001; Labov 2007.
105 Wolfram/Schilling-Estes 2003: 713–735; Britain 2010: 148–151.
106 McMahon 1994: 251–252.

Identität scheinen Motivationen zu sein, welche Sprecher zur Anpassung bzw. Veränderung sprachlicher Strukturen führen.[107] Für antike Sprachen lassen sich aufgrund der Beleglage, der eingeschränkten Schreib- und Lesefähigkeit sowie der teils nicht erforschten sozialen Strukturen solche Motivationen und Beziehungen schwerer fassen als in modernen Gesellschaften; kognitive Prozesse und soziale Mechanismen besser untersuchter Sozialstrukturen geben jedoch gewisse Rahmenbedingungen vor, die die Entwicklung jeder natürlichen Sprache geprägt haben.

Diese Rahmenbedingungen können anhand des in der vorliegenden Arbeit gewählten Textkorpus nicht neu bewertet werden. Allerdings können bisherige ägyptologische Untersuchungen zu diesem Themenkomplex zusätzliche Informationen zur Verbreitung sprachlicher Innovationen und letztlich sprachlichen Wandels bieten; daher werden die grundlegenden ägyptologischen Informationen in Kapitel 3.2 und 3.3 ausführlicher vorgestellt.

---

107 Vgl. Aitchison ³2001: 55–83.

*"God! Hieroglyphs are so boring and depressing.
We are all sick of them!"*

Nestor L'Hôte
(zitiert in Reeves/Wilkinson 2002: 65.)

3. Ägyptologische Vorbetrachtungen

3.1 Die ägyptische Sprache und Schrift

Aus typologischer Sicht stellt die ägyptische Sprache einen autonomen Zweig des Afro-Asiatischen (Hamito-Semitischen) Sprachphylums dar. Insbesondere mit den semitischen Sprachen (z. B. Akkadisch, Arabisch und Hebräisch) teilt sie dabei einige grundlegende Charakteristika, wie u. a. die konsonantische Struktur von Wortwurzeln, die Verbform „Stativ" und mehrere Typen non-verbaler Satzmuster.[108] Für komparative Untersuchungen im Bereich Lexikon und Phonologie dienen die semitischen Sprachen häufig als einzige Datengrundlage, nicht zuletzt aufgrund der fehlenden schriftlichen Überlieferungen in den übrigen Sprachzweigen des Phylums. Zudem erschweren die unklare zeitliche Differenz sowie Traditionstiefe des Ägyptischen und Semitischen zu den anderen Mitgliedern des Phylums einen Vergleich der Geschwindigkeit und Richtung sprachlicher Entwicklungsprozesse mit den weiter entfernt verwandten Sprachen.[109]

Diachron bietet die ägyptische Sprache eine mehr als vier Jahrtausende umfassende Sprachgeschichte. Dabei wird das Ägyptische traditionell in fünf Sprachstufen unterteilt (Altägyptisch, Mittelägyptisch, Neuägyptisch, Demotisch sowie Koptisch)[110], welche aufgrund eines auffälligen Strukturwechsels zwischen dem Mittel- und Neuägyptischen häufig unter den zwei Oberbegriffen „älteres Ägyptisch" (Alt- und Mittelägyptisch) und „jüngeres Ägyptisch" (Neuägyptisch, Demotisch, Koptisch) zusammengefasst werden. In den letzten Jahrzehnten wurde vermehrt das Frühägyptische als eigene Sprachphase vor dem Altägyptischen angesprochen.[111] Die Stellung des Ptolemäischen als separate Sprachstufe wird weiterhin kontrovers diskutiert.[112]

---

108 Loprieno 1995: 1; Allen 2013: 1; Grossman/Richter 2015: 69–70.
109 Loprieno 1995: 5; Schenkel 1990: 13–17; Junge 2001: 259; Junge 1984: 1187–1188. 1206, Fußnote 149.
110 Allen 2013: 2. Zur Unterteilung der Sprachphasen des Ägyptischen s. detaillierter Kapitel 3.2.1.
111 Als Sprache hinter den Inschriften der 0.–3. Dynastie, vgl. die Hinweise zur Abgrenzung vom Altägyptischen in Kahl et al. 1995: 1–5 und Kahl 2002: V–VI mit weiterer Literatur.
112 Ptolemäisch ist hauptsächlich in den Inschriften der Tempel der griechisch-römischen Zeit belegt. Hauptverfechter der Position des Ptolemäischen als eigenständige Sprachstufe ist Kurth (Kurth 2007; Kurth 2008; Kurth 2011), der darlegt, dass nicht nur das komplexe Schriftbild, sondern auch grammatikalische Besonderheiten es als separates (künstlich geschaffenes, da nicht gesprochenes) Idiom kennzeichneten. Gegen diese Argumentation hat sich Quack in mehreren Aufsätzen (Quack 2009a; Quack 2009b; Quack 2010a; Quack 2013) ausgesprochen: Er sieht gerade in den Besonderheiten des hieroglyphischen Schriftbilds das Haupt-, wenn nicht gar das einzige Kriterium zur Abgrenzung des Ptolemäischen, während die den Texten zugrundeliegenden Sprachstufen eine Mischung mittelägyp-

Die Analyse diachroner Prozesse wird dabei teilweise durch die Verwendung der unterschiedlichen Schriftarten des Ägyptischen beeinflusst: Obwohl der Hieroglyphenschrift sowie der kursiven Schreibschrift, dem Hieratischen, und auch dem daraus hervorgegangenen jüngeren Demotischen dieselben Funktionsprinzipien zugrunde liegen, unterscheiden sie sich in ihrer Anwendung. Das betrifft nicht nur die Textgattungen, die damit abgefasst wurden, sondern auch graphemische Eigenheiten. So spielten bei der Komposition hieroglyphischer Schreibungen u. a. der bildhafte Charakter der Grapheme und die Platzaufteilung auf dem Textträger eine Rolle,[113] während hieratische und demotische Texte bspw. zahlreiche Ligaturen aufweisen.[114] Das zugrundeliegende Schriftsystem basiert bekanntermaßen auf einer Mischung aus ikonisch und phonetisch angewandten Zeichen, die teils auch in beiden Funktionen auftreten können.[115] In den letzten Jahren haben vor allem die sog. „Determinative" vermehrtes Interesse in der ägyptologischen Forschung erfahren: Es handelt sich um ein reichhaltiges System von Klassifikatoren der Schriftsprache, die offenbar nicht primär die Lesung des zugehörigen Wortes erleichtern bzw. es einer lexikalischen Gruppe zuordnen, sondern zahlreiche Zusatzinformationen der (prototypischen) semantischen Sphäre des jeweiligen Wortes bieten.[116]

Erst die jüngste Sprach- und Schriftstufe, das Koptische, zeigt ein gänzlich verändertes System: Es wurde mit dem um wenige demotische Zeichen[117] erweiterten griechischen Alphabet von 24 Buchstaben geschrieben, wodurch erstmals auch das Vokalinventar der Sprache in der Schrift widergespiegelt wird.[118]

---

tischer, aber auch altägyptischer sowie neuägyptischer und demotischer sprachlicher Phänomene darstellten. Die Texte würden zumeist direkt auf älteren Vorlagen oder Redaktionen solcher beruhen und rechtfertigten somit keine Trennung des Ptolemäischen als selbständige Sprachphase. Gegen die Annahme der alleinigen Verwendung älterer Vorlagen hat sich hingegen deutlich Jansen-Winkeln (2011; 2012) ausgesprochen. Vgl. Fußnote 969.

113 Ferner können hieroglyphische Zeichen aus graphischen bzw. ästhetischen Gründen verändert oder abweichend angeordnet werden, so dass fallweise eine Trennung zwischen sprachlichem Wandel und graphischer Variation schwer fallen kann. S. Schenkel 1962: 65–68. Deutliche Beispiele auch bei Kammerzell 1999a.

114 Zur Entwicklung der Schriftformen vgl. Verhoeven 2015; zum Hieratischen u. a. Eyre/Baines 1989: 93; das erste Auftreten des Demotischen beschreibt einleitend Hoffmann (F.) 2007: 4. Zu den Funktionsprinzipien der Schriftarten vgl. z. B. Kammerzell 1998(2009): 31; Schenkel 2012: 31–63; Allen ³2014: 2–9.

115 Die Menge der verwendeten Hieroglyphen schwankt in den einzelnen Epochen: Im Alten Reich sind es ca. 1000 Zeichen, in der klassischen mittelägyptischen Sprachphase ungefähr 750 (bzw. 500 nach Allen ³2014: 2) und in der Spätzeit etwa 1500. Die früheren Ansichten, man habe es im Ptolemäischen mit mehreren tausend Schriftzeichen zu tun (z. B. noch in Loprieno 1995: 12 und Peust 1999: 39) wurde mittlerweile relativiert. Vgl. Kurth 2007: 3, Fußnote 1 (nicht mehr als 2000 Zeichen); Leitz ³2009: 11 (ca. 1500 Zeichen); Cauville 2012: 10 (im Hathor-Sanktuar in Dendera ca. 2000 Zeichen).

116 Vgl. z. B. Goldwasser/Grinevald 2012: 17–53. Zu Kategorisierung und konzeptuellen Domänen der ägyptischen Schrift s. Goldwasser 1995; Kammerzell 1999a; Goldwasser 2002; Goldwasser 2006; Lincke 2011. Außerdem vgl. Eyre/Baines 1989: 92; Borghouts 2010: 37–40; Allen ³2014: 34–36.

117 Die genaue Anzahl dieser übernommenen Zeichen variiert in der Literatur: Bei Layton (2000: 12) sind es sechs (für das Sahidische), Reintges (2004: 14) ergänzt zwei weitere aus anderen koptischen Dialekten, eines aus dem Achmimischen und eines aus dem Bohairischen.

118 Layton 2000: 12–13; Junge 2001: 260–261. Das Koptische ist produktiv bis ins 13. Jhd. n. Chr. belegt; die Variante Bohairisch dient heute noch der christlich-koptischen Kirche als Liturgiesprache. Junge 1984: 1177; Shisha-Halevy 1991: 53–60; Satzinger 1991: 60–65; Layton 2000: 1–4.

3.1 Die ägyptische Sprache und Schrift

Die phonetische und phonologische Übertragung der ägyptischen Schriftsysteme vor dem Koptischen stellt den Forschenden auch heute noch vor Herausforderungen, da die Zeichen selbst nur das konsonantische Gerüst der ägyptischen Sprache wiedergeben[119] und die Lautungen dieser zwar auf solider Basis rekonstruiert werden können, aber teilweise noch nicht abschließend geklärt sind.[120] Für die Erschließung der Lautungen ägyptischer Symbole haben sich

- etymologische Rekonstruktionen aus der koptischen Sprachstufe und Rekonstruktionen des hypothetischen Vorläufers, dem (Proto-)Hamitosemitischen[121] ([Proto-] Afroasiatischen[122]),
- die Analyse synchroner Nebenüberlieferungen, in denen ägyptische Worte in anderen Schriftsystemen wiedergegeben werden,
- die Auswertung der Wiedergabe von Fremdwörtern und fremdsprachlichen Namen im Ägyptischen
- sowie die Betrachtung phonologischer Reglementarien und Prozesse

als Methoden etabliert.[123] Trotz der alphabetischen Wiedergabe des Koptischen ist auch hier Vorsicht geboten bei der Übertragung phonetischer und phonologischer Qualitäten der griechischen Zeichen auf das koptische System.[124] Auch einige Eigenheiten des vor-koptischen Schriftsystems wie „defektive" oder „historische Schreibungen"[125] und Charakteristika wie die „syllabische Schrift" bzw. „Gruppenschrift"[126] machen es Forschenden

---

119 Neben semivokalischen Phonemen, vgl. Loprieno 1995: 28; Allen 2013: 23.
120 Zur Lautung der ägyptischen Phoneme und ihren Entsprechungen in den schriftlichen Graphemen s. u. a. Schenkel 2012: 19–24; Allen 2013: 53–54. Eine detaillierte Zusammenfassung und Beurteilung des derzeitigen Forschungsstandes der ägyptologischen Forschung im Bereich Phonologie bietet Müller 2011; ein aktueller zusammenfassender Überblick auch bei Allen 2013: 37–56. Es ist wichtig, noch einmal darauf hinzuweisen, dass die *Transkription* hieroglyphischer, hieratischer oder demotischer Schrift nicht die phonetische Realität widerspiegelt, sondern nur konventionalisiertes Instrumentarium der Wissenschaft zur Übertragung ist, worauf auch Schenkel 1990: 25–26 schon mit Nachdruck hinweist. Laut Kammerzell (2001a: XXXIX) stellt die ägyptologische Transkription eine „konventionalisierte Repräsentation der konsonantischen Bestandteile derjenigen Morphe der ägyptischen Phonemsprache, die Korrelate in der hieroglyphischen Graphemsprache besitzen" dar. S. auch Junge ³2008: 33–34; Kammerzell 2001a: XXXVIII. XLI; Allen 2000: 15. Zur Transkription, die in der vorliegenden Arbeit verwendet wird, s. „Anmerkung: Zum Verständnis der ägyptischen Beispiele".
121 Schenkel 1990: 26.
122 Loprieno 1995: 31. Endnote 8.
123 Siehe hierzu Allen 2013: 31–36; vgl. auch Gutschmidt/Peust 1997: xvi–xvii; Loprieno 1995: 29–30 und umfassend Peust 1999. Zur kritischen Auseinandersetzung mit diesen Formen der Informationsgewinnung s. Schenkel 1990: 26 und Allen 2013: 31. 33.
124 Loprieno 1995: 28. 30.
125 Peust 1999: 50–52. 137. Vgl. auch Kahl 1994: 81–82. Junge nennt diese Graphem-Kodierungen „Schematogramme". Junge ³2008: 37–38.
126 Bereits im Alten Reich entsteht in Grundzügen dieses im Neuen Reich deutlich weiter ausgebaute Spezialsystem der hieroglyphischen Orthographie. „Gruppenschrift" ist die allgemeinere (und oft passendere) Bezeichnung für das Phänomen dieser Zeichengruppierung, da sie über die syllabische Qualität und somit die Angabe von Vokalen zunächst nichts aussagt. „Syllabische Schrift" umfasst bereits eine Charakterisierung und Interpretation der Befunde. Vgl. die definitorischen Bemerkungen bei

streckenweise nicht leicht, Wandelprozesse der Sprache aufzudecken. Dennoch lassen sich bspw. konsonantische Lautwandelprozesse vom Altägyptischen bis zum Koptischen gut nachvollziehen. ALLEN fasst sie unter zwei übergreifenden Tendenzen zusammen: den weitgreifenderen Prozess des „*fronting*", bei dem der Artikulationsort von Konsonanten im Mund nach vorne verlagert wird, sowie den umgekehrten Fall, in dem die Konsonantenartikulation weiter hinten geschieht.[127] An der Schnittstelle zwischen Phonologie und Morphologie ist für die vorliegende Arbeit insbesondere der Schwund von -*r* und -*t* im Silben- und Wortauslaut interessant, der bereits am Übergang vom Alt- zum Mittelägyptischen stattzufinden scheint; der Schwund am Wortauslaut betrifft zum Neuägyptischen hin auch -*n*.[128] [S. Kapitel 4.2.4]

Aus morphologischer Sicht ist das Ägyptische in allen Epochen eine flektierende Sprache, deren Formen sich allerdings im Laufe ihrer Geschichte von vorrangig synthetischen zu eher analytischen wandeln. In ihrer spätesten Phase, dem Koptischen, stuft LOPRIENO sie als „polysynthetisch"[129] ein. Die ägyptische Wortbildung erfolgt nach dem in hamito-semitischen Sprachen gut belegten Schema: Ähnlich dem modernen Arabisch wird auf der Basis einer konsonantischen bzw. semi-konsonantischen Wurzel durch das Übertragen eines vokalischen oder semi-vokalischen Musters der Wortstamm gebildet, welcher die funktionale Klasse des Wortes bestimmt. Diesem wiederum werden durch Flexionsaffixe seine morphosyntaktischen Eigenschaften zugewiesen.[130]

Affixe markieren im Ägyptischen grammatische Merkmale wie Genus, Numerus, Tempus und Aspekt sowie Diathese, obwohl zum Koptischen hin eine Tendenz zur Lexikalisierung der nominalen Kategorien zu beobachten ist; eine Ausnahme bildet die Markierung von Definitheit.[131] Ägyptische Substantive weisen bereits im Alten Reich keine sichtbare Kasusflexion (mehr)[132] auf, grammatische Relationen werden über Wortstellung und

---

Kammerzell 1998(2009): insbesondere 114. Dafür, dass Unterarten der Gruppenschrift syllabische Qualitäten angeben, haben sich u. a. ausgesprochen: Schenkel 1986: 114–122; Zeidler 1993: 579–590; Hoch 1994: 487–502; Loprieno 1995: 14. 16; Kammerzell 1998(2009). Skeptisch hingegen: Peust 1999: 218–222. Zusammenfassende Bemerkungen auch bei Allen 2013: 23–26.

127 Allen 2013: 54–56.

128 Bzw. -*r* und -*t* werden zu sekundären Stimmabsätzen abgeschwächt, s. insbesondere Schenkel 1962: 65–68 und vgl. Kapitel 4.2.4. Zum Wortauslaut mit -*n* s. Junge ³2008: 34–35. Wie genau sich der Wortauslaut ägyptischer Lexeme gestaltet hat, ist umstritten: Der letzte in der Schrift wiedergegebene Konsonant muss nicht tatsächlich das letzte Phonem des Wortes gebildet haben; die Abstraktion von Silbenstrukturregeln scheint darauf hin zu deuten, dass in zahlreichen Auslauten noch ein Vokal oder Halbvokal zu vermuten ist, s. Peust 1999: 181–183. Zur ägyptischen Silbenstruktur allgemein siehe u. a. Fecht 1960; Schenkel 1990: 63–86; Loprieno 1995: 36–37; Allen 2013: 5. 23–24.

129 Loprieno 1995: 51. Der Begriff ist mangels einer klaren Definition leicht missverständlich: Das Koptische bildet aus zahlreichen Morphemen zusammengesetzte Ausdrücke und trennt im Schriftbild weiterhin keinerlei Wortgrenzen ab, unterscheidet sich aber doch erheblich von amerikanischen Sprachen, für die der Begriff ursprünglich geprägt wurde. Vgl. Bußmann ³2002: 525, s. v. Polysynthese. Klarer wäre es, „polysynthetische Merkmale" für das Koptische zu attestieren.

130 Vgl. Loprieno 1995: 52–53.

131 Allen 2013: 60–62.

132 Bereits vor den ersten schriftlichen Zeugnissen scheint das ältere Ägyptisch aufgrund phonologischer Prozesse ursprüngliche Kasusmarkierungen verloren zu haben, von denen sich laut Loprieno noch Spuren im morphologischen Verhalten der Substantive zeigen. Vgl. Loprieno 1995: 55. Zum Ägypti-

funktionale Elemente im Satzgefüge reguliert. Die Verbalflexion des älteren Ägyptisch wird über Suffixe (bzw. Infixe) realisiert, die durch verschiedene Grammatikalisierungsprozesse zu präfigierten Formen im Koptischen übergehen.[133] Präfixe sind im älteren Ägyptischen seltener, können aber verschiedene Funktionen kodieren, bspw. die Kausativbildung von Verben.[134]

Der syntaktische Aufbau des älteren Ägyptisch ähnelt dem anderer afro-asiatischer Sprachen: Charakteristisches Merkmal sind die zahlreichen Syntagmen, die ohne verbales Prädikat auskommen.[135] Bestandteile des Satzkerns sind auch bei diesen Subjekt und Prädikat, deren Abfolge in den Satzarten starr ist – Abweichungen können auftreten, folgen aber strikten Regeln.[136] Die syntaktische Analyse der ägyptischen Verbalsätze steht unter dem Einfluss der Forschungsgeschichte und jeweiligen Forschungsrichtung: Während die Untersuchungen sich in der ersten Hälfte des 20. Jahrhunderts auf die aspektuellen Merkmale der Verbalformen konzentrierten, rückte die „POLOTSKY'sche Schule" den syntaktischen Radius der Formen stärker in den Vordergrund und wird heute in vielen Bereichen noch immer als sog. „Standardtheorie" angesehen.[137] In den letzten drei Jahrzehnten führten weitere Forschungen zu einem dritten Ansatz, der dem Gebrauch von Verbformen sowohl syntaktische, als auch semantische und pragmatische Kriterien zugrunde legt. Wesentlicher Unterschied zu den vorherigen Theorien ist dabei die Kombination der Faktoren zur Bestimmung der Verbformen: So werden bspw. zirkumstantielle Verbformen nicht in adverbialem Gebrauch analysiert, sondern als für advierbale Funktion markiert angesehen.[138]

Ägyptische Satzkerne werden, vor allem im Mittelägyptischen, oft mit vorangestellten Erweiterungen versehen, die Subjekte, Objekte oder ganze Satzteile zur besonderen Betonung herausstellen können.[139] In der Satzstruktur zeigt die Sprachentwicklung des Ägyptischen zudem eine Tendenz von der Parataxe zur Hypotaxe.[140] [S. Kapitel 4.3.2]

Umfassende Beschreibungen zur ägyptischen Schrift und Sprache mit linguistischem Hintergrund bieten SCHENKEL 1990, LOPRIENO 1995 und ALLEN 2013. Kürzere Einführungen aus linguistisch-typologischer Sicht sind LOPRIENO 2001, LOPRIENO/MÜLLER 2012 und GROSSMANN/RICHTER 2015 sowie HASPELMATH 2015, die auch für nicht-ägyptologisch Ausgebildete den Zugang zu den Grundlagen der Schrift und Sprache ermöglichen. Zusätzliche Informationen liegen in den Standardgrammatiken der einzelnen Sprachphasen vor, dazu zählen u. a.:

---

schen als Sprache mit einem vormaligen Kasussystem (und der Einstufung als Ergativsprache) vgl. bspw. auch Satzinger 2004a und Satzinger 2004b.
133   Loprieno 1995: 53–55; Allen 2013: 100–102.
134   Zu den Kausativbildungen s. ausführlich Schenkel 1999; zusammenfassend Allen 2013: 94–95.
135   Loprieno 1995: 144.
136   Schenkel 2012: 68. Zur Abfolge der Bestandteile des Satzkernes in Substantivalsätzen s. auch Gundacker 2010.
137   Siehe bspw. die ausführliche Diskussion bei Schenkel 2012: 11–15.
138   Allen 2013: 6–7; Allen ³2014: 455–462.
139   Nicht durch vordere Erweiterungen ergänzte Sätze sind laut Schenkel (2012: 290) häufig als subordinierte oder eingebette Nebensätze zu analysieren.
140   Allen 2013: 12.

Altägyptisch: EDEL 1955/64
Mittelägyptisch: ERMAN ³1911(⁴1928); LEFEBVRE ²1955; GARDINER ³1957(2001); GRANDET/MATHIEU 1990; MALAISE/WINAND 1999; ALLEN 2000(³2014); ZONHOVEN 2000; GRAEFE ⁶2001; OBSOMER ²2009; BORGHOUTS 2010; OCKINGA ³2012; SCHENKEL 2012
Neuägyptisch: ČERNÝ/GROLL 1975(⁴1993); NEVEU 1998; JUNGE ³2008

Zudem sind Untersuchungen wie bspw. ALLENs (1984) „The Inflection of the Verb in the Pyramid Texts", WINANDs (1992) „Études de néo-égyptien", JANSEN-WINKELNs (1996) „Spätmittelägyptische Grammatik der Texte der 3. Zwischenzeit" sowie jetzt aktuell BROSEs (2014) „Grammatik der dokumentarischen Texte" als umfassende Sekundärliteratur zu berücksichtigen; als Wörterbücher und Paläographien dienen z. B. ERMAN/GRAPOW 1926–1931; HANNIG ⁴2006; LESKO 1982–1990; MÖLLER 1927–1936 und WIMMER 1995.

Details zur Forschungsgeschichte sowie zu grammatikalischen Phänomenen, die im Zusammenhang mit den in der vorliegenden Arbeit behandelten Sprachwandelprozessen stehen, werden in den einzelnen Unterkapiteln des Analyseteils vorgestellt.

> *"By Late Egyptian I mean what everyone else means by it"*
>
> Gunn 1924: IX.

3.2 Sprachgeschichte des Ägyptischen

Der heutigen Einteilung der ägyptischen Sprachphasen liegt ein langer Forschungsprozess zugrunde, der seine Anfänge bereits in den Beobachtungen antiker Autoren hat und über frühe Forscher bis hin zum heutigen, interdisziplinär-linguistischen Forschungszweig der Ägyptologie reicht. Analysen der einzelnen Sprachstufen liegen in Form von Grammatiken vor, während Betrachtungen zum diachronen Ablauf der Sprachgeschichte bis heute eher selten sind. Auch die Erkenntnis, dass die ägyptische Sprache eine fortlaufende Entwicklung ohne größere Umbrüche darstellt, ist in der ägyptologischen Forschung erst vergleichsweise spät erfolgt. Eine detaillierte Darstellung des Forschungsstandes zum ägyptischen Sprachwandel bietet KAMMERZELL 1998(2009): 29–80 (bislang unpubliziert). Im Folgenden wird nur ein kurzer Abriss über die Forschungsgeschichte zur Einteilung der ägyptischen Sprachphasen und ihrer schriftlichen Wiedergabe gegeben. Anschließend werden einige der wichtigsten Vertreter mit ihren Thesen zum Ablauf des ägyptischen Sprachwandels zusammengefasst, wobei das synchrone Nebeneinander unterschiedlicher sprachlicher Register ebenfalls eine Rolle spielt [s. Kapitel 3.3].

3.2.1 Einteilung der Sprachphasen

Die Unterscheidung zwischen diachroner Sprachentwicklung und synchroner Varietät im Ägyptischen ist keine Erkenntnis der modernen Forschung: Bereits antike Autoren berichten, dass die Ägypter über eine „heilige Sprache" und ein „umgangssprachliches" Idiom verfügten.[141] Die genaue Trennung der Varietäten und Sprachphasen sowie ihre Zuordnung zu den Schriftarten waren jedoch unklar; auch die neuzeitliche Ägyptologie erfasste in ihren Anfängen den Ablauf der ägyptischen Sprachgeschichte noch nicht. LEPSIUS bspw. legt seine Ansicht des Sachverhalts zweier sprachlicher Register in einem Brief an ROSELLINI dar:

> „Nous savons par les auteurs grecs que les Égyptiens avaient un dialecte *sacré* et un dialecte *populaire*. Il s'entend que le peuple ne parlait pas ces deux dialectes dans le même temps, mais que le dialecte sacré était le langage le plus ancien conservé seulement par les écrits, et qui ne pouvait pas s'altérer, parce-que les anciennes inscriptions des temples et monumens [sic] de tout genre, exposées aux yeux de tout le monde, devaient arrêter toute innovation."[142]

Während die „heilige" Sprache der Gelehrten und Priester also unverändert Bestand gehabt hätte, sei die gesprochene Sprache Veränderungen unterworfen gewesen und habe sich zuletzt, im Koptischen, von der „heiligen" Sprache nicht nur in der Schrift, sondern auch in Lexikon und Grammatik stark unterschieden. Hieratische und demotische Texte unterschieden sich nach LEPSIUS hinsichtlich der Sprachphase: Erstere beinhalte noch den älteren, klassischen „Dialekt" der Sprache, das Demotische die umgangssprachliche Varietät; eine Sichtweise, der sich BRUGSCH anschließt.[143] Das Ägyptische wurde daher, auf der Basis des Schriftbildes, zunächst in drei Phasen eingeteilt: das Altägyptische (mit hieroglyphischer und hieratischer Schrift), das Demotische und das Koptische.

ERMAN beschreibt erstmals eine Aufspaltung der „alten klassischen Sprache", die für ihn nur in den „heiligen Büchern und ältesten Inschriften" vorliegt, und der „Vulgärsprache des neuen Reiches". „Neuägyptisch" positioniert er zwischen der heiligen Sprache, deren klassische Zeit er etwa um 3000 v. Chr. ansetzt, und der Phase des Demotisch-Koptischen. Er entwickelt die Unterteilung der Sprachstufen noch weiter und gliedert das Ägyptische letztlich in acht Kategorien, die vom Altägyptischen, über das klassische Ägyptisch und einer Volkssprache des Mittleren Reiches, dem Neuägyptischen (der Volkssprache des Neuen Reiches), der Sprache hinter den Inschriften der saitischen Zeit und denjenigen der griechisch-römischen Zeit, über die verschiedenen Stufen des Demotischen bis zum Koptischen reichen.[144] Bemerkenswert an ERMANs frühem Gliederungsmodell ist vor allem die Feststellung, dass verschiedene Sprachphasen nebeneinander existieren und nicht notwen-

---

141 Z. B. unterscheidet Manetho (im zweiten Buch der „*Aegyptiaca*", zitiert bei Flavius Josephus, Contra Apionem I, 82) die *iera glossa* und die *koine dialektos*, womit im weitesten Sinne „Hochsprache" und „Umgangssprache" differenziert werden. Labow 2005: 80, mit Fußnote 88.
142 Lepsius 1837: 70.
143 Lepsius 1837: 69–72; Brugsch 1855: 7. Das Hieratische beinhaltet für Lepsius das gleiche „gehobene" Sprachsystem wie das der Hieroglyphen, nur eben in seiner kursiven Variante zur Verwendung auf Papyrus (Lepsius 1837: 69–70). Brugsch bezeichnet bereits im Titel seines Werkes das Demotische als „langue et […] écriture populaires des ancien Égyptiens" (Brugsch 1855: 7). Vgl. auch Allen 2013: 5.
144 Erman ³1911: 3–5. Grundlage dieser Weiterentwicklung ist seine Analyse der „Sprache des Papyrus Westcar", in der er die chronologische und hierarchische Einteilung der Sprachabschnitte genauer untergliedert (Erman 1889: 6–12). Vgl. Kammerzell 1998(2009): 37.

digerweise der gesprochenen Sprache entsprechen müssen. Auch eine Bewertung der sprachlichen Register wird zum Ausdruck gebracht.

Einen Aspekt dieser Einteilung der ägyptischen Sprachentwicklung betont GUNN 1924 erneut: Er nimmt ebenfalls die Unterteilung der älteren Sprachstufe an und unterscheidet zwischen „*Old*",„*Middle*" und „*Late Egyptian*", wobei „*Old Egyptian*" die Sprache der Texte des Alten Reiches (inklusive der Pyramidentexte bis hin zu sogar einigen Dokumenten der Saitenzeit) umfasse, „*Middle Egyptian*" die Sprache des Mittleren Reiches ab der 11. Dynastie und bestimmter Textzeugen späterer Zeit, sowie „*Late Egyptian*", welches im gleichen Sinn zu verstehen sei wie ERMANs „Neuägyptisch" [s. Eingangszitat dieses Kapitels].[145] Für jede der drei Stufen sei eine weitere Unterteilung in zwei Phasen anzunehmen. Die Trennlinie zwischen Altägyptisch und Mittelägyptisch zieht GUNN jedoch ebenso drastisch wie den Bruch zwischen Mittelägyptisch und Neuägytisch.[146] Seine Vorstellung der Übernahme sprachlicher Neuerungen in den Schriftgebrauch entspricht einer Abfolge von Kataklysmen: Wenn der Abstand zwischen der sich ständig wandelnden gesprochenen Sprache und der starren geschriebenen Sprache zu groß geworden sei, kollabierte diese, und neue Konstruktionen, Lexeme und Graphien hielten Einzug in den Schriftgebrauch. Doch auch diese neue Form der geschriebenen Kommunikation entspräche nicht der tatsächlich gesprochenen Varietät. Er nimmt an, dass Mittel- und Neuägyptisch schon in der Ersten bzw. Zweiten Zwischenzeit gesprochen wurden.[147] Was ERMAN bereits implizit zum Ausdruck gebracht hat, formuliert GUNN deutlicher: Die schriftlich bezeugten Sprachzustände können auch parallel bzw. überlappend auftreten und somit nicht einer festen Zeitperiode zugeordnet werden. Auch existierten Übergangsdokumente, in denen Alt- und Mittelägyptisch, bzw. Mittel- und Neuägyptisch überschneidend auftreten.[148]

Einen etwas anderen Ansatz verfolgt SETHE 1925 in seinem Aufsatz zum Verhältnis des Demotischen und Koptischen. Er macht deutlich, dass sich das Demotische in schärfster Weise vom Koptischen unterscheide und es eine „in engen Grenzen sich haltende Fortentwicklung des Neuägyptischen" darstelle, mit dem „es viele der charakteristischen Erscheinungen in schroffem Gegensatz zum Koptischen, gemein hat".[149] Er geht noch weiter und grenzt das Demotische anhand verschiedener grammatischer Merkmale vom Koptischen ab. Zudem verwirft er ERMANs These, nach der das Demotische sich „vielleicht nur in der Schrift, also scheinbar" vom Koptischen unterschieden habe. Im Gegenteil liege die Ursache für die Divergenz zwischen Demotisch und Koptisch in der Tatsache begründet, dass

> „das Koptische nicht als Fortsetzung des Demotischen, d.h. als eine aus ihm hervorgegangene jüngere Sprachform anzusehen ist, die bei ihrer Entstehung das Demoti-

---

145 Gunn 1924: IX. Das erste Auftreten des Neuägyptischen sei in den Annalen Thutmosis III. zu beobachten und die vollständige Einführung geschehe unter Echnaton.
146 Obwohl er keine ausführliche Erläuterung zur Trennung von Alt- und Mittelägyptisch anbietet, nennt er die sprachlichen Faktoren, anhand derer er die Unterscheidung zwischen Alt- und Mittelägyptisch festmacht: den Wandel in pronominalen Formen, die Eingrenzung der Funktionsreichweite des Pseudopartizips, das Verschwinden des $sdm=f$ als narrative Form und des $sdm.n=f$ als synchrones Präsens, die Ersetzung des zirkumstantiellen $is.k\ sw$ durch $jw=f$ und verschiedene graphische Veränderungen (Gunn 1924: IX).
147 Gunn 1924: IX, Fußnote 1.
148 Gunn 1924: VIII–IX.
149 Sethe 1925: 291.

sche direkt ablöste, sondern als eine unabhängig davon aus gleicher Wurzel entstandene Sprache, die gleichzeitig mit dem Demotischen im Gebrauch war, die seine Schwester, nicht seine Tochter war."[150]

Im Koptischen sieht er die spätere Wiedergabe der gesprochenen Sprache („Vulgär- oder Umgangssprache") der Zeit, in der als Schriftsprache („Literatur- und Urkundensprache") das Demotische verwendet worden sei. Sowohl die gesprochene als auch die geschriebene Sprache entstammten einer gemeinsamen „Wurzel", von der sich die gesprochene Sprache schneller entferne, während das geschriebene Idiom traditionsverhaftet den Urzustand zu erhalten versuche.[151] Für das Demotische und Koptische sei diese gemeinsame Wurzel das Neuägyptische. Auch das Neuägyptische und Altägyptische (unter das er GUNNs Altägyptisch und Mittelägyptisch subsumiert, obwohl sich auch das Alt- und Mittelägyptische seiner Ansicht nach wiederum voneinander unterschieden)[152] müssten eine solche gemeinsame Sprachwurzel gehabt haben, auch wenn zwischen diesen beiden Sprachphasen die tiefe Kluft bestehe, die die ägyptische Sprachgeschichte in zwei Hauptabschnitte spalte.[153] Seine Vorstellung vom Ablauf der ägyptischen Sprachgeschichte umschreibt er als Flusslauf, dessen breiter Kanal die sich stetig wandelnde gesprochene Sprache darstellt, während die geschriebene Sprache vergleichbar mit kleinen Mühlgräben immer wieder davon abzweige, um sich an geschichtlichen Wendepunkten wieder mit dem Hauptfluss zu verbinden. Sein Modell ist in der neueren Literatur auch als „Sprachwandel als Kette von Kulturrevolutionen"[154] bezeichnet worden. Der Unterschied zu GUNNs Modell besteht in den Ursachen, die als Auslöser für die abrupten Anpassungen der Schriftsprache angenommen werden: GUNNs Modell geht von sprachinternen Faktoren aus, während SETHE sprachexterne (nämlich historische Umwälzungen) zugrundelegt.[155] In beiden Theorien findet sprachlicher Wandel in der gesprochenen Sprache statt, dessen Auswirkungen auf die Schriftsprache sich nur in plötzlichen und umfassenden Anpassungen des schriftlichen Systems bemerkbar machten.

1938 stellt GRAPOW seine Vorstellung des Ablaufs der Entwicklung des Ägyptischen aus schriftgeschichtlicher Sicht dar. Obwohl er dabei dem Entwicklungsmodell SETHEs folgt, sieht er keinen Bruch mehr im sprachlichen Verlauf des Ägyptischen, wie er in einem kurzen Abschnitt anmerkt. Nur das Aufkommen des Neuägyptischen stelle einen etwas tiefer gehenden Einschnitt dar, aufgrund einer Folge von entwicklungsgeschichtlich bedingten Um- und Neubildungen. Das Neuägyptische sei die Volkssprache Oberägyptens (Thebens), die die klassische ältere Hochsprache Unterägyptens (Memphis) als Hochsprache ablöse und sich später im Demotischen als Literatursprache griechisch-römischer Zeit und im

---

150 Sethe 1925: 300–301. Vgl. Kammerzell 1998(2009): 61.
151 Sethe 1925: 300–301.
152 Sethe 1925: 313. Das Altägyptische selbst unterteilt er in eine „älteste Sprache" (v.a. die der Pyramidentexte, aber u. a. auch des Denkmals memphitischer Theologie und verwandter religiöser Texte) und das „Altägyptische" (Urkunden des Alten Reiches). Zur besonderen sprachlichen Stellung des sog. „Denkmals memphitischer Theologie" s. bspw. Lieven 2007: 255–257.
153 Sethe 1925: 311.
154 Junge 1985: 20. Kammerzell 1998(2009): 62.
155 Vgl. auch Junge 1985: 20; Kammerzell 1998(2009): 63.

Koptischen als gesprochene Sprache des christlichen Ägyptens wiederfinde. Hingegen sei in der Schrift ein tatsächlicher Bruch festzustellen, nämlich zwischen dem Demotischen und Koptischen. Die Ablösung der älteren Schriftvarianten sei nötig geworden, als die tatsächliche Aussprache sich zu weit von der traditionsgebundenen geschriebenen Variante entfernt hatte, um noch verständlich zu sein. Dabei merkt er auch an, dass manche „altkoptischen" Texte einen grammatischen Formenbestand umfassten, der zum Teil noch Demotisch sei.[156] Zusammenfassend beschreibt er den Übergang vom Demotischen zum Koptischen:

> „Aus den tastenden Versuchen des ‚Altkoptischen' wurde seit dem Ende des dritten Jahrhunderts das eigentlich Koptische als das Ägyptische in griechischen Buchstaben, so wie es damals und später gesprochen wurde, nicht mehr wie man wußte, daß es einmal viel früher geschrieben wurde. Denn wie ein Wort ihrer Sprache tausend oder zweitausend Jahre früher ausgesprochen worden war, das wußten die demotischen Schreiber und ihre Vorgänger schwerlich. Sie sahen, ebenso wie wir, nur die alten Wortbilder, die sie aussprachen, wie es eben zu ihren Lebzeiten üblich war. Nun zum erstenmal in ihrer Geschichte konnte diese Sprache auch so geschrieben werden, wie man sie sprach."[157]

Die Idee des Bruchs zwischen dem Demotischen und Koptischen widerlegt in aller Deutlichkeit erst JOHNSON 1976 (s. JOHNSON ²2004) in ihrer Untersuchung zum Verbalsystem des Demotischen. Die Entwicklung der Verbalformen im Demotischen lasse eine kontinuierliche Entwicklung vom Neuägyptischen zum Koptischen erkennen, die ohne größere Einschnitte auskomme. Obwohl die demotische Sprache römischer Zeit durchaus als archaisch zu bewerten sei, zeige sie dennoch den Einfluss sprachlicher Innovationen. Erst die Umstellung auf die koptische Schriftart mache es letztlich laut JOHNSON überflüssig archaische Formen zu verwenden, was zwar einen Bruch in der linearen sprachlichen Entwicklung darstelle, allerdings keine größeren Unterschiede zwischen Demotisch und Koptisch zu Tage treten lasse als es zwischen dem Neuägyptischen und dem Demotischen der Fall sei.[158]

Mit dieser Weiterentwicklung ist die bis heute weit verbreitete Vorstellung zum Ablauf der ägyptischen Sprachgeschichte erreicht: Sie wird als ein durchgehender (linearer) Entwicklungsstrang angesehen.[159] Eine Sonderstellung nehmen hierbei jedoch schriftsprachliche Varietäten in bestimmten ‚höhersprachlichen' Textgattungen ein, die älteren Sprachphasen (mit teils jüngeren Einflüssen) verhaftet bleiben oder bewusst bestimmte Merkmale daraus imitieren. Das umfasst vor allem das sog. „Spätmittelägyptische" der 3. Zwischenzeit/Spätzeit oder das „Égyptien de tradition".[160]

---

156 Grapow 1938: 344–345. Es stellt sich natürlich die Frage, wie er weiterhin SETHEs Ansicht der strikten Trennung vom Demotischen und Koptischen folgen konnte, wenn er den Übergang der Formen bereits so deutlich erkannt hatte.
157 Grapow 1938: 348.
158 Johnson ²2004: 192–193. Vgl. auch Kammerzell 1998(2009): 65.
159 Vgl. z. B. Loprieno 1995: 5; Schenkel 1990: 7–10; Kammerzell 1998(2009): 65.
160 Die Begriffe sind nicht deckungsgleich, obwohl sie teils ähnliche Phänomenbereiche umfassen. S. zum „Spätmittelägyptischen" insbesondere Jansen-Winkeln 1994 und 1996. Zum „Égyptien de tradition" u. a.: Vernus 1978: 139, Fußnote 136 (dazu auch Depuydt 1999a: 36–37); Vernus 1996;

Im nächsten Abschnitt werden in der Forschungsgeschichte einige Hypothesen zu Gestalt, Geschwindigkeit und Motivationen sprachlichen Wandels beleuchtet.

3.2.2 Forschungsgeschichte

3.2.2.1 Stricker

Gegen die von den früheren Gelehrten postulierte deutliche Trennung der einzelnen Sprachstufen wendet sich erstmals STRICKER 1944 in seinem wegweisenden Aufsatz zur Einteilung der ägyptischen Sprachgeschichte. Zunächst entkräftet er SETHEs Unterteilung des Altägyptischen in eine „älteste" und „Altägyptische" Sprache, denn obwohl seiner Meinung nach die Sprache der Pyramidentexte durchaus älteres Sprachgut enthalte, müsse nicht die ganze Komposition einer älteren Sprachstufe angehören.[161] Auch sei das Material, welches SETHEs Analyse zugrunde liege, methodisch kaum vergleichbar, da die aus dem Alten Reich erhaltenen biographischen Inschriften inhaltlich und formal ganz anders gestaltet seien als die Pyramidentexte. Und falls man dennoch den Vergleich durchführe, so seien die Unterschiede zwischen den beiden Sprachphasen kaum groß genug, um eine solch scharfe Trennung wie die von ERMAN postulierte vorzunehmen. Anschließend kommt er nach der Analyse verschiedener Sprachwandelphänomene, die den früheren Forschern als scharfe Unterscheidungskriterien zwischen der alt- und mittelägyptischen Sprachphase dienten, zu dem Schluss, dass dem Wandel vom Alt- zum Mittelägyptischen keine plötzlichen Umwälzungen zugrunde lägen, sondern dass das Mittelägyptische – bis auf Kleinigkeiten – vielmehr eine stringente Fortsetzung des Altägyptischen bilde.[162] Evolutionäre Prozesse seien somit für den Wandel der Sprache verantwortlich gewesen und nicht sprachexterne oder sprachinterne Katastrophen; nur der Entwicklungssprung vom Demotischen zum Koptischen sei tatsächlich kataklysmisch erfolgt. Im Neuen Reich habe dagegen ein zweisprachiger Dualismus geherrscht, indem das Mittelägyptische neben dem vorherrschenden Idiom des Neuägyptischen für bestimmte Textgattungen in Gebrauch geblieben sei.[163] Dies gelte nicht analog für das Mittlere Reich, aus dem keine Texte bekannt seien, die bewusst in Altägyptisch in Abgrenzung zum Mittelägyptischen verfasst seien. Insgesamt stelle das Neuägyptische ebenfalls eine bruchlose Fortsetzung der „vulgären" Varietät des Mittelägyptischen dar und auch das Demotische schließe sich an diese Entwicklung an. Im Gegensatz dazu stünde die „klassische" Sprache, die, trotz des Eindringens neuägyptischer Sprachmuster in manchen Domänen, weitestgehend unverändert geblieben sei. Seine Vorstellung zum Ablauf der ägyptischen Sprachentwicklung illustriert er graphisch:

Engsheden 2003; Quack 2013.
161 Stricker 1944: 18. Vgl. hingegen Quack (2013: 37), der betont, dass die Unterteilung zwischen der Sprache der Pyramidentexte und den Grabinschriften des Alten Reiches doch fassbar sei.
162 Stricker 1944: 25.
163 Stricker 1944: 27. Vgl. auch Kammerzell 1998(2009): 63–64.

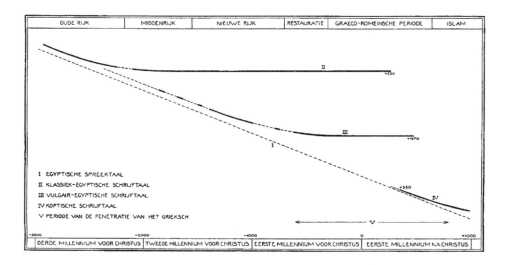

Abbildung 1: Entwicklung der ägyptischen Sprache
Aus: Stricker 1944: 47.

Im Unterschied zu den früheren Forschermeinungen erkennt STRICKER die durchgängige Entwicklung des Ägyptischen vom Altägyptischen bis zum Demotischen. Auch sein Modell setzt ein kontinuierliches, zeitlich paralleles Auftreten verschiedener sprachlicher Varietäten voraus, die laut ihm in geschriebener Form in stetigem Gegensatz zur gesprochenen Sprache stünden. Schon im Alten Reich hätten sich Schrift- und Umgangssprache auseinanderentwickelt, eine endgültige Trennung sei zu Beginn der 12. Dynastie vollzogen gewesen. Ebenso sei die neuägyptische Schriftsprache immer mehr erstarrt (erste Anzeichen hierfür wären in der 19. Dynastie zu erkennen) und habe mit dem gesprochenen Idiom nichts mehr zu tun gehabt. Erst mit dem Koptischen sei wieder eine verschriftlichte Form der tatsächlichen Alltagssprache aufgezeichnet worden, was den Bruch zwischen dem erstarrten Demotisch und dem in lebendigem Sprachgebrauch verwendeten Koptisch verdeutliche. Abschließend erläutert er noch einmal seine grundlegenden Thesen: Zum einen eine diachrone Einteilung der ägyptischen Sprachgeschichte in fünf Perioden, die – bis auf den Übergang zum Koptischen – eine durchgehende Entwicklung aufzeigten, sowie zum anderen eine synchrone Unterteilung in zwei Varietäten, eine „klassische" Hochsprache und eine „vulgäre" Umgangssprache.[164]

STRICKERs Modell wird bis heute in Grammatiken übernommen,[165] erfährt aber auch aktuell immer noch Widerspruch [vgl. Kapitel 3.2.2.6].

---

164 Stricker 1944: 49.
165 Vgl. bspw. Schenkel 2012: 9. Eine leichte Abwandlung der Graphik in Baines 2007: 47, Abb. 4.

3.2.2.2 Hintze

In zwei Aufsätzen hat HINTZE 1947 und 1950 seine Forschungen zur ägyptischen Sprachgeschichte publiziert. Besonderes Augenmerk legt er darin auf die seiner Meinung nach zugrundeliegenden Motivationen ägyptischen Sprachwandels.[166]

Im Sinne einer ganzheitlichen Betrachtung des Systems nach SAUSSURE macht er zwei „grundlegende systemgebundene Prinzipien"[167] für den ägyptischen Sprachwandel verantwortlich: „Konversion" und „Analyse". Als Konversion bezeichnet er den „Übergang vom regressiven zum progressiven Typus"[168], worunter er die Reihenfolge der Konstituenten einer Phrase versteht. Dem regressiven Typus entspräche die Abfolge „Bestimmtes – Bestimmendes", dem progressiven die umgekehrte. Später ändert er diese Bezeichnungen und spricht stattdessen von „lateralen" und „marginalen" Elementen.[169] Das Phänomen der Konversion belegt er anhand einiger Beispiele aus den Bereichen der Morphologie und Wortbildung sowie der Voranstellung des definiten Artikels und der Umgestaltung suffigierter Elemente. Die „analytische Tendenz" definiert HINTZE folgendermaßen:

> „Im allgemeinen wird man von einer analytischen Tendenz dann sprechen, wenn im Laufe der Entwicklung einer Sprache die Neigung besteht, für ein einheitliches Ausdrucksmittel eine ‚Wortgruppe' zu verwenden."[170]

Analytische – im Gegensatz zu synthetischen – Sprachen seien somit solche, die wenig gebundene Formen im Gegensatz zu vielen gebundenen verwendeten. In diesem Sinne sei das Neuägyptische analytischer als das ältere Ägyptisch; zu den analytischen Strukturen des Neuägyptischen zählten die Verwendung des Definitartikels sowie die Umschreibung von zuvor synthetischen Verbformen mit Hilfe periphrastischer Konstruktionen. Die beiden Tendenzen Analyse und Konversion seien auf das engste miteinander verwoben und bedingten sich auch gegenseitig. Prozesse wie Grammatikalisierung und Univerbierung wirkten gleichzeitig der analytischen Tendenz entgegen, sodass ein „Kreislauf der Entwicklung" entstünde. Als Ursachen sprachlichen Wandels nennt HINTZE „Affekt" (Streben nach Expressivität)[171], sowie Prozesse des Lautwandels, lexikalischen Wandel und sprachliche Ökonomie.[172]

Generell folgt HINTZE zunächst SETHEs Modell zur Abfolge der Sprachphasen [s. oben], macht aber deutlich, dass die Veränderungen der Schriftnorm zwar sprunghaft, an bestimmte historische und soziale Umwälzungen gekoppelt, erfolgen würden, die Entwicklung der gesprochenen Sprache allerdings einer durchgängigen Sprachentwicklung

---

166 Hintze 1947 und Hintze 1950. Vgl. zu Hintzes Ausführungen auch Kroeber 1970: xv, Fußnote 2 und Kammerzell 1998(2009): 68–69.
167 Hintze 1947: 88.
168 Hintze 1947: 90.
169 Hintze 1950: 42–44.
170 Hintze 1950: 54.
171 Näher definiert er den Ausdruck „Affekt" nicht; in einer Fußnote schreibt er dazu, dass „Der vielleicht anfechtbare Ausdruck „Affekt" […] hier in einem sehr weiten und allgemeinen Sinne gemeint" sei (Hintze 1947: 99, Fußnote 1).
172 Hintze 1947: 98–102.

folge.[173] Die Zäsur zwischen älterem und jüngerem Ägyptisch hält er nicht für einen „Bruch" in der Entwicklung, sondern für einen innerhalb von Sprachwandelmechanismen erkenn- und erklärbaren Prozess. Dialektale Einflüsse als Erklärung für Unterschiede in den diachronen Sprachphasen lehnt er ab. Wenn überhaupt, seien diese nur auf lautlicher oder lexikalischer Ebene zu beobachten, ihre Auswirkungen jedoch nicht „fundamental" oder „strukturell".[174]

Kritisch hat sich insbesondere SCHENKEL[175] zu den von HINTZE postulierten Haupttendenzen geäußert. Er widerspricht HINTZEs Ansicht, dass es sich bei „Konversion" und „Analyse" um zwei getrennte Prinzipien handele und postuliert, dass die Konversion nur ein Beiprodukt der Analyse darstelle. Gerade HINTZEs Beweisführung in Hinblick auf die Entwicklung der Demonstrativa sei nicht geeignet, die Konversion als ursächlichen Faktor im ägyptischen Sprachwandel zu belegen: Die Veränderungen im Demonstrativsystem seien nicht als ein Umbau der grundlegenden Strukturen zu interpretieren, sondern vielmehr als morphologischer Wandel oberflächlicher Elemente, bei denen die Reihenfolge Nukleus – Satellit gewahrt bleibe. Nur die einzelnen Positionen würden mit anderen Elementen besetzt. Die Haupttendenz in der Entwicklung sei daher, die Demonstrativa in die Nukleusposition zu verschieben. Motiv für diese Verschiebung mag nach SCHENKELs Ansicht ein „Streben nach Bequemlichkeit"[176] sein, das zusätzlich von einem Streben nach Expressivität unterstützt worden sein könnte. Zahlreiche weitere Phänomene, die HINTZE als Belege der Konversion anführt, stellten sich laut SCHENKEL bei genauerer Betrachtung als Produkte der Analyse oder andersgearteter Entwicklungen dar. Zusammenfassend stellt SCHENKEL fest, dass Konversion nur dann eintrete, wenn zwei gegenläufige Tendenzen, nämlich Analyse und Synthese (in diesem Falle Univerbierung) nacheinander und in der genannten Reihenfolge aufträten. Dies spräche entschieden gegen ein „selbständige[s] Wirken einer Tendenz zur Konversion"[177], sie sei eben nur ein „Epiphänomen" in der ägyptischen Sprachentwicklung.

Beiden Hypothesen gemein bleibt weiterhin, dass sie die analytische Tendenz als treibende Kraft hinter den sprachlichen Entwicklungen des Ägyptischen vermuten. Wie später in der vorliegenden Arbeit gezeigt werden wird, ist allerdings die analytische Tendenz nur eine typologische Beobachtung der Produkte sprachlicher Wandelprozesse – sie hat keinen eigenen Einfluss auf die Gestaltung des Ablaufs sprachlichen Wandels, unabhängig von dessen zugrundeliegenden Motivationen bzw. Ursachen [vgl. Kapitel 2.2.4, 4.4 und 5].

3.2.2.3 Junge

Ein differenzierteres Modell zum Ablauf der ägyptischen Sprachgeschichte hat JUNGE 1984 und 1985 entwickelt. Seine Theorie basiert nicht nur auf der diachronen Abfolge verschiedener Sprachzustände und dem synchronen Aufeinandertreffen unterschiedlicher sprachlicher Varietäten, sondern verbindet beide Ansätze zu einer Erklärungshypothese für das

---

173 Hintze 1947: 87.
174 Hintze 1947: 89.
175 Schenkel 1966. Vgl. auch Kroeber 1970: xv, Fußnote 2; Kammerzell 1998(2009): 69–70.
176 Schenkel 1966: 129.
177 Schenkel 1966: 132.

phasenverschobene Einsetzen sprachlichen Wandels in den von ihm normhierarchisch gegliederten Textgattungen. JUNGE wendet sich gegen das zuvor vorgestellte „Zweischichtenmodell" von „Heiliger Sprache" vs. „Vulgärsprache" der früheren Forscher, das seiner Meinung nach den Sprachwandel in eine imaginäre „Sprechsprache" verlege, die eigentliche Wirklichkeit sprachlichen Wandels jedoch nicht erfasse. Er unterteilt stattdessen mehrere „Normen", die er auf der Basis verschiedener Textgattungen zu hierarchischen Ebenen von Sprechhandlungen gruppiert, in denen sich in chronologischer Abfolge, allerdings phasenverzögert von unten nach oben, sprachliche Innovationen ergäben. Dabei seien die unteren Kategorien der alltagsweltlichen und literarischen Texte durchlässiger für neue sprachliche Strukturen, während die oberen hierarchischen Ebenen diese Anpassungen zunächst abwehrten. Sprachliche Innovationen seien dabei immer präferierte Strukturen des Regelwerks der vorausgehenden Sprachphase, sodass jüngere Sprachzustände „neugeordnete Teilmengen" der älteren darstellten.

Neu an JUNGEs Modell ist die Einbeziehung bisher vernachlässigter Textgattungen, die ein älteres Sprachniveau zu einer Zeit aufweisen, in denen sich jüngere Sprachphasen in anderen Domänen bereits durchgesetzt haben. Hierfür stellt er eine neue Untergliederung der bisherigen Sprachstufen vor:

- **Spätmittelägyptisch** (mittelägyptische Satzstruktur, mittelägyptische Orthographie; gelegentlich Neuägyptizismen[178] in Formen, Wörtern, Schreibungen)
- **Medio-Neuägyptisch** (weitgehend neuägyptische Satzstruktur mit mittelägyptischen Syntagmen und Formen; weitgehend mittelägyptische Orthographie)
- **Neuägyptisch** (rein neuägyptische Satzstruktur, neuägyptische Formen und Schreibungen, gelegentliche ‚Mittelägyptizismen')
- **Neo-Mittelägyptisch** (ägyptische „Zweitsprache" auf der Basis mittelägyptischer Struktur und Orthographie, mit eigener Sprach- und Schriftentwicklung)

Die lineare Anordnung dieser Sprachtypen zeige laut JUNGE die „Kontinuität des strukturellen Sprachwandels"[179]. Absolut-chronologisch jüngere Quellen des gleichen Sprachtyps (z.B. Mittelägyptisch) seien von größter Wichtigkeit, da in ihnen die bisher scheinbar fehlenden Zwischenschritte der sprachlichen Entwicklung phasenverzögert sichtbar würden. Durch die kleinteiligere Untergliederung gewichtet er ebenfalls stärker die Kontinuität der sprachlichen Entwicklung. Um Texte unterschiedlicher Norm zu produzieren, verfügten Sprecher/Schreiber über mehrere Normgrammatiken, die sie nach den Anforderungen der einzelnen Textgattungen anwenden konnten.[180] Diese Normen entfernten sich im Laufe der Zeit stärker voneinander, bis das Erlernen der älteren Norm einem Zweitspracherwerb ähneln musste. Die Ansicht von produktiv und bewusst einsetzbaren „Normgrammatiken" vertrat auch ERMAN mehr als vierzig Jahre zuvor:

---

178 Dabei handelt es sich um die ägyptologische Bezeichnung für sprachliche Phänomene, die in der neuägyptischen Sprachphase zur Standardvarietät zählen, in älteren Sprachphasen jedoch noch im Entstehen bzw. in der Entwicklung befindlich sind; ihr Auftreten in Belegen dieser älteren Phasen wird mit „Neuägyptizismus" umschrieben. Vgl. am ausführlichsten Kroeber 1970.
179 Junge 1984: 1192. Vgl. zu den Ausführungen Junges auch Kammerzell 1998(2009): 70–73; Quack 2013: 39–41.
180 Die Kenntnis der einzelnen Normen sei dabei abhängig vom Bildungsgrad. Junge 1985: 30.

> „Natürlich sind aber auch diese Arten der Sprache [‚klassisches' Mittelägyptisch und Neuägyptisch; Anm. d. Verf.] nicht scharf voneinander zu trennen; auch der gewöhnliche Schreiber hat ja eine Schule durchgemacht und kann ja, wenn es ihn beliebt, sich auch einmal gewählt ausdrücken."[181]

JUNGE weist zudem ausdrücklich darauf hin, dass der Sprach- und Schriftentwicklung zwar die gleichen Mechanismen zugrunde lägen, es sich aber um unabhängig ablaufende Prozesse handele. Zusammenfassend stellt JUNGEs Modell zur sprachlichen Entwicklung des Ägyptischen eine Theorie diachroner Sprachwandelprozesse und bedarfsgerechter Verwendung verschiedener Normen dar. In der ägyptischen Sprachgeschichte sieht er einen durchgängigen, linearen Entwicklungsstrang, der sich in den Textzeugen phasenverzögert widerspiegelt. Als grundlegende Motivationen für sprachlichen Wandel führt auch er sprachliche Ökonomie und die analytische Tendenz an. Der Hauptvorgang im ägyptischen Sprachwandel sei „Sprachwandel durch Auswahl"[182]:

> „[…] seine [des Sprechers; Anm. d. Verf.] „Innovationen" können im wesentlichen nur neue Realisierungen schon gegebener Möglichkeiten des Sprachsystems sein oder Auswahl durch Bevorzugung bestimmter – vom System vorgegebener – „isofunktioneller" Varianten."[183]

Diese Sicht sprachlichen Wandels ist problematisch, da sie voraussetzt, dass es im Grunde keine Innovationen in der Sprache gibt, sondern jede neue Struktur bereits in einer älteren Sprachphase vorhanden gewesen sein muss. Das ist aber beispielsweise bei den pränominalen Determinierern, die sich zum definiten Artikel entwickeln, nicht der Fall. Insgesamt ist die overte Markierung definiter Nominalphrasen tatsächlich eine sprachliche Neuerung und keine Auswahl eines selteneren älteren Phänomens [vgl. Kapitel 4.2.1]. Auch die feinteilige Untergliederung der einzelnen Sprachphasen wurde bereits in Frage gestellt, da nicht genügend typologische Merkmale definiert wurden, um diese zu rechtfertigen.[184]

3.2.2.4 Jansen-Winkeln

Eine konträre Hypothese formulierte JANSEN-WINKELN 1995. Zunächst setzt er sich ausführlich mit JUNGEs Modell auseinander, an dem er vor allem JUNGEs Einteilung der vier normhierarchischen Sprechhandlungen als problematisch empfindet, die laut JANSEN-WINKELN keiner realen Kategorie entsprächen. Anhand zahlreicher Quellenbeispiele aus dem Bereich der theologischen und staatlichen Domänen widerlegt er die Annahme, dass kontemporäre Texte derselben normhierarchischen Sphäre auch gleichermaßen dieselbe Sprachstufe widerspiegeln müssten. Zudem legt er nachvollziehbar dar, dass auch die Textbeispiele, die JUNGE selbst als Belege für die Abfolge seiner kleinteiligeren Sprachstufenabfolge aufführt, nicht mit dieser Reihenfolge konform sind: Texte, die in seiner Theorie zu den jüngeren Sprachstufen gezählt würden, wiesen zum Teil weniger typologisch jüngere Elemente (sog. „Neuägyptizismen"[185]) auf als solche, die zu den älteren gezählt wurden.

---

181   Erman ²1933: 5.
182   Junge 1984: 1188.
183   Junge 1984: 1188.
184   Vgl. bspw. Schenkel 1990: 9; Quack 2013: 39–41.
185   Vgl. Fußnote 178.

Schließlich verwirft er die beiden grundlegenden Annahmen von Junges Modell, indem er das allmähliche Vordringen sprachlicher Innovationen in alle Textgattungen bestreitet, da Neuerungen nur bestimmte Teilbereiche beträfen, sowie die Übereinstimmung gesprochener und geschriebener Sprache widerlegt: Die einzelnen Ausprägungen des „gehobenen" (geschriebenen) Neuägyptisch habe es seiner Meinung nach niemals als gesprochene Sprache gegeben, sondern sie hätten immer nur als bewusst gewählte Varianten der Schriftsprache existiert, unabhängig von ihrem sprachgeschichtlichen Alter, und seien somit auch nicht durch die Normhierarchie phasenverzögert nach oben gewandert.

Im Gegenzug schlägt Jansen-Winkeln ein Modell vor, welches die oben erwähnten Thesen Strickers wieder aufgreift und ergänzt. Hierin versucht er, die synchron auftretenden unterschiedlichen sprachlichen Varianten mit Diglossie bzw. Zweisprachigkeit zu erklären. Ungefähr ab der Ersten Zwischenzeit fände eine Auseinanderentwicklung des Sprachgebrauchs religiös-feierlicher und alltagsweltlicher Texte statt, während in der Zeit davor dieser Unterschied noch nicht vorhanden bzw. nicht greifbar sei. Die Verwendung des Spätmittelägyptischen/Frühneuägyptischen, welches der gesprochenen Sprache nahe stünde, sei aber (bis einschließlich der 18. Dynastie) abhängig von der inhaltlichen Intention des Textes. Nur die Wiedergabe wörtlicher Rede bzw. die schnelle schriftliche Registrierung von Sachverhalten spiegele diese Varietät wider. Offiziell gelehrte Schriftsprache sei in dieser Zeit aber die „mittelägyptische Hochsprache".[186] Auch die Orthographie sei noch nicht abweichend wie in späterer Zeit. Die Amarnazeit stelle einen tatsächlichen Bruch in der Tradition dar, in der das Neuägyptische als offizielle Sprache durchgesetzt werden sollte. Die Texterzeugnisse wiesen jedoch einen noch unsicheren, schwankenden Gebrauch auf. In der Ramessidenzeit hätten sich dann zwei Schriftsprachen etabliert, die beide zur Schreiberausbildung gehörten; zusätzlich seien mehrere „Mischungstypen"[187] in Gebrauch. Während dieser Zeit sei der Verwendungsbereich der sprachlichen Standards noch variabel, ab der Dritten Zwischenzeit sei die Anwendung der zwei Sprachstufen dann jedoch klar geregelt. Deutlich widerspricht er Junge, der der Ramessidenzeit noch ein einziges Sprachsystem mit unterschiedlichen Normgrammatiken zuordnet. Die Divergenzen zwischen Mittelägyptisch und Neuägyptisch seien in dieser Zeit schon zu groß, als dass sie ein gemeinsames Sprachsystem hätten bilden können und nur eine vorausgehende, jahrhundertelange Auseinanderentwicklung könne für diese Unterschiede verantwortlich sein. Er bekräftigt noch einmal, dass er Strickers Modell zum Ablauf der ägyptischen Sprachgeschichte als die bisher überzeugendste, wenn auch etwas vereinfachte, Lösung erachtet. Dabei habe aber auch das Mittelägyptische, in seinen späteren Verwendungen als Spätmittelägyptisch, Weiterentwicklungen erfahren und sei keine statische Größe geblieben. Abschließend definiert er das synchrone Nebeneinander der älteren und jüngeren Varietät im Ägyptischen vom Mittleren Reich bis einschließlich der 18. Dynastie bzw. der Amarnazeit als Diglossie im Sinne Fergusons in Abgrenzung zum Terminus der „Zweisprachigkeit":

> „Während ‚Zweisprachigkeit' ein Begriff ist, unter dem man jede Form der Beherrschung oder des Gebrauchs von zwei Sprachen verstehen kann, wird ‚Diglossie' meist im Sinne des Arabisten Ch. Ferguson als mehr oder weniger festumrisse-

---

186 Jansen-Winkeln 1995: 105.
187 Jansen-Winkeln 1995: 105.

ner Fachbegriff verwendet: Es handelt sich dabei um den situativ bedingten und sozial fest geregelten Gebrauch zweier (meist verwandter) Sprachvarianten von unterschiedlichem Prestige, wovon nur die eine („höhere") Variante verschriftet ist, und zwar sind die Regeln derart, daß ein abweichender Gebrauch unangemessen, lächerlich oder sogar provokativ wirken würde."[188]

Ab der Ramessidenzeit sei keine Diglossiesituation mehr gegeben, sondern es existierten zwei gesonderte Schriftsprachen.

Zusammenfassend lässt sich JANSEN-WINKELNS Modell der Diglossie ganz im Sinne STRICKERS für den Ablauf der ägyptischen Sprachgeschichte charakterisieren: Nach einer Auseinanderentwicklung von Hochsprache und Umgangssprache ab der Ersten Zwischenzeit entsteht eine Diglossiesituation, die ab der Amarna- bzw. der Ramessidenzeit in das synchrone Nebeneinander zweier abgegrenzter Schriftsprachen mündet. Verschiedene Mischtypen verwenden je nach Kommunikationssituation und Intention Elemente beider Varianten.

Kritik an JANSEN-WINKELNS Erklärungsansätzen hat wiederum KAMMERZELL 1998(2009) in seiner Untersuchung zu Sprachwandel und Sprachkontakt vorgebracht. Ihm erscheint die in JANSEN-WINKELNS Modell skizzierte, hochkomplexe soziolinguistische Situation wenig glaubwürdig. Das Nebeneinander zahlreicher, verschiedener Varietäten (JANSEN-WINKELNS „Mischtypen"), die alle in den Rang eigener Sprachstufen bzw. sprachlicher Standards[189] erhoben würden, um dann in bestimmten Kontexten nach genau festgelegten Verwendungsbedingungen eingesetzt zu werden, hält er für verfehlt. In diesem Zusammenhang sind m. E. die Ausführungen JANSEN-WINKELNS jedoch anders zu interpretieren. Auch wenn JANSEN-WINKELN von „Sprachstandard" und „Sprachstufen" bzw. der „Wahl der Sprachstufe" spricht, so geschieht dies offenbar in Abgrenzung zu JUNGES Verwendung des Terminus „Norm"[190], wie auch wohl in der Erweiterung von GOLDWASSERS Begriff der „Wahl der Register"[191]. So erklärt sich auch der von KAMMERZELL beanstandete „unauflösbare Widerspruch"[192] zwischen dem laut JANSEN-WINKELN noch variablen Gebrauch der unterschiedlichen Sprachstandards und der Bezeichnung als „Standards".[193] Um den Begriff „Register" zu erweitern und „Norm" zu vermeiden, werden die übergreifenden Termini gewählt, nicht ohne jedoch deutlich zu machen, dass die festen Verwendungsbereiche sich eben erst in der Periode der Ramessidenzeit herauskristallisieren. KAMMERZELLS Skepsis

---

188 Jansen-Winkeln 1995: 113.
189 Unter Sprachstandard bzw. eigener Sprachstufe versteht Kammerzell die jeweils „normierte oder sogar kodifizierte Varietät einer Sprache [...], deren Benutzung in bestimmten Kommunikationskontexten obligatorisch geregelt ist" (Kammerzell 1998(2009): 66).
190 Den er ausdrücklich kritisiert, s. Jansen-Winkeln 1995: 110, Fußnote 92.
191 Der von Goldwasser geprägte Begriff des „sprachlichen Registers" ist ihm nicht umfassend genug, da er nicht die gesamten Möglichkeiten des sprachlichen Ausdrucks vom Mittelägyptischen bis zum Neuägyptischen umfasse und außerdem überflüssig werde, wenn man sogar noch von der Annahme ausgehe, dass es „multilayered register" gäbe, in denen die Sprachstufen wechselten. Jansen-Winkeln 1995: 108. (Zu den grundlegenden Definitionen der Register durch Goldwasser s. Kapitel 3.3.3.)
192 Kammerzell 1998(2009): 78, Fußnote 56.
193 In der vorliegenden Arbeit würde in diesem Fall von unterschiedlichen „Varietäten" bzw. Sozio- oder Idiolekten gesprochen.

bezüglich der bewussten Verwendung dieser Mischtypen ist m. E. jedoch angebracht: Es scheint sich dabei doch mehr um die Wahl sprachlicher Register (eben im Sinne GOLDWASSERS) zu handeln, was JANSEN-WINKELN als Wahl höheren bzw. niedrigeren Prestiges innerhalb seiner Kriterien zur Wahl der Sprachstufe zum Ausdruck bringt. Im engeren Sinne lassen sich die drei von JANSEN-WINKELN postulierten Kriterien auf dieses letzte reduzieren: Einer Textart durch ‚altehrwürdige' Ausdrucksweise, d. h. der Wahl älterer Konstruktionsmöglichkeiten, einen hochsprachlichen Charakter zu verleihen ist letztlich eine Prestigefrage; ebenso trifft dies auf die Wahl der Sprachebene in Abgrenzung diesseitiger und jenseitiger Kommunikation zu [vgl. Kapitel 3.3.3 und 4.5].

Letztlich erhebt KAMMERZELL noch Einspruch gegen JANSEN-WINKELNS Verwendung des Diglossie-Begriffs: JANSEN-WINKELN lasse einen Teil der ursprünglichen Definition des Terminus durch FERGUSON außer acht, indem er zwar einerseits das Nebeneinander nur einer verschrifteten und einer nicht oder kaum verschrifteten Varietät als Diglossie akzeptiere, aber andererseits missachte, dass die Existenz zweier deutlich strukturell und funktional unterschiedener Varietäten eine Voraussetzung für FERGUSONs Interpretation des Begriffs darstelle. Eben diese Voraussetzung sei aber weder für die Periode von der Ersten Zwischenzeit bis zur Amarnazeit noch für die Ramessidenzeit zu bestimmen, denn gerade hier habe es ja verschiedene, nur graduell abweichende Varietäten gegeben.[194]

3.2.2.5 Kammerzell

KAMMERZELL[195] nimmt letztendlich eine Gegenposition ein und greift JUNGEs Modell wieder auf, das durch ihn verschiedene Erweiterungen erfährt. In Anlehnung an JUNGEs normhierarchischen Entwurf ist auch KAMMERZELL der Ansicht, dass eine wachsende Divergenz zwischen gesprochener und geschriebener Sprache rein hypothetisch sei. Besonders in den frühen Epochen der ägyptischen Geschichte sei es aufgrund der wenigen verschriftlichten Textgattungen nicht zu beurteilen, ob sich die Sprache alltagsweltlicher Texte, die im Grunde gar nicht belegt seien, von denen höher stehender Normen unterschieden hätte und wie ihr Verhältnis zur gesprochenen Sprache gewesen sei. Er vertritt die Ansicht, dass eine Annäherung der geschriebenen Sprache an die gesprochene Sprache stattgefunden habe. Es sei davon auszugehen, dass erst mit der Ausbreitung und Vermehrung der Domänen, in denen Schriftverwendung fand, eine Auffächerung der Schriftsprachen erfolgte. So bilde sich in den hierarchisch tieferstehenden Bereichen von literarischen und alltagssprachlichen Texten erst allmählich eine verschriftlichte Variante heraus, wodurch dann eine Annäherung an die gesprochene Sprache ermöglicht werde.

3.2.2.6 Quack

In einem aktuellen Aufsatz bespricht QUACK 2013 die älteren Theorien von STRICKER, JUNGE und JANSEN-WINKELN. Er kritisiert vor allem die zu stark simplifizierte Darstellung des geradlinigen Verlaufs der Entwicklung der gesprochenen Sprache in Strickers Modell. Statt einer einheitlichen, durchgängigen Linie handele es sich bei der Sprachentwicklung vielmehr um

---

194 Kammerzell 1998(2009): 67.
195 Kammerzell 1998(2009): 74–75.

> „eine Art Fluss, der eine reale (wechselnde) Breite hat und sich in einer Weise windet, die Unregelmäßigkeiten der Sprachentwicklung besser widerspiegeln kann – auch wenn eine genaue Ermittlung des jeweiligen Änderungstempos aufwendig bis unmöglich sein dürfte."[196]

Auch die von JUNGE geschilderte Situation phasenverzögerter Übernahme von Innovationen in ein normhierarchisches System von Textgattungen hält er aufgrund der sprachlichen Realität in den Textbelegen für nicht haltbar. QUACK betont, dass sich bereits in unterschiedlichen Textgattungen ab dem Alten Reich, aber insbesondere in den Texten der griechisch-römischen Zeit, eine deutlich komplexere Situation sprachlicher Variation abzeichne. Die Annahme einer ‚simplen' Diglossie-Situation im Sinne JANSEN-WINKELNS [vgl. Kapitel 3.2.2.4] lehnt er ebenfalls ab.[197] Die sprachliche Realität der Textzeugen in den späteren Epochen spiegele eine Vielfalt unterschiedlicher Sprachzustände, die sich auch nicht jederzeit an dem augenscheinlichsten Kriterium der Schriftart festmachen lasse.[198]

Zusammenfassend zeigt sich, dass alle Theorien zur ägyptischen Sprachentwicklung mit den gleichen Schwierigkeiten zu kämpfen haben: Die geringe Beleglage der frühen Sprachphasen erschwert eine vielschichtige Analyse, während die Vielfalt der Textzeugen ab der Mitte des Neuen Reiches ein verwirrendes Bild der schriftsprachlichen Situation zeigt. Einigkeit herrscht mittlerweile über den durchgängigen Entwicklungsstrang der ägyptischen Sprachgeschichte,[199] der Verlauf und der Einfluss von Varietäten ist jedoch noch immer Gegenstand der Diskussion. Untersuchungen der letzten Jahrzehnte rücken daher folgerichtig vermehrt die Frage nach (synchroner) sprachlicher Varietät, Wahl des sprachlichen Registers bzw. der Diskurspragmatik und der Intertextualität, vor allem der Tradierung älteren Sprachguts, in den Vordergrund.[200] Diese Fragestellungen und ihr Einfluss auf die vorlige Untersuchung werden im nächsten Kapitel näher beleuchtet.

Unscharf bleibt hingegen auch weiterhin die Trennung zwischen Ursachen, Prozessen und Mechanismen sowie daraus resultierende typologische Tendenzen sprachlichen Wandels. Insbesondere hierzu möchte die vorliegende Untersuchung einen Beitrag leisten, der in Konsequenz einen weiteren Blickwinkel auf die Fragen nach dem Ablauf ägyptischen Sprachwandels ermöglichen soll.

---

196 Quack 2013: 37.
197 Quack 2013: 37–39. Für seine Position zum Ptolemäischen vgl. Fußnote 112.
198 Vgl. Quack 2010b. Für den interessanten Fall der Wiedergabe einer Sprachstufe in einer ‚unerwarteten' Schriftart (z. B. mittelägyptische Sprache in demotischer Schrift) prägt er hier den Begriff „Inhomogenität", im Gegensatz zu „Homogenität", in dem Sprachstufe und Schriftart erwartungsgemäß übereinstimmen. Allerdings bezeichnet er selbst in einem kritischen Fazit die Unterscheidung als „weniger gut greifend" (Quack 2010b: 336), da sich in ihnen mehr die Kriterien moderner Forscher widerspiegelten, als die Feinheiten der Verwendung von Sprache und Schrift in der Kultur selbst.
199 Zur Sonderstellung von schriftsprachlichen Varietäten s. Fußnote 160.
200 Siehe z. B. die Beiträge von Eyre 1991; Allen 1994; Sweeney 2001; El-Hamrawi 2004; Quack 2013 u. a. m.

> "Only before God and the linguist are all languages equal."
>
> Mackey 1978: 7.

3.3 Varietät im Ägyptischen

Sprachen bzw. Sprachsysteme zeigen nicht nur diachrone Veränderungen: Synchrone Varietäten innerhalb eines Sprachsystems sind die Vorläufer jeden formalen und funktionalen Wandels der sprachlichen Struktur. So existiert jedes sich wandelnde Element zunächst einmal als Variation in der Sprachgemeinschaft bzw. im Sprachwissen eines Sprechers/Hörers.[201] Das Forschungsgebiet der sprachlichen Varietät ist ungemein vielfältig und hat in den letzten Jahrzehnten zahlreiche Bereicherungen vor allem im Gebiet der Soziolinguistik erfahren. Im Folgenden werden daher nur Ausschnitte eines extrem umfangreichen Gebietes beleuchtet, um die Bedeutung von Varietät für die diachrone Forschung herauszustellen.

Im schriftlich bezeugten Ägyptisch ist die Unterscheidung von Varietäten aufgrund der vielfältigen diachronen und synchronen Verflechtungen teilweise ausgesprochen komplex. Bisherige Forschungen fokussierten vermehrt die Analyse sprachlicher Ebenen, die als synchrone Register bezeichnet werden können.[202] Darunter subsumieren häufig solche Unterschiede, die der Wahl des sprachlichen Niveaus gemäß der Textgattung geschuldet sind, wobei in der Ägyptologie die Ansicht vorherrschend ist, dass ein höheres Sprachniveau eine ältere Sprachphase (bzw. die Vermeidung jüngerer, vermeintlich „umgangssprachlicher" Phänomene) widerspiegelt. Wie bewusst dies in Abgrenzung zur alltäglichen (gesprochenen) Kommunikation geschah oder dem Alter (der Vorlagen) dieser Textzeugen geschuldet ist, lässt sich oft nicht eindeutig bestimmen.[203] Generell ist der Abstand schriftlich fixierter Sprache zu gesprochenen Idiomen im Ägyptischen, wie zuvor erwähnt, ein vieldiskutierter Phänomenbereich [vgl. Kapitel 3.2.2].[204] Schwer nachzuweisen sind vor der koptischen Sprachphase auch dialektale Varianten, da die ägyptische Sprache sich aufgrund der Schriftsysteme und der möglicherweise zentralistischen Schreiberausbildung recht einheitlich präsentiert [s. Kapitel 3.3.2]. Auch der Einfluss von Sprachkontakt ist Gegenstand wissenschaftlicher Diskussion: Während das ältere Ägyptische bis zum Ende des Mittleren Reiches aufgrund der territorialen Vormachtstellung und abgeschotteten Politik Ägyptens

---

201 Vgl. Lüdtke/Mattheier 2005: 30.
202 In der vorliegenden Betrachtung wird ein „Register" als eine synchrone sprachliche Varietät, die sich aufgrund diastratischer oder diaphasischer Unterschiede (häufig im Zusammenhang mit den Anforderungen der jeweiligen Textgattung) von anderen sprachlichen Varietäten (bewusst oder unbewusst) abgrenzt, definiert. Zu sprachlichen Registern im Ägyptischen allgemein vgl. vor allem Goldwasser 1991; zusammenfassend Stauder 2013: 5–8. 17–20 sowie die Ausführungen in den folgenden Kapiteln 3.3.1, 3.3.2 und 3.3.3.
203 Speziell zur Verwendung älterer Vorlagen für jüngere ägyptische Texte vgl. die ausführliche Diskussion in Lieven 2007: 23–50, aber auch die Kritik an der Methode/Schlussfolgerung, z. B. in Jansen-Winkeln 2011.
204 In diesem Zusammenhang gilt es noch einmal darauf hinzuweisen, dass verschriftlichte Sprache generell die Tendenz zeigt, die Repräsentation von Merkmalen beizubehalten, die in der gesprochenen Sprache bereits verloren gingen. Vgl. Campbell ²2004: 372.

vermeintlich wenige dieser Einflüsse aufweist,[205] ist die Frage für die Zweite Zwischenzeit und das Neue Reich, welche durch Fremdherrschaft und die Aufnahme politischer Beziehungen zu den umgebenden Völkern als Perioden der Öffnung Ägyptens nach außen gelten, nicht so leicht zu bewerten. Bislang wurde angenommen, dass vor allem das Lexikon von Änderungen betroffen war,[206] neuere Untersuchungen versuchen jedoch zu zeigen, dass die Einwirkung durch Sprachkontakt im Neuen Reich nicht so groß sei, wie bisher angenommen.[207] Unbestritten ist dagegen der Kontakteinfluss durch fremdsprachliche Varietäten in der griechisch-römischen Zeit, der sich nicht nur in der augenscheinlichsten Veränderung, der Verwendung des griechischen Alphabets für die Verschriftlichung des Koptischen, zeigt.[208]

Nach einer knappen Einführung in linguistische Aspekte der Varietät werden im Anschluss diese Faktoren für das Ägyptische näher betrachtet.

3.3.1 Linguistische Grundlagen

Vor der eingehenderen Beschäftigung mit den Phänomenen der Varietät ist eine Definition der Begrifflichkeiten angebracht. LÜDTKE und MATTHEIER verstehen unter „Variation", „Varietät" und „Standardsprache" folgende Konzepte:

> „*Variation* als Eigenschaft natürlicher Sprachen, unterschiedliche materielle Ausprägungen zu erzeugen. Variation manifestiert die Verschiedenartigkeit in einer Sprache, wobei zwischen Variation des Sprechens und Variation der Sprache zu unterscheiden ist. Variation spielt sich auf der Diskursebene ab."[209]
>
> „*Varietät* ist eine im Sprecherwissen verankerte Zusammenziehung von Variationsbündeln zu einer übergreifenden, in sich relativ geschlossenen Einheit […]. Mit dieser Verflechtung von außer- und innersprachlicher Zuweisung werden Varietäten teils vom Sprecherwissen als mentale Größe ‚demolinguistisch', teils als mit Systematizität behaftete Einheiten gedeutet oder konzipiert […]. Die Verteilung von Varietäten innerhalb einer Gesamtsprache wird mit der Annahme vom Varietätengefüge oder der Architektur von Varietäten konstruiert (Coseriu 1988)."[210]
>
> „*Standardsprache* ist diejenige Leitvarietät im Sinne eines ‚idioma cardinale' (Dante), die eine institutionalisierte Verbindlichkeit in Normfragen aufweist. Die teilweise mit ihr konkurrierenden Begriffe *Hochsprache*, *Literatursprache*, *Schriftsprache* (Baum 1987) oder auch *Nationalsprache* greifen zu kurz. Die Standardisierung erarbeitet über eine Teilkodifizierung eine Varietät heraus, die normativen Charakter beansprucht. Die Standardsprache resultiert aus ihrer Geschichte."[211]

Mit anderen Worten: Variationen sind Einzelphänomene und damit entweder pragmatische Innovationen eines Sprechers oder Eigenheiten seines Idiolekts. In der Bündelung von

---

205 Vgl. Junge 2001: 259.
206 Vgl. z. B. Junge ³2008: 43.
207 Kammerzell 1998(2009): insbesondere 217–218.
208 Vgl. Kapitel 3.1, mit Fußnote 117.
209 Lüdtke/Mattheier 2005: 15.
210 Lüdtke/Mattheier 2005: 15.
211 Lüdtke/Mattheier 2005: 15.

Merkmalen und Personen, das heißt, wenn eine Gruppe von Sprechern diese Neuerungen/Abweichungen vom Standard verwendet, lassen sich diese Variationen als Varietäten zusammenfassen, welche schließlich in gewissem Maße von einer Standardsprache abweichen. Varietät ist dabei nicht gleichzusetzen mit dem Begriff „Dialekt", sofern unter „Dialekt" eine vorrangig geographische Zuordnung verstanden wird. Vielmehr umfasst Variation vier Dimensionen:[212]

– die temporale (historische) Dimension,
– die räumliche (geographische) Dimension,
– die soziale Dimension,
– die situationsbedingte Dimension.

Diesen werden nach COSERIU häufig die Begriffe diachron, diatopisch, diastratisch und diaphasisch zugeordnet, wobei die internen Variationen der diatopischen, diaphasischen und diastratischen Dimension synchrone Phänomene darstellen, aber oftmals diachrone Sprachwandelprozesse in bestimmten Stadien der Entwicklung widerspiegeln.[213] Zu den internen Dimensionen merkt COSERIU an:

> „In einer historischen Sprache[214] stellt man aber nicht nur die Verschiedenheit fest, die man normalerweise „dialektal" oder „mundartlich" nennt. Es gibt nämlich in einer historischen Sprache zumindest drei Arten der inneren Verschiedenheit, und zwar: *diatopische* Unterschiede (d.h. Unterschiede im Raume), *diastratische* Unterschiede (Unterschiede zwischen den sozio-kulturellen Schichten) und *diaphasische* Unterschiede, d.h. Unterschiede zwischen den Modalitäten des Sprechens je nach Situation desselben (einschließlich der Teilnehmer am Gespräch)."[215]

Ein Dialekt umfasst somit vorrangig die diatopische Dimension, sprachliche Varietät als übergeordneter Begriff auch diaphasische und diastratische Merkmale:

> "The use of dialect, or of certain dialect markers, is often conceived of as an indicator of a specific social position rather than as an indication of geographical origin. In

---

212 Berruto 2010: 226–227. Vgl. auch Johnston 2010: 1–12.
213 Berruto 2010: 227.
214 Coseriu unterteilt die Struktur der Sprache generell in 3 Ebenen:
 - die universelle Ebene des Sprechens im Allgemeinen (ohne jegliche historische Bestimmung)
 - die historische Ebene der Sprachen, d. h. der historisch gewordenen gemeinschaftlichen Traditionen des Sprechens
 - und die individuelle Ebene der Texte.
 Die historische Sprache gehört zur historischen Ebene, wobei sie ein Gefüge von historischen Traditionen des Sprechens darstellt, eine Sprache also, „die schon als solche von anderen Sprachen historisch abgegrenzt ist, der dieser Status historisch zuerkannt wird". Coseriu 1980: 109. Die historische Sprache ist es auch, die Coseriu in Gegensatz zum Dialekt stellt: „Und in diesem Sinne ist auch das, was in der Dialektologie gilt (und auch dem üblichen Sprachgebrauch entspricht), zu verstehen: daß nämlich ein Dialekt eine Sprache (=Sprachsystem) ist, die einer historischen Sprache zugeordnet bzw. innerhalb einer historischen Sprache abgegrenzt wird." Coseriu 1980: 109.
215 Coseriu 1980: 111. Er weist ausdrücklich darauf hin, dass die Begriffe diastratisch und diatopisch nicht von ihm selbst eingeführt wurden, sondern vom norwegischen Romanisten Leiv Flydal stammen. Nur den Terminus diaphasisch habe er hinzugefügt. Coseriu 1980: 111–112, mit Fußnote 3.

this respect, the sociocultural references of language cannot be seen as detached from or independent of the geographical dimension [...]. In other words, the territoriality of language is intimately connected and subtly interwoven with other aspects of language which are often regarded as expressions of certain social features and characteristics."[216]

Die Abgrenzung eines Dialektes kann daher nie allein aufgrund linguistischer Merkmale erfolgen:

„[...] it is impossible to define an existing language form as dialect or as a language on the grounds of purely linguistic features. The difference rests on their position in society: dialect is a geographically restricted variety, mainly spoken and lacking of (overt) prestige, occupying the ‚low' level in a linguistic repertoire; standard, instead, is a prestigious variety with a wider geographical range, which occupies the ‚high' level in a linguistic repertoire and is employed in written and more formal usages."[217]

Die „historische Sprache" oder nach obiger Definition „Standardsprache" dient als „Dachsprache", innerhalb derer sich Varietäten zeigen.[218] Aus diachroner Sicht ist eine Varietät die synchrone Widerspiegelung der momentanen Verbreitung einer Bündelung sprachlicher Innovationen und somit nicht Einflussfaktor, sondern Teil sprachlichen Wandels selbst:

„Dialect variation brings together language synchrony and diachrony in a unique way. Language change is typically initiated by a group of speakers in a particular locale at a given point in time, spreading from that locus outward in successive stages that reflect an apparent time depth in the spatial dispersion of forms."[219]

Für die Problemstellung des Sprachwandels im Ägyptischen wurde der Bezug in Kapitel 3.2.2 anhand der Forschungsgeschichte bereits umrissen: Gesprochene Varietäten stehen der ägyptologischen Forschung nicht zur Verfügung, daher müssen Informationen allein aus den schriftlichen Quellen gewonnen werden.

Dabei ist die unterschiedliche Struktur (bzw. der „Abstand" zwischen) geschriebener und gesprochener Sprache ein vieldiskutiertes Thema, nicht nur in der ägyptologischen Forschung [vgl. Kapitel 3.2 und Kapitel 3.3.3]. Dass sich geschriebene Sprache von gesprochener Sprache unterscheidet, ist in heutigen Kulturen eindeutig belegt und darf auch für antike Kulturen als sicher gelten. Diese Unterschiede drücken sich durch Kriterien wie „geplant", „situationsentbunden" und „vorstrukturiert" für **geschriebene** Sprache vs. „spontan", „situationsdeterminiert" und „subjektbezogen" für **gesprochene** Sprache aus.[220] Manche Forscher postulieren daher eine vierte Ebene der Varietät, die „diamesische Dimension".[221] HALLIDAY beschreibt in diesem Zusammenhang die Struktur von Schriftlich-

---

216 Mœhlum 2010: 19.
217 Berruto 2010: 231. Vgl. zu soziolinguistischen Faktoren von Wandel z. B. auch Labov 2001; Labov 2007.
218 Berruto 2010: 231.
219 Wolfram/Schilling-Estes 2003: 713.
220 Erfurt 1996: 1390.
221 Vgl. Erfurt 1996: 1389; Berruto 2010: 235.

keit in Begriffen von „*dense*" (‚verdichtet') und „*static*" (‚statisch'), während gesprochene Sprache „*dynamic*" (‚dynamisch') und „*intricate*" (‚aufwendig') sei.[222] Er beschreibt beispielsweise, dass geschriebene Strukturen mehr lexikalische Dichte aufweisen, wohingegen gesprochene Sprache aufwendiger im Hinblick auf diskurspragmatische Strukturen sei.[223]

Solche Kriterien wurden für moderne Sprachen wie Englisch konzipiert, lassen sich jedoch in einer antiken Sprache ebenso prüfen, wenn grundlegende Untersuchungskriterien festgelegt werden. So kann bspw. die Struktur der Wiedergabe wörtlicher Rede mit dem umgebenden Text verglichen oder in größerem Maßstab kontemporäre Belege unterschiedlicher Textgattungen gegenüber gestellt werden. Dies ist für das Ägyptische bereits in mancher Hinsicht erfolgt, wobei die verschiedenen Ausdrucksweisen als unterschiedliche „Sprachstile", „sprachliche Normen" oder „Register" angesprochen wurden [vgl. Kapitel 3.2.2, 3.3.2 und 3.3.3]. Obwohl das gesprochene Ägyptisch naturgemäß nicht zur Verfügung steht, können durch die Übertragung solcher Kriterien Ausdrucksmuster in Textquellen bestimmt werden, die diesem zumindest nahe kommen. In sprachlichen Registern, wie sie in privaten Briefen Anwendung finden, wäre dies bspw. der häufigere Gebrauch stark pragmatischer deiktischer Elemente [s. Kapitel 4.2.1.5] und Partikel. Die Schlussfolgerung, dass auch ägyptische Briefe (oder die Wiedergabe wörtlicher Rede in literarischen Texten) der gesprochenen Sprache nahestehen, ist somit an übereinzelsprachlichen Kriterien abgesichert.[224] Dass diese der gesprochenen Sprache nahestehende Ausdrucksweisen nicht repräsentativ für die gesprochenen Varietäten sämtlicher Bevölkerungsschichten bzw. regionaler Gruppen sein können, ist schon allein durch die geringe Verbreitung der Schreib- und Lesefähigkeit bestimmt;[225] der Zugang zu dieser Bildung war den höchsten sozialen Kreisen vorbehalten – inwieweit sich die Varietät dieser Schicht von nicht-literaten Schichten unterscheidet, ist empirisch nicht überprüfbar.

Schlussfolgernd lässt sich festhalten, dass die Definition einer ägyptischen Standardsprache nur in Auswertung der schriftlichen Hinterlassenschaften bei gleichzeitiger Abgrenzung eines chronologischen Rahmens sowie eines ausgewählten textsprachlichen Registers erfolgen kann, um hiervon Variation und Varietät weitestgehend abzugrenzen. Aus diachroner Perspektive sind frühe Variationen, die später großflächig in die (schriftliche) Standardvarietät Eingang finden, die Vorboten sprachlichen Wandels, jedoch allein in Abgrenzung zu einem zuvor festgelegten Standard oder anhand sprachübergreifender Kriterien als solche zu erkennen [vgl. Kapitel 2.3].

Im Folgenden werden Ausschnitte der Forschungsgeschichte zu den synchronen Dimensionen von Varietät im Ägyptischen aufgezeigt, um anschließend den Einfluss dieser Faktoren auf die vorliegende Arbeit zu bewerten.

---

222 Halliday ²1989: 62.
223 Ibd.
224 Vgl. hierzu für das Ägyptische insbesondere den kritisch reflektierenden Aufsatz zur Anwendbarkeit solcher Kriterien von Eyre 1991.
225 Vgl. Kapitel 3.3.3, insbesondere Fußnote 265.

3.3.2 Diatopische Dimension

Zur Erklärung des Sprachwandels im Ägyptischen sind diatopische Differenzierungen immer wieder kontrovers diskutiert worden, insbesondere im Hinblick auf die Zuweisung regionaler Ursprünge der späteren Standardvarietäten der jeweiligen Sprachphasen. Eine grundlegende Schwierigkeit bildet dabei die Verwendung des Terminus „Dialekt" [s. oben]: Dieser wird in der ägyptologischen Forschung in Abgrenzung zu einer „Standardsprache" verstanden, die Unterscheidung zwischen Standard (in der Ägyptologie häufig mit „Hochsprache" gleichgesetzt) und Dialekt (oftmals mit „Umgangssprache" identifiziert) erfolgt jedoch auf der Basis einer Fülle heterogenen Quellenmaterials, welchem diastratische und diaphasische Dimension gar nicht in allen Fällen zugeordnet werden können.

Daher spielen auch heute noch Rückschlüsse aus dem Koptischen die wichtigsten Anhaltspunkte für die Rekonstruktion dialektaler Varietäten des älteren Ägyptisch.[226] Das Koptische offenbart verschiedene, regional bedingte Varietäten. Es werden sechs Hauptdialekte mit zahlreichen „Subdialekten" unterteilt, welche wiederum geographisch in drei übergeordneten Hauptregionen zusammengefasst werden. Sahidisch und Bohairisch werden in beiden Einteilungen als großflächige Standardsprachen angesehen, die Sprechern verschiedener Dialekte auch überregionale Kommunikation ermöglichen. Sahidisch spiegele dabei die gemeinsame Sprache des Niltals südlich des Deltas wider, während Bohairisch die überregionale Sprache des gesamten Nildeltas verkörpere. Die einzelnen Idiome und deren Subvarianten werden vor allem anhand synchroner phonologischer Variationen, die sich in den orthographischen Systemen niederschlagen, unterschieden. Hierbei spielt die Betrachtung der vokalischen Phonologie die Hauptrolle.[227]

Zur diatopischen Situation im vor-koptischen Ägyptisch merkt bereits GRIFFITH 1909 an, dass die ägyptische Sprache in (regionale) Dialekte unterteilt gewesen sein müsse: „From the earliest times Egypt must have been the home of several dialects."[228] Jedoch konnte er in der Verschriftlichung der älteren Sprachphasen dialektale Einflüsse nicht direkt nachweisen. So schreibt GRIFFITH weiter: „It was not until the Copts applied Greek letters and the Greek mode of spelling to their language that the differences of the dialects appeared clearly in their writing."[229]

Die Diskussion um den Einfluss dialektbedingter Sprachvarietäten auf den Entwicklungsverlauf der ägyptischen Sprache wurde vor allem durch einen Aufsatz EDGERTONS[230] aufgeworfen. EDGERTON betont, dass die generelle Arbeitshypothese, nach der sich die Sprachstufen Alt-, Mittel- und Neuägyptisch aufgrund ihrer chronologischen Abfolge auch zwingend auseinander ableiteten, durch die Einbeziehung dialektaler Unterschiede erweitert werden müsse. Als Anhaltspunkte für die Existenz unterschiedlicher Dialekte nennt er sprachliche Einzelphänomene, die sowohl im Altägyptischen als auch erneut im Neuägyptischen aufträten, im Mittelägyptischen allerdings nicht vorhanden seien bzw. nicht angewandt würden. Dazu zählen:[231]

---

226 Osing 1975: 1074.
227 S. Kasser 1991: 97–101; Layton 2000: 2–3. Vgl. auch Grossmann/Richter 2015: 78–80.
228 Griffith 1909(1973): 183; zitiert in Kammerzell 1998(2009): 56, Fußnote 92.
229 Griffith 1909(1973) : 183.
230 Edgerton 1951.
231 Edgerton 1951: 10; vgl. Kammerzell 1998(2009): 44–45.

- das Auftreten eines prothetischen *j* (sog. „*j*-Augment"[232]) an Imperativen und Partizipien zweiradikaliger Verben,
- das Auftreten von Nominalsätzen, bestehend aus zwei Substantiven ohne Kopula („Identitätssatz ohne Kopula"[233])
- sowie die Kongruenz des nachgestellten Demonstrativums als Subjekt mit dem vorangestellten nominalen oder pronominalen Prädikat im Nominalsatz.

Er erwägt die Möglichkeit, dass Sprachwandelprozesse am Übergang vom Alt- zum Mittelägyptischen die altägyptischen Phänomene eliminiert haben und reversive Prozesse diese am Übergang zum Neuägyptischen wiederhergestellt haben könnten, verwirft diese These jedoch als zu unwahrscheinlich. Stattdessen leitet er die Hypothese ab, dass das Neuägyptische eine evolutionäre Fortsetzung des Altägyptischen (Dialekts) sei und mit dem Mittelägyptischen eine andere regionale Varietät die Oberhand gewonnen habe:

> „It may reasonably be assumed that all native dialects in the country were mutually intelligible at all times, in spite of some difficulties. Mutual influence, therefore, would never be wholly absent. At different times, now one dialect and now another would enjoy superior prestige. The breaks which we observe in the history of the language may be due not only to the passage of time, but also perhaps in the seizure of power, wealth, and prestige by successive groups who came, by and large, from different areas."[234]

„Standard-Altägyptisch"[235] reflektiere somit die lokale Sprache der Region um die Pyramiden, während noch archaischere Elemente in der Sprache der Pyramidentexte allgemein aus dem Delta oder aus der Gegend um Heliopolis stammen könnten. „Standard-Mittelägyptisch"[236] hingegen habe seinen Ursprung in den oberägyptischen Regionen um Herakleopolis oder Theben, Neuägyptisch dann wieder im Delta.

EDEL sieht den Ursprung des klassischen Altägyptisch im „Unterägyptischen", genauer in der Gegend um Memphis, die Ursprünge des frühesten Altägyptischen (der Pyramidentexte) und des Neuägyptischen in der „Umgangssprache Oberägyptens".[237]

---

232 Beim sog. „*j*-Augment" (auch als „*j*-Präfix", „prothetisches *j*" oder „Stammerweiterungspräfix" bezeichnet) handelt es sich um ein Element, das einigen Klassen von Verben sowie einigen Verbalformen im Altägyptischen und Neuägyptischen vorangestellt wird. Umstritten ist bislang, ob es sich um ein Morphem, ein Phonem oder eine graphische Variante handelt. Interessant ist, dass dieses „Präfix" in Texten des Mittleren Reiches nicht auftritt, was die Diskussionen um mögliche dialektale Ursprünge der einzelnen Sprachphasen zusätzlich angeregt hat. Siehe z. B. Winand 1992: 151–155; Kruchten 1999: 4; Quack 1994: 39–41; Quack 2003a: 167–174; Allen 2004: 6–7. 9–13; Zöller-Engelhardt: in Vorbereitung. Vgl. den Vortrag von Zöller-Engelhardt auf dem International Congress of Egyptologists XI, 2015, in Florenz („Who am I – and if so, how many? Some remarks on the so-called „*j*-augment" and language change"). Abstract unter: http://www.ice11florence.org/circulars (Zugriff: 27.10.2015).
233 Otto 1959(1973): 73, Fußnote 1.
234 Edgerton 1951: 11.
235 Edgerton 1951: 12.
236 Ibd.
237 Edel 1955/64: 11–12.

FECHT postuliert ebenfalls den Ursprung der „gemeinägyptischen Hochsprache" des Alten Reiches im unterägyptischen Dialekt, der spätestens gegen Ende des Alten Reiches landesweit übernommen worden sei.[238] Grundlage seiner Argumentation bildet die Entwicklung von Komposita, deren Veränderungen zunächst in Quellen aus dem unterägyptischen Gebiet und erst zeitlich versetzt in oberägyptischen Belegen zu beobachten seien. Allerdings hätten sich spätestens im Mittleren Reich oberägyptische sprachliche Besonderheiten in der unterägyptischen „Volkssprache" durchgesetzt, während parallel jedoch die ägyptische Hochsprache im Grunde die gleiche geblieben sei wie im Alten Reich.[239] Im Neuen Reich werde dann laut FECHT diese ältere Sprachform von einer neuägyptischen abgelöst, die ihren Ursprung in Oberägypten, genauer in Theben habe.[240] Man dürfe jedoch nicht das Neuägyptische als „unmittelbare Weiterentwicklung des altoberägyptischen Dialekts"[241] betrachten, dafür sei die Entwicklung zu vielschichtig beeinflusst worden.[242]

Auch KROEBER weist ausdrücklich darauf hin, dass wesentliche Elemente des Neuägyptischen ihren Ursprung in der oberägyptischen Volkssprache hätten und somit die These EDGERTONS nicht haltbar sei.[243] DAVIS[244] nimmt auf der Basis einer Untersuchung verschiedener Negationspartikel eine dreiteilige areale Gliederung vor: Im Süden, also in Oberägypten, sieht sie den Ursprung des Neuägyptischen, dazwischen, in Mittelägypten, die Herkunft des Altägyptischen und Demotischen sowie im Norden, also Unterägypten, die Entstehung des Mittelägyptischen.

Die Theorien des mehrmaligen Wechsels der Standardvarietät sowie der Präferenz eines regionalen Dialekts werden bis heute diskutiert, wobei weder Einigkeit über das tatsächliche Ausmaß des dialektalen Einflusses auf die Sprachentwicklung im Allgemeinen als auch über die möglichen Lokalisationen der einzelnen Dialektbasen herrscht.[245]

Übereinstimmung zwischen den einzelnen Ansätzen bestehe laut KAMMERZELL nur darin, dass für das Mittelägyptische eine andere Dialektbasis vorausgesetzt werde als für das Neuägyptische und zudem keiner der Forscher, die ein frühes und ein späteres Altägyptisch unterscheiden, den Ursprung des jüngeren Altägyptisch im spezifisch Oberägyptischen sieht.[246] KAMMERZELL hat die bisherigen Ansätze zusammengefasst und macht dabei deutlich, dass parallel zwei Varietäten existiert haben sollen, die sich zweifach als überregionale Standards abgelöst hätten, je nachdem, wo sich das politische (und religiöse Zentrum) des Landes befunden habe. Es fände also vom Alt- zum Mittelägyptischen ein (regionaler) Wechsel der Varietät statt, um sich dann wieder vom Mittel- zum Neuägyptischen umzukehren. Er hält dies für unwahrscheinlich und postuliert ein Alternativmodell, welches zwar ebenfalls von einem Wandel der Standardvarietät ausgeht, aber zumindest den Vorteil

---

238 Fecht 1960: 161.
239 Fecht 1960: 161–162.
240 Fecht 1960: 162. 208.
241 Fecht 1960: 206.
242 Fecht 1960: 207, mit Fußnote 588.
243 Kroeber 1970: 176, Fußnote 9.
244 Davis 1973: 201–202.
245 S. hierzu insbesondere Kammerzell 1998(2009): 47–48, mit übersichtlicher Tabelle; zudem Schenkel 1990: 10; Loprieno 1995: 8 und die komparativ-typologischen Bemerkungen von Zeidler 1992: 208.
246 Kammerzell 1998(2009): 47–48.

berge, nicht von einem zweimaligen Wechsel des kulturell-politischen Zentrums und der damit einhergehenden, vollständigen, aber doch nur zeitlich begrenzten, Verdrängung einer Sprachvarietät ausgehen zu müssen: Auch in seinem Modell existieren zwei Varietäten parallel, der Wechsel fände jedoch nicht durch vollständige Ablösung, sondern vielmehr durch die Ausbreitung der jüngeren sprachlichen Varietät statt.[247]

Einer dialektalen Ursache für die wiederkehrenden Phänomene aus dem Altägyptischen im Neuägyptischen generell widerspricht OTTO und bezeichnet die Divergenzen zwischen Alt- und Neuägyptisch einerseits und dem Mittelägyptischen andererseits als bewusste „Stilunterschiede"[248]. Nur die phonetischen Unterschiede, die EDEL in der *Altägyptischen Grammatik*[249] aufführt, möchte er als dialektale Differenzierungen gelten lassen.

Prinzipiell gegen die Nachweisbarkeit dialektaler Unterteilungen des Ägyptischen (und auch des Koptischen) hat sich LOPRIENO ausgesprochen.[250] So schreibt er:

> „Due to the centralized nature of the political and cultural models underlying the evolution of Ancient Egyptian Society, there is hardly any evidence of dialect differences in pre-Coptic Egyptian."[251]

Er sieht in den schriftsprachlich niedergelegten Varianten nur die Widerspiegelung einzelner Vertreter unterschiedlicher Schreibertraditionen.[252] Wären die dialektalen Differenzierungen auch in pharaonischer Zeit tatsächlich schon so stark gewesen, wie es für das Koptische postuliert wurde, müssten sich deutlichere linguistische Unterscheidungen nicht nur im Bereich der Phonologie, sondern vor allem auch in Morphologie und Syntax niederschlagen.[253] Dies sei jedoch nicht der Fall. Die Unterschiede in den koptischen Schreibungen hätten ihren Ursprung daher nicht in Dialekten, sondern seien rein graphischer Natur. Auch morphologisch und syntaktisch sei die ägyptische Sprache jederzeit als einheitlich aufzufassen[254] und wissenschaftlich auch so zu behandeln.[255] Die unterschiedlichen „Dialekte" stellen laut LOPRIENO zu keiner Zeit eigenständige Systeme dar:

> „Das gilt durchaus auch für das Koptische: Phonologisch, morphologisch und syntaktisch handelt es sich um eine Sprache, deren zahlreiche ‚dialecticules' in keiner Hinsicht als autonome Sprachsysteme betrachtet werden dürfen."[256]

LOPRIENOs Theorie ist von KASSER für den Bereich des Koptischen zurückgewiesen worden.[257] Zunächst müssten sich die beiden Ansätze eines „gesamtkoptischen" und dialektalen

---

247 Kammerzell 1998(2009): 49.
248 Otto 1959(1973): 73, Fußnote 1.
249 Edel 1955/64: 11–12.
250 Loprieno 1982: 82. Loprieno 1995: 8.
251 Loprieno 1995: 8.
252 Loprieno 1982: 80.
253 Loprieno 1982: 79.
254 Loprieno 1982: 79. Vgl. auch Osing 1975: 1074–1075. Loprieno betont, dass dem Koptischen eine gemeinsame ägyptische Sprachform zugrunde liegen müsse, die während des Neuen Reiches geprägt worden sei und kaum dialektische Abweichungen erkennen ließe. Lautverschiebungen hätten ebenfalls im gesamten Geltungsbereich stattgefunden, erst später hätten sich gesonderte Dialekte herausgebildet.
255 Loprieno 1982: 83.
256 Loprieno 1982: 79.

Systems nicht zwingend ausschließen, sondern könnten beide auf verschiedenen linguistischen Ebenen Gültigkeit haben. Die sprachlichen Subsysteme (Dialekte) seien innerhalb ihrer Grenzen durchaus autonom gewesen und würden dennoch den Anforderungen der gesamtkoptischen Sprache unterliegen.[258] Zudem sei nicht nachzuweisen, dass es die unterschiedlichen „Schreiberschulen" – denen LOPRIENO die Möglichkeit zuspricht, eigene Schreibtraditionen zu kreieren, zu fixieren und lokal zu implementieren – überhaupt gegeben habe. Auch sei nicht klar, um welche Art von Institutionen es sich dabei gehandelt haben solle.

Problematisch an sämtlichen obigen Vorstellungen ist m. E. die Grundannahme, dass die im Neuen Reich wieder auftretenden sprachlichen Merkmale nahezu unverändert in einer zeitweise nicht als überregional geltenden Varietät erhalten geblieben sein müssten. Gerade in der Phase vom Ende des Alten Reiches bis zum Beginn des Neuen Reiches zeigen sich jedoch in den schriftlich belegten Varietäten zahlreiche Wandelprozesse, die in einem direkten Entwicklungsstrang ins Neuägyptische überleiten. Somit wäre zu erwarten, dass sich auch in der vom Mittelägyptischen Standard abgelösten Varietät Veränderungen bemerkbar machten. Die Frage ist anhand des gewählten Textkorpus der vorliegenden Arbeit nicht zu beantworten. In einer auf die Untersuchung von Varietäten ausgelegten Analyse müsste zunächst einmal überprüft werden, ob es sich bei diesen ‚wiederkehrenden' Merkmalen tatsächlich um Phänomene handelt, die eine regionale sprachliche Varietät beibehalten hätte, und warum sich diese Eigenheiten in den Varietäten des Mittleren Reiches nicht zeigen. Hierzu wäre zusätzlich eine detailliertere regionale Auswertung sowie eine genauere Bewertung sprachlicher Register bzw. allgemein sprachlicher Varietät im Ägyptischen nötig, was m. E. ein lohnendes, wenn auch immens umfangreiches, Unterfangen wäre.

Es zeigt sich letztlich, dass mehrere Faktoren eine systematische Analyse möglicher vor-koptischer Dialekte erschweren. Zum einen verstellt die bereits erwähnte Komplexität der ägyptischen Schriftsysteme häufig den Blick auf Variation, insbesondere die im Vergleich zum Koptischen zu erwartenden Unterschiede im Vokalbestand, wobei auch die starke Tendenz dieser Schriftarten zur Standardisierung eine wesentliche Rolle spielt.[259] Zum anderen begrenzt die im Vergleich zum Koptischen geringere Menge synchron erhaltenen Materials aus unterschiedlichen Regionen mögliche Untersuchungen dialektaler Differenzierungen, sofern die Herkunft eines Textzeugen überhaupt genau bestimmt werden kann.[260] Aus heutiger Sicht ist davon auszugehen, dass diatopische Varietäten auch in den vor-koptischen Sprachphasen existierten, sich diese in der Schriftsprache jedoch nur anhand einer breit angelegten Studie auf der Basis linguistischer Modelle zur Varietät nachweisen ließen. Sofern Differenzierungen das Gebiet der Phonologie beträfen, wie es auch im Koptischen der Fall ist, gibt es nur eingeschränkte Möglichkeiten, diese aufzuzeigen.[261] Die

---

257 Kasser 1984: 439.
258 Kasser 1984: 439–440.
259 Kammerzell 1998(2009): 47.
260 Loprieno 1982: 84. Aber vgl. neuere Auswertungen wie z.B. Allen 2004, die durchaus dialektale Phänomene im älteren Ägyptisch nachzuvollziehen scheinen.
261 Vgl. Kasser 1991: 99. Aber s. z.B. die Einzeluntersuchung zum ägyptischen „Aleph"-Phonem von Satzinger (1994: 203); zusammenfassende Bemerkungen bei Müller 2011.

ägyptische Schriftsprache wirkt in ihrer Struktur sehr einheitlich[262] und unterscheidet sich geographisch offenbar vielmehr in der Geschwindigkeit, nicht aber in der generellen Art und Weise ihres sprachlichen Wandels.[263]

Interessant bleibt dennoch die Frage nach den im Altägyptischen auftretenden und im Neuägyptischen wiederkehrenden Einzelphänomenen; ob diese einer gemeinsamen dialektalen Basis entstammen, können nur weiterführende Untersuchungen zeigen. Generell ist zur Analyse der diatopischen Differenzierung des prä-koptischen Ägyptisch im Allgemeinen noch grundlegende Forschung zu leisten.

3.3.3 Diastratische und diaphasische Dimension

Die Identifikation sprachlicher Merkmale der diastratischen und diaphasischen Dimensionen ist anhand ägyptischer Quellen in vielerlei Hinsicht möglich: Die Diskurssituation ist durch Anbringungsort oder Genre des Textes oftmals klar umrissen und wird in religiösen oder literarischen Belegen sogar thematisiert. Ist die Identität des Verfassers eines Briefes bekannt, lassen sich in vielen Fällen Informationen zu sozialer Stellung aus dem Text selbst (Briefformulare enthalten Angaben zu Titeln, Verwandtschaftsbeziehungen etc.) oder durch archäologische Hinweise auf die historische Person gewinnen. Problematisch wird die Situation, wenn ein Vergleich synchroner Variationen oder die Untersuchung des Sprachstiles eines Individuums angestrebt werden – falls nicht zufällig das persönliche Archiv eines Schreibers oder einer Institution (z. B. ein Tempelarchiv) erhalten ist, ist die Beleglage vor der Ramessidenzeit bzw. dem Neuen Reich meist zu vereinzelt. Die ebenfalls zu diesen Dimensionen zählenden außersprachlichen Faktoren[264] wie Alter, Geschlecht oder Berufsgruppe sind für das Ägyptische im Hinblick auf eine zugehörige sprachliche Varietät bislang nicht sehr umfangreich untersucht – einige Erkenntnisse zu diesen Einflusskriterien werden im Folgenden dargestellt.

Es ist zuvor noch einmal darauf hinzuweisen, dass auch eine relativ gute Beleglage wie die des Neuen Reiches nur die schriftlichen Hinterlassenschaften eines Bruchteiles der antiken ägyptischen Bevölkerung widerspiegelt, und zwar der (allein anhand ihrer Schreiberausbildung bereits elitären) literaten Gesellschaftsschicht.[265] Somit bewegt sich die Ana-

---

262 So z. B. Fecht 1960: 206, Fußnote 584; Loprieno 1982: 79; Osing 1975: 1074–1075.
263 Ebenfalls Fecht 1960: 206, Fußnote 584 zur Bildung der Komposita.
264 Vgl. Elizaincín 1988: 271–273; Casas Gómez 1997: 174–176. Vgl. auch Kammerzell 1998(2009): 41–42.
265 Vgl. Baines/Eyre 1983; Baines 1983. Die Rate der literaten Individuen in der ägyptischen Bevölkerung ist schwer einzuschätzen, zumal die angenommene Gesamtzahl der ägyptischen Population selbst „scarcely more than informed guesses" (Baines/Eyre 1983: 65) darstellt. Baines und Eyre schätzen die Rate der literaten Personen auf maximal 1% der Bevölkerung (für das Alte Reich, Baines/Eyre 1983: 67; Baines 1983: 584); in griechisch-römischer Zeit bei gleichzeitigem Anstieg der Bevölkerungszahl von ca. 1 Million auf ca. 4,5 Millionen auf 10.000 bis maximal 50.000 Individuen (Baines/Eyre 1983: 69–72; Baines 1983: 584), wobei auch 10.000 schon eine zu hohe Zahl darstellen könnte. Dem widerspricht Quack (2006: 95–97): Zunächst müsse zwischen voller Schreib- und Lesefähigkeit, auch der verschiedenen Schriftsysteme, unterschieden werden, was zu graduellen Abstufungen an Schreib- und Lesekompetenz führe (vgl. dazu auch Lesko 1990; Janssen 1992; der Manuelian 1999). Er hält die „die gesamte Elite und mutmaßlich auch Mittelschicht" für „voll literat" (Quack 2006: 96). Zudem sei aufgrund zahlreich belegter individuell unterschiedlicher Schreiberhände in städtischen Zentren davon auszugehen, dass „ein merklicher Prozentsatz der erwachse-

lyse antiker Sprachen stets auf einer abstrakten Ebene, die nur einen Ausschnitt der sprachlichen Vielfalt einer Gesellschaft bieten kann.[266]

Untersuchungen zu diastratischen sowie diaphasischen Merkmalen des Ägyptischen beschäftigten sich bislang hauptsächlich mit Schwerpunkten wie sprachlichen Registern und Stilen sowie Differenzierungsmerkmalen nach Geschlecht. Die diaphasischen Unterschiede werden in der ägyptologischen Literatur oftmals als „Normen"[267], „Register"[268] oder „Sprachstile"[269] bezeichnet. Die Definitionen solcher Abstufungen variieren je nach untersuchter Periode und Textgattung. Für das Ägyptische sind diaphasische Unterscheidungen bisher häufig anhand ramessidenzeitlicher Quellen unternommen worden, da hier erstmals eine größere Vielfalt an Textzeugnissen fassbar ist. In der Forschungsliteratur wird das Neuägyptische für diese Periode häufig in eine hoch- und eine umgangssprachliche Varietät eingeteilt,[270] wobei dieses Vorgehen durchaus umstritten ist.[271] Diese Aufteilung geht zumeist mit einer Trennung zwischen literarischen und nicht-literarischen Textzeugnissen dieser Epoche einher.[272]

In ihrer Analyse des ramessidischen Papyrus Anastasi I hat GOLDWASSER eine Untersuchung der sprachlichen „Register" vorgenommen, die sie in Abgrenzung zum „Dialekt" definiert:

> „Thus, while dialect identifies the speaker/writer in terms of geography and time, the register describes the use and choices made by that speaker/writer in a given text."[273]

Somit ordnet sie dem Dialekt (eigentlich Idiolekt) des jeweiligen Sprechers/Schreibers die diatopische sowie diachrone Dimension zu, dem Register die diaphasische. Es bleibt in ihren Ausführungen unklar, inwieweit diastratische Aspekte mit einfließen. Die Unterscheidung einzelner Register nimmt sie anhand grammatischer Merkmale vor, setzt aber einige

---

nen männlichen Bevölkerung literat war" (Quack 2006: 96). Er merkt persönlich an: „[…] da die Zensuslisten der Ptolemäerzeit zeigen, daß mehr als 10% der Bevölkerung entweder im religiösen Bereich oder der Verwaltung tätig waren, ist mit einer substantiell höheren Zahl von literaten Menschen zu rechnen" (schriftl. Anmerkung zum Manuskript durch J. F. Quack). Mein Dank gilt Joachim Friedrich Quack für die Anmerkungen zu diesem Sachverhalt und den weiteren Literaturhinweisen, auch zur Schreib- und Lesefähigkeit von Frauen (s. unten, Fußnoten 295–297).

266 Goldwasser schreibt beispielsweise: „The spoken dialect is one we are eternally barred from. We do have access, however, to the forceful struggle within the Standard variety for more powerful representation and legitimization of the standardized Low Variety. Every administrative, non-literary or non-official text that has come down to us must be regarded, not as spoken variety of the time, but only as a representative of the 'written as if spoken' variety, probably a normative Low Variety which had, at some stage, been granted official entry into the written repertoire and emerged 'victorious'." (Goldwasser 1999 : 312)

267 Vgl. z. B. Junge 1984; Junge 1985.

268 Vgl. z. B. Goldwasser 1990.

269 Vgl. z. B. Goldwasser 1999.

270 Vgl. Goldwasser 1990; Goldwasser 1999. Černý/Groll 1975: iii–iv. Die Trennung zwischen Hoch- und Umgangssprache wird auch schon in den frühen Modellen zum Ablauf der ägyptischen Sprachgeschichte vorgenommen, vgl. Kapitel 3.2.2.

271 Vgl. Jansen-Winkeln 1995: 93, Fußnote 31. 108–110.

272 Vgl. Goldwasser 1990; Goldwasser 1999.

273 Goldwasser 1990: 211.

lexikalische und semantische Kriterien früherer Untersuchungen voraus.[274] Ältere Konstruktionen werden dabei auf einer höheren sprachlichen Ebene angesiedelt als jüngere Elemente. Das historische Wissen um die Sprache ermögliche nur einem kleinen Kreis von Sprechern/Schreibern die Nutzung der höheren sprachlichen Ebenen; unklar bleibe, bis zu welchem Maß diese den anderen Mitgliedern der Sprachgemeinschaft verständlich waren.[275] In den literarischen Texten zeige sich dabei eine Zusammensetzung verschiedenster Sprachphasen, die von älteren Formen bis hin zu jüngeren (Annäherungen an die gesprochene Sprache – „attempted to be written as if spoken"[276]) und spezifisch literarischen Formen reichen.[277]

An dieser Vorgehensweise ist zu beachten, dass die Einteilung der Register direkt mit diachronen Merkmalen verknüpft wird, welche dann wiederum in einer Hierarchie dieser Formen enden – archaischere Formen werden als sprachlich höher stehend, jüngere Konstruktionen als näher an der Umgangssprache eingestuft. Diese Methodik basiert gänzlich auf der strikten Trennung einer hoch- und einer umgangssprachlichen Varietät, die allerdings beide Bestandteile der standarisierten Varietät darstellen.[278]

Daran übt bereits JANSEN-WINKELN in seinem oben erwähnten Aufsatz zur Diglossie-Situation des Neuägyptischen Kritik: Die von GOLDWASSER getroffene Differenzierung zwischen der an die Umgangssprache angenäherten Varietät und der Hochsprache korreliere nicht mit der sprachlichen Realität zwischen literarischen oder nicht-literarischen Textquellen.[279] Ferner sei die Definition des Begriffs „Register" als vom Gebrauch bestimmtes Stilmittel zu eng gefasst, da die sprachlichen Realisierungen von „reinem" Mittelägyptisch bis hin zu „reinem" Neuägyptisch noch mehr Möglichkeiten böten. Zudem hebe sich der Begriff selbst auf, wenn man – wie es GOLDWASSER diskursabhängig tut[280] – von einem „multi-layered register", in welchem Elemente unterschiedlicher Sprachphasen wechseln können, ausgeht.[281]

JANSEN-WINKELN nimmt alternativ die Realisation verschiedener Mischtypen – die er allerdings alle als „Sprachstandards" bezeichnet – an, die je nach Diskurssituation, bedingt durch die Anforderungen der Textsorte, vom Schreiber individuell angepasst würden und führt folgende Kriterien zur Wahl der Sprachstufe an:[282] [vgl. Kapitel 3.2.2 und 4.5]

– traditionell/alt vs. neu (wörtlich überlieferte Texte aus klassischer Zeit sind bereits in Mittelägyptisch abgefasst, „altehrwürdige" Textgattungen jüngerer Epochen würden bewusst im älteren Standard abgefasst)
– götterweltlich/jenseitig vs. alltagsweltlich/diesseitig (jenseitige/götterweltliche Kommunikationssituationen forderten Mittelägyptisch, alltagsweltliche Domänen bzw. der

---

274 Goldwasser 1990: 212–213.
275 Goldwasser 1990: 202–205.
276 Goldwasser 1990: 203.
277 Goldwasser 1990: 204.
278 Goldwasser 1990: 203.
279 Jansen-Winkeln 1995: 109.
280 Goldwasser 1991: 134.
281 Jansen-Winkeln 1995: 108.
282 Jansen-Winkeln 1995: 106–107. Es wurde bereits in Kapitel 3.2.2.4 angemerkt, dass sich alle drei Kriterien m. E. auf das letzte Prinzip, nämlich „Prestige", zurückführen lassen.

Wunsch nach besonderer Expressivität und der Wiedergabe von Emotionalität würden Neuägyptisch verfasst)
- höheres Prestige vs. niedrigeres Prestige (die Wahl der Sprachstufe bestimme auch die Wertung des Textes/der Passage, dabei neigten Texte, die mit besonderem Anspruch verbunden seien, eher zu älteren Konstruktionen)

Jedoch spielten neben der Wahl der Konstruktion auch lexikalische Variationen eine Rolle bei der Einschätzung des gewählten „Standards". Dass überhaupt verschiedene „Standards" notwendig wären, sei damit zu begründen, dass

> „es nach der jahrhundertelangen Gewöhnung an eine von der gesprochenen Sprache erheblich differierende Schriftsprache in vielen Situationen und Textsorten unumgänglich schien, nicht die aktuell gesprochene Sprache, sondern eine ‚gehobenere' Variante zu verwenden."[283]

Somit bestimmt wiederum das Alter einer Konstruktion seine Position in der Hierarchie: Ältere Konstruktionen sind mit höherem Prestige und Anspruch verbunden, jüngere mit niedrigerem. JANSEN-WINKELN weist ausdrücklich darauf hin, dass die unterschiedlichen, nur schriftlich bezeugten Varietäten nicht als historische Einzelsprache aufzufassen seien.[284] Vielmehr geht auch er von einer deutlichen Auseinanderentwicklung des Mittel- und Neuägyptischen schon lange vor der 19. Dynastie aus, die der Grund für die „fundamentalen Unterschiede" der beiden Systeme sein müsse.[285]

JUNGE stellt, wie oben erwähnt, einen anderen Erklärungsansatz vor, um diese Parallelität unterschiedlichster sprachlicher Register und diachroner Sprachzustände zu deuten. In sein Modell zur Entwicklung der ägyptischen Sprachgeschichte [vgl. Kapitel 3.2.2.3] integriert er nicht nur die diachrone Komponente des Aufeinanderfolgens unterschiedlicher Sprachphasen bzw. deren Überlappung, sondern bildet auch eine hierarchische Stratifizierung von vier Textgattungen (die er als „Sprechhandlungen"[286] bezeichnet), die die Vermischungen älteren und neueren sprachlichen Materials in phasenverzögerter Abfolge aufweisen.[287] Hiermit möchte er illustrieren, dass sprachliche Innovationen zuerst in den unteren Textgattungen aufkämen und sich dann jeweils phasenverschoben in der Hierarchie nach oben durchsetzten. Für einzelne Varietäten bzw. Register verwendet er den Begriff der sprachlichen „Norm", die „den Gebrauch des Sprachsystems für die entsprechenden Textsorten reguliert hat"[288]. Die hierarchisch höheren Textgattungen widerstünden Innovationen entsprechend länger als die tiefer eingeordneten, was in der Konsequenz des Modells bedeute:

> „Je höher der Ort einer Norm in der Hierarchie der Sprechsituationen, desto später in der Zeit werden Neuerungen aus hierarchisch tieferen Sprechsituationen in dieser Norm ankommen; das bedeutet aber auch, daß diese Norm zu einer Zeit zwar anders

---

283 Jansen-Winkeln 1995: 106.
284 Jansen-Winkeln 1995: 107, Fußnote 84.
285 Jansen-Winkeln 1995: 106.
286 Junge 1984; Junge 1985.
287 Junge 1985: 22.
288 Junge 1985: 22.

aussehen wird als dieselbe Norm in der Zeit davor, dafür aber nun vielleicht einer anderen Norm der Zeit davor gleicht, weil sie jetzt eben den Stand der Sprachentwicklung spiegelt, den die andere Norm zuvor durchlaufen hatte."[289]

Problematisch an dieser These ist, dass sie sprachliche Register mit Textgattungen gleichsetzt, was nicht der Realität der Textzeugnisse entspricht. JANSEN-WINKELN macht deutlich, dass die vier von JUNGE eingeteilten, hierarchischen Textgattungen keinen klar abzugrenzenden realen Kategorien entsprechen, da beispielsweise innerhalb der als „literarisch" anzusprechenden Texte beträchtliche Varianz der Sprachstufe bzw. des sprachlichen Registers existiere.[290] Weiterhin argumentiert er, dass nach JUNGEs Theorie zeitlich parallele Texte derselben Kategorie dann logischerweise dieselbe Sprachstufe aufweisen müssten, was sie aber, wie er an zahlreichen Beispielen belegt, nicht tun.[291] Zudem zeigten die von JUNGE als Belegtexte angeführten Quellen selbst nicht, wie es in der Erklärung dazu heißt, eine steigende Zahl von „Neuägyptizismen"[292], obwohl sie von JUNGE in der entsprechenden Reihenfolge angeordnet worden sein sollten.[293]

KAMMERZELL hält vor allem eine Annäherung der geschriebenen Äußerungen an die tatsächlich gesprochene Sprache für möglich.[294] Durch die beständige Erweiterung des Verwendungsbereiches und die damit einhergehende Vervielfältigung der Varietäten der geschriebenen Sprache könnten sich diese Varianten der gesprochenen Sprache eher angenähert haben. Überhaupt verhindere die geringe Beleglage in den frühen Epochen der Schriftbezeugung die Unterscheidung verschiedener sprachlicher Normen. Der Anwendungsbereich der Schriftsprache spiegele in dieser Zeit nur einen minimalen Anteil an sprachlichen Äußerungen insgesamt wider. Erst durch die Ausbreitung der Bereiche, in denen Sprache verschriftlicht wurde, vor allem im Mittleren und Neuen Reich, sowie die Überlappung der Domänen der geschriebenen und gesprochenen Sprache würden unterschiedliche sprachliche Register überhaupt sichtbar [vgl. Kapitel 3.2.2].

Untersuchungen, die weitere Einflussfaktoren sprachlicher Varietät betreffen, sind in der Ägyptologie bislang selten. Zumindest die Frage, ob sich geschlechtsbedingte Unterschiede in ägyptischen Textzeugen feststellen lassen, ist nach jetzigem Kenntnisstand eindeutig zu beantworten: Obwohl auch ein sehr geringer Prozentsatz der weiblichen Bevölkerung literat gewesen sein könnte,[295] sind keine sprachlichen Merkmale nachzuweisen, die spezifisch weiblichen Sprechern/Schreibern zuzuordnen wären, wie bspw. die Analyse von SWEENEY belegt.[296] Auch die Wiedergabe wörtlicher Rede von Frauen liefert keinen

---

289 Junge 1985: 22.
290 Jansen-Winkeln 1995: 110–111. Ebenso Quack (2013: 39–41) für Texte der Spätzeit und griechisch-römischen Epoche.
291 Jansen-Winkeln 1995: 111.
292 Vgl. Fußnote 178.
293 Jansen-Winkeln 1995: 112.
294 Kammerzell 1998(2009): 74.
295 Vgl. Baines 1983: 81–85.
296 Vgl. Sweeney 1998. Sie untersucht 28 nicht-literarische ramessidische Briefe, die möglicherweise von Frauen verfasst wurden. Sie schließt aber auch die Möglichkeit nicht aus, dass die Texte von einem männlichen Schreiber im Auftrag der in den Briefen genannten Frauen erstellt wurden. (Vgl. dagegen Janssen 1992: 89–91, der davon ausgeht, dass ein Teil der weiblichen Bevölkerung in Deir el-Medine durchaus eigenständige Schreib- und Lesekompetenz aufwies und Bryan 1984 zum indirek-

Anhaltspunkt für eine frauenspezifische Varietät. GOLDWASSER fasst zusammen: „As far as I can see, and Deborah Sweeney's studies have confirmed this impression, no identifiable women's dialect can be detected in the Egyptian texts."[297]

Für eine Aussage zu altersabhängiger Variation fehlt bislang die Datengrundlage; Texte geben das Alter des Verfassers nicht an. Selten wird das Alter der Protagonisten in ägyptischer Literatur thematisiert und fallweise könnte sich das Alter eines Autors anhand weiterer Dokumente oder meta-sprachlicher Informationen über die Person erschließen lassen, was aber m. W. im Hinblick auf linguistische Besonderheiten ägyptologisch noch nicht untersucht wurde.[298]

Status und Distanz der an der sprachlichen Äußerung beteiligten oder adressierten Personen zeigen sich üblicherweise nicht in der grammatischen Struktur des Ägyptischen, sondern vielmehr an Umfang und Gestaltung von z. B. Einleitungsfloskeln eines Briefes. Zudem kann bspw. durch die Wahl unterschiedlicher Grapheme in der Schrift (z. B. bei Suffixpronomen) oder der Umstellung verschiedener Zeichen aus Ehrfurcht (z. B. die Voranstellung des Fahnenmastes als Symbol für $nṯr$ „Gott; Gottheit") die Kategorie „Status" enthalten sein.[299] Beim Vergleich stilistischer Eigenheiten oder einzelner Idiolekte lassen sich zum Teil unterschiedliche Abstufungen der Höflichkeit sowie der Formalität der Sprache erkennen, was bisher jedoch nur vereinzelt mit Textkorpora einiger Individuen möglich ist.[300] Verschiedene stilistische oder phraseologische Konstruktionen ermöglichen es bspw. dem Verfasser eines Briefes an ein sozial höhergestelltes Individuum ehrerbietig zu erscheinen.[301]

Sprachliche Varietät anhand der sozialen Stratifizierung nachzuweisen scheint in einigen Fällen gut möglich: So sind die oft als „Reden und Rufe"[302] bezeichneten Beischriften zu landwirtschaftlichen und handwerklichen Szenen, die in Grabanlagen des Alten Reiches dargestellt werden, in einer vom umgebenden Text abweichenden Varietät verfasst.[303] Unklar bleibt jedoch, inwiefern diese Sprechakte einer tatsächlichen Varietät der sozial niedriger gestellten Arbeiter im Gegensatz zu den höhergestellten Individuen des Grabherrn und seines Haushaltes entsprechen. Es wurde zumindest Wert darauf gelegt, die sprachliche Varietät der abgebildeten Arbeiter von der Varietät des weiteren Textes sowie der wiedergegebenen Sprache des Grabherrn zu unterscheiden. Ob es sich allerdings um die korrekte

---

ten Nachweis von Schreibkompetenz bei Frauen anhand von Grabdarstellungen des Neuen Reiches.) Abschließend stellt Sweeney jedoch fest: „In conclusion, non-literary Ramesside letters show no evidence for a 'women's language', either because no such phenomenon existed, or because it did not emerge in the texts, particularly if they were written by men." (Sweeney 1998: 1116)

297 Goldwasser 1999: 326.
298 Zum Verhältnis von Alter und Gender im alten Ägypten allgemein siehe Lohwasser 2000.
299 Kammerzell 1998(2009): 41.
300 Zum Beispiel an spätramessidischer Korrespondenz, vgl. bspw. Sweeney 1994; Sweeney 2001.
301 Bspw. sich selbst als $bꜣk jm$ „(der) Diener dort" („meine Wenigkeit" nach freier Übersetzung von Kammerzell 1998(2009): 41) zu bezeichnen. Die hieroglyphische (und teils die hieratische) Schrift bietet zudem Möglichkeiten, durch unterschiedliche Klassifikatoren (Determinative) Status anzugeben, bspw. durch die Verwendung des „sitzenden Edlen auf einem Stuhl" (Gardiner Sign-list A50) nach dem Suffixpronomen der 1. Person Singular, wodurch dem Individuum höherer Status attestiert wird. Vgl. Goldwasser/Grinevald 2012: 26–27.
302 Ausführlich s. Erman 1919. Und vgl. Fußnote 513.
303 Erman 1919; Edel 1955/64: 12. 87–88.

3.3 Varietät im Ägyptischen

Nachahmung einer zu diesem Zeitpunkt in dieser Region in der sozialen Schicht der Arbeiter tatsächlich gesprochenen Varietät oder vielmehr um die von GOLDWASSER als „attempted to be written as if spoken"[304] Sprache handelt, ist nicht zu entscheiden. Bemerkenswert ist jedoch, dass einige der Phänomene, die in späteren Sprachphasen in weite Teile der sprachlichen Register übernommen werden, hier zum ersten Mal belegt sind [vgl. Kapitel 4.2.1.6]. Dies wurde teilweise als Argument dafür angeführt, dass spätere Standardvarietäten ihren Ursprung in der „Umgangssprache" des Alten Reiches hätten. Hierbei ist jedoch Vorsicht geboten, vor allem hinsichtlich der Interpretation des Begriffes „Umgangssprache", der nicht automatisch mit gesprochener Sprache gleichgesetzt werden darf – sprachlicher Wandel hat sicher seinen Ursprung in gesprochenen Varietäten, diese jedoch aufgrund solcher Darstellungen mit der gesprochenen Sprache sozial niedrig gestellter Bevölkerungsschichten gleichzusetzen, ist voreilig [vgl. Kapitel 4.5]. Zudem sei darauf verwiesen, dass sich andere sprachliche Phänomene, die zu späteren Standardvarietäten gehören, durchaus in Texten der ‚höheren' sprachlichen Register (z. B. religiöser Texte, Grabinschriften etc.) finden, so z. B. das „*j*-Augment"[305].

Inwieweit sich die soziale Stratifikation mit Berufsgruppen korrelieren lässt, ist eher eine Frage der Strukturierung der altägyptischen Gesellschaft; die soziale Stellung hat direkten Einfluss auf die Ausbildung des Individuums, wobei nur ein geringer Prozentsatz Schreib- und Lesefähigkeit erwirbt.[306] Eine umfassende Untersuchung zu „Fachsprachen"[307] im Ägyptischen steht allerdings noch aus; zumindest existieren Textgattungen, die aufgrund ihrer speziellen Ausrichtung die fachspezifische Anwendung von Ausdrücken sowie in anderen Quellen seltene morphologische und syntaktische Realisierungen vermuten lassen und als „Fachsprachen" im Sinne der Zuordnung der Kommunikation einer bestimmten Profession anzusehen wären. Dazu zählen heilkundliche, mathematische, religiös-magische und kultische Texte.[308]

Deutlich wird, dass auf dem Gebiet der sprachlichen Varietät für das Ägyptische noch grundlegende Forschung zu leisten ist. Sowohl die Frage nach dem diatopischen Ursprung überregionaler Standardvarietäten, als auch nach klaren diastratischen und diaphasischen Unterscheidungen sind bislang nicht eindeutig zu beantworten.

3.3.4 Einfluss auf die Untersuchung

Die vorangehenden Kapitel machen deutlich, dass in der vorliegenden Analyse mit sprachlicher Varietät in allen vier Dimensionen zu rechnen ist – Gegenstand der Arbeit ist die diachrone Dimension und somit die Untersuchung einiger derjenigen Variationen, die später zum (geschriebenen) Standard einer jüngeren Sprachphase werden. Für eine diatopische

---

304 Vgl. Fußnote 276.
305 Vgl. Fußnote 232.
306 Vgl. Fußnote 265.
307 Für eine genaue Definition s. Bußmann ³2002: 211–212.
308 Vgl. Satzinger 1977: 78. Zurzeit entsteht durch die Herausgeberinnen Tanja Pommerening (JGU Mainz) und Annette Warner (geb. Imhausen; Goethe-Universität Frankfurt) ein Nachschlagewerk, in dem unter anderem Aspekte von Fachsprachen in mathematischen und heilkundlichen Texten des Alten Ägypten angesprochen werden sollen. Der geplante Titel lautet: „Translating Writings of Early Scholars in the Ancient Near East, Egypt, Greece and Rome: Methodological Aspects with Examples" (Stand: Oktober 2015).

Untersuchung ist das gewählte Textkorpus nicht geeignet, daher kann die „Dialektfrage" [s. oben] in dieser Betrachtung nicht geklärt werden. Zur Bestimmung regionaler Ursprünge wäre eine Kombination gut datierter, geographisch einwandfrei zuzuordnender Quellen erforderlich, für eine Studie zu diaphasischen und diastratischen Dimensionen eine Auswahl synchroner Belege, deren Diskurssituation sowie außersprachliche Informationen zur Verfasserschaft gegeben sind. Welche Faktoren hier relevant wären, müsste im Einzelfall entschieden werden:

> „Any study of extralinguistic ('external') factors in the use of language is faced with the task of hypothesizing what factors may be directly relevant to linguistic usage, and with the problem of finding ways to observe and measure these factors."[309]

Der Einfluss weiterer Interferenzfaktoren kann für die hier angestrebte Untersuchung nur minimiert, nie ganz ausgeschlossen werden. Um die diaphasische Dimension so einheitlich wie möglich zu halten, wurden für das Textkorpus nur Brief- bzw. Alltagstexte ausgewählt, deren Kommunikationssituation klar umrissen ist [vgl. Kapitel 4.1]. Möglicher diastratischer Variation wird zudem durch die Einteilung in private Briefe, Briefe vom und an den Wesir sowie Briefe vom und an den König sowie aus dem königlichen Umfeld Rechnung getragen. Inhaltlich lässt sich zudem zwischen kurz gehaltenen Verwaltungsmitteilungen, privater (persönlicher) Korrespondenz sowie offiziellen Schreiben unterscheiden.[310]

Ein Faktor, auf den noch einmal hinzuweisen ist, bleibt die quantitativ ungleich verteilte Beleglage zwischen älterem und jüngerem Ägyptisch – für das jüngere Ägyptisch existiert eine deutlich breitere Quellenlage. Der Vergleich sprachlicher Register sowie die Analyse der synchronen Verbreitung sprachlicher Innovationen werden dadurch beeinflusst. Die typologische Betrachtungsweise ermöglicht jedoch den Vergleich des Verlaufes von Sprachwandelprozessen mit anderen (oftmals besser untersuchten) Sprachen, anhand welcher Rückschlüsse auf Vorgänge innerhalb lückenhafter Überlieferungsphasen des Ägyptischen gewonnen werden können.

---

309 Ebert 1992: 205.
310 Es kann an dieser Stelle vorab schon angemerkt werden, dass die Wiedergabe wörtlicher Rede innerhalb der Textzeugen diaphasische Unterschiede zum umgebenden Text erkennen lässt; weitere Variationen konnten hinsichtlich der bewussten Wahl eines sprachlichen Registers ausgemacht werden, diese scheinen jedoch eher der Kommunikationssituation als diastratischer Unterschiede geschuldet zu sein. Vgl. hierzu Kapitel 4.5.

"I don't believe it. Prove it to me and I still won't believe it."

Douglas Adams, *Life, the Universe, and Everything*, London 1982.

4. Analyse

4.1 Textkorpus

Die Bildung des Textkorpus für eine historisch-linguistische Untersuchung wird durch mehrere Faktoren erschwert, in der Ägyptologie vor allem durch die Überlieferungslage. Selbst wenn man (optimistisch) davon ausginge, dass aus jeder Epoche oder einzelnen Sprachphase genügend Texte erhalten wären, um einen repräsentativen Querschnitt durch die ägyptische Sprachgeschichte zu bilden, sind zahlreiche inner- und außersprachliche[311] Einflüsse zu berücksichtigen, die Varietät zwischen den (und oft auch innerhalb der) einzelnen Textzeugen hervorrufen. Dies kann sich in unterschiedlichster Gestalt manifestieren, angefangen bei der Verwendung bestimmter Lexeme („Fachsprache', ‚Höflichkeitssprache') oder der Anwendung gewisser morphosyntaktischer Phänomene (z. B. Vermeidung des definiten Artikels in sog. ‚normhierarchisch höherstehenden' Textgattungen zu bestimmten Zeiten) bis hin zu gänzlich archaisierendem Sprachstil in gewissen Textbelegen. Den Einfluss dieser Varietät auf die Untersuchung kann man nur bis zu einem gewissen Grad minimieren. Bisherige ägyptologische Untersuchungen haben dafür verschiedene Ansätze gewählt:

– eine eher zufällige Betrachtung von zugänglichen Texten verschiedener Zeiten;[312]
– Textauswahl anhand der schon ‚vorsortierten' Publikationslage;[313]
– die Untersuchung klar abzugrenzender Textgruppen bzw. Textgattungen;[314]
– die bewusste Auswahl von Einzeltexten anhand festgelegter Kriterien.[315]

---

311 Bei der Zusammenstellung eines Textkorpus unterteilt Hoffmann ²1998: 877 die zu berücksichtigenden Faktoren in „objektsprachliche", „meta-sprachliche" und „außersprachliche" Daten, wobei sich „objektsprachlich" auf alle sprachinternen Elemente (von Graphien bis Syntax und Lexikon) bezieht, „meta-sprachlich" auf alle Betrachtungen **über** Sprache in Texten selbst (kontemporäre Grammatiken, Bemerkungen zur Einstellung der Sprecher zur zeitgenössischen Sprache, etc.) und „außersprachlich" alles umfasst, was „[…] vergleichbar den sog. Sozialdaten der empirischen Sprachsoziologie, welche die Einbettung der Texte leisten […]" ist.
312 Z. B. Stricker 1944. Hintze 1947. Bei beiden wird kein Textkorpus aufgestellt, die Betrachtungen erfolgten offenbar anhand der zugänglichen Textzeugen unterschiedlichster Gattungen, wie die in den Aufsätzen genannten Beispiele zeigen.
313 Z. B. Ritter 1995: 13. Er untersucht die königlichen und privaten Inschriften der 18. Dynastie bis einschließlich Amenophis III. vor allem anhand der Texte, die in Sethe 1906 [Urkunden IV] zusammengestellt sind.
314 Z. B. Pyramidentexte, s. Allen 1984.
315 Z. B. Jansen-Winkeln 1994: 1–7. 37–38; Kruchten 1999: 5–6.

Abhängig vom zu untersuchenden Themengebiet kann theoretisch jede dieser Methoden zielführend sein. Für die vorliegende Arbeit ist jedoch nur ein (relativ) einheitliches Korpus geeignet, das Varietät zumindest anhand der Textgattung(en) minimiert, um diachrone Entwicklungsstränge verfolgen zu können. In diesem Fall besteht das Korpus aus Briefen, Verwaltungsmitteilungen und Alltagstexten,[316] deren Eignung und Eigenschaften im Folgenden besprochen werden. Zudem werden die Quellen anhand weiterer Kriterien in Untergruppen unterteilt, um Abweichungen anhand z. B. sozial-hierarchisch bedingter Varietäten besser beurteilen zu können. Die vorliegende Arbeit ist dabei selbstverständlich den äußeren Gegebenheiten wie Überlieferungs- oder Publikationslage unterworfen. Inwiefern dies einen möglichen Einfluss auf das Ergebnis der Analyse hat, wird im Folgenden detaillierter ausgeführt.

4.1.1 Kriterien zur Textauswahl

In der historischen Linguistik definiert sich ein Korpus als:

> „[…] eine Sammlung von Texten[317] oder Textteilen, die bewusst nach sprachwissenschaftlichen Kriterien ausgewählt und geordnet werden"[318]
> bzw.
> „eine begrenzte, statistische Sprachdatenmenge in Relation zur natürlichen Sprache L 1, wobei diese Menge kontinuierlich aus Kommunikationsakten aufgezeichnete akustische oder visuelle Sprachzeichen umfaßt und als empirische Datenbasis für operationalisierende linguistische Untersuchungen dient, die die Datenmenge und/oder den durch sie repräsentierten Sprach- und Kommunikationsbereich beschreiben und erklären wollen."[319]

Insbesondere die zweite Definition enthält erste Schwierigkeiten für diachrone Betrachtungen[320]: Die „kontinuierliche" Aufzeichnung von Kommunikationsakten ist, wie bereits erwähnt, durch den Überlieferungszufall historischer Dokumente und deren sprachliche Varietät bestimmt. Auch die Abgrenzung zur „natürlichen Sprache L 1" muss im Falle der Analyse antiker Sprachen vom Forscher genau definiert werden, da sich der Untersu-

---

316 Bereits Kroeber (Kroeber 1970: xviii–xx) bedient sich eines solchen Korpus, das er jedoch nicht auf Briefe bzw. Verwaltungsmitteilungen beschränkt, sondern mit dem Kriterium „größtmögliche Nähe zur gesprochenen Sprache" umreißt, wozu z. B. auch der literarische Papyrus Westcar oder juristische Texte aus der Zeit Amenophis' III. zählen.

317 „Text" bzw. „Textteil" wird im weitesten Sinne verstanden: Auch ein Brief mit bspw. nur einem erhaltenen Satz wird von der Verf. als „Text", „Textbeleg" oder „Textzeuge" angesprochen, sofern die Kohäsion bzw. Kohärenz gewährleistet ist. Vgl. auch die definitorischen Bemerkungen zu „Text" in Jansen-Winkeln 1994: 9–10. „Brief" unterscheidet sich hier von „Verwaltungsmitteilungen" und „Alltagstexten" durch den formelhaften Aufbau: Briefe enthalten dabei ausführlichere Begrüßungs-, Einleitungs- und Abschiedsfloskeln, im Unterschied zum Briefkörper mit dem/den eigentlichen Anliegen selbst. Es kann sich dabei auch um Musterbriefe handeln. Verwaltungsmitteilungen/Alltagstexte sind informellere Schreiben mit oft nur kurzer Nennung von Addressat und Empfänger. Sie enthalten Anweisungen oder Mitteilungen bzw. den knappen Bericht (persönlicher) inhaltlicher Anliegen. Vgl. Fußnote 353.

318 Scherer 2006: 3.

319 Hoffmann ²1998: 876, nach Bungarten 1979: 34.

320 Vgl. Hoffmann ²1998: 875–876.

chungsgegenstand in Sprachphasen wandelt und (zumeist) nicht mit einer modernen (gesprochenen) Sprache verglichen wird.

So kann man feststellen: Ein historisches, diachrones Korpus stellt besondere Herausforderungen an den Bearbeiter; nicht nur die allgemeine Überlieferungslage und die Zugänglichkeit beeinflussen die Auswahl der Quellen, sondern vor allem der Erhaltungszustand der Texte (bzw. Textträger), der oft die Lesbarkeit erheblich beeinträchtigt, wenn ganze Passagen oder große Teile des Textes fehlen, abgerieben oder durch äußere Einflüsse unleserlich geworden sind. Ägyptische Texte im Speziellen sind, sofern sie als Brief oder Inschrift nicht mit einer eigenen Datierung versehen sind,[321] oftmals nicht eindeutig datiert, sodass ihre chronologische Einordnung nur über Umwege erschlossen werden kann, z. B. über den Fundkontext, die Eigendatierung des Textes nach Inhalt, die Nennung von Personen oder Orten, aber auch durch paläographische sowie grammatische und graphematische Merkmale.

HOFFMANN fasst die oben genannten Einschränkungen für historische Korpora zusammen, wobei

– die Überlieferung historischen Sprachmaterials prinzipiell zufällig,
– die Erhaltung dieses Materials defektiv und nicht beliebig zu ergänzen
– und die Zugänglichkeit dieses Materials für den Forscher begrenzt ist.[322]

Behält man diese Einschränkungen im Blick, bietet die moderne Korpuslinguistik nützliche Instrumentarien für das Zusammenstellen von Korpora.[323] Obwohl solche Textzusammenstellungen hauptsächlich für lexikographische Zwecke entwickelt wurden, dienen sie mittlerweile einer Vielzahl von Untersuchungsgegenständen als Grundlage.[324]

Generelle Kriterien zur Auswahl von Textzeugen für ein Korpus orientieren sich zunächst an der Gegenstandskonstituierung[325] bzw. der zentralen Fragestellung an das Material – im vorliegenden Fall sollen morphosyntaktische Veränderungen an sprachlichen Merkmalen in der (geschriebenen) Sprache über einen Zeitraum von circa 1000 Jahren untersucht werden. Dieser Zeitraum mag selbst Sprachhistorikern groß erscheinen, umfasst aber klar abzugrenzende Epochen der altägyptischen Geschichte und lässt – trotz manchem größeren zeitlichen Abstand zwischen den Textbelegen – die sprachlichen Entwicklungen phasenweise nachvollziehen.

---

321 Und selbst eine Eigendatierung kann teilweise in die Irre führen, man vgl. die Eigendatierung des Textes der sog. „Hungersnotstele", die auf das 18. Regierungsjahr des Djoser (3. Dynastie) lautet, aber offenbar in ptolemäischer Zeit verfasst wurde. Vgl. z. B. Zibelius 1980: 84; Peust 2004.
322 Hoffmann ²1998: 876.
323 Es gibt unterschiedliche Ansichten, ob die Korpuslinguistik eine eigenständige Forschungsrichtung der Linguistik darstellt oder nur methodologische Aspekte für andere Untersuchungen bietet: „[...] the use of corpora is a methodological approach rather than an independent branch of linguistics." Rissanen 2008: 54.
324 Scherer 2006: 10.
325 Ein bekanntes Problem stellt immer das ‚Vorwissen' (wörtl. ‚Vorverständnis') des Forschers dar, auf dessen Basis er den Untersuchungsgegenstand bestimmt bzw. das Korpus kompiliert, vgl. Hoffmann ²1998: 879.

Um einen konkreten Text in das Korpus aufzunehmen, müssen zuvor (z. T. außersprachliche) Daten darüber gewonnen werden, wie z. B.:[326]

a. Zeit/Datierung
b. Raum/Lokalisierung
c. Produzent(en)/Biographie
d. Textsorte ('Gattung')
e. Überlieferungsform
f. 'stemmatologischer' Ort des konkreten Textzeugnisses (Autograph bis hin zu Abschrift, Nachdruck)
g. Sprachform (Vers – Prosa)
h. Publikum/Adressaten

Für die spezielle Situation im Ägyptischen muss dieses Kategorien-Raster angepasst werden, was die einzelnen Zuordnungsfaktoren betrifft:

Zu a) *Datierung*: Ägyptische Texte, insbesondere solche 'privater' Textgattungen (v. a. Briefe) sind, wie oben erwähnt, häufig nicht exakt zu datieren. Um die zeitliche Einordnung einzugrenzen bzw. genau zu bestimmen, können folgende Faktoren herangezogen werden:

- Eigendatierung: Der Text nennt ein Datum, einen Herrscher oder ein Regierungsjahr bzw. nennt Personen, Orte oder Ereignisse, die einem außertextlichen, eindeutigen oder zumindest relativ-chronologischen Kontext/Zeitrahmen zugeordnet werden können.
- Fundkontext: Der Text stammt aus einem datierten Fundkontext bzw. die umgebenden Funde bzw. der Fundort erlauben eine absolut- oder relativ-chronologische Einordnung.
- Paläographie: Die Handschrift/der Schriftduktus bzw. bestimmte Merkmale der Schrift erlauben eine Zuordnung zu einem genaueren Zeitrahmen des Textzeugen.[327]
- Orthographische Merkmale: Die Anordnung der hieroglyphischen/hieratischen Zeichen bzw. die Verwendung bestimmter Graphien erlaubt aufgrund besonderer Kennzeichen eine Bestimmung des zeitlichen Rahmens, wenn nicht schon die Schriftart Aufschluss über einen gewissen *terminus post quem* gibt (demotische Schrift, koptische Schrift).
- Lexikographie: Die Verwendung bestimmter Lexeme, die erst ab einem nachgewiesenen Zeitpunkt in Gebrauch sind, erlauben teilweise einen Zeitpunkt *post quem*.
- Formelhafte Merkmale: Briefe und Verwaltungsdokumente enthalten zumeist formelhafte Einleitungen, Adressierungen, Segenswünsche etc.,

---

326 Nach Hoffmann ²1998: 879.
327 Falls es sich bei der Quelle jedoch um eine Abschrift oder Bearbeitung eines älteren Textes handelt, gibt die paläographische Datierung nur den Zeitrahmen der vorliegenden Handschrift, nicht der möglichen linguistischen Realität des Textes wieder.

nach deren Erscheinungsbild zum Teil eine Grobdatierung vorgenommen werden kann.[328]
- Weitere außersprachliche Merkmale: Gegebenenfalls können z. B. die Art der Beschriftung eines Papyrus,[329] die Faltung oder Siegelung,[330] das verwendete Schreibwerkzeug[331] etc. eine grobe zeitliche Einordnung erlauben.
- Grammatische Merkmale: Bestimmte innersprachliche Merkmale lassen eine Datierung zu (z. B. Grobunterteilung in Alt-, Mittel- und Neuägyptisch).[332]

Zu b) *Raum/Lokalisierung*: Häufig ist die genaue Lokalisation der erhaltenen ‚Alltagsdokumente' (Briefe, Verwaltungsdokumente) schwierig. Entstammt der Beleg nicht einem gesicherten Fundkontext bzw. sind Absender und/oder zumindest Adressat nicht erkennbar, ist eine Einordnung hinsichtlich einer geographisch bedingten Varietät nicht zu ermitteln. Für eine dialektologische Untersuchung müsste das Textkorpus demnach nach anderen Kriterien und einer anderen Kriterien-Hierarchie aufgebaut werden, als es für die vorliegende diachrone Analyse notwendig ist. Auch die Zuordnung individueller sprachlicher Varietäten zu bestimmten Regionen ist anhand des ausgewählten Korpus nicht zielführend, da man in vielen Fällen die Herkunft des Verfassers, sofern sie nicht Gegenstand des Textes ist, kaum einzuordnen vermag. Zudem kann es vorkommen, dass zwar der Fundkontext und dadurch die zeitliche Einordnung, nicht jedoch der Verfasser des Textes eindeutig bestimmt werden können.[333] Ferner besteht die Möglichkeit, dass ein Brief nicht vom angegebenen Absender selbst, sondern von einem Schreiber stellvertretend verfasst wurde, was die Einordnung von Idiolekten noch schwieriger gestalten kann.

Auch die weiteren außersprachlichen Daten wie Produzent (Verfasser), stemmatologischer Ort und Publikum/Adressat sind teils schwer zu erfassen, während Einordnungen nach Textgattung, Sprachform und Überlieferungsform für die ausgewählten Belege weitestgehend eindeutig bestimmt werden können.[334] Letztendlich, wenn nicht alle der außersprach-

---

328 Vgl. Bakir 1970: 32. Auf Briefen des Mittleren Reiches ist, sofern angegeben, der Überbringer der Korrespondenz mit Adresse und Datum auf der Außenseite des gefalteten Briefes angegeben, eingeleitet durch *jn.n*. Im Neuen Reich erscheint der Kurier nie in der Adresse, höchstens im Briefkorpus selbst, eingeleitet durch *m-ḏr.t, m-dj* oder *ḥr*.
329 Vgl. Bakir 1970: 20–21.
330 Vgl. Bakir 1970: 28–29.
331 Z. B. die Verwendung des *calamus* ab der griechisch-römischen Zeit, vgl. Hoffmann 2000: 21 und Quack 2015: 444–445 (mit weiteren Ausführungen zur Datierungsproblematik von Texten allgemein mit dem Schwerpunkt auf römerzeitlichem Hieratisch).
332 Besondere Aufmerksamkeit ist bei den innersprachlichen linguistischen Merkmalen geboten: Da die diachrone Untersuchung die Analyse dieser Merkmale anstrebt, können sie nicht zuvor als Datierungskriterium herangezogen werden und sind hier nur der Vollständigkeit halber aufgeführt.
333 Generell ist der Einfluss auf die individuelle sprachliche Varietät von einer Vielzahl unterschiedlicher Faktoren abhängig, wie bereits in Kapitel 3.3 besprochen wurde: Nicht nur die geographische Umgebung, sondern auch Sozialisation, Erziehung inkl. Einfluss anderer Personen, etc. spielen bei der Ausprägung des Idiolekts eine Rolle, und nicht zuletzt die spezifische Diskurssituation.
334 Weitestgehend, wenn es sich bspw. um Musterbriefe oder Briefentwürfe handelt, die hier wie die

lichen Daten gewonnen werden können, muss eine Hierarchie der Kriterien entworfen werden. Für die vorliegende Untersuchung ist diese folgendermaßen gestaffelt:

i) **Textgattung**: Für die vorliegende Untersuchung wurde eine bestimmte Textgattung festgelegt (Briefe und Verwaltungsmitteilungen, sog. „Alltagstexte") und in Unterkategorien eingeteilt [s. unten].

ii) **Datierung**: Wichtigstes Kriterium ist die Datierung der Textzeugen. Dabei ist eine absolut-chronologische Einordnung ein angestrebtes Ideal, welches aufgrund der Beleglage jedoch nicht immer zu erreichen ist. Für die Nachverfolgung von Entwicklungsphasen ist allerdings auch eine relativ-chronologische Zuordnung zu einem Zeitfenster hinreichend, solange die zeitliche Abfolge innerhalb der Belege deutlich bleibt. Unter a) wurden bereits Möglichkeiten der zeitlichen Einordnung der Texte vorgestellt, allerdings werden grammatische und lexikographische Kriterien nicht in Betracht gezogen, da sie selbst Gegenstand der Untersuchung sind. Im Optimalfall liegen mehrere Kriterien zur Einordnung eines Textes vor. Da dies aber nicht bei allen Belegen der Fall ist, werden auch Textzeugen, die z. B. einer historischen Person oder einem historischen Textkonvolut zugewiesen werden können und somit nur die Zuordnung zu einem (möglichst engen) Zeitrahmen erlauben, mit aufgenommen.

iii) **Sozial-hierarchische Varietät**: In Kapitel 3.3.3 wurde der Einfluss sozialhierarchischer Varietät sowie von Idiolekten auf die formale Gestalt der verwendeten Sprache beleuchtet. Diesem Einfluss wird durch die Unterteilung des Textkorpus in Unterkategorien [s. unten] Rechnung getragen.

iv) **Erhaltungszustand**: Textzeugen werden auch in schlechterem Erhaltungszustand berücksichtigt, sofern zumindest die Bedingung einer relativen Datierung erfüllt ist und die erhaltene Textlänge die Kontextanbindung der zu untersuchenden Phänomene erlaubt.

v) **Gegenstand/Inhalt**: Der Inhalt der Texte spielt innerhalb der Textgattungen eine untergeordnete Rolle, da durch die Einteilung möglichst homogene Gruppen ausgewählt wurden, bei welchen davon ausgegangen wird, dass sie sich nicht durch ihren Inhalt (wie es z. B. bei religiösen Texten oder ‚Literatur'[335] der Fall wäre) einer bewusst anderen Sprachvarietät bedienen bzw. durch Prozesse der Intertextualität älteres Sprachgut wieder aufnehmen. Briefe und Verwaltungsdokumente zeichnen sich im Gegenteil zumeist gerade durch die Aktualität ihres Gegenstands aus. Betrachtet werden hingegen sozialer Status des Absenders und Adressaten bzw. das „soziale Umfeld" des Textes, da sich die soziale Hierarchie möglicherweise in der sprachlichen Varietät des Textes widerspiegeln könnte (z. B. stärker geformte Sprache in einem Brief an einen Wesir als in einer Alltagskommunikation zwischen Familienangehörigen).

---

anderen Vertreter der jeweiligen Textgattung behandelt werden.
335 Zum komplexen Begriff der „Literatur" in der ägyptologischen Forschung s. die Aufsätze in Loprieno 1996b.

Die Berücksichtigung der außersprachlichen Faktoren ist ein wichtiger Faktor für die Validität sprachgeschichtlicher Aussagen auf der Basis von Korpora,[336] ebenso wie die Frage der Repräsentativität, die allerdings je nach Gegenstand der Untersuchung und des formulierten Erkenntnisbereiches relativ sein kann. D. h. wenn ‚repräsentativ' in Bezug auf ein Textkorpus bedeutet, dass die in diesem abgebildete „nur ausschnittweise abgebildete Sprachrealität und ihre linguistische Beschreibung für die Gesamtheit dieser Sprache und ihrer Struktur steht und auf diese hin verallgemeinert, mathematisch ‚hochgerechnet' werden kann [...]"[337], dann müsste das Korpus tatsächlich einen Querschnitt durch sämtliche Textgattungen, stilistischen Ebenen und den diachronen Rahmen bieten. Diese statistisch auswertbare Repräsentativität kann ein historisches Korpus nie erreichen, da es naturgemäß den oben genannten Einschränkungen unterliegt. Ein sprachgeschichtliches Korpus kann also immer nur eine „sinnvolle Stellvertreterfunktion"[338] für einen bestimmten Ausschnitt der historischen Sprache unter bestimmten Gesichtspunkten liefern.

Der Umfang der in das Korpus aufgenommenen Texte ist teils sehr unterschiedlich. Prinzipiell werden die Briefe und Verwaltungsdokumente in ihrer Gesamtlänge (bzw. Gesam*terhaltungs*länge) berücksichtigt, was dazu führt, dass einige Textzeugen nur wenige Zeilen umfassen, während andere mehrere Kolumnen bzw. ‚Seiten' beinhalten.

Der Auswahl der Texte für das Korpus wurde eine zentrale Annahme zugrunde gelegt: Es wird davon ausgegangen, dass sich sprachlicher Wandel zunächst in der gesprochenen Sprache vollzieht und erst allmählich in die Schriftsprache eingeht [vgl. Kapitel 2.2, 3.3, 4.5]. Bei den der gesprochenen Sprache am nächsten stehenden Textzeugen handelt es sich sprachübergreifend um ‚Aufzeichnungen' gesprochener Sprache (Wiedergabe wörtlicher Rede), Dialoge innerhalb der Textzeugen (z. B. in Erzählungen), (private) Briefe und weitere Textsorten, die alltägliche Kommunikation darstellen (z. B. Verwaltungsmitteilungen),[339] wobei auf fachsprachliches Jargon und formelhafte Ausdrücke geachtet werden muss.

Für die vorliegende Analyse erfüllt dieses Kriterium vor allem die Textgattung der Briefe,[340] wobei oben genannte, metasprachliche sowie innertextliche Faktoren natürlich trotz der homogenen Textgattung in die Betrachtung miteinbezogen werden müssen. Als Unterkategorie der Briefe werden hier Verwaltungsmitteilungen bzw. Alltagstexte behandelt, die – im Gegensatz zum ‚vollständigen' Brief – kurze Notizen und/oder Anweisungen umfassen, aber keine einleitenden oder abschließenden Grußformeln bzw. bewusst formale Gestaltungsmerkmale dieser Art aufweisen. In der ägyptologischen Forschung werden die oben genannten Gattungen auch zu „dokumentarischen Texten" gerechnet.[341] Literarische Texte wurden bewusst ausgeschlossen, obwohl frühere Untersuchungen zeigen, dass sie

---

336 Hoffmann ²1998: 880.
337 Hoffmann ²1998: 880.
338 Hoffmann ²1998: 880 (nach Bungarten 1979: 43).
339 Vgl. Rissanen 2008: 60. Für das Ägyptische bestätigen sich diese Annahmen, vgl. z. B. Jansen-Winkeln 2011: 155.
340 Vor allem private Briefe werden auch in der Moderne als der Mündlichkeit nahestehende Textkategorien angesehen, vgl. bspw. Koch (1994: 587), der schreibt: „[...] während der Privatbrief trotz seiner Realisierung im graphischen Medium konzeptioneller ‚Mündlichkeit' nähersteht".
341 Vgl. z. B. Brose 2014: 1.

durchaus gesprochener Sprache nahestehen können und Sprachwandelphänomene teils deutlich zeigen. Die Nachteile der durchweg schlechten Datierbarkeit sowie der nicht klar einzuschätzenden Einflüsse von Intertextualität und evtl. späterer redaktioneller Bearbeitung sprechen jedoch gegen ihre Auswertbarkeit für die vorliegende diachrone Untersuchung.

4.1.2 Zusammenstellung der Texte

Aus der ägyptischen Geschichte sind uns verschiedenste Arten von Briefen erhalten geblieben, die sich in ihrem formalen Aufbau, dem sprachlichen Register bzw. Idiolekt (abhängig vom Absender und Adressaten) sowie dem Inhalt der Texte unterscheiden. Auch Erhaltungszustand und Länge variieren teils beträchtlich.[342]

Briefe dienten im Alten Ägypten nicht nur der Kommunikation zwischen zwei oder mehreren lebenden Individuen, sondern konnten auch an Verstorbene und Götter verfasst werden,[343] so dass man nicht zwangsläufig von einer dialogen Sprechaktsequenz ausgehen kann.[344] Auch Briefe des Königs zeigen eine eher einseitige Kommunikationssituation, da sie zumeist Befehle oder Instruktionen übermitteln.[345] Das vermutlich älteste Original eines königlichen Schreibens ist erst aus der 20. Dynastie erhalten;[346] frühere Exemplare sind jedoch als hieroglyphische Kopien in Grabinschriften und Stelen bereits ab dem Alten

---

342 Zu Briefen im Alten Ägypten vgl. auch die knappe Einleitung von Schad 2006: 1–10.

343 Vgl. Caminos 1975: 855; zu „Briefen an Tote" allgemein s. auch: Simpson 1966: 39, Fußnote 2; Gestermann 2006; Assmann 2001: 182–185; Verhoeven 2003. Einige der sog. „Briefe an Tote" (auch: „Briefe ins Jenseits") sind in das Textkorpus aufgenommen, sofern sie in die zu untersuchende Zeitspanne passen, was bei diesen Textzeugen insbesondere die Spanne vom Ende des Alten Reiches bis ins Mittlere Reich umfasst (vgl. Gestermann 2006: 289, Fußnote 1). Die ursprüngliche Datierung einiger dieser Briefe in die Erste Zwischenzeit (s. Gardiner/Sethe 1928) wurde von Bommas (1999) aufgrund eines Abgleichs mit dem archäologischen Befund der Schriftträger (zumeist Näpfe bzw. Schalen) revidiert und teils in die späte 11. Dynastie verlagert. Vgl. auch Brose 2014: 14. Die frühesten Belege von Briefen an Götter stammen aus dem Neuen Reich, weitere Exemplare sind jedoch erst aus späteren Epochen belegt (vgl. Verhoeven 2003: 12–13 mit Fußnote 44) und werden daher im Textkorpus als Gattung nicht berücksichtigt.

344 Verhoeven 2003: 3 definiert das Besondere der Textart Brief dadurch, „daß die persönliche Meinung, eine Mitteilung oder auch Aufforderung durch die Medien Schrift und Schriftträger zu einem materiellen Gegenstand wird, der transportiert oder auch nur aufbewahrt werden kann und somit zeitlich und/oder räumlich voneinander entfernte Personen zielgerichtet miteinander in zwischenmenschlichen Kontakt zu bringen vermag." Es sei daher nur folgerichtig, „daß man einem im Westen (d.h. Jenseits) Weilenden einen Brief schreibt, wenn man ihm etwas mitteilen möchte". Somit sind Briefe an Tote oder Gottheiten für den Ägypter keineswegs unlogisch. Vgl. auch Assmann 2001: 182.

345 „Jeder ‚Erlaß' der kgl. Kanzlei war ein ‚Königsbefehl', auch wenn er keinen Befehl, sondern persönliche Botschaften des Königs an einen Untertan enthielt." Goedicke 1980: 481, nach Gunn 1927: 234. Dagegen argumentiert Vernus (2013: 259–340) überzeugend, dass nicht jeder Brief des Königs automatisch ein Dekret darstelle. Vielmehr enthielten Briefe des Königs oftmals Gratulationen, Erzählungen über die Taten des Königs selbst, Ratschläge an Untergebene und nicht notwendigerweise Anweisungen oder Befehle. (Eine Typenklassifizierung der belegten „Königsbefehle" gibt Vernus 2013: 280–340.) In der Konsequenz sei Vorsicht geboten sowohl bei der Übersetzung der Floskel wḏ-nsw als auch ihrer modernen Interpretation: Besser als „königliches Dekret/königlicher Erlass" seien neutralere Ausdrücke wie bspw. das Französische ‚édit royal', ‚rescrit royal' oder „ordonnance royal" (Vernus 2013: 261). Mein Dank gilt J. F. Quack für diesen Literaturhinweis.

346 Papyrus Kairo ESP B [= pCairo B], 20. Dynastie (Ramses IX.), s. Helck 1967: 146–151 [H]; Kitchen 1982: 518–522 [H]. Vgl. zu diesem Dokument mit weiterführender Literatur David 2006: 236.

Reich überliefert.[347] Briefe an den König sind noch seltener belegt, ihre Existenz lässt sich allerdings aus Grabinschriften erschließen, die Antwortschreiben des Königs aufgezeichnet haben. Erst in der 18. Dynastie ist ein Schreiben an Amenophis IV./Echnaton erhalten, ein weiteres aus der 19. Dynastie unter Ramses II.

Eine beliebte Lehrmethode für Schreiberschüler scheint auch das Verfassen von Modell- bzw. Musterbriefen gewesen zu sein.[348] Aus der „Kemit"[349] konnte ein größeres Repertoire an epistolarischen Grußfloskeln erlernt werden.[350] Zudem konnten Briefe als eher lehrhafte bzw. literarische Schriftstücke verfasst werden, welche von CAMINOS daher als „literarischer Brief"[351] bezeichnet werden.

Der größte Teil der erhaltenen Briefe umfasst private Korrespondenzen, die unterschiedlichste Inhalte aufzeigen, seien es Familienangelegenheiten, geschäftliche oder administrative Sachverhalte und offizielle Thematiken.[352] Darunter fallen auch die hier als „Verwaltungsmitteilungen" bezeichneten Texte, die traditionelle Einleitungs- und Abschiedsfloskeln vermissen lassen und somit nur aus dem eigentlichen Textkörper (und inhaltlich dem eigentlichen Anliegen) bestehen.[353]

Obwohl es konsequenter wäre, nur den eigentlichen Textkörper der Briefe zu analysieren, da es sich hierbei vermeintlich um den am wenigstens „geformten" Teil der schriftlich niedergelegten Sprache handelt, zeigt der Vergleich mit den einleitenden, z. T. recht starren Grußfloskeln und Verabschiedungsformeln ebenfalls interessante Entwicklungen bzw. eben gerade die Vermeidung von sprachlichen Innovationen, so dass die vollständigen Briefe in die Betrachtungen mit einbezogen werden.[354] Während Briefe im Alten Reich sehr knapp nur mit dem Datum und der Nennung der Identität des Empfängers eingeleitet werden und keine Abschiedsfloskeln aufweisen, zeigen Schreiben des Mittleren Reiches Einleitungsformel, Grußformeln an Verwandte und/oder Bekannte des Empfängers und eine prägnante Abschiedsfloskel mit der Bitte um Kenntnisnahme, während das Datum zumeist nicht genannt wird. Im Neuen Reich besteht häufig ein Großteil des Briefes aus einleitenden Formulierungen mit Nennung von Absender und Adressat, Grußformeln mit Fragen nach dem Wohlergehen und einer Aufzählung von Gottheiten, um deren Segen für den Empfänger zu

---

347 Vgl. z. B. Wente 1990: 6.
348 Vgl. Caminos 1982: 243–244.
349 „Kemit" ist die Bezeichnung eines „Lehrwerkes" bzw. „Kompendiums" für angehende Beamte des Mittleren (und Neuen) Reiches. Vgl. Brunner 1980: 383. Der Titel „Kemit" selbst wird in den Quellen nicht genannt, ist aber aus einem Satz in dem literarischen Werk der „Lehre des Cheti" bekannt, in dem der Schluss der „Kemit" zitiert wird. Peust 2006: 309. Zu Aufbau und Inhalt allgemein s. auch Peust 2006 und Petersmarck 2012.
350 Caminos 1975: 858.
351 Caminos 1980: 1066.
352 Caminos 1975: 857.
353 Vgl. auch Janssen 1991: 28. 33. 43 und Janssen 1992: 88, der Korrespondenz ohne Einleitungsfloskeln und formelhafte Verabschiedungen als „communication rather than a letter" (Janssen 1991: 28) bezeichnet.
354 Im Fall der Kamose-Inschriften (Stele Luxor J.43 [= zweite Kamose-Stele] und Tafel Kairo JE 41790 [= Carnarvon Tablet 1]) sowie der Stele Grenoble Ur. 1 + Ur. 33 (= Kubân Stele) aus der Zeit Ramses' II. wurde der umgebende Text in die Untersuchung mit einbezogen.

erbitten. Zumeist endet die Korrespondenz mit der Bitte um Antwort und Verabschiedungsfloskeln.[355]

Um der sozialen Heterogenität der Briefe bei der Untersuchung Rechnung zu tragen, wurden die Texte in Unterkategorien aufgegliedert, da aufgrund der Ergebnisse in der Forschungsliteratur zu erwarten schien, dass je nach sozialem Status des Absenders bzw. Empfängers eine andere sprachliche Varietät zur Anwendung kommt, was sich möglicherweise auf die Geschwindigkeit der Verbreitung sprachlicher Innovation auswirkt. Konkret wurde geprüft, ob in Briefen, die hierarchisch höherstehende Personen als Absender oder Adressaten zeigen, sprachliche Entwicklungen zeitlich verzögert auftreten bzw. sprachliche Register Anwendung finden, die älteres Sprachgut zu bevorzugen scheinen [vgl. Kapitel 4.4 und 4.5].

Die Einteilung, nach der die Analyse durchgeführt wird, ist chronologisch [zur Chronologie des Alten Ägypten siehe Anhang II] sowie sozial-hierarchisch gestaffelt, wobei sozial-hierarchisch folgende Unterscheidungen getroffen wurden:[356]

– Briefe vom und an den König bzw. dessen Umfeld/Familie
– Briefe vom und an den Wesir
– Briefe von/an Privatpersonen
– Briefe an Tote

Insgesamt umfasst das Korpus 234 Texte, deren Zusammenstellung der Tabelle im „Anhang I – Textkorpus" zu entnehmen ist.

Die Verteilung der Quellen lässt sich nachstehender Graphik entnehmen:

---

355 Caminos 1975: 857–858.
356 Vgl. Wente 1990 und den Thesaurus Linguae Aegyptiae (http://aaew.bbaw.de/tla/index.html; Zugriff 26.05.2014) mit ähnlichen Unterteilungen. Die Aufteilung bedeutet jedoch nicht, dass nicht auch innerhalb der Briefe von/an Privatpersonen sozial-hierarchische Unterschiede ausgemacht werden können, z. B. innerhalb der spätramessidischen Korrespondenz („Late Ramesside Letters" = LRL), die zum Teil an den General und Vizekönig von Kush, Pianch, gerichtet ist bzw. von diesem stammt. Dies wirkt sich insbesondere auf die formelhafte Sprache in den Begrüßungsfloskeln oder der Anrede aus. Zu den sprachlichen Besonderheiten innerhalb dieser Gruppe vgl. bspw. Sweeney 1994; Sweeney 2001.

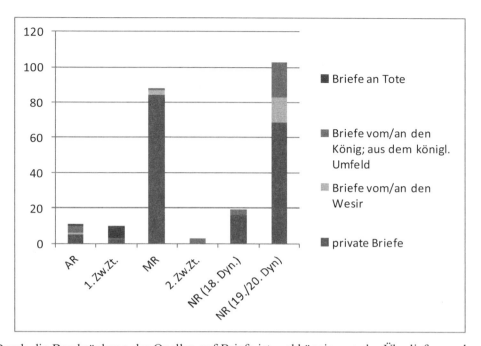

Durch die Beschränkung der Quellen auf Briefe ist – abhängig von der Überlieferungslage – die chronologische Verteilung der Textzeugen nicht gleichmäßig; für das Alte Reich sowie die Erste und Zweite Zwischenzeit liegen wenige dieser Quellen vor, so dass je nach Erhaltungszustand zumindest ein großer Teil der publizierten Briefe aus dieser Zeit aufgenommen werden konnten. Für das Mittlere Reich erscheint die Beleglage besser, was dem umfangreichen Illahun-Korpus geschuldet ist: einer Sammlung von Papyrus-Funden, die an das Ende der 12. Dynastie bzw. den Anfang der 13. Dynastie datieren, insgesamt 66 Textquellen. Auch die erste Hälfte des Neuen Reiches, vor allem die 18. Dynastie, ist im Textkorpus nicht sehr zahlreich repräsentiert. Ab der Ramessidenzeit (19. und 20. Dynastie) existieren dann vielfältige Textzeugen, so dass hier eine Auswahl getroffen werden musste – insbesondere private Textquellen, hauptsächlich erhalten aus der Arbeitersiedlung Deir el-Medine, wurden nur vereinzelt herangezogen, wobei vor allem Datierbarkeit, Länge des Textzeugen, Erhaltungszustand und Aussagekraft im Hinblick auf die zu untersuchenden Phänomenbereiche als Kriterien dienten. Es wurden aufgrund ihrer Datierbarkeit, erhaltenen Länge und Aussagekraft vor allem zahlreiche der sogenannten „*Late Ramesside Letters*"[357] berücksichtigt, eine Auswahl von 48 Texten, darunter die Korrespondenzen der bekannten Individuen Thutmosis und seines Sohnes Butehamun.

---

357 Die Chronologie der Briefe innerhalb dieses Korpus ist teilweise umstritten; alle datieren um das Ende des Neuen Reiches, genauer das Ende der 20. Dynastie unter Ramses XI. bzw. etwas später an den Übergang zur 21. Dynastie. Vgl. u. a. Černý 1939: v–xxvi; Wente 1967: 1–17; Barwik 2011: 197–224.

Wie zuvor erwähnt, ist zudem königliche Korrespondenz seltener als private, so dass auch hier ein Ungleichgewicht herrscht; es wurden, abhängig vom Erhaltungszustand, möglichst viele bisher publizierte Briefe vom und an den König aufgenommen, während nicht alle privaten Schreiben aus der 19. und 20. Dynastie miteinbezogen werden konnten.

Obwohl durch die Beschränkung auf die genannten Belege die Quellenlage für das Alte und Mittlere Reich nicht umfangreich ist, überwiegen die Vorteile der Vorgehensweise: Der Einfluss diaphasischer Varietät zwischen verschiedenen Textgattungen wird aufgrund der einheitlichen Kommunikationssituation minimiert. Die Quellen bilden zudem, von Floskeln und Eidformeln abgesehen, aufgrund ihres intendierten Zweckes (einer aktuellen Mitteilung oder Kommunikation) sprachliche Ausdrucksmuster ihres Entstehungszeitraumes ab, was bei religiösen oder literarischen Texten keineswegs der Fall sein muss. Wie zuvor dargelegt wurde, handelt es sich nicht zuletzt um die Textsorte, die der gesprochenen Sprache zumeist am nächsten kommt, sodass sich sprachlicher Wandel hier am kontinuierlichsten beobachten lässt.

> *"You study. What is your focus?"*
> *"Xenolinguistics. You have no idea what that means."*
> *"The study of alien languages – morphology, phonology, syntax."*
>
> Erster Dialog zwischen James T. Kirk und Nyota Uhura aus Star Trek (2009), © Paramount Pictures.

4.2 Morphosyntaktischer Wandel in nominalen Ausdrücken

Einige der auffälligsten Veränderungen vom älteren zum jüngeren Ägyptisch stellen Wandelphänomene in nominalen Ausdrücken dar. Insbesondere die Entstehung eines definiten sowie indefiniten Artikels, das Entstehen einer neuen Reihe an Demonstrativa und Wechsel in der syntaktischen Position der Possession zeigen Sprachwandelphänomene an, die in den folgenden Abschnitten für das Ägyptische untersucht werden.

4.2.1 Entstehung des definiten Artikels

In der linguistischen Einführung dieser Arbeit wurden bereits die Grundlagen der Grammatikalisierung vorgestellt. In den folgenden Abschnitten soll ein Grammatikalisierungsprozess im Ägyptischen verfolgt werden, der in anderen Sprachen bereits ausführlich betrachtet wurde: die Entstehung eines definiten Artikels. Nach einigen Vorbetrachtungen zur Entstehung und Entwicklung deiktischer Elemente und der ägyptologischen Forschungsgeschichte zum Thema werden die am Textkorpus gewonnenen Beobachtungen für das Ägyptische besprochen.

4.2.1.1 Linguistische Grundlagen: Artikelfunktion und -genese

Die semantische Opposition zwischen definiten und indefiniten Ausdrücken ist grundlegend und universal, ihre grammatische Realisierung kann jedoch unterschiedlichste Formen annehmen.[358] Obwohl die Verwendung von Definit- und Indefinitartikel für Muttersprachler des Deutschen (und weiterer indoeuropäischer Sprachen) eine Selbstverständlichkeit darstellt, ist deren Existenz sprachübergreifend betrachtet nicht die Regel. Der WORLD ATLAS OF LANGUAGE STRUCTURES ONLINE[359] listet 216 Sprachen, die ein eigenständiges Wort als Ausdruck des definiten Artikels verwenden, dafür aber 404 Sprachen, die entweder ein Demonstrativum als definiten Artikel mitverwenden, ein Definitaffix aufweisen, einen Indefinit- aber keinen Definitartikel haben (selten: nur 45 Sprachen) oder eben keines dieser Konzepte zeigen (198 Sprachen). In Sprachen ohne vergleichbare deiktische Elemente dieser Art werden Definitheit und Deixis durch andere sprachliche Mittel realisiert. Selbst das Althochdeutsche weist noch keinen definiten Artikel auf, sondern markiert Definitheit durch indirekte syntaktische Mittel wie Wortstellung und Thema-Rhema-Struktur, verbalen Aspekt, Objektkasus, Position des Genitivattributs, Adjektivflexion und Determinierer.[360] Im Kapitel 4.2.1.4 wird die sprachliche Realisierung von Definitheit im Altägyptischen, welches ebenfalls noch keinen Artikel aufweist, genauer vorgestellt werden.

Typologische Beschreibungen zu definiten Artikeln beruhen auf zwei Ansatzpunkten:[361]

a. Einerseits liegt die semantisch allgemeine Definition von „Definitheit" und die als sprachlich (und wohl auch kognitiv) universal angesehene Unterscheidung zwischen „definit" und „indefinit" dem „definitheitsbasierten Ansatz" zugrunde.[362] Auf der Basis dieser universalen Trennung werden nicht nur selbständige Worte, sondern auch andere grammatische Phänomene, wie zuvor erwähnt also die Wortstellung, Kasusmarkierungen oder Verbkongruenz, in den Bereich der Elemente, die Definitheit in den Sprachen der Welt auszudrücken vermögen, gerechnet. Die Parameter für eine Einordnung und Unterscheidung dieser Elemente sind ausschließlich formaler Natur.
b. Andererseits ist zu beobachten, dass sich Artikel historisch von anderen Elementen wie zumeist Demonstrativa oder Numeralia ableiten.[363] Diesem „Grammatikalisierungsansatz" zufolge werden Artikel als unterschiedliche Stadien eines Grammatikalisierungspfades charakterisiert und ihre Typologie befasst sich mit der Identifizierung dieser verschiedenen Stufen der Entwicklung auf der Grundlage semantisch-pragmatischer und formaler Kriterien.

Die beiden Ansätze weisen einige grundlegende Unterschiede in der Charakterisierung von Artikeln auf. Vor dem Hintergrund der Grammatikalisierungstheorien ist Definitheit nur ein Merkmal der Grammatik und Typologie von Artikeln, so dass beispielsweise bei „spezifischen (definiten) Artikeln"[364] eher das Merkmal „spezifisch" denn das Merkmal „definit" im Vordergrund steht.

---

358 Vgl. Rijkhoff 1992: 158–159; Himmelmann 2001: 831; Szczepaniak 2009: 64.
359 http://wals.info/feature/37A (Zugriff 18.05.2014).
360 S. Szczepaniak 2009: 65–69.
361 Vgl. Himmelmann 2001: 830–832.
362 Himmelmann 2001: 831.
363 Himmelmann 2001: 831–832.
364 Vgl. Himmelmann 1997: 101–103. Spezifisch definiert er als für den Hörer (H) „prinzipiell identifizierbar", mit den Unterkategorien definit („hinreichend identifizierbar für H") und indefinit

Dafür berücksichtigt der Grammatikalisierungsansatz solche Realisierungen von Definitheit nicht, die eben nicht den typischen Pfad einer Grammatikalisierung durchlaufen haben, wie Wortstellung, Kasusmarkierungen oder Verbkongruenz etc.[365]
Den häufigsten und charakteristischsten Pfad der Entwicklung definiter Artikel stellt die Ableitung aus einem ursprünglich demonstrativen Element dar. Der Entwicklungspfad kann folgendermaßen aufgegliedert werden:[366]

DEM → DEF.ART → SPEC.ART → NOUN MARKER

Jedoch stößt man in den meisten Sprachen, die eine ähnliche Entwicklung aufweisen, auf Schwierigkeiten bei der Identifizierung der einzelnen Stadien dieses Pfades bzw. oft schon bei der Unterscheidung der ursprünglich demonstrativen Elemente und den schließlich stärker grammatikalisierten Artikeln. Dies ist auch im Ägyptischen der Fall [s. unten], wobei die Abgrenzung der einzelnen Entwicklungsstufen sowie die Unterscheidung verschiedener Arten von Artikeln nur anhand einer präziseren Eingrenzung ihrer Funktion und ihres Gebrauchskontextes erfolgen können. Bisherige ägyptologische Untersuchungen zum Thema basierten zumeist auf in modernen Einzelsprachen gewonnenen Einteilungen, die zu weniger exakten Resultaten in Bezug auf das Ägyptische führten.[367]

Eine sehr detaillierte typologische Untersuchung zum Thema hat HIMMELMANN[368] vorgelegt. In seiner Analyse stellt er mehrere Kriterien zur Abgrenzung der einzelnen Entwicklungsstadien sowie der Unterscheidung verschiedener Arten von Artikeln vor. Die Kriterien werden im Folgenden kurz umrissen, um sie anschließend auf die Verhältnisse im Ägyptischen zu übertragen.

Ein vielleicht offensichtliches, aber explizit festzuhaltendes, formales Kriterium der Artikel zeigt sich darin, dass sie ausschließlich in nominalen Ausdrücken auftreten. Ihre Position innerhalb dieser Ausdrücke ist fixiert, d. h. sie erscheinen entweder links oder rechts des nominalen Elements, nicht aber variabel zu einer oder anderen Seite.[369] Nominale Aus-

---

("nicht notwendigerweise identifizierbar für H"). D. h. ein nominaler Ausdruck kann spezifisch, aber indefinit sein, z.B. "Michael will heute ein Buch kaufen." Falls Michael ein bestimmtes Buch kaufen möchte, so ist der Ausdruck „ein Buch" spezifisch. Möchte er im Gegensatz dazu irgendetwas kaufen, Hauptsache es handelt sich um (irgend)ein Buch, so ist er nicht-spezifisch. Davon unabhängig ist die Definitheit des Ausdrucks, der, wie im Beispiel, indefinit ist. Definite Ausdrücke sind zumeist auch spezifisch, in bestimmten Gebrauchskontexten jedoch definit, aber nicht-spezifisch: z.B. „Der Wal ist ein Säugetier." Diese Verwendung wird häufig auch als ‚generischer Artikel' bezeichnet.

365 Definitheit stellt ein zum Teil schwer definierbares Konzept dar, das in Zusammenhang mit Referentialität je nach linguistischer Richtung unterschiedlich beschrieben wird. Sprachübergreifend zeigt sich, dass man sich funktional am besten in konzeptuellen Dimensionen wie Identifizierbarkeit u. Ä. bewegt. Vgl. Rijkhoff 1992: 146. 158–159. Alexiadou et al. 2007: 57–62. Lyons 1999: 1–13.
366 Vgl. Himmelmann 1997: 23–24.
367 Vgl. Kroeber 1970.
368 Himmelmann 1997.
369 Himmelmann 2001: 832. Dennoch existieren Sprachen, bspw. modernes Griechisch, in denen Artikel an variablen Positionen im nominalen Ausdruck auftreten können, was mit unterschiedlicher deiktischer Funktion zusammenhängen könnte, vgl. Alexiadou et al. 2007: 105. 120–127.

drücke können im Ägyptischen komplex aufgebaut sein, was eine Klassifizierung der Gebrauchskontexte erschwert.

Artikel haben zudem eine wesentliche kontextuelle Funktion, denn nicht nur die Markierung der Definitheit, sondern übergreifend auch das Herstellen von Referenzialität stellt eine der Hauptaufgaben dieser Elemente dar.[370] Referenz wird traditionell als „Bezeichnung für die Beziehung zwischen sprachlichem Ausdruck (Name, Wort) und dem Gegenstand der außersprachlichen Realität, auf den sich der Ausdruck bezieht"[371] definiert, ist aber im Sinne der Sprechakttheorie auch als Bezugnahme des Sprechers auf (Außer-) Sprachliches mit sprachlichen Mitteln zu verstehen.[372] Referenzmittel ist die Deixis, die als Bindeglied zwischen der Semantik und Pragmatik gilt, da die jeweilige Referenz nur aus der exakten pragmatisch situierten Sprechsituation ermittelt werden kann.[373]

In typologisch-funktionalen Ansätzen erfolgt die Klassifizierung von deiktischen Elementen über ihren (semantischen) Gebrauchskontext. Demonstrativa und Artikel werden durch ihre Verwendung in pragmatisch- oder semantisch-definiten Kontexten unterschieden: Während Definitartikel in beiden Bereichen Anwendung finden können, bleiben die semantisch definiten Kontexte den Demonstrativa verschlossen.

Die typologischen Gebrauchskontexte für Demonstrativa sind:[374]

— situativ (Verweis auf ein außersprachliches Objekt)
— diskurs-deiktisch (Verweis auf einen vorhergehenden Rede-/Textabschnitt)
— anaphorisch (Verweis auf einen [im gleichen (Kon-)Text] vorerwähnten Referenten)
— anamnestisch (Verweis auf geteiltes Sprecher-Hörer-Wissen[375], das nicht im unmittelbaren Diskurs erwähnt wird)

Diese Kontexte sind allesamt pragmatisch definit, wie Tabelle 1 auf der folgenden Seite zu entnehmen ist. Sie trennen sich zudem noch nach einführender und aktivierender Referenz, wobei situativer und diskurs-deiktischer Gebrauch zu ersterer zählen, anaphorische und anamnestische zu letzterer. In bisherigen Untersuchungen wurde zumeist nur nach situativer und anaphorischer Verwendung unterschieden,[376] worunter sich aber nicht alle Gebrauchskontexte klar subsumieren ließen. Dennoch ist die Trennung zwischen den vier

---

370 Dabei muss es sich nicht um spezifische Referenz handeln – definite Ausdrücke mit sog. ‚generischem' Artikel verweisen nicht auf eine konkrete Entität, sondern bspw. eine Gattung, wie im bereits erwähnten Beispiel: „**Der** Wal ist ein Säugetier." Zur Referenzialität von Artikeln aus generativer Sicht vgl. Alexiadou et al. 2007: 75–78.
371 Bußmann ³2002: 554.
372 Vgl. Rijkhoff 1992: 5–7.
373 Vgl. Bußmann ³2002: 150.
374 Himmelmann 1997: 191; Himmelmann 2001: 833–834. Und Szczepaniak 2009: 71–73.
375 Die linguistische Terminologie „Sprecher-Hörer" wird in der vorliegenden Arbeit aus Gründen der Einheitlichkeit beibehalten, auch wenn es sich in den später besprochenen Textbelegen immer um ein Schreiber-Leser- oder Adressat-Empfänger-Verhältnis handelt, welches bei Briefen an Verstorbene das altägyptische Verständnis voraussetzt, dass der Empfänger auch im Jenseits oder aus dem Jenseits den Inhalt des Briefes zur Kenntnis nehmen konnte.
376 Himmelmann 1997: 93 mit Fußnote 82.

Gebrauchsweisen, insbesondere zwischen einführender und aktivierender Referenz, oftmals schwierig und teilweise sind Überschneidungen aller Bereiche möglich.[377]

Auf dem Grammatikalisierungspfad zum Artikel erfolgt nun eine Gebrauchskontexterweiterung.[378] Diese Expansion geht mit dem Abnehmen der morphosyntaktischen und semantisch-pragmatischen Transparenz der jeweiligen Konstruktion einher.[379] Das wiederum ermöglicht den Übergang vom Demonstrativ zum Artikel, dessen Hauptmerkmal im Gebrauch es ist, in semantisch-definiten Kontexten[380] gesetzt zu werden, was dem Demonstrativ nicht offensteht:

– abstrakt-situativ (Verweis auf Referent im (Vor-)Wissen vieler oder aller Menschen, z. B. „die Sonne")
– assoziativ-anaphorisch (Verweis auf Referenten, der aus dem Weltwissen aufgrund eines Assoziationsverhältnisses identifizierbar ist, z. B. „Peter fuhr Fahrrad. Der Lenker war defekt."[381])
– [falls die Sprache einen spezifischen Artikel aufweist: indefinit-spezifisch (z. B. Einführung eines neuen Partizipanten in den Diskurs[382])]

Somit stellen sich die Gebrauchsweisen von Demonstrativ und Artikel folgendermaßen dar:

	Gebrauch	Funktion	Demonstrativ	Definitartikel
pragmatische Definitheit	situativ	einführend	+	+
pragmatische Definitheit	anaphorisch	aktivierend	+	+
pragmatische Definitheit	anamnestisch	aktivierend	+	+
semantische Definitheit	abstrakt-situativ	als definit markierend		+
semantische Definitheit	assoziativ-anaphorisch	als definit markierend		+

Tabelle 1: *Kontextexpansion vom Demonstrativ zum Definitartikel*
Aus Szczepaniak 2009: 73.

---

377 Himmelmann 1997: 82–86. Zur „zeigenden" Funktion sowie Situationsdeixis vgl. ebd. 86–90.
378 Vgl. Himmelmann 1997: 28–33.
379 Himmelmann 1997: 231.
380 Zur semantischen Definitheit zählen auch die sog. „nicht-familiären" Gebrauchsweisen, die die Verwendung eines Artikels vor ‚vereindeutigenden Attributen' wie Relativsätzen, Komplementsätzen, genitivischen und nominalen Attributen bezeichnen. Vgl. Himmelmann 1997: 36–40.
381 Assoziativ-anaphorisch ist das Wissen darum, dass jedes Fahrrad typischerweise einen Lenker hat, so dass seine Definitheit an den anaphorischen Gebrauch erinnert, diesem aber nicht entspricht, da der Referent „Lenker" nicht direkt vorerwähnt ist.
382 Dabei ist die Identifizierbarkeit des Referenten für den Hörer nicht zwingend vorausgesetzt im Gegensatz zu definitem Artikel und Demonstrativa, vgl. Himmelmann 2001: 834.

4.2 Morphosyntaktischer Wandel in nominalen Ausdrücken

Nicht nur die Trennung zwischen demonstrativen Elementen und Artikeln hilft bei der Identifizierung einzelner Entwicklungsstadien, sondern auch die Unterscheidung einzelner Arten von Artikeln selbst konkretisiert die möglichen Verzweigungen des Entwicklungspfads. HIMMELMANN unterscheidet zwei übergeordnete Kategorien von Artikeln: **Phrasalartikel** und **Gelenkartikel**.[383] Als **Gelenkartikel** charakterisiert er nicht deklinierbare Elemente, welche zwischen die Konstituenten komplexer nominaler Ausdrücke treten können. Im Unterschied zu Phrasalartikeln ist dies auch mehrfach pro Konstruktion möglich. Für den Gelenkartikel benennt er zwei Unterkategorien, die Attributions- und Attributskennzeichen.[384] Der Definitartikel, dessen Entwicklung für das Ägyptische nachvollzogen werden soll, zählt jedoch zu den sog. **Phrasalartikeln**.

Phrasalartikel treten in der (rechten oder linken) Peripherie nominaler Ausdrücke auf.[385] Für gewöhnlich erscheint nur *ein* solches Element pro Phrase. Unterteilt werden die Phrasalartikel von HIMMELMANN in Nominalphrasen(NP)-Artikel[386] und Komplementartikel. Kennzeichnend für NP-Artikel ist die Möglichkeit, in allen Arten nominaler Ausdrücke auftreten zu können, während Komplementartikel auf einmal pro *clause-level*[387] Nominalausdruck beschränkt sind. Von den NP-Artikeln lassen sich wiederum zwei Kategorien unterscheiden: *definite* und *spezifische* Artikel, wobei spezifische Artikel („*stage II article*" nach GREENBERG[388] bzw. „*generic article*" nach RIJKHOFF[389]) eine Weiterentwicklung der definiten Artikel darstellen:[390]

---

383 Nicht in allen Sprachen, die Artikel aufweisen, sind beide Kategorien oder jede Unterkategorie anzutreffen. Himmelmann 2001: 834.
384 Es handelt sich entweder um verschiedene Arten von Partikeln, die in manchen Sprachen zwischen Bestandteile eines nominalen Ausdruckes treten können (Attributionskennzeichen) oder bereits stark grammatikalisierte Elemente (z. B. Affixe), die als Kennzeichen des ‚Attributs' im nominalen Ausdruck dienen und verschiedene morphosyntaktische Informationen kodieren können. Himmelmann 1997: 160–172. 230.
385 Die Möglichkeiten der Positionierung des Artikels innerhalb der Phrase sind variabel, jedoch gibt es typologisch gesehen eine Präferenz für proklitischen Gebrauch (d. h. Positionierung an der linken Peripherie der Phrase), am zweihäufigsten ist die Stellung in der rechten Peripherie als phrasale Enklitika und sehr selten als Enklitika an zweiter Position in der Phrase. Vgl. Himmelmann 2001: 836.
386 Himmelmann 1997: 195: „Das zentrale formale Kriterium für die Typologie des NP-Artikels ist das Kriterium, daß der NP-Artikel ein ungebundenes Grammem in phrasaler Randstellung (also ein Phrasenartikel) ist und nur in nominalen Ausdrücken vorkommt."
387 „[…] i. e. a nominal expression which is in construction with a finite verb or one which forms a major constituent in a non-verbal clause […]" Himmelmann 2001: 835.
388 Greenberg 1978: 62–69.
389 Rijkhoff 1992: 64.
390 Himmelmann 2001: 835. Es können dabei affigierte Formen auftreten, bei denen die Formen des Artikels an das nominale Element prä- oder suffigiert werden. Zumeist stellen diese eine weiter grammatikalisierte Stufe von zuvor eigenständigen Formen dar.

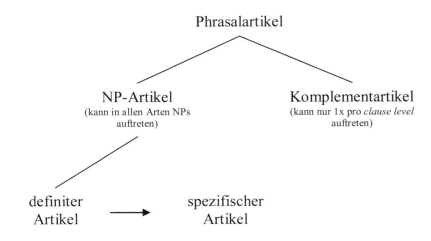

Abbildung 2: Unterteilung des Phrasalartikels
Nach Himmelmann 1997.

„Spezifisch" definiert sich hierbei durch die „prinzipielle Identifizierbarkeit" im Gegensatz zur „aktuellen Identifizierbarkeit".[391] Die Unterscheidung dieser Unterarten kann, da sie häufig nicht formal markiert ist, zumeist nur über die Analyse der Funktions- und Gebrauchskontexte erfolgen. Kontexte für den Gebrauch des **definiten** Artikels können sprachübergreifend sein:

– Verwendung in adpositionalen Phrasen
– Gebrauch mit Eigennamen und Vokativen
– Gebrauch mit anderen determinierenden Elementen (z. B. Demonstrativa oder Possessiva)

Falls formale Differenzierungen möglich sind, variieren NP-Artikel zumindest nach zwei weiteren Parametern: dem Grad der Fusion zwischen Artikel und Nomen sowie der Anzahl von Artikeln in einem gegebenen System.

Ein weiteres Merkmal zur Abgrenzung von Artikeln ist ihr obligatorisches Auftreten in konkreten grammatischen Kontexten, wie beispielsweise in Superlativen oder bei Nomen, die einen „*complement clause*" (Objektsatz) einleiten (z. B. „die Tatsache, dass sie das Spiel verloren haben"). Hohe Textfrequenz, welche oft als starker Indikator für die Identifizierung eines Elementes als Artikel angeführt wird, ist nach HIMMELMANN kein zwingendes, aber ein mögliches Kriterium.[392] In der ägyptologischen Forschung ist es bisher eines

---

391 Vgl. Fußnote 364.
392 Vgl. Himmelmann 1997: 193–194; Himmelmann 2001: 833: „In order for this [ein hochfrequentes Element als Artikel einzustufen, Anm. d. Verf.] to be the case it has to be shown that the increase in

der Hauptargumente für die Desemantisierung und Kontexterweiterung [vgl. Kapitel 4.2.1.3].

Bevor die Entwicklung für das Ägyptische nachvollzogen wird, sollen noch einige Voraussetzungen zum Aufbau nominaler Ausdrücke eingeführt werden, die Grundlegendes zum Verständnis von ‚Nominalphrasen' beitragen.

Ein typologisches Kriterium, das die linguistisch-typologische Forschung herausgearbeitet hat, ist „*headedness*". Es besagt, dass jede Art von Phrase einen Kopf, also „*head*", aufweist. Essentiell für die Beobachtung eines solchen Prinzips ist dabei die Bestimmung, welches Element den Kopf einer Phrase darstellt. Diese Bestimmung ist keineswegs so durchschaubar, wie sie zunächst erscheinen mag: Frühe grammatiktheoretische Ansätze klassifizierten als Kopf der Phrase das (semantisch-) lexikalisch ‚wichtigste' Wort, d. h. in der Nominalphrase das Nomen, in der Verbalphrase das Verb, in der Präpositionalphrase die Präposition etc. Zahlreiche Analysen des Verhaltens und der Eigenschaften von Phrasenköpfen führten jedoch zu der Erkenntnis, dass sich eine Phrase zwar semantisch um den lexikalischen Kopf aufbaut, aber funktional offensichtlich andere Eigenschaften ausschlaggebender sind. So stellt sich bspw. aus Sicht der generativen Grammatik der syntaktische Aufbau (definiter) nominaler Phrasen seit den 1980er Jahren komplexer dar, als zuvor angenommen. Maßgeblich hat ABNEY[393] das Konzept der „Determinansphrase" (DP) in die Linguistik eingebracht, welches deutlich machte, dass nicht das Nomen den funktionalen Kopf der Nominalphrase darstellt, sondern der Determinierer. Aus konstruktionsgrammatischer Sicht kann in definiten nominalen Phrasen mit overtem Definitartikel kein eindeutiger Kopf bestimmt werden, da sich Eigenschaften des Kopfes und des davon abhängigen Elementes (Dependent) bzw. der davon abhängigen Elemente nicht klar zwischen den Phrasenbestandteilen aufteilen lassen. Dies wird als Beleg dafür gewertet, dass diese Syntagmen durch die Kombination der Konstituenten übergeordnete Eigenschaften aufweisen, die die einzelnen Elemente allein nicht aufweisen, d. h. sie sind morphosyntaktisch nicht völlig transparent [s. Kapitel 4.2.3 und 4.3.3].[394] Abzuleiten von diesen grundlegenden Voraussetzungen sind allerdings auch Prinzipien über die Strukturierung von Phrasen und Sätzen. Beispielsweise tendieren Sprachen dazu, arbiträre Kombinationen von unterschiedlichen Wortfolgen zu vermeiden sowie Phrasenköpfe linear zu strukturieren.[395] Wichtig für die hier gewählte funktional-typologische Betrachtungsweise ist es, eben die Funktionsreichweite sowie die Gebrauchskontexte von Artikeln bzw. Demonstrativa, unabhängig von ihren konkreten Wortarten, zu beleuchten, um diachron die Entstehung und den Wandelprozess erfassen zu können, der eine Veränderung ihrer Kategorisierung mit sich bringt. Dabei stehen auch semantisch-pragmatische Aspekte im Fokus.

Für die Untersuchung von besonderem Interesse ist die Unterscheidung der Gebrauchskontexte von Demonstrativa und Artikeln, insbesondere anhand ihrer unterschiedlichen

---

overall textual frequency correlates with a substantial difference in the semantics and pragmatics of the grammaticising element [...]".
393 Abney 1987.
394 Sprachvergleichend zeigt sich zudem, dass die Verteilung der morphosyntaktischen Eigenschaften auf die Konstituenten variieren kann. Vgl. Himmelmann 1997: 152–156.
395 Für Nominalphrasen vgl. z. B. Rijkhoff 1992.

syntaktischen Distribution, die sich u. a. in den unterschiedlichen Reihen demonstrativer Elemente im Altägyptischen widerspiegelt [s. Kapitel 4.2.1.2]. Zudem wird die Frage nach dem (funktionalen) Kopf von Nominalphrasen im Kapitel 4.2.3 eine weitere Rolle spielen, wenn dem Wandel suffigierter Possession, die vom Nomen an den pränominalen Determinierer migriert, nachgegangen wird. Da die vorliegende Arbeit sich hauptsächlich mit Grammatikalisierungsprozessen beschäftigt, ist nicht zuletzt hervorzuheben, dass funktionale Ansätze wie die Betrachtungen HIMMELMANNs aufzeigen, dass Strukturen wie determinierte Nominalphrasen erst durch Grammatikalisierungsprozesse entstehen.[396] Generell lehnen solche konstruktionsgrammatischen Thesen die Annahme segmental leerer Kategorien ab, wie sie in der generativen Grammatik zahlreich vorausgesetzt werden. ‚Kopfeigenschaften' werden nur für Elemente postuliert, die in der Oberflächenstruktur eines Ausdrucks tatsächlich präsent sind, d. h. Affixe können in diesem Rahmen keinen Nukleus stellen. Himmelmann betont zudem, dass semantisch und lexikalisch unterschiedliche Köpfe auch unterschiedliche Strukturierungen phrasaler Ausdrücke mit sich bringen können.[397]

Letztlich zeigt sich, dass diachrone Ansätze Artikel und verwandte Elemente aufgrund ihres Entwicklungsprozesses, im konkreten Falle vor dem Hintergrund von Grammatikalisierungen, analysieren. Kriterien hierfür sind vor allem möglichst genau definierte, sprachübergreifend nachweisbare Bündelungen morphosyntaktischer Eigenschaften und Gebrauchskontexte, wodurch Übergangsphasen, in denen sich diese erweitern, erfasst werden können. Letzteres soll im Folgenden vor allem für den Entwicklungsprozess des definiten Artikels auf das Ägyptische übertragen werden.

4.2.1.2 Überblick: Demonstrativa und Artikel im Ägyptischen
Bevor in den anschließenden Unterkapiteln die Forschungsgeschichte der Entwicklung des Artikels sowie die Auswertung dieses Sprachwandelprozesses dargestellt werden, wird in diesem Abschnitt zunächst ein Überblick über die demonstrativen Elemente und Artikel in den Sprachphasen des Ägyptischen gegeben.

Das Altägyptische zeigt weder einen definiten noch indefiniten Artikel, verfügt aber über zahlreiche deiktische Elemente, darunter vier Reihen an Demonstrativpronomen. Die ursprüngliche Entstehung dieser bereits grammatikalisierten Elemente kann nicht klar nachvollzogen werden, da sie offenbar in die Zeit vor schriftlichen Aufzeichnungen zurückreicht. Die Demonstrativa zeigen differenzierte Maskulin- und Femininformen, die übergreifend das Bildungselement *p-* für Maskulin Singular und *t-* für Feminin Singular aufweisen. Zudem werden *jp-* (M.PL) und *jpt-* (F.PL) im Altägyptischen noch produktiv verwendet. Üblicherweise sind die Demonstrativa dem Bezugswort nachgestellt und untereinander komplementär verteilt.[398]

---

396 Vgl. Himmelmann 1997: 108–110 und Alexiadou et al. 2007: 162.
397 Himmelmann 1997: 137–138.
398 So z. B. Edel 1955/64: 88–89; Lefebvre 1955: 61–66; Schenkel 2012: 115–118. Einen umfassenden Überblick auf der Grundlage ‚medizinischer' Texte zu ägyptischen Demonstrativa gibt Westendorf 1962: 57–77. Zum Gebrauch verschiedener Demonstrativreihen in einem medizinischen Text vgl.

4.2 Morphosyntaktischer Wandel in nominalen Ausdrücken

Sg. m.	pn	pw; py	pf
f.	tn	tw/ty	tf
	jtn	jtw	jtf
Pl. m.	jpn	jpw	jpf
f.	jptn	jptw	jptf
	--	jptwt	--
Du. m.	jpnï	jpw	jpfï
f.	jptnï	jptw	jptf
	jptntï	jptwtï	--

Tabelle 2: *Formen der postpositionierten Demonstrativa im Altägyptischen*
Nach Edel 1955/64: 83.

Synchron existieren zudem einige weitere demonstrativen Elemente, welche sich syntaktisch abweichend verhalten: Sie werden alle vorangestellt und benötigen in der Verbindung mit Substantiven bzw. Nominalphrasen ein verbindendes possessives Element „n", das zumeist als „Genitivnisbe" bezeichnet wird. [s. Kapitel 4.2.3.2 und 4.2.3.3] Trotz ähnlicher Bildungsweise (wie die Elemente im Singular mit -*n*, -*w*, -*f*) scheinen sie somit nicht die funktionalen pluralischen Entsprechungen der Singular-Demonstrativa zu sein, denn ihre Bedeutung ist nur dann pluralisch, wenn auch das Bezugswort im Plural steht – handelt es sich beim Substantiv um einen Singular, so ist auch das Demonstrativ singularisch.[399] Zudem können diese Formen selbständig verwendet werden, d. h. sie können eigenständig anstelle eines Nomens auftreten. EDEL bezeichnet diese daher als „selbständige Demonstrativa".[400]

---

auch Deines 1954.
399   Edel 1955/64: 88–89.
400   Edel 1955/64: 88–89.

𓏌𓏌	*nn*
𓏌	*nw*
𓏌	*nf*

Tabelle 3: *„Selbständige" Demonstrativa*
Nach Edel 1955/64: 88–89.

Eine weitere Reihe Demonstrativa wird dem Bezugswort ebenfalls konsequent vorangestellt, die *p3*-Reihe, die in verschiedenen Schreibvarianten existiert:[401]

⬚ ; ⬚ ; ⬚ ; ⬚ ; ⬚   [402]   *p3* (M.SG)

Die feminine Variante wird im Singular ebenfalls mit dem Element *t*- gebildet:

⬚ ; frühester Beleg 1. Zw.Zt.: ⬚   *t3* (F.SG)

Auch der *p3*-Reihe entspricht ein Element, das pluralisch gebraucht werden kann und voransteht, aber in Verbindung mit Substantiven und nominalen Ausdrücken ebenfalls das bereits genannte possessive Element „*n*" als Verbindung benötigt:

⬚   *n3* (C. PL) + *n* (POSS) + N

Die *p3*-Reihe ist in der Phase des Altägyptischen sehr selten belegt und wenn, dann zumeist in speziellen Kontexten, wie den sogenannten „Reden und Rufen" des Alten Reiches, Beischriften zu Grabdarstellungen mit Szenen handwerklicher oder landwirtschaftlicher Arbeit.[403] [s. Kapitel 4.2.1.6]

Selten, aber ebenfalls präpositional, treten die Formen ⬚ *pf3* (M.SG) und ⬚ *tf3* (F.SG) sowie die pluralische Entsprechung ⬚ *nf3* (C.PL) auf.

Im Mittelägyptischen finden die Pluralformen mit *jp*- keine bzw. kaum noch Verwendung, während die oben genannten Formen mit *n*- weiterhin regulär gebraucht werden.[404] In den pluralischen Verbindungen beginnen die possessiven Elemente („Genitivnisben") *n* häufiger auszufallen.[405] Gegen Ende des Mittleren Reiches, spätestens ab Beginn des Neuen

---

401 Nach Edel 1955/64: 87–88 und Schenkel 2012: 118.
402 Zur Schreibung mit dem aufliegenden Vogel (Gardiner Sign-list G41) im Hieratischen vgl. den Exkurs zum Verständnis der ägyptischen Beispiel mit Fußnote 32.
403 Vgl. Edel 1955/64: 89. Und s. Fußnote 513.
404 Gardiner ³1957(2001): 85.
405 „Before Dyn. XVIII the vernacular began to drop the genitival n, […]; but this practice, which later

Reiches, erscheinen die Formen der *pɜ*-Reihe häufiger und bilden schließlich die Elemente eines definiten Artikels.[406] In den späten Phasen des Neuen Reiches wird auch im Plural kein verbindendes Element „*n*" mehr gebraucht.

Der indefinite Artikel des Ägyptischen tritt chronologisch erst einige Zeit nach dem definiten in Erscheinung. Spätestens im Neuen Reich erscheint das Zahlwort für „eins" (*wˁ*) in der Funktion als unbestimmter Artikel, die pluralische Entsprechung „einige" (*nh(ɜ)y*) sogar erst gegen Mitte bzw. Ende des Neuen Reiches.

Im Koptischen zeigt sich, dass die vorangestellten Artikel-Formen verkürzt zu ⲡ-/ⲧ-/ⲛ- (def. M.SG; F.SG; C.PL) sowie ⲟⲩ- und ϩⲉⲛ- (indef. C.SG.; C.PL.) dem Bezugswort direkt angefügt werden; eine Entwicklung, die ihren Ursprung bereits im Neuen Reich zu haben scheint, in der Schrift zumeist jedoch nicht zu erkennen ist.[407]

Im folgenden Kapitel werden bisherige Forschermeinungen zur Genese des Artikels im Ägyptischen dargestellt.

4.2.1.3 Forschungsgeschichte

Bisherige Untersuchungen zur Entwicklung des bestimmten Artikels im Ägyptischen zeigen sehr unterschiedliche Ansätze. Einigkeit besteht jedoch über den Ursprung des definiten Artikels, der sich aus dem vorangestellten demonstrativen Element „*pɜ*" entwickelt. Bereits ERMAN weist in seiner Untersuchung zur Sprache des Papyrus Westcar darauf hin, dass „[…] der Westcar […] das Demonstrativ *pɜ* schon als Artikel [gebraucht], was jene [mittelägyptischen Inschriften, Anm. d. Verf.] noch nicht thun."[408] Ausführlichere Betrachtungen des Themas sind bei HINTZE, FECHT, SCHENKEL und insbesondere KROEBER, SILVERMAN sowie LOPRIENO zu finden.[409] Diese werden im Folgenden erläutert, um anschließend die in der vorliegenden Analyse gewonnenen neuen Erkenntnisse darzustellen.

In seinen Aufsätzen zur Entwicklung der ägyptischen Sprachgeschichte bespricht HINTZE die Entwicklung des definiten Artikels vor dem Hintergrund von „Analyse" und „Konversion", die er als „Haupttendenzen"[410] sprachlichen Wandels ansieht [vgl. Kapitel 3.2.2.2].[411]

---

became regular, is very rare in Middle Egyptian, and is not found in good monumental texts." (Gardiner ³1957(2001): 86)
406 Vgl. Junge ³2008: 54–55.
407 Lambdin 1982: 2–3; Layton ²2004: 35–36; Junge ³2008: 54.
408 Erman 1889: 7.
409 Hintze 1947 und Hintze 1950; Fecht 1960; Schenkel 1966 und Schenkel 1990; Kroeber 1970; Silverman 1981; Loprieno 1980. Interessant auch die Betrachtungen zum Gebrauch von Demonstrativa in einem medizinischen Text von Deines 1954 und die Analyse zur Funktionsreichweite von *pɜ* in Stelentexten mit Götteranrufungen von Groll 1991.
410 Hintzes Begriff „Tendenzen" entspricht einer Beschreibung von Prozessen, nicht ursächlichen Motivationen sprachlichen Wandels, was ihm offensichtlich bewusst war, s. Hintze 1947: 97, Fußnote 1. Es gelingt ihm in seinen Ausführungen jedoch nicht, diese Unterscheidung deutlich hervorzuheben; häufig erscheinen diese „Tendenzen" in seinen Erklärungen eben doch als Motivationen des Sprachwandels, wobei er allerdings noch „Affekt" und Sprachökonomie, sowie eine Reihe weiterer „Triebkräfte" anführt. S. Hintze 1947: 98–102. Die Unklarheiten sind größtenteils seiner linguistischen Terminologie geschuldet, die nicht sehr klar definiert ist, obwohl er sie in einem späteren Aufsatz zu verdeutlichen sucht: s. Hintze 1950: 42.

Die Herausbildung des definiten Artikels erklärt er mit dem „Streben nach Expressivität"[412]: Das ältere Ägyptisch weise eine fallende Akzentuierung auf, d. h. der Ton habe auf dem ersten Teil von Wortverbindungen und Syntagmen gelegen. Demonstrativa stünden als „Bestimmendes" üblicherweise hinter ihrem Substantiv. Um das Demonstrativ sehr stark zu betonen, sei es dann gelegentlich (vor allem in der Umgangssprache) vorangestellt worden. Neben den älteren demonstrativen Elementen sei zudem bereits in der Umgangssprache des älteren Ägyptischen das „jüngere" Demonstrativ *pʒ* verwendet worden, das „durch keine Schriftnorm auf eine Stellung festgelegt war"[413]. Durch die jedoch immer häufiger auftretende Verwendung in pränominaler Position sei dann die betonte Wortstellung zur üblichen, d. h. unbetonten, geworden. Danach sei es dem „Bestimmten" wieder möglich gewesen, den Hauptakzent „an sich zu ziehen"[414] und die Akzentverlagerung auf das nachgestellte Element vom älteren zum jüngeren Ägyptischen zu vollenden. Im weiteren Verlauf sei *pʒ* „weiter enttont und zum bloßen Artikel" geworden. Dieser Positionsveränderung folgten dann die „übrigen Bestimmungselemente". Mit diesen Entwicklungen in Zusammenhang stünde der Abfall von Genusendungen am Substantiv, welcher einerseits durch phonologischen Schwund am Wortauslaut zu erklären sei und andererseits durch die Genusmarkierung am Demonstrativ bzw. Artikel, die zu einer morphologischen Doppelmarkierung des Genus (und Numerus) führe, angeregt würde.[415]

Dem widersprechend hat SCHENKEL bereits 1966 in einem Aufsatz die Feststellungen getroffen, dass

– die Voranstellung gewisser Reihen von Demonstrativa ganz offensichtlich mit ihrem substantivischem Gebrauch zusammenhänge, während Nachstellung der attributiven Verwendung eigen sei[416]
– und dass im Ägyptischen gar kein „Umspringen" von nachgestellter Determination zu vorangestellter stattfände, sondern dass vielmehr die zugrundeliegende Konstruktion in der Reihenfolge Nukleus-Satellit [entspricht Kopf-Dependent, Anm. d. Verf.], die in ägyptischen Phrasen vorherrschend sei, auch in diesem Fall beibehalten werde und nur die vorgegeben Positionen inhaltlich neu besetzt worden wären.[417]

Diese Einsichten sind in Anbetracht ihrer Entstehungszeit sehr weitsichtig, SCHENKEL deutet sogar an, dass es sich beim Artikel um den funktionalen Kopf („Nukleus" nach SCHENKELs Terminologie) der Phrase handeln könnte,[418] wie es die generative Forschung erst in den 1980er Jahren deutlich postulierte. Mittlerweile wird im generativen Ansatz eine funktionale Kategorie D vorausgesetzt, während konstruktionsgrammatische Ansätze dem ganzen Syntagma mehr Eigenschaften zuschreiben als seinen einzelnen Komponenten. Vor diesem Hintergrund wäre die Feststellung, dass in ägyptischen Phrasen vorherrschend

---

411 Hintze 1947: 90. Und Hintze 1950.
412 Hintze 1947: 99.
413 Hintze 1947: 100.
414 Hintze 1947: 100.
415 Hintze 1947: 91.
416 Schenkel 1966: 127.
417 Schenkel 1966: 127–129.
418 Schenkel 1966: 131.

Kopf-Dependent-Struktur herrsche, zu überprüfen bzw. das Konzept des „Neu-Besetzens" von syntaktischen Positionen eher in Begriffen von Konstituentenbewegungen innerhalb der Phrase zu untersuchen.[419] [vgl. Kapitel 4.3.3]

Ausführlich untersucht KROEBER in seiner für diachrone Forschungen in der Ägyptologie wegweisenden Arbeit zu den „Neuägyptizismen der Vor-Amarnazeit" verschiedene sprachliche Phänomene, die vom Alt- bzw. Mittelägyptischen zum Neuägyptischen hin starken Veränderungen unterworfen sind. Dabei nimmt die Untersuchung zur Entwicklung des bestimmten Artikels einen großen Umfang ein, indem sie – ähnlich wie bei HINTZE – laut KROEBER ein Paradebeispiel für den wichtigsten sprachlichen Prozess darstellt: den Wandel von synthetischer zu analytischer Struktur.[420]

Allgemein sieht er, ähnlich den oben beschriebenen Grammatikalisierungsvorgängen, die Vorgänge des Wandels in folgender Reihenfolge:[421]

– Durch Lautveränderungen oder Silbenschwund verlieren Funktionsträger einer sprachlichen Einheit ihre Eindeutigkeit.
– Um Verwechslungen mit anderen, verschliffenen Formen vorzubeugen bzw. entgegenzuwirken, würden bedrohte Morpheme durch neue sprachliche Mittel gestützt.
– Und schließlich würden diese Stützen selbst zu Funktionsträgern, so dass die alten Elemente entbehrlich würden. Die sprachliche Einheit werde univerbiert und damit zu einer neuen synthetischen Form.

Als praktisches Beispiel führt KROEBER hierfür die Entwicklung des ägyptischen Futurs $jw=...r...$ an.

jw $=f$ r $sḏm$
{PTCL=3SG.M PREP hören:INF}FUT
„Er wird hören."

In dessen Verlauf verlöre die Präposition r ihre Eindeutigkeit und Verwechslungsmöglichkeiten mit z. B. $jw=f\ ḥr\ sḏm$ entstünden. Schließlich würde die Präposition entbehrlich ($jw=f\ ø\ sḏm$) und die Form spätestens im Koptischen univerbiert zu ⲈϤⲈⲤⲰⲦⲘ̄.

Grund für diese Entwicklungen sei das Streben nach sprachlicher Ökonomie, nämlich dem Prinzip maximaler Wirkung mit minimalem Aufwand. Wirkung definiert er hierbei als klare Unterscheidbarkeit der Form und Aufwand als Zahl der einzelnen Morpheme.[422] Diese beiden entgegengesetzten Tendenzen zögen laut KROEBER alle anderen Erscheinungen der Sprachentwicklung nach sich und seien – er folgt der Terminologie HINTZES – mit ‚Analyse' und ‚Konversion' zu umschreiben.[423]

Um die Entwicklung des bestimmten Artikels zu erfassen, legt er Theorien aus der germanistischen, romanistischen und anglistischen Sprachforschung zugrunde.[424] Hauptsäch-

---

419 Aus generativer Sicht für das Deutsche unternimmt eine solche Untersuchung bspw. Fortmann 1996.
420 Kroeber 1970: xiv–xv.
421 Ibd.
422 Vgl. Kroeber 1970: xiv–xv.
423 Dass diese beiden Phänomene nicht als getrennte Motivationen zu betrachten sind, hat jedoch SCHENKEL bereits 1966 dargelegt. Schenkel 1966 und s. unten.
424 Kroeber 1970: 2, Fußnote 1.

lich basiert seine Argumentation jedoch auf einer von HODLER für die Entstehung des Artikels im Althochdeutschen publizierten Theorie.[425] In dieser werden vier Entwicklungsschritte postuliert, die KROEBER auch auf das Ägyptische überträgt:[426]

— Eine hohe (Text-)Frequenz des anaphorischen Pronomens bewirke eine Funktionsverschiebung vom „Mittel der Identifikation" zu einem „Mittel der Erzeugung eines Gefühls der Vertrautheit"[427].
— Wenn diese Vertrautheit aufgrund der hohen Frequenz erreicht sei, könne das anaphorische Pronomen überflüssig werden, aber das Gegenteil geschehe: Die Häufung bewirke eine Verbreitung des Pronomens.
— Anschließend werde die Setzung des anaphorischen Pronomens generalisiert und schließlich grammatikalisiert, was die Frühform des realisierenden Artikels darstelle.
— Letztlich geschehe eine Ausbreitung auf weitere Funktionskontexte, die schließlich zum definiten Artikel führe.

Die Ausweitung der Funktionskontexte beschreibt KROEBER, innerhalb der Theorie HODLERs, ebenfalls in mehreren Schritten, basierend auf semantischen Kriterien der zu determinierenden Begriffe, wobei der Artikel eben jene Bereiche einnehme, die zuvor dem anaphorischen Pronomen verschlossen gewesen seien; das seien in Bezug auf die attributive Verwendung von demonstrativen Elementen mit einem Nomen/Substantiv:[428]

— absolut-reale Substantiva (Unika oder Individualbegriffe)
— relativ-reale Substantiva (werden durch den Zusammenhang mit anderen Vorstellungen realisiert, umfassen „sozusagen" alle Konkreta)
  o diese werden noch in vier „Grade" unterteilt, je nach inhaltlichem Konzept und Grad der „Intensität der identifizierenden Assoziation"[429]

Bei der Beschreibung des Entwicklungspfades unterscheidet KROEBER auch zwischen Artikeln, die aus einem anaphorischen Pronomen abgeleitet werden können, und solchen, die bei substantivierten Adjektiven oder Relativsätzen auftreten. Er bezeichnet letztere nach HODLER als „determinative"[430] Artikel. Durch diese werde keine anaphorische, sondern eine kataphorische, d. h. vorausweisende, Referenz ausgedrückt. Die Betonung habe vermutlich auf dem ‚determinativen Artikel' gelegen, da Inhaltsdefinition dem Pronomen nachfolge. Deutlich zu erkennen sei dies noch an der Konstruktion der Pluraldemonstrativa

---

425 Ibd.
426 Kroeber 1970: 6. Er stellt einleitend fest, dass der bestimmte Artikel des Ägyptischen sich, ähnlich wie in vielen anderen Sprachen, aus einem Demonstrativum entwickelt habe. Vgl. Kroeber 1970: 2. Allerdings geht er trotz unterschiedlicher Entwicklungsstränge davon aus, dass sich sämtliche Artikel aus „alten deiktischen Pronomen" herleiteten (Kroeber 1970: 2), was nicht zwingend der Fall ist (vgl. z.B. Himmelmann 2001: 837–840).
427 Kroeber 1970: 6.
428 Kroeber 1970: 7.
429 Kroeber 1970: 7.
430 Kroeber 1970: 9.

im Alt- und Mittelägyptischen, die mit einem *n* das zu bestimmende Substantiv unterordneten.[431]

Der Entwicklungspfad für das Ägyptische stellt sich nach KROEBER in mehreren Entwicklungsschritten dar:[432]

- In der Sprache des Alten Reiches finden sich laut KROEBER noch „keine Ansätze zur Bildung eines Frühartikels"[433]. Die Belege von *pЗ*, *tЗ* und *nЗ* aus dem Altägyptischen wiesen noch ihre volle deiktische Kraft auf und seien daher als Demonstrativa zu interpretieren. Die Beispiele entnimmt er Eigennamen (seit der 5. Dynastie mit *pЗ* belegt), den sogenannten „Arbeiterreden" (auch: „Reden und Rufe"[434]) auf Grabwänden des Alten Reiches und den spärlich erhaltenen Briefen [vgl. Kapitel 4.1]. Nicht zu bestimmen sei der genaue Entstehungszeitpunkt des Frühartikels in der gesprochenen Sprache, möglicherweise – er folgt hier FECHTs Deutung – läge er in der oberägyptischen Volkssprache und etwa in der 6. Dynastie.
- Für das Mittlere Reich bespricht KROEBER zunächst das Korpus der Hekanacht-Papyri, in denen er (nach JAMES[435]) die *pЗ*-Reihe einerseits als anaphorische Pronomen mit voller demonstrativer Kraft sowie andererseits als determinative Pronomen bestimmt, die schon in bestimmten Konstruktionen (vor Nomen, die durch Relativsätze oder Appositionen – vorrangig Namen – erweitert sind) durchgängig gesetzt sind. Auf dieser Grundlage identifiziert er als Ausgangspunkt für die Entwicklung des ägyptischen Artikels die deiktisch-determinativen Pronomen, die in der „Umgangssprache" der 11. Dynastie bereits als Frühartikel existierten, während der anaphorische Frühartikel noch nicht entstanden war. In der Gruppe der bis dahin veröffentlichten Illahun-Papyri [vgl. Kapitel 4.1] ließe sich noch keine deutliche Weiterentwicklung feststellen, „das anaphorische Pronomen hat sich immer noch nicht spürbar auf die relativ-realen Begriffe ausgebreitet."[436] Einschränkend fügt Kroeber jedoch hinzu, dass es sich bei den Illahun-Dokumenten um Belege aus Unterägypten handele und die Hekanacht-Gruppe aus Oberägypten stamme. Somit sei es durchaus denkbar, dass sich die oberägyptische Sprache bereits weiterentwickelt habe, während die unterägyptische Varietät noch älteren Formen verhaftet sei:

    „[…] Das bedeutet, daß sich der Gebrauch des Frühartikels, der in der 11. Dyn. nur für Oberägypten konstatiert werden kann […], etwa 200 Jahre später auch in der Hochsprache Unterägyptens durchgesetzt hat."[437]

- Für die Weiterentwicklung in der Zweiten Zwischenzeit führt KROEBER den Papyrus Westcar an, in dem in der Verwendung der deiktischen Pronomen deutliche Entwicklungsschritte festzustellen seien. Die Handlungsträger und die wichtigsten Gegenstände würden regelmäßig durch den bestimmten Artikel determiniert, auch solche, die erstma-

---

431 Kroeber 1970: 9–10.
432 Kroeber 1970: 18–28.
433 Kroeber 1970: 13.
434 Vgl. Fußnote 513.
435 James 1962.
436 Kroeber 1970: 20.
437 Kroeber 1970: 21.

lig in den Text eingeführt würden. Begrifflichkeiten der religiösen Sphäre und Bezeichnungen von Körperteilen lehnten hingegen den Artikel weiterhin konsequent ab. Bei einigen Begriffen ist der Gebrauch noch schwankend. Die Phase der ersten Kontextausweitungen auf die Substantiva der relativ-realen Kategorie niedriger Intensität und Grammatikalisierung des anaphorischen Frühartikels sei hier erreicht, zum determinativen Artikel seien die Entwicklungsschritte nicht im gleichen Maße messbar.

– Ab der 18. Dynastie bestimmt KROEBER die Verwendung der *pꜣ*-Reihe als realisierenden Artikel, auch bei absolut-realen Begriffen. Eine genaue Einteilung der Entwicklungsschritte auf unterschiedlichen stilistisch-hierarchischen bzw. sozialen Ebenen stehe allerdings noch aus, die Entwicklungsgeschichte des Artikels sei jedoch zu diesem Zeitpunkt (spätestens gegen Ende der Regierungszeit Hatschepsuts) abgeschlossen.

Die Weiterentwicklung der demonstrativen Elemente sowie der Possession (des „Possessivartikels") sind für KROEBER „eng verwandt"[438] und werden daher nicht getrennt betrachtet.

Obwohl KROEBER grundlegende Entwicklungsschritte beschrieben hat, sind einige seiner Ansätze auf der Basis neuerer Erkenntnisse der Linguistik zu prüfen: Die Theorie der Entwicklung des definiten Artikels, die er von HODLER übernimmt, ist für die Verhältnisse im (Althoch-) Deutschen konzipiert. KROEBERs Übertragung auf das Ägyptische ist insbesondere bei den semantischen Konzepten der Bezugsworte des anaphorischen Artikels erneut zu hinterfragen.[439] Die linguistische Forschung ist zudem sowohl im Bereich der Grammatikalisierung, als auch im Speziellen in der Analyse der Entwicklung definiter Artikel vorangeschritten, so dass es sich empfiehlt, diese neueren Beobachtungen einzubringen. Dass laut KROEBER die Entstehung des Artikels nicht in seiner anaphorischen Funktion, sondern seinem determinativen Gebrauch zu finden sei,[440] wird in der vorliegenden Arbeit ebenfalls erneut untersucht. Auch die Weiterentwicklung der demonstrativen Elemente sowie der Possession sind zwar eng verwandte Phänomenbereiche, lohnen jedoch m. E. einer separaten Betrachtung [s. Kapitel 4.2.3]. Und nicht zuletzt sind Motivationen und Prozesse sprachlichen Wandels bei KROEBER zu knapp behandelt. Er schreibt:

> „Das bisher Dargestellte zeigt, daß es dem Sprachhistoriker mit relativ einfachen Mitteln möglich ist, Anfangs- und Endpunkte des Weges vom Pronomen zum Artikel zu fixieren."[441]

Dem widersprechen neuere Untersuchungen HIMMELMANNs[442] und anderer, die deutlich machen, dass sich schon die Abgrenzung der einzelnen Entwicklungsstufen des Artikels von demonstrativen oder anderen deiktischen Elementen untereinander schwierig gestaltet und gerade die chronologische Einteilung von Entwicklungsetappen einen genau umrisse-

---

438 Kroeber 1970: 1.
439 Er weist selbst im Zusammenhang mit den absolut-realen und relativ-realen Substantiva auf diese Tatsache hin: „Es muß geprüft werden, welche Nomina nach der ägyptischen Weltsicht zu den ‚absolut-realen' gehören." (Kroeber 1970: 7, Fußnote 1) und: „Die Abstufungen sind subtil und müssen im Einzelnen für jede Sprache neu abgegrenzt werden, je nachdem, welche gesellschaftliche und kulturelle Wirklichkeit sich in ihr spiegelt." (Kroeber 1970: 7, Fußnote 2).
440 Kroeber 1970: 29.
441 Kroeber 1970: 4.
442 Vgl. Himmelmann 1997; Himmelmann 2001.

nen Kriterienkatalog verlangt, und eine solche Abgrenzung somit in manchen Fällen vielleicht auch gar nicht sinnvoll ist.

Im Gegensatz dazu erläutert SILVERMAN seine Beobachtung, dass **pluralische** Demonstrativformen selbst den Kopf einer (eigenen) Nominalphrase darstellten und die ihnen folgenden Worte oder Phrasen als Modifizierer agierten.[443] Daher diene die Konstruktion mit sog. „Genitivnisbe" (DEM + n + N) der Unterordnung nominaler Modifizierer, während Partizipien, Relativa, Nisbeadjektive und der Relativkonverter ntï keine syntaktische Unterordnung benötigten, da sie bereits attributive Funktion besäßen. Singularische Demonstrativa seien von Natur aus attributiv und daher nachgestellt. Ausnahmen zu dieser Regel möchte er als Fehler deklarieren.[444] Unklar bleiben jedoch seine Ausführungen zu den Singular-Elementen der pʒ-Reihe, die er offensichtlich essentiell auch als Substantive (und somit Phrasenköpfe?) ansieht.[445] Es ist nicht von der Hand zu weisen, dass sich das pluralische Element nʒ syntaktisch zunächst anders verhält als seine singularischen Entsprechungen. Problematisch ist jedoch die Tatsache, dass SILVERMAN die pluralischen Demonstrativa zu Nomen erklären möchte, die singularischen vorangestellten Elemente, die sich, wenn man seine Argumentation überträgt, ja attributiv zu verhalten scheinen, dadurch aber nicht schlüssig erklären kann. Wie unten gezeigt wird, tritt der adnominale Gebrauch des vorangestellten nʒ bevorzugt vor bestimmten semantischen Klassen von Nomen auf, bevor er sich später zur tatsächlichen pluralischen Entsprechung des Artikels entwickelt; die Gebrauchskontexte entsprechen jedoch denen demonstrativer Elemente in pragmatischer Verwendung. Insbesondere ist die textliche Distribution von nʒ die gleiche, die auch pʒ und tʒ zeigen. Zudem haben Demonstrativa, obwohl sie gewisse Charakteristika mit Nomen teilen, weder den gleichen semantischen Gehalt noch die gleichen funktionalen Eigenschaften.[446] Daher gibt es m. E. keine Basis für eine getrennte Betrachtung der Weiterentwicklung pluralischer pränominaler Elemente der gleichen Bildungsreihe.

LOPRIENO[447] analysiert in einem Aufsatz die Entwicklung des Elements pʒ zum Artikel im Ägyptischen und vergleicht sie mit weiteren semitischen Sprachen. Interessanterweise setzt seine Untersuchung den anaphorischen Gebrauch als Diskursfunktion des Demonstrativs pʒ bereits voraus, wobei er auf der Basis von Untersuchungen des Artikels im Italienischen[448] anhand einiger Kontexte verschiedene Unterarten der Anapher (direkte, mittelbare und unmittelbare Anapher) unterscheidet. In diese klassifiziert er auch die Verwendung als Deixis zu einem nachfolgenden Relativsatz und den Verweis auf spezifisches Sprecher-Hörer-Wissen, womit er als erster die oben dargestellte Definition von HIMMELMANNS anamnestischem Gebrauch für das Ägyptische umschreibt. Die Entwicklungsschritte werden jedoch in sehr großen Sprüngen anhand der Hekanacht-Papyri (frühe 12. Dynastie), des

---

443 Silverman 1981: 62.
444 Silverman 1981: 62.
445 Silverman 1981: 63.
446 Vgl. Himmelmann 1997: 88. Er vergleicht Demonstrativa mit Verben und relationalen Nomen (wie bspw. „Unterseite"), da diese, ebenso wie Demonstrativa, einer (sprachlichen oder nichtsprachlichen) Ergänzung bedürfen, indem sie Leerstellen für ihre Argumente eröffnen. Diese Eigenschaft sei der Grund dafür, dass sie typischerweise funktionale Charakteristika von Phrasenköpfen („morphosyntaktischer Nuklei" in Himmelmanns Terminologie) aufweisen.
447 Loprieno 1980.
448 Loprieno 1980: 3.

Papyrus Westcar (Ende 2. Zwischenzeit) und des Papyrus d'Orbiney (Mitte 19. Dynastie) nachvollzogen.

In einem Aufsatz zur Kodierung deiktischer Informationen in persönlichen Gebeten untersucht GROLL[449] die Setzung bzw. Auslassung des deiktischen Elementes *pꜣ*. Sie kommt zu dem Schluss, dass wesentliche text-pragmatische aber auch meta-sprachliche Informationen mit der Setzung und Nicht-Setzung verbunden sind. Die Setzung des Determinierers sorge dafür, dass die Partizipanten (Stifter des Gebets und Gottheit) in eine direkte Kommunikationssituation eingebunden würden: „In other words, the shift from the bystander position to the role of full participant is expressed both by *pꜣ* in *pꜣ-nb* and *pꜣy* in *pꜣy-wbꜣ*."[450] Und ferner: „[...] a noun with a zero article (ø-*nb*) lacking a deictic component, fails to generate a face-to-face interaction between a man and a god."[451] Die Setzung des Demonstrativs oder Artikels erfüllt aber noch komplexere Funktionen als die von GROLL ermittelte deiktische Information: So kann die Nicht-Setzung zu Beginn eines Textes der Partizipanten-Einführung dienen, während die Wiedererwähnung im weiteren Verlauf des Textes durch Demonstrativ bzw. Artikel in direkt-textlicher anaphorischer Funktion erfolgen kann. Auch die Kodierung der Definitheit des markierten nominalen Ausdruckes muss nicht vorrangig eine proximale oder distale Funktion beinhalten [s. Kapitel 4.2.1.5].

Allen besprochenen Theorien gemeinsam ist, dass sie zumeist auf einen oder nur einige der Funktionsaspekte von Demonstrativa und Artikeln fokussieren, indem sie die Markierung von Genus und Numerus sowie die demonstrative, d. h. diskurs-pragmatische Funktion hervorheben, aber bspw. Konzepte der Markierung von Definitheit und Referenz vernachlässigen. Auch jüngere Erkenntnisse der Linguistik konnten naturgemäß noch nicht berücksichtigt werden. In der folgenden Auswertung werden daher die Entwicklung des definiten Artikels vor diesem Hintergrund erneut betrachtet und assoziierte Phänomene getrennt hiervon am gewählten Textkorpus untersucht.

4.2.1.4 Markierung von Definitheit

Wie in den Ausführungen zur Forschungsgeschichte gezeigt werden konnte, beginnt man bei Untersuchungen zur Entstehung des definiten Artikels nicht ‚bei null': Es ist unstrittig, dass sich der definite Artikel aus den Elementen der demonstrativen *pꜣ*-Reihe entwickelt, wobei es sich um einen typologisch verbreiteten Entwicklungspfad handelt [vgl. Kapitel 4.2.1.1]. Allen bisherigen Ansichten gemeinsam ist auch, dass der Entwicklung ein Grammatikalisierungsprozess zugrunde liegt, wovon auch in der vorliegenden Arbeit ausgegangen wird, dennoch sollen die definiten Gebrauchskontexte in die Untersuchung mit einbezogen werden.

Um die Entstehung des definiten Artikels im Ägyptischen genauer zu verstehen, ist es sinnvoll, den Entwicklungspfad schrittweise aus zwei Perspektiven nachzuverfolgen: Setzt man voraus, dass die Hauptfunktionen eines definiten Artikels generell die lexikalische Besetzung der Kategorie zur Markierung von Definitheit, gewisse referentielle sowie deiktisch-pragmatische Funktionen und – im vorliegenden Fall – die (zusätzliche) Markierung von Genus- und Numerus sind, liegt es einerseits nahe, zunächst zu untersuchen, wie

---

449 Groll 1991.
450 Groll 1991: 145.
451 Groll 1991: 148.

4.2 Morphosyntaktischer Wandel in nominalen Ausdrücken

die älteste Sprachphase diese Konzepte ohne die Existenz eines Artikels realisierte und ob der Artikel bzw. sein demonstrativer Vorläufer in diesen Gebrauchskontexten beginnt, diese Funktionen zu übernehmen zu markieren. Und andererseits ist natürlich das Auftreten des zugrunde liegenden Demonstrativs zu verfolgen und zu bestimmen, in welchen Kontexten und mit welchen Funktionen es auftritt. Schließlich kann bestimmt werden, welche sprachlichen Prozesse – sofern nachweisbar – an der Entwicklung beteiligt gewesen sein könnten. Letztlich ist zu prüfen, ob andere Wandelphänomene hierdurch beeinflusst oder sogar ausgelöst wurden und mit welchen Interdependenzen zu rechnen ist.

Im Folgenden wird dann auch gezeigt, dass sich der von HIMMELMANN identifizierte „anamnestische Gebrauch" für die demonstrativen Elemente der ägyptischen *pꜣ*-Reihe nachweisen lässt und somit semantische Distanzparameter für den Grammatikalisierungsprozess nicht entscheidend und zur Definition der Funktionsreichweite von *pꜣ* auch nicht notwendig sind. Wie bereits erläutert [vgl. Kapitel 4.2.1.1], gibt es eine Reihe von Möglichkeiten Referenz und Konzepte wie „definit" bzw. „spezifisch" sprachlich zu realisieren, ohne einen *„free-morpheme article/free form article"*, also ein ungebundenes Morphem, dafür verwenden zu müssen. Semantische Definitheit ist als universale Kategorie unabhängig von einer overten Markierung, kann aber durchaus mit Hilfe von z. B. Demonstrativa erfolgen. Das ältere Ägyptisch (Alt- und Mittelägyptisch) weist in den im Textkorpus untersuchten Quellen dafür unter anderem[452] folgende Strategien auf:

- **Demonstrativa**
- **Nominale Ausdrücke mit Possession** (nominale Possession: sog. „direkter und indirekter Genitiv"; pronominale Possession: Possessionssuffixe)
- **Nominale Ausdrücke mit Relativattributen** (Relativkonverter *ntï*, Relativformen, Partizipien)
- **Nominale Kategorie Dual**
- **Numeralia, Quantoren, Komparation** ([Ordinal-]Zahlen, Quantor *nb* „alle, jeder", Ausdrücke wie *ky* – „ein/der andere/r", Superlative)
- **Eigennamen**

In den Texten aus dem Alten Reich werden Definitheit und Spezifität auf unterschiedlichste Art realisiert und müssen nicht allein aus dem Kontext erschlossen werden. Am deutlichsten zeigen dies die postnominal gebrauchten **Demonstrativa** [vgl. Kapitel 4.2.1.2]:

(1) Papyrus Kairo JE 49623 (6. Dynastie);[453] Kol. 5:

ḥnꜥ	ṯ(ꜣ)s.t	tn	n	ḥbs.t(j)=s
zusammen mit:PREP	Truppe.F.SG	DEM:F.SG	NEG	kleiden:PASS[454]=3SG.F

---

452 Verbale Realisierungen von Referenz und Definitheit wurden nicht explizit untersucht.
453 Gunn 1925: Tf. 1–1a; Gardiner 1927: 75 [H].
454 Die Verbform lässt sich unterschiedlich interpretieren: Entweder handelt es sich, wie hier markiert, um das negierte, passive *sḏm.t(j)=f* (vgl. Edel 1955/64: 266. 269) im unmarkierten Umstandssatz oder um eine *n sḏm.t=f* Form, die ein Relativtempus der Nachzeitigkeit (nach Zonhoven 2000: 101–104; vgl. „bi-referentielles Futur" bei Schenkel 2012: 212–215) „noch nicht" bzw. „bevor" angibt. Nach

"(nun aber, der Diener da (d. h. ich), er verbringt 6 Tage in der Residenz,) zusammen mit dieser Truppe, indem sie nicht bekleidet wird."

Ebenfalls leicht nachvollziehbar sind Beispiele mit pronominaler, suffigierter **Possession** [vgl. Kapitel 4.2.3]. Das Possessivpronomen erzeugt semantische Identifizierbarkeit sowie Inklusivität des Bezugsnomens und somit gleichfalls Spezifität sowie in den meisten Fällen Definitheit[455]:

(2) Papyrus Kairo CG 58043/JE 15000 [=Papyrus Boulaq 8] (6. Dynastie);[456] Kol. 9[457]:

nb=s
Herr(M.SG)=3SG.F
„ihr Herr"

Interessant sind im Ägyptischen Fälle nominaler Possession: Obwohl sie in jedem Fall das Merkmal [+SPEZIFISCH] aufweisen, müssen sie nicht notwendigerweise definit sein, so dass hier tatsächlich weitere kontextuelle Merkmale entscheidend sind. Zumeist bietet der ägyptische Text selbst diese Merkmale in Form von weiteren angeschlossenen Possessivkonstruktionen, Relativattributen, Präpositionalphrasen und subordinierten Sätzen oder der Angabe von Personen- oder Ortsnamen. In Briefen kann das kontextuelle Wissen auch aus geteiltem Sprecher-Hörer-Wissen, gemeinsamem Weltwissen oder im Diskurs vorangegangenen Informationen bestehen. In Bsp. 3 wird die Göttin Hathor mit Epitheton genannt: Sie ist die einzige Herrin von Yam.

(3) Grab Qubbet el-Hawa A 8/QH 34n [= Grab Assuan 34n], Inschriften Herchuf (6. Dynastie);[458] Kol. 5[459]: [Bsp. mit juxtapositionierter, nominaler Possession]

Ḥw.t-Ḥr   *nb.t*   *Jm33w*
Hathor.F.SG   Herrin.F.SG   Yam(Toponym)

---

letzterem übersetzt bspw. Gardiner (1927: 78): „[…] this servant has been wont to spend six days at the Residence with this battalion **before it is clothed**" (Hervorhebung durch Verf.)]. Zum Gebrauch der Form *sḏm.t=f* vgl. Edel 1955/64: 370–372.

455   Egedi (2010: 8) und Haspelmath (2015: 271–272) weisen darauf hin, dass ein mit suffigierter Possession versehener nominaler Ausdruck im Ägyptischen nicht unbedingt definit sein muss, so z. B.: *isṯ wn ḥm.t=f* „Nun, er hat **eine** Frau" (wörtl. „Nun, es existiert eine Frau von ihm"). Interessant ist, dass es sich dabei um eine Kombination prädikativer Possession durch *wn* „sein; existieren" mit der suffigierten Possession *=f* „seine" handelt, wodurch die Konstruktion die Indefinitheit offenbar nicht durch das possessive Suffix erhält. Zu possessiven Konstruktionen im älteren Ägyptisch siehe auch Kapitel 4.2.3.2.

456   Mariette 1871: Tf. 39; Baer 1966: 2 [H]; Goedicke 1967: 2 [H].

457   Kolumnenzählung nach Baer 1966. Abweichende Zählung bei Goedicke 1967 und Goedicke 1988.

458   Sethe 1933: 128–131; Eichler 1991: 153; Edel 2008a: Abb. 8; Edel 2008b: Tf. 28.

459   Kolumnenzählung nach Eichler 1991; Edel 2008a und Edel 2008b. Ebenso in allen folgenden Beispielen aus dieser Inschrift.

„Hathor, (die) Herrin (von) Yam"

Beispiel 4 zeigt Bezug auf geteiltes Sprecher-Hörer-Wissen:

(4) Papyrus Kairo JE 49623 (6. Dynastie);[460] Kol. 3: [Bsp. Possession mit Relator *n*]

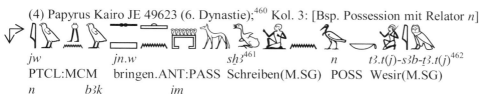

jw	*jn.w*	*sh3*[461]	*n*	*t3.t(j)-s3b-t3.t(j)*[462]
PTCL:MCM	bringen.ANT:PASS	Schreiben(M.SG)	POSS	Wesir(M.SG)

n   *b3k*   *jm*
an:PREP   Diener(M.SG) dort:ADV

„Es wurde gebracht (**das**) Schreiben (**des**) Wesirs zu (dem) Diener da (d. h. mir)" (…„um (die) Truppe (der) Mannschaft von Tura zu bringen, um sie zu bekleiden an seiner Seite bei (der) Behörde der Westseite(?)")

Relativattribute spezifizieren ebenfalls, Definitheit ist aber auch in diesem Fall nur durch weitere Merkmale eindeutig zu bestimmen:

(5) Grab Qubbet el-Hawa A 8/QH 34n [= Grab Assuan 34n], Inschriften Herchuf (6. Dynastie);[463] Kol. 4: [Bsp. mit Relativkonverter *ntï*]

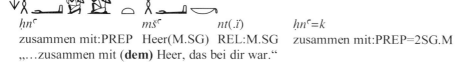

ḥnꜥ	*mšꜥ*	*nt(.ï)*	*ḥnꜥ=k*
zusammen mit:PREP	Heer(M.SG)	REL:M.SG	zusammen mit:PREP=2SG.M

„…zusammen mit (**dem**) Heer, das bei dir war."

(6) Mastaba Giza G2370, Inschriften Senedjemib, 1. Brief (5. Dynastie);[464] Kol. 5–6[465]: [Bsp. mit Partizip und Relativform]

twt	*dd*	*mrr.t*	(*Jssj*)
2SG.M	sagen:PTCP(M.SG)	lieben:REL.IPFV.F[466]	Isesi(Eigenname)

„…, (denn) du bist (**einer/der**), (der **das**) sagt, was Isesi liebt…"

---

460 Gunn 1925: Tf. 1–1a; Gardiner 1927: 75 [H].
461 Man beachte die phonetische Schreibung *sš*, wohl eigentlich als *sh* und später als *sh3* zu lesen (s. Erman/Grapow 1929(1971): 475), wobei letzteres hier bereits transkribiert wird, um Einheitlichkeit des Lexems zu gewährleisten.
462 Zur Lesung des Titels vgl. Erman/Grapow 1931(1971): 343–344; Jones 2000: 1000–1001; Helck 1986: 599 mit Fußnote 10; TLA: http://aaew.bbaw.de/tla/servlet/GetWcnDetails?u=dyfgkjhkdfg&f=0&l=0&wn=450276&db=0 (Stand 26.05.2014).
463 Sethe 1933: 128–131; Eichler 1991: 153; Edel 2008a: Abb. 8; Edel 2008b: Tf. 28.
464 Sethe 1933: 62–63; Eichler 1991: 143; Brovarski 2000: 92, Abb. 1. Tf. 61–63b.
465 Kolumnenzählung nach Eichler 1991 und TLA. Ebenso in allen folgenden Beispielen aus dieser Inschrift.
466 Man beachte, dass die Femininendung auch für Neutrum verwendet werden kann.

96　　　　　　　　　　　　　　4. Analyse

Die nominale Kategorie **Dual**, die nur in der ältesten Sprachphase noch produktiv gebraucht wird und später auf bestimmte Ausdrücke der Dualität („die beiden Herrinnen", „die beiden Länder" etc.) beschränkt ist, weist [+DEFINIT] und [+SPEZIFISCH] auf, da die Dualität in jedem Fall bestimmt ist – es wird nicht auf „irgendwelche zwei Herrinnen" referiert.

(7) Papyrus Kairo CG 58043/JE 15000 [= Papyrus Boulaq 8] (6. Dynastie);[467] Kol. 7[468]:

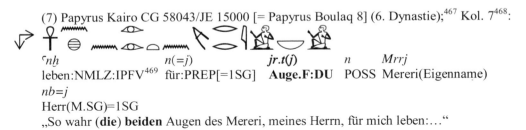

ꜥnḫ　　　　　　　n(=j)　　　　**jr.t(j)**　　n　　Mrrj
leben:NMLZ:IPFV[469]　für:PREP[=1SG]　**Auge.F:DU**　POSS　Mereri(Eigenname)
nb=j
Herr(M.SG)=1SG
„So wahr (**die**) **beiden** Augen des Mereri, meines Herrn, für mich leben:…"

Die Angabe von **Numeralia** spezifiert die Bezugsgröße, Definitheit wird aber auch hier erst durch weitere Merkmale zugewiesen: erst der Kontext, dass es sich z. B. um bestimmte sechs Tage handelt, führt zu dieser Identifikation. Die Verwendung von Numeralia bzw. numerischen Determinierern ist nur bei zählbaren Substantiven direkt, d. h. ohne Angabe einer Maßeinheit, möglich; Kollektiva können auch im Ägyptischen (zunächst) nicht direkt mit Numeralia verbunden werden.[470]

(8) Papyrus Kairo JE 49623 (6. Dynastie);[471] Kol. 5:

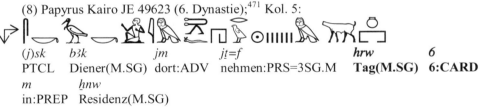

(j)sk　　b3k　　　　　jm　　　　jṯ=f　　　　　　　**hrw**　　　　**6**
PTCL　Diener(M.SG)　dort:ADV　nehmen:PRS=3SG.M　**Tag(M.SG)**　**6:CARD**
m　　　ẖnw
in:PREP　Residenz(M.SG)
„…nun aber, der Diener da (d. h. ich), er verbringt (wörtl. nimmt) **6 Tage** in der Residenz…"

467　Mariette 1871: Tf. 39; Baer 1966: 2 [H]; Goedicke 1967: 2 [H].
468　Kolumnen-Zählung nach Baer 1966. Abweichende Zählung bei Goedicke 1967 und Goedicke 1988. Hieroglyphische Transliteration von jr.t(j) folgt Goedicke 1988: 138, im Gegensatz zu Baer 1966: 2 mit jr(.tj).
469　Interpretation der Verbform in der Eidformel nach Quack 1991: 93–94. Alternative Lesungen der Passage lauten: „Leben den Augen des Mrrj, des Herrn!" (Goedicke 1967: 3), revidiert in Goedicke 1988: 141 zu „as long as the eyes of Mrri, the lord, live for me". Alternativ bei Baer 1966: 5: "I swear by the eyes of Mrrj, my lord, that […]". Goedicke (1988: 141–142) hält eine Eidformel für ausgeschlossen; die Interpretation von ꜥnḫ in der Übersetzung als "schwören" sei zudem erst ab der 18. Dynastie belegt. Anders dagegen Coulon 1997: 124, Fußnote 75 und Gourdon 2006: 99 mit Fußnote 74, die die Lesung von Baer (1966: 5) für möglich halten.
470　Näheres siehe in Kapitel 4.2.2 und vgl. Alexiadou et al. 2007: 181.
471　Gunn 1925: Tf. 1–1a; Gardiner 1927: 75 [H].

Ähnlich den Possessivpronomen sind **Eigennamen** inhärent [+DEFINIT] und [+SPEZIFISCH], da sie auf eine bestimmte (einzigartige) Entität der realen Welt referieren.[472] In anderen Worten bilden sie geschlossene semantische Klassen mit nur einem Element, das vom Hörer referentiell identifiziert werden kann. [s. Beispiel (7), „Mereri"]

Die oben vorgestellten Kontexte sind solche, die semantisch (und z. T. bereits morphosyntaktisch) als definit anzusehen sind. Somit lässt sich grundlegend festhalten, dass das Ägyptische keinen Artikel benötigt, um Kontexte definit ‚zu machen', sondern sich vielmehr einen Artikel entwickelt, der definite Kontexte markiert.[473] Schon hieraus wird deutlich, dass also „Erzeugung von Definitheit" nicht ursächlich verantwortlich für die Entstehung des Artikels im Ägyptischen ist. Doch auch die overte Markierung von Definitheit scheint nicht der motivierende Faktor in der Entwicklung des Elementes, wie im Folgenden dargestellt wird.

Obwohl im Unterschied zu Artikeln Demonstrativa die Möglichkeit haben, einen Ausdruck auch semantisch definit ‚zu machen', erklärt sich hieraus allein noch nicht der Grammatikalisierungsprozess vom Demonstrativ zum Artikel. Insbesondere erschließt sich nicht sofort, warum aus den zahlreichen Reihen demonstrativer Elemente des Altägyptischen die pränominalen Demonstrativa weiter grammatikalisiert werden, während postnominale Elemente in demonstrativen (pragmatisch-definiten) Kontexten verharren. Dieser Fragestellung wird im folgenden Kapitel genauer nachgegangen.

4.2.1.5 Dimensionen der Demonstrativa im älteren Ägyptisch
Da sich der definite Artikel aus einem demonstrativen Element entwickelt, dessen Reihen in Kapitel 4.2.1.2 vorgestellt wurden, werden im Folgenden die Funktionsdomänen der Demonstrativa näher beleuchtet, insbesondere im Hinblick auf ihre Bedeutungsreichweite, die Abgrenzung selbständigen und attributiven Gebrauchs und ihre damit zusammenhängende syntaktische Distribution sowie referentiell-pragmatische Funktion, um die ersten Entwicklungsschritte des späteren Artikels nachvollziehen zu können.

Wie bereits gezeigt, existieren im Altägyptischen mehrere Reihen demonstrativer Elemente, die sich nicht nur durch ihre Bildungsweise, sondern auch in ihrer syntaktischen Distribution unterscheiden. Allgemein werden sie durch ihre Verwendung in attributiver (auch „adjektivischer") oder selbständiger („substantivischer") Funktion unterschieden, wobei attributive Demonstrativa dem Nomen nachstehen, während selbständige voranstehen. Innerhalb der attributiven Demonstrativa wurden in der Ägyptologie bisher folgende Unterscheidungen getroffen:

---

472 Vgl. Alexiadou et al. 2007: 183–185.
473 Vgl. Himmelmann 1997: 41.

Bedeutungs-radius	Genus	Singular	Plural	Dual
proximal/ „bekannt"[474]	m.	pw/p{w]y	jpw/(j)pw	jpw(ï)/(j)pw(ï)
	f.	tw/twy	jptw	jptw(ï)
proximal	m.	pn	jpn	jpn
	f.	tn	jptn	jptn(ï)
distal	m.	pf	jpf	jpf(ï)
	f.	tf	jptf	jptf(ï)

Tabelle 4: *Postpositionale, attributiv verwendete Demonstrativa des AR*
Nach Jenni 2009 und Schenkel 2012: 116.

Die selbständig verwendeten Formen wurden folgendermaßen unterteilt:

Bedeutungs-radius	Genus	Singular	Plural	Dual
proximal/?[475]	m.	p3	n3 (n)	-
	f.	t3		

---

474 Vgl. Jenni 2009 explizit für das Altägyptische. Zum Mittelägyptischen vgl. Schenkel 2012: 116. (So auch bereits in früheren Auflagen der Tübinger Einführung in die Mittelägyptische Schrift und Sprache.)

475 Vgl. Schenkel 2012: 115. Hier markiert er die Deixis der *p3*-Reihe mit „?", auf S. 118 gibt er „nah" an (im direkten Gegensatz zur Reihe *pf3* „fern").

distal	m.	[hieroglyphs] *pf3*		[hieroglyphs] *nf3 (n)*	-
	f.	[hieroglyphs] *tf3*			

Tabelle 5: *Präpositionale, selbständige Demonstrativa des AR*
Nach Schenkel 2012: 115.

Vor allem der Bedeutungsradius war bisher Gegenstand wissenschaftlicher Diskussion, wobei insbesondere die Distanzmerkmale im Fokus standen. Typischerweise gliedern sich lokaldeiktische Systeme semantisch nach proximal, medial und distal, wobei sich dyadische Systeme mit proximal vs. nicht-proximal und triadische Systeme mit den drei genannten Stufen nachweisen lassen. Triadische Systeme unterscheiden sich zudem noch hinsichtlich des medialen Parameters, je nachdem, ob es sich um die mediale Entfernung vom Sprecher („distanzbasiertes System") oder Nähe zum Adressaten („personenbasiertes System") handelt. Ferner kann es Sichtbarkeitsunterscheidungen bei den distalen Elementen geben, abhängig davon, ob „distal" sichtbar oder eben nicht-sichtbar ist.[476]

Keinem dieser Systeme scheinen die altägyptischen Demonstrativa nach bisherigen Beschreibungen in Gänze zu entsprechen. VERNUS[477] postuliert anhand seiner Untersuchungen zu (mittelägyptischen) Sargtexten ein tripartites System zwischen *pn* als identifizierendem (proximalem) Demonstrativ, *pf* als distalem Demonstrativ und *pw* als unmarkierter, distanzneutraler Variante.

Zu den Demonstrativa *pw*, *pn* und *pf* im Altägyptischen stellt auch JENNI[478] fest, dass die ihnen zugeschriebenen Distanzmerkmale „nah" und „fern" nicht ausreichend sind, um ihre Funktionsreichweite zu beschreiben. Auf der Basis von DIESSELS[479] Untersuchungen zu Demonstrativa ordnet sie *pn* weiterhin proximale Bedeutung sowie *pf* distale Bedeutung zu, erweitert den Radius aber um pragmatische Faktoren. Das Element *pw* beschreibt sie ebenfalls als „distanz-neutrales"[480] Demonstrativ, das mehrere Funktionen vereint:[481]

pw	distance-neutral	Referent is distal, but not in implicit contrast to a proximal item; alternatively, it does not refer to the real world or is used in an abstract sense.
		Referent is proximal, but the reference mode is not presentative.
		Referent is identical with the addressee (vocative).

---

476 Himmelmann 1997: 45. Vgl. auch Rijkhoff 1992: 151.
477 Vernus 1990a: 27–45.
478 Jenni 2009.
479 Diessel 1999.
480 Vgl. bereits Vernus 1990a: 40–41.
481 Jenni 2009: 135.

pn	proximal	Referent is proximal; reference mode is presentative.
		Referent is resumed (anaphoric use).
pf	distal	Referent is in explicit or implicit distance contrast to a proximal referent (including the anaphoric use).

Tabelle 6: *Einteilung der altägyptischen Demonstrativa*
Nach Jenni 2009: 135.

In ihren Beschreibungen spart JENNI syntaktische Faktoren weitgehend aus und beschränkt sich auf semantische sowie pragmatische Merkmale.[482] Das für die Entwicklung zum Artikel relevante Demonstrativ *p3* erwähnt sie nur der Vollständigkeit halber und klassifiziert es nach LOPRIENO[483] als Vokativ, welches im Verlauf seiner Entwicklung eine anaphorische Bedeutung annehme und später zum Artikel werde; die „pluralischen" selbständigen Demonstrativa werden nicht aufgeführt.

Interessant ist in beiden Analysen vor allem die Erkenntnis, dass die Verwendung der unterschiedlichen Demonstrativa nicht ausschließlich nach distalen Merkmalen erfolgt – insbesondere das distanz-neutrale *pw* erfüllt mehr pragmatisch-referentielle Funktionen als bisher angenommen. In der vorliegenden Untersuchung wird nicht das ganze Paradigma der demonstrativen Ausdrücke erneut analysiert;[484] vielmehr wird im Folgenden gezeigt, dass auch für die demonstrative *p3*-Reihe Distanzmerkmale kein klassifizierendes Kriterium bieten und daher nicht nah- oder ferndeiktische Merkmale[485] über ihre funktionale Distribution entscheiden.

Auch in anderen Sprachen sind Distanzparameter nicht die (einzig) ausschlaggebenden Faktoren zur semantischen und funktionalen Einteilung von deiktischen Elementen.[486] Insbesondere „anaphorische Deiktika"[487] lassen sich in einem solchen Schema schwer eingliedern. Ihr Gebrauch, sofern nicht direkt-anaphorisch, wird von HIMMELMANN als

---

482 Jenni 2009: 120.
483 Loprieno 1980 und 1995.
484 Hierzu und insbesondere zur Entwicklung des definiten und indefiniten Artikels bis hin zur koptischen Sprachphase entsteht an der Freien Universität Berlin eine eigene ägyptologische Dissertation („Demonstrative Pronouns and Articles in Egyptian and Coptic: Emergence and Development" von Maxim Kupreyev) [Stand 2015], die sich dezidiert auch mit Varietät innerhalb der Phänomene auseinandersetzen wird. Vgl. Kupreyev 2014 und den Vortrag von Kupreyev auf der XI. Internationalen Ägyptologenkonferenz in Florenz im August 2015 zum Thema „The Lower Egyptian origins of Late Egyptian". Abstract unter http://www.ice11florence.org/circulars (Zugriff: 27.10.2015).
485 Interessanterweise merkt Himmelmann 1997: 45, Fußnote 20 an, dass ferndeiktische Elemente in nominalen Ausdrücken bevorzugt (aber nicht ausschließlich) grammatikalisiert werden; zudem seien ferndeiktische Elemente häufig die unmarkierten Elemente in Paradigmen, sofern Markiertheit feststellbar ist – es stellt sich nun die Frage, ob dies bedeutet, dass bevorzugt ferndeiktische Elemente grammatikalisiert werden oder eben *unmarkierte* Deiktika, von denen nur ‚zufällig' die meisten ferndeiktisch sind. Das lässt allerdings die Frage offen, warum es zumeist die Ferndeiktika sind, die unmarkiert bleiben. Im Ägyptischen ist eine Markiertheit dieser Art m. E. nicht feststellbar und es ist ja auch gerade ein NICHT-distales Element, das zum Artikel grammatikalisiert wird.
486 Himmelmann 1997: 48. 89.
487 Die nicht nur dem Verweis auf vorerwähnte Referenten dienen, sondern auch in Ersterwähnungen vorkommen können. Himmelmann 1997: 67–68.

„anamnestisch" beschrieben.[488] [s. oben] In anamnestischem Gebrauch wird durch die Deiktika, im Speziellen Demonstrativa, auf für den Sprecher und Hörer Gegebenes referiert, das nicht im Weltwissen, sondern dem spezifischen Wissen der Diskurspartizipanten vorhanden ist („diskurs-externe Anapher" nach HEATH[489]), wodurch er sich vom abstrakt-situativen Gebrauch der Artikel abgrenzt. Weiterhin werden anamnestisch verwendete Demonstrativa häufig von komplexen Modifikatoren (z.B. Relativsätzen) begleitet.[490] Gerade solche anamnestischen Gebrauchskontexte von Demonstrativa sind es auch, in denen sich laut HIMMELMANN der Übergang vom Demonstrativ zum Artikel vollzieht, was allerdings nicht bedeutet, dass jedes Demonstrativ, welches anamnestisch gebraucht werden kann, auch weitere Grammatikalisierungsphasen durchläuft [s.unten].

Beachtenswert ist die Tatsache, dass sich die altägyptischen Demonstrativa auf pränominale und postnominale Positionen verteilen und diese nicht frei austauschbar sind.[491] Es zeigt sich, dass sich die attributiven Demonstrativa ‚adjektivisch' verhalten, also eher wie Modifizierer der NP, während die vorangestellten Reihen durchweg auch selbständig gebraucht werden können, was den attributiven Demonstrativa nicht möglich ist. Es ist im Satzzusammenhang also auch entscheidend, welche Position die Demonstrativa einnehmen, wobei vorangestellte Positionen generell mit stärkerer pragmatischer Ausdruckskraft verbunden werden,[492] während nachgestellte Positionen in manchen Sprachen auf anaphorische Gebrauchsweisen beschränkt zu sein scheinen.[493]

---

488 Himmelmann 1997: 61.
489 Himmelmann 1997: 68.
490 Himmelmann 1997: 72–82.
491 Im modernen Griechischen existiert die Möglichkeit, Demonstrativa prä- oder postnominal zu verwenden, was einen Einfluss auf ihre Bedeutungsreichweite hat: postnominal positionierte Demonstrativa haben anaphorische Funktion, während vorangestellte Demonstrativa diskurspragmatisch interpretiert werden und auch nur diese betont werden können. S. Alexiadou et al. 2007: 120–127. (Nicht so Rijkhoff 1992: 153. Hiernach dienen postnominale Demonstrativa im Griechischen der Emphase.) Da es sich jedoch um die gleichen Demonstrativa handelt, ist nur die syntaktische Position für diese Interpretationen ausschlaggebend, im Ägyptischen sind syntaktische Position und die Lexeme selbst verschieden.
492 Vgl. Rijkhoff 1992: 214–215. 274–275. Das „*Principle of Pragmatic Highlighting*" besagt: „Constituents with special pragmatic functionality […] are preferably placed in 'special positions', including, at least, the domain-initial […] position." Für die ägyptische Nominalphrase bedeutet dies also die linke Peripherie der Phrase.
493 Vgl. Alexiadou et al. 2007: 120–130. Bedenkt man die funktionalen Projektionen, die die generative Grammatik in den letzten Jahren für die DP entwickelt hat, müsste die Analyse aus dieser Sicht lauten, dass die post-nominale *Position* der Demonstrativa ihre adjektivischen Eigenschaften hervorruft und nicht die Art des Demonstrativs selbst, während es die vorangestellte *Position* der anderen Reihen von Demonstrativa ist, die ihren selbständigen Gebrauch erlaubt. Somit wäre es die syntaktisch-funktionale Einordnung, die eine Unterscheidung der altägyptischen Demonstrativa gestattet und nicht (nur) ihre Bildungsreihe sowie angenommene Bedeutungsreichweite. Da der genaue Aufbau von DPs in der generativen Forschung noch kontrovers diskutiert wird und in den letzten Jahren zahlreiche Hypothesen zu funktionalen Projektionen innerhalb der DP ausgearbeitet wurden, soll hier nur zusammenfassend festgehalten werden, dass die unterschiedlichen Positionen von Demonstrativa innerhalb der DP zumeist durch Konstituentenbewegungen erklärt werden, die durch bestimmte Eigenschaften funktionaler Projektionen hervorgerufen werden. Es sei zudem darauf verwiesen, dass höherstehende dieser Positionen von manchen Forschern mit Deixis und tieferstehende mit Determination in Verbindung gebracht werden, wobei zudem die Ansicht vorherrscht, dass Demonstrativa gene-

Für die Wahl der unterschiedlichen Reihen von Demonstrativa in bestimmten Funktionen sind also, wie oben bereits gezeigt, inhaltlich-lexikalische Faktoren, seien dies nun lokaldeiktische oder diskurs-pragmatische Gesichtspunkte, relevant. Bemerkenswert ist zudem die Tatsache, dass unterschiedliche Reihen von Demonstrativa auch abhängig von der Textsorte gewählt werden: Im weitesten Sinne „stärker geformte Sprache" wie religiöse Texte (z. B. Pyramidentexte) oder Inschriften (z. B. autobiographische Inschriften in Grabanlagen) vermeiden im älteren Ägyptisch insbesondere die vorangestellte pꜣ-Reihe. Frühere Forschermeinungen führten dies auf die bewusste Vermeidung von „Umgangssprache" in hierarchisch höherstehenden Textgattungen zurück [s. oben].

Möglicherweise lässt sich diese Begründung noch erweitern: ALEXIADOU ET AL.[494] zeigen am Beispiel des modernen Griechisch, einer Sprache, die (die gleichen) Demonstrativa prä- und postnominal positionieren kann, dass vorangestellte demonstrative Elemente mehr deiktisch-pragmatische Kraft besitzen als ihre postnominalen Entsprechungen. Für die postnominalen Demonstrativa wird ein anaphorischer Gebrauch nachgewiesen, der dem Hörer (textliche) Referenz anzeigt, während die pränominalen Determinierer volle deiktische Funktion besitzen. Statistisch zeigt sich in diesem Zusammenhang auch, dass wissenschaftliche Texte im Griechischen zu 96,47% postnominale, d. h. anaphorische, Demonstrativa verwenden und nur 3,53% pränominale Entsprechungen. Theaterstücke hingegen zeigen zu 94,11% die vorangestellten Demonstrativa und nur zu 5,89% die postnominalen Elemente.[495]

Überträgt man diese Beobachtung versuchsweise auf die Phase des Altägyptischen, welches die meisten produktiven Reihen an Demonstrativa zeigt, würde das bedeuten, dass in den textlichen Belegen des Altägyptischen zumeist nachgestellte Demonstrativa auftreten, weil es sich einerseits bei ihrer Verwendung vorwiegend um anaphorische Referenz handelt[496] und andererseits, weil aus dieser Zeit kaum Textformen belegt sind, die den ‚stark' pragmatischen Gebrauch aufweisen. Die Gebrauchskontexte postnominaler Demonstrativa in den Belegen des Alten Reiches aus dem Textkorpus zeigen, dass ihre Funktion tatsächlich in den meisten Fällen anaphorisch bzw. nach HIMMELMANN [s. oben] bereits anamnestisch ist, weitgehend unabhängig von ihrer Bildungsreihe. Einige Beispiele illustrieren dies[497]:

(9) Grab Qubbet el-Hawa A 8/QH 34n [= Grab Assuan 34n], Inschriften Herchuf (6. Dynastie);[498] Kol. 3:

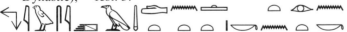

---

rell in tieferen Positionen erzeugt werden, um dann entweder in höhere Positionen bewegt zu werden oder möglicherweise durch Bewegung des nominalen Kopfes in der tieferen Position zurückbleiben und somit eine postnominale Stellung einnehmen.

494 Alexiadou et al. 2007: 120–130.
495 Statistische Daten aus: Alexiadou et al. 2007: 121.
496 Dies zeigen auch schon Vernus 1990a: 31–35 (für mittelägyptische Sargtexte) und Jenni 2009: 130–131 (für verschiedene altägyptische Textgattungen).
497 Vgl. die Interpretation der Beispiele der Herchuf-Inschriften bei Jenni 2009: 129–131.
498 Sethe 1933: 128–131; Eichler 1991: 153; Edel 2008a: Abb. 8; Edel 2008b: Tf. 28.

jw	sj3	md(w).t	n.t	md3.t=k
PTCL	erkennen:ANT.PASS	Rede.F.SG	POSS.F.SG	Brief.F.SG=2SG.M

tn	ir.t.n=k
DEM:F.SG	machen:REL.F.ANT=2SG.M

„Zur Kenntnis genommen wurde die Rede **deines** (wörtl.: **dieses deines**) Briefes, den du gemacht hast…"

→ Demonstrativ in anamnestischen Gebrauch als Referenz auf außertextliches, geteiltes Sprecher-Hörer-Wissen

(10) Grab Qubbet el-Hawa A 8/QH 34n [= Grab Assuan 34n], Inschriften Herchuf (6. Dynastie);[499] Kol. 6–7:

dd.n=k	r	md3.t=k	tn
sagen:PRF=2SG.M	zu:PREP	Brief.F.SG=2SG.M	DEM:F.SG

wnt	in.n=k	dng	jb3w-ntr
PTCL	bringen:PRF=2SG.M	Zwerg(M.SG)	Gottestanz(M.SG)

„Du sagtest in deinem (wörtl. diesem deinem) Brief, dass du (**einen**) Zwerg des Gottestanzes gebracht hast…"

→ Demonstrativ in anamnestischen Gebrauch, als Referenz auf außertextliches, geteiltes Sprecher-Hörer Wissen; Ersterwähnung (Einführung) indefinit-spezifisch „Zwerg"

(11) Grab Qubbet el-Hawa A 8/QH 34n [= Grab Assuan 34n], Inschriften Herchuf (6. Dynastie);[500] Kol. 15–16:

h3ˁ	jn	n=k[501]	dng	**pn**
ablegen:IMP	bringen:IMP	BEN=2SG.M	Zwerg(M.SG)	**DEM:M.SG**

m-ˁ=k	jn(.n)=k/jn=k[502]

---

499 Sethe 1933: 128–131; Eichler 1991: 153; Edel 2008a: Abb. 8; Edel 2008b: Tf. 28.
500 Sethe 1933: 128–131; Eichler 1991: 153; Edel 2008a: Abb. 8; Edel 2008b: Tf. 28.
501 Mit jnj als zweitem Imperativ (s. auch Edel 1955/64: 292) müsste die Benefaktivrelation n=k verstärkend interpretiert werden (zur Verstärkung von Imperativen durch n=k vgl. Jenni 2005). Imperative können des Öfteren auch durch Subjunktive fortgeführt werden (vgl. Schenkel 2012: 264), allerdings wäre die Reduplikation jnn=k für eine solche Fortführung tatsächlich ungewöhnlich. Mein Dank gilt Christian Leitz für die Anmerkungen zur Interpretation der Verbformen in diesem Satz (s. auch Fußnote 502).
502 Christian Leitz schlägt nach Allen ([3]2014: 362) eine unmarkierte Relativform mit futurischer Bedeutung vor, während die Verf. ein Tempusmorphem -.n- ergänzt, um eine vorzeitige Relativform zu erhalten, da der Satz inhaltlich mit „…aus dem Land der Horizontischen" abschließt und diese Handlung in der Vergangenheit zu liegen scheint. Beide Varianten scheinen möglich, wobei erstere sicher den Vorteil hätte, kein Morphem ergänzen zu müssen. J. F. Quack hält ebenfalls eine Orthographie

104   4. Analyse

bei:PREP=2SG.M bringen:REL(M)=2SG.M
„…leg ab,⁵⁰³ bring du **diesen** Zwerg mit dir zurück, den du gebracht hast/den du bringen wirst…"

→Demonstrativ in (direkt/innertextlich) anaphorischem Gebrauch als Referenz auf den zuvor erwähnten Zwerg

(12) Grab Qubbet el-Hawa A 8/QH 34n [= Grab Assuan 34n], Inschriften Herchuf (6. Dynastie);⁵⁰⁴ Kol. 21:

mr   ḥm(=j)   m33   dng   **pw**
wünschen:PRS   Majestät(M.SG)[=1SG] sehen:INF Zwerg(M.SG) **DEM:M.SG**
„…, denn (meine) Majestät wünscht **diesen** Zwerg zu sehen…"

→Demonstrativ in (direkt/innertextlich) anaphorischem Gebrauch als Referenz auf den zuvor erwähnten Zwerg

(13) Mastaba Giza G2370, Inschriften Senedjemib, 1. Brief (5. Dynastie);⁵⁰⁵ Kol. 3:

jw   m33.n   ḥm(=j)   mḏ3.t=k   **tn**
PTCL   sehen:PRF   Majestät(M.SG)[=1SG] Brief.F.SG=2SG.M **DEM:F.SG**
„(Meine) Majestät hat **deinen** (wörtl. **diesen deinen**) Brief gesehen…"

→Demonstrativ in anamnestischem Gebrauch als Referenz auf außertextliches, geteiltes Sprecher-Hörer-Wissen

(14) Papyrus Kairo CG 58043/JE 15000 [= pBoulaq 8] (6. Dynastie);⁵⁰⁶ Kol. 6–7⁵⁰⁷:

jn   jw   mḥr.t⁵⁰⁸   r   jw.t   r   b3k
Q   {PTCL Krankheit(M.SG)   PREP   kommen:INF}FUT zu:PREP Diener(M.SG)
jm
dort:ADV

ḥnˤ   b3k.t   **tn**   sn.nwt
zusammen mit:PREP   Diener.F.SG **DEM:F.SG**   zweite:ORD.PL.F

---

ohne Komplementierung für ungewöhnlich (schriftl. Anmerkung zum Manuskript).
503 Edel (bzw. Seyfried & Vieler) übersetzen frei „lasse alles liegen" (Edel 2008a: 628).
504 Sethe 1933: 128–131; Eichler 1991: 153; Edel 2008a: Abb. 8; Edel 2008b: Tf. 28.
505 Sethe 1933: 62–63; Eichler 1991: 143; Brovarski 2000: 92, Abb. 1. Tf. 61–63b.
506 Mariette 1871: Tf. 39; Baer 1966: 2 [H]; Goedicke 1967: 2 [H].
507 Kolumnenzählung nach Baer 1966. Abweichende Zählung bei Goedicke 1967 und Goedicke 1988.
508 Ältere Lesung: mr.t, vgl. Erman/Grapow 1928(1971): 96.

„Wird/Soll Krankheit[509] zu mir (wörtl. dem Diener da) kommen und zu **der** zugehörigen (wörtl. zweiten) Dienerin?"

→Demonstrativ in anamnestischem Gebrauch als Referenz auf außertextliches, geteiltes Sprecher-Hörer-Wissen (dem Empfänger ist die Dienerin bekannt); Ersterwähnung der Dienerin im Brief

Trotz der Vielzahl an anamnestischen bzw. anaphorischen Verwendungen sind die postnominalen Demonstrativa auch in situativem Gebrauch[510] belegt (im Textkorpus selten, außerhalb, z. B. in den Pyramidentexten, häufiger):

(15) Mastaba Giza G2370, Inschriften Senedjemib, 2. Brief (5. Dynastie);[511] Kol. 7:

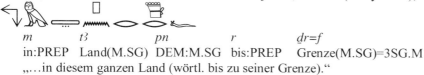

m	t3	pn	r	ḏr=f
in:PREP	Land(M.SG)	DEM:M.SG	bis:PREP	Grenze(M.SG)=3SG.M

„…in diesem ganzen Land (wörtl. bis zu seiner Grenze)."

→Demonstrativ in situativem Gebrauch als Referenz auf Ägypten

Der Unterschied zu früheren Erklärungsansätzen besteht darin, dass die Textbelege des ältesten Ägyptisch somit nicht eine bewusste Vermeidung von pragmatischen Ausdrücken der gesprochenen Sprache zeigen, sondern die textlich belegte Diskurs-Situation offenbar zumeist auch keine derart pragmatisch-deiktische Referenz erfordert.

Diese Überlegungen sind hypothetisch. Um die Vermutungen zu überprüfen, müsste eine Untersuchung der Gebrauchskontexte aller demonstrativen Elemente in sämtlichen Textgattungen des älteren Ägyptischen erfolgen, was jedoch außerhalb der Möglichkeiten dieser Untersuchung liegt. Es sei jedoch darauf verwiesen, dass bezeichnenderweise der Vorläufer des Artikels, die vorangestellte demonstrative p3-Reihe, in den textlichen Belegen des Alten Reiches extrem selten auftritt und seine Verwendung, abgesehen vom Gebrauch in Eigennamen,[512] auf Szenenbeischriften beschränkt ist, die Dialoge bzw. wörtliche Rede altägyptischer Handwerker und Arbeiter wiedergeben,[513] was einem direkt situativen Gebrauch entspricht, da zumeist auf ein dargestelltes Objekt oder eine situationspräsente Gegebenheit verwiesen wird. Ebenfalls situativ sind die als „Vokativ" gedeuteten Verwendungen anzusehen: [Bsp. 16–19, nicht im Textkorpus enthalten]

---

509 Das Lexem ist unterschiedlich interpretiert worden: Baer (1966: 59) übersetzt „misfortune", Goedicke (1988: 141) plädiert für „pain". Der TLA gibt mit Fragezeichen „Kummer?" an (http://aaew.bbaw.de/tla/servlet/GetTextDetails?u=Gast&f=0&l=0&tc=20698&db=0 [Zugriff 26.05.2014]).
510 Vgl. pn in „präsentativem Modus" bei Jenni 2009: 135.
511 Sethe 1933: 62–63; Eichler 1991: 146; Brovarski 2000: 96, Abb. 2. Tf. 65–66.
512 Vgl. Edel 1955/64: 87–88 und Fecht 1960: 202.
513 Ob es sich bei den Beischriften um die Wiedergabe einer realen sprachlichen Varietät handelt oder vielmehr nur „künstlich" das Flair alltagssprachlicher (in Abgrenzung zur Sprache des Grabherrn in seinen Beischriften) Konversation „einfacher Leute" erzeugt werden soll, ist unklar. Vgl. Edel 1955/64: 87. 89. 471; Fecht 1960: 201–202; Kroeber 1970: 13; Guglielmi 1973: 177–178. Vgl. Kapitel 3.3 und 4.5.

4. Analyse

(16) Mastaba Giza G4561, Inschriften des Kaemanch (6. Dynastie);[514] Gang Westwand, 2. Register:

→

p3(=j?)[515]　　　　mr.y
DEM:M.SG[=1SG?]　Lieber(M.SG)
„**Du** (mein?) Lieber"

→Demonstrativ gebraucht als Vokativ

(17) Grab des Sauti (6. Dynastie), Nag Hammadi, Innenraum Ostwand, erstes Register, 4. Szene[516]:

→

dj　　　　　n(=j)　　　　p3　　　　　nt(ï)　　　　ḥr　　　nḏr.t
geben:IMP　BEN[=1SG]　**DEM:M.SG**　REL:M.SG　{PREP　packen.INF}PRS
mn.t
Schenkel.F.SG
„Gib (ihn?) mir, **du**, der den Schenkel packt!"

→Demonstrativ gebraucht als Vokativ; syntaktisch selbständig

(18) Grab des Sauti (6. Dynastie), Nag Hammadi, Innenraum Ostwand, drittes Register, 2. Szene[517]:

→

mk　　　　　　　　w(j)　　shs(=j)　　　　　　　ḥr　　　　n3　　　　　nt(ï)
PTCL:ATTN:2SG.M　1SG　eilen:PRS[=1SG]　unter:PREP　**DEM:PL.C**　REL:M.SG
m　　　　　ʕ(=j)
in:PREP　Hand(M.SG)[=1SG]
„Siehe, ich eile mit (wörtl.: unter) **diesem**, was in meiner Hand ist."

→Demonstrativ in situativem Gebrauch; syntaktisch selbständig

(19) Grab des Idu (6. Dynastie), Nag Hammadi, Innenraum Westwand, drittes Register[518]:

→

jr=k　　　　　　　　n3　　　　　　r　　　　tm.t　　　　　　wnm(.w)
machen:SBJV=2SG.M　**DEM:PL.C**　für:PREP　nicht tun.INF　essen:ADVZ
„Du sollst **dies** tun wegen des Nicht-Essens."

514　Junker 1940: 39. Abb. 9.
515　Das Suffixpronomen der ersten Person, im Altägyptischen oft nur mit einem Schilfblatt geschrieben, wird in Texten des Alten Reiches regelmäßig ausgelassen. Fraglich ist in diesem Fall, ob es als Possessionssuffix hier zu ergänzen wäre, was das erste Auftreten des „Possessivartikels" zur Folge hätte. Vgl. Edel 1955/64: 87.
516　Montet 1936: 91.
517　Montet 1936: 97.
518　Montet 1936: 117.

→Demonstrativ in situativem Gebrauch; syntaktisch selbständig

Die wenigen Belege des Gebrauchs der *pꜣ*-Reihe im Alten Reich zeigen ein uneinheitliches Bild: Auch wenn man von einem proximalen Gebrauch ausgehen möchte, sind die Vokative unüblich und würden auf ein eher personenbasiertes deiktisches System hindeuten. Dem proximalen *pꜣ* soll ein distales *pfꜣ* gegenüberstehen, welches jedoch noch seltener belegt ist und nicht im gleichen Kontext (bspw. als Kontrast „distal – proximal" zur *pꜣ*-Reihe) verwendet wird; seine Ableitung beruht vielmehr auf der Analyse von *pf* als distalem Demonstrativ. Wie JENNI bereits für *pw* ermittelt hat [s. Kapitel 4.2.1.5] und wie am anamnestischen Gebrauch der nachgestellten Demonstrativa gezeigt werden konnte, ist daher m. E. auch für *pꜣ* der Distanzparameter kein primäres Gebrauchskriterium, weshalb es ebenfalls als „distanzneutral" angesehen werden sollte. Seine Funktion liegt zunächst im situativen, pragmatischen Gebrauch.

Es zeigt sich, dass aus den Reihen altägyptischer demonstrativer Elemente die *pꜣ*-Reihe durch ihre vorangestellte syntaktische Position heraussticht, die sie möglicherweise als Träger stärkerer deiktisch-pragmatischer Information[519] kennzeichnet. Die Gebrauchskontexte dieser stärker pragmatischen Information liegen offenbar außerhalb der stark geformten Sprache der aus dem Alten Reich erhaltenen Textgattungen. Falls diese Annahmen zutreffen, könnte man daraus ableiten, dass die *pꜣ*-Reihe in der gesprochenen Sprache eine höhere Frequenz aufwies, da hier situative Gebrauchskontexte am häufigsten sind, wodurch *pꜣ* zum wahrscheinlichsten Kandidaten für eine Kontextausweitung sowie die damit einhergehende semantische Schwächung wird und somit die Grammatikalisierung zum Artikel ermöglicht. Da *pꜣ* keine eindeutig lokaldeiktische semantische Interpretation nachgewiesen werden kann, lässt es sich auch als Demonstrativ am besten als „distanzneutral" beschreiben. Die vermutlich bevorzugt textsprachlichen postnominalen Demonstrativa folgen dem Grammatikalisierungspfad im Textkorpus nur bis zum Stadium des anamnestischen Gebrauchs.

Bemerkenswert ist der breit gefächerte Radius der textsprachlichen Demonstrativa bereits im Alten Reich. Der Ausbau deiktischer Strukturen stellt nicht nur ein Phänomen des sprachlichen Wandels dar, sondern möglicherweise auch ein Phänomen der Ausbreitung von Schriftlichkeit im Allgemeinen [vgl. Kapitel 4.3.2.2]. Durch die Situationsentbindung von schriftlicher Kommunikation im Gegensatz zur Mündlichkeit verlangt geschriebene Sprache „die ‚Ausbuchstabierung' deiktischer Strukturen, die Ausarbeitung und Nutzung von Anaphorik und Kataphorik, die u. U. sogar textsortenkonstituierend sind"[520]. So lässt sich möglicherweise die Nutzung der verschiedenen Reihen von Demonstrativa in der Beleglage des Ägyptischen zusätzlich erklären.

---

519 In frühen Untersuchungen wurde die syntaktische Voranstellung zumeist als Mittel des „Strebens nach größerer Expressivität" umschrieben (z. B. Hintze 1947: 99, ihm folgen hierin Fecht 1960: 203–204 und Schenkel 1966: 129), was einer höheren pragmatisch-deiktischen Funktion dieser Position entspräche. Es ist allerdings m. E. bisher nicht eindeutig nachgewiesen, dass die nachgestellte Position die ursprüngliche der Elemente der *pꜣ*-Reihe war und ob sie sich tatsächlich aus den postnominalen Elementen ableiten lassen, auch wenn sich die verschiedenen Reihen formal (morphologisch) stark ähneln. Zur möglichen Austauschbarkeit von *pw* und *pn*, d. h. einer gleichen Vokalisation, äußern sich Edel 1955/64: 85–86 und Westendorf 1962: 58. 76.

520 Erfurt 1996: 1391.

Die einzelnen Stadien der Entwicklung zum definiten Artikel werden anhand von Beispielen aus dem Textkorpus nun im folgenden Unterkapitel nachvollzogen.

4.2.1.6 Phasen der Entwicklung des definiten Artikels

Es mag zunächst verwundern, dass ausgerechnet ein Demonstrativ mit vermeintlich stärkerer pragmatischer Funktion zum definiten Artikel grammatikalisiert wird, während bereits im Alten Reich mehrere Demonstrativa existieren, deren anaphorischer Gebrauch eher für eine weitere Grammatikalisierung prädestiniert scheint [s.oben], da anaphorischer Gebrauch bisher als Ausgangspunkt weiterer Entwicklungen angesehen wurde. Abgesehen von der vermutlich höheren Gebrauchsfrequenz der *pꜣ*-Reihe in gesprochenen Varietäten, die ein mögliches, aber kein zwingendes Kriterium für eine weitere Grammatikalisierung darstellt, weist HIMMELMANN[521] nach, dass nicht der anaphorische, sondern vielmehr der anamnestische Gebrauch weitere Entwicklungen ermöglicht. Allerdings wurde bereits gezeigt, dass auch die weiteren Demonstrativa des Ägyptischen anaphorisch bzw. anamnestisch gebraucht werden können, ohne sich zum Artikel weiterzuentwickeln. Dies ist auch in anderen Sprachen der Fall und so stellt HIMMELMANN weiterhin fest, dass der bisher angenommene „,Verlust' der deiktischen Kraft"[522] eines Demonstrativs irrelevant für die Genese des Definitartikels ist. Entscheidend sei vielmehr, dass eine qualitative Ausweitung der Gebrauchskontexte von pragmatisch-definiten auf semantisch-definite stattfände, statt einer rein quantitativen Kontextexpansion.[523] Dabei beinhaltet der Übergang vom anamnestischen zum assoziativ-anaphorischen und abstrakt-situativen Gebrauch eine Erweiterung der Bezugnahme von spezifischem Sprecher-Hörer-Wissen (anamnestisch) auf allgemeines Weltwissen[524] (assoziativ-anaphorisch und abstrakt-situativ) [s. Kapitel 4.2.1.1]. Relevante Gebrauchskontexte bestehen dabei sowohl in direkt adnominaler Umgebung, aber auch im Zusammenhang mit der Verwendung vor aktivierenden und etablierenden Relativsätzen[525].

In adnominaler Umgebung spielt zudem die Art der Konzeptualisierung des Referenten, d. h. des nennenden Elements, eine Rolle. Es ist für die Verwendung demonstrativer Elemente bzw. definiter Artikel in adnominalem Gebrauch somit von Bedeutung, welcher semantischen Kategorie[526] der referierende nominale Ausdruck angehört.[527] Zu unterscheiden sind

---

521 Himmelmann 1997: 82–92.
522 Himmelmann 1997: 94.
523 Ibd.
524 Darunter sind Referenten zu verstehen, deren Identifizierbarkeit über das spezifische geteilte Sprecher-Hörer-Wissen hinausgehen. Dazu kann auch „Weltwissen" einer Dorfgemeinschaft oder Gesellschaftsschicht gehören. Man beachte, dass sich die Identifizierbarkeit aus der Sicht des antiken Sprecher-Hörer-Verhältnisses ergibt und für den modernen Betrachter möglicherweise nicht immer nachvollziehbar ist.
525 Etablierende Modifikatoren (wie Relativattribute) definieren einen Referenten eindeutig bzw. verankern ihn eindeutig, indem sie ihn in Bezug zu einem schon bekannten Referenten setzen, während aktivierende Modifikatoren keine eindeutige Identifikation erlauben, sondern vielmehr Hinweise auf die Identifikation geben, wobei der Sprecher allerdings davon ausgeht, dass dem Hörer der Referent bekannt sein sollte. S. Himmelmann 1997: 79.
526 Man beachte die Unterscheidung zwischen lexikalischen und morphosyntaktischen Kategorien, deren Einteilung auf formalen Ähnlichkeiten der beinhalteten Elemente und ihrer Distribution beruht, sowie semantisch(-ontologischen) Kategorien, deren Differenzierung auf konzeptuellen Unterschieden ba-

z. B. Individuata, Kollektiva, Abstrakta, Eigennamen etc.,[528] was auch für die Entwicklung im Ägyptischen zu beobachten ist.

Im Textkorpus selbst treten Elemente der *pꜣ*-Reihe zum ersten Mal in den „Hekanacht-Papyri" (Anfang 12. Dynastie[529]) auf. Auch wenn gerade diese Belege bereits häufig als Beispiel für die frühe Verwendung des Demonstrativs bzw. „Frühartikels" *pꜣ* analysiert wurden, lohnt es sich dennoch, die Texte vor dem Hintergrund des hier zugrundeliegenden theoretischen Rahmens zu betrachten. Insgesamt enthalten die drei Hauptdokumente (Briefe I-III) 29 Beispiele[530] der Verwendung von Elementen der *pꜣ*-Reihe. Im Gegensatz dazu ist nur einmal das demonstrative *pn* gebraucht, in der Einleitung eines Eides, was auf eine stärker geformte formelhafte sprachliche Varietät innerhalb des Textes hindeutet.[531]

LOPRIENO[532] und ALLEN[533] teilen die Verwendungen der *pꜣ*-Reihe nach anaphorischer Referenz, Deixis zu nachfolgenden Relativattributen sowie dem Verweis auf gemeinsames Sprecher-Hörer-Wissen und einem Vokativ ein; bei KROEBER[534] heißen die Verwendungsweisen direkt-anaphorisch (Verweis innerhalb des Textes), indirekt-anaphorisch (außerhalb des Textes) und deiktisch-emphatisch. In der vorliegenden Arbeit werden die Gebrauchskontexte hingegen auf anaphorischen, anamnestischen[535] und diskurs-deiktischen[536] Gebrauch aufgeteilt. Die hier als anamnestisch klassifizierten Beispiele entsprechen nicht den Bestimmungen des außertextlichen Verweisens bei KROEBER und auch nicht dem „geteilten Sprecher-Hörer-Wissen" durch LOPRIENO und ALLEN, da die Verwendung vor aktivierenden Relativattributen[537] zu anamnestischem Gebrauch hinzuzählen kann. Zu diskurs-deiktischem Gebrauch zählen hingegen Verwendungen vor etablierenden Relativattributen, wenn der Referent in den Diskurs eingeführt und durch das Relativattribut im Weltwissen verankert wird. In beiden Fällen referieren die Demonstrativa bzw. mit Demonstrativ verwendeten nominalen Ausdrücke auf einen Referenten außerhalb des

---

siert. Davon abzugrenzen ist zudem noch die Diskursfunktion, die in Kapitel 4.2.1.1 besprochen wurde. S. Himmelmann 1997: 111.
527 Hierauf verweisen auch bereits frühere Arbeiten, vgl. Kapitel 4.2.1.3.
528 Vgl. Himmelmann 1997: 91; Alexiadou et al. 2007: 172–189. 203–217.
529 Datierung nach Allen 2002: 130.
530 Allen (2002: 88) zählt 33 Beispiele der Verwendung in diesen Dokumenten (plus je eines mehr in Fragment D und Brief P'), aber mehr als 29 (+2) Beispiele konnte die Verf. auch nach mehrfacher Durchsicht nicht ausmachen; er selbst bespricht auch nur die 29 (+2) Beispiele in seiner Analyse (Allen 2002: 89–91).
531 Vgl. Allen 2002: 45–46. 88.
532 Loprieno 1980: 1–11.
533 Allen 2002: 88–91.
534 Kroeber 1970: 15–17.
535 (Private) Briefe sind naturgemäß prädestiniert für anamnestischen Gebrauch, da sie zumeist Diskurse zwischen Partizipanten mit bestimmten, spezifischen Anliegen beinhalten, die in vorangegangener Korrespondenz oder dem persönlichen Dialog Gegenstand gewesen sein können.
536 Diskurs-deiktischer Gebrauch ist am schwersten nachzuweisen, da in manchen Fällen nicht nachvollzogen werden kann, ob der Referent in diesem Moment neu eingeführt wird, falls auch aus Relativattributen nicht klar wird, ob auf spezifisches Sprecher-Hörer-Wissen oder Weltwissen Bezug genommen wird. ‚Weltwissen' kann für den Ägypter andere Konzepte beinhaltet haben, als der moderne Betrachter zu entschlüsseln vermag. Vgl. Fußnote 524.
537 S. Fußnote 525.

textlichen Kontextes, so dass die Unterscheidung, ob es sich um vorausweisende Deixis handelt, irrelevant ist, sondern die Art des Relativattributes (aktivierend oder etablierend) und die Verwendung des Demonstrativs (aktivierend [=anamnestisch oder anaphorisch] oder einführend [situativ oder diskurs-deiktisch]) zur Bestimmung der Kontexte entscheidend sind. Die Grenze zwischen den Gebrauchsweisen ist jedoch nicht immer ganz klar zu ziehen.

Einige Beispiele aus den Hekanacht-Papyri verdeutlichen die einzelnen Gebrauchskontexte:

(20) Papyrus New York MMA 22.3.516 [= pHekanacht I] (frühe 12. Dynastie);[538] Kol. 4:

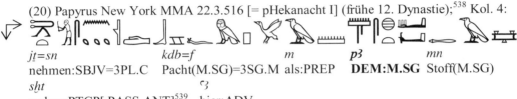

jt=sn		*kdb=f*	*m*	***pꜣ***	*mn*
nehmen:SBJV=3PL.C		Pacht(M.SG)=3SG.M	als:PREP	**DEM:M.SG**	Stoff(M.SG)
sḫt		*ꜥꜣ*			
weben:PTCP[.PASS.ANT][539]	hier:ADV				

„Sie sollen seine Pacht von **diesem** Stoff nehmen, der hier (eigtl. „dort" [wo du bist])[540] gewoben wurde."

→ Demonstrativ in anamnestischem Gebrauch; der Referent „Stoff" kodiert spezifisches Wissen zwischen Sprecher und Hörer, welches im Brief selbst nicht vorerwähnt wird; das Relativattribut reicht nicht aus, um den Referenten im allgemeinen Weltwissen zu verankern, daher handelt es sich hierbei um ein aktivierendes Relativattribut.

(21) Papyrus New York MMA 22.3.516 [= pHekanacht I] (frühe 12. Dynastie);[541] Kol. 5–6:

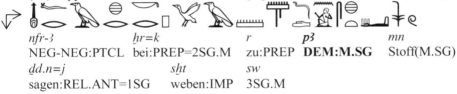

nfr-ꜣ	*ḥr=k*	*r*	***pꜣ***	*mn*
NEG-NEG:PTCL	bei:PREP=2SG.M	zu:PREP	**DEM:M.SG**	Stoff(M.SG)
ḏd.n=j	*sḫt*	*sw*		
sagen:REL.ANT=1SG	weben:IMP	3SG.M		

jt=sn   *sw*
nehmen:SBJV=3PL.C   3SG.M

---

538 James 1962: Tf. 1–1a; Goedicke 1984: Tf. 4; Allen 2002: Tf. 8–9. Tf. 26–27.
539 Allen liest ein Partizip Passiv mit futurischer Komponente: „…that sheet to be woven there (with you)." Allen 2002: 14. 24. Falls der Stoff noch zu weben wäre, handelte es sich beim Demonstrativ um einführenden, diskurs-deiktischen Gebrauch.
540 Die Verortung des *ꜥꜣ* „hier (wo du bist)" ist mehrfach diskutiert worden. Die Unterscheidung basiert vor allem auf dem Vergleich mit den anderen lokaldeiktischen adverbialen Angaben in den Hekanacht-Dokumenten. Vgl. *ꜥꜣ* „hier (wo du bist)" und *ꜥꜣ ḥnꜥ=j* „hier bei mir". S. Allen 2002: 26–27 mit weiterer Literatur.
541 James 1962: Tf. 1–1a; Goedicke 1984: Tf. 4; Allen 2002: Tf. 8–9. Tf. 26–27.

„(Wenn) nichts bei dir ist als **dieser** Stoff,[542] von dem ich sagte: Webe ihn!, (dann) sollen sie ihn nehmen…"

→ Demonstrativ in anaphorischem Gebrauch; der Referent „Stoff" aus obigem Kontext wird wieder aufgegriffen und näherbestimmt durch ein aktivierendes Relativattribut.

(22) Papyrus New York MMA 22.3.516 [= pHekanacht I] (frühe 12. Dynastie);[543] vso. Kol. 1 (retrograd):

jn jr	*grt*	***p3***	*rḏ.t*	*jwt*	*n=j*
Q PTCL	PTCL	**DEM:M.SG**	veranlassen:INF	kommen:SBJV	zu:PREP=1SG

S3-Ḥw.t-Ḥr
Sahathor(Eigenname)

ẖr	*jt-mḥ*		*js*	*n*	*šwšy.t*
unter:PREP	unterägyptische Gerste(M.SG)		alt:ADJ	POSS	Trockenheit.F.SG

wn	*m*	*Ḏd-swt*
sein:PTCP(M.SG)	in:PREP	Djed-Sut(Toponym)

vso. Kol. 2 (retrograd):

n	*rḏ.t*	*n=j*	***p3***	*jt-mḥ*	*ḥ3r*
NEG	geben:INF	BEN=1SG	**DEM:M.SG**	unteräg.Gerste(M.SG)	Char-Maß

10	*m*	*jt-mḥ*	*m3*	*nfr*
10:CARD	an:PREP	unteräg. Gerste(M.SG)	neu:ADJ	gut:ADJ

n	*ḥr*	*nfr*	*ṯw*	*ḥr*	*wnm*	*jt-mḥ*
NEG	PTCL	gut:ADJ	2SG.M	bei:PREP	essen:INF	unteräg. Gerste(M.SG)

nfr	*jw=j*		*r*	*t3*
gut:ADJ	PTCL:SBRD[544]=1SG		zu/auf:PREP	Erde(M.SG)

„Was aber soll **das/dieses** Senden von Sahathor zu mir (wörtl.: das Veranlassen, dass Sahathor zu mir kommt) mit (wörtl.: unter) alter, trockener unterägyptischer Gerste (wörtl.: alter Gerste der Trockenheit), die in Djed-Sut war, (und) mir nicht zu geben **die/diese** 10 Char-Maß unterägyptischer Gerste an neuer, guter unterägyptischer Gerste? Geht es dir

---

542 Zur Interpretation der Übersetzung als Konditionalsatz s. die Diskussion bei Allen 2002: 24.
543 James 1962: Tf. 3–3a; Goedicke 1984: Tf. 6; Allen 2002: Tf. 8–9. Tf. 28–29.
544 Zum subordinierenden Charakter des *jw* vgl. Allen 1994: 8; Loprieno 2006: 432 und siehe unten Kapitel 4.3.2.2.

nicht gut beim Essen von guter unterägyptischer Gerste, während ich „fort"[545] (wörtl.: auf/zu der Erde") bin?"

→Erstes *pɜ* in anamnestischem Gebrauch vor substantiviertem Infinitiv; der Vorgang des Sendens von Sahathor ist spezifisches Sprecher-Hörer-Wissen. Die Einführung des Referenten „unterägyptische Gerste" erfolgt ohne Demonstrativ, aber mit relativem Modifikator (Partizip). Der Kontext ist spezifisch (es gehört nicht zum Weltwissen, dass trockene unterägyptische Gerste in Djed-Sut war), das Setzen eines Artikels ist aber (noch) nicht obligatorisch.

→Zweites *pɜ* in anamnestischen Gebrauch vor „unterägyptischer Gerste" mit Mengenangabe (als Kollektivum kann Gerste nur mit zusätzlicher Zähleinheit [Har-Maß] und Numerale gezählt werden. Offensichtlich ist jedoch die Kombination von Demonstrativ und Zähleinheit bzw. Numerale unproblematisch); zusätzlich durch die Angabe „an neuer, guter unterägyptischer Gerste" aktiviert.[546]

Im letzten Abschnitt ist „unterägyptische Gerste" indeterminiert und auch nicht näherbestimmt, da es sich dabei um einen nicht identifizierbaren, generellen Ausdruck in der rhetorischen Frage handelt.

Nur wenig später im Text wird die Gerste wieder aufgegriffen:

(23) Papyrus New York MMA 22.3.516 [= pHekanacht I] (frühe 12. Dynastie);[547] vso. Kol. 3–4 (retrograd):

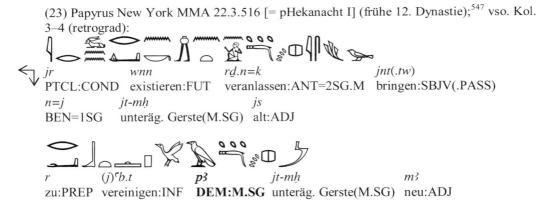

jr	*wnn*	*rḏ.n=k*	*jnt(.tw)*
PTCL:COND	existieren:FUT	veranlassen:ANT=2SG.M	bringen:SBJV(.PASS)

n=j	*jt-mḥ*	*js*
BEN=1SG	unteräg. Gerste(M.SG)	alt:ADJ

r	*(j)ꜥb.t*	**pɜ**	*jt-mḥ*	*mɜ*
zu:PREP	vereinigen:INF	**DEM:M.SG**	unteräg. Gerste(M.SG)	neu:ADJ

---

545 Die Schreibung von *r tɜ* ist im Original mit einem Strich senkrechten Strich versehen, vermutlich zur Betonung, vgl. Allen 1994: 8; Loprieno 2006: 432. Zur Übersetzung „fort" ibd.

546 Kroeber 1970: 15 analysiert an dieser Stelle direkt-anaphorischen Gebrauch, weil die zuvor erwähnte (alte, trockene) Gerste wieder aufgegriffen würde. Dies ist m. E. gerade nicht der Fall, sondern es handelt sich um außerhalb dieses Kontextes vereinbarte (neue, gute) Gerste, die eben nicht identisch ist mit der Gerste, die hier offenbar erhalten wurde. Auch das Senden von Sahathor ist nicht im gleichen Text vorerwähnt und wäre daher, in Kroebers Terminologie, zumindest indirekt-anaphorisch. Allen 2002: 89 gruppiert den Gebrauch ebenfalls unter anaphorisch, vermerkt aber, dass es sich auch um geteiltes Sprecher-Hörer-Wissen handeln könnte.

547 James 1962: Tf. 3–3a; Goedicke 1984: Tf. 6; Allen 2002: Tf. 8–9. Tf. 28–29.

4.2 Morphosyntaktischer Wandel in nominalen Ausdrücken   113

„Wenn du mir (**die?**) alte unterägyptische Gerste geschickt haben wirst (wörtl. veranlasst haben wirst, dass man bringt)[548], um **diese** neue unterägyptische Gerste (damit) zu vereinigen..."

→ Wiedererwähnung der „alten, unterägyptischen Gerste" ohne Demonstrativ; eigentlich würde man bei der Wiedererwähnung der „alten, unterägyptischen Gerste", die ja bereits erhalten wurde, ein anaphorisches Demonstrativ erwarten, das hier jedoch nicht steht – der Sinn der Konstruktion ist (wie im Deutschen) ohne Demonstrativ (oder Artikel) nicht der gleiche: „Wenn du mir alte unterägyptische Gerste geschickt haben wirst" stellt eine rhetorische, generelle Bedingung; „Wenn du mir die(se) unterägyptische Gerste geschickt haben wirst" stellt fest, dass es sich um eine einmalige Begebenheit und somit spezifisches Wissen zwischen den Partizipanten handelt.

→ *p3* in anaphorischem Gebrauch (Es handelt sich um die zuvor erwähnte frische, neue Gerste.)

Bemerkenswerterweise treten die singularischen Elemente *p3/t3* nur in adnominalem Gebrauch auf, welcher die Verwendung vor substantivierten Infinitiven und Partizipien einschließt, während das ‚pluralische' *n3* auch in selbständigem Gebrauch verwendet wird; vier von elf Belegen zeigen eine adnominale Verwendung, bevorzugt vor Kollektiva; in allen vier Fällen wird das possessive Element *n* zwischen Demonstrativ und nominalem Element eingefügt:

(24) Papyrus New York MMA 22.3.517 [= pHekanacht II] (frühe 12. Dynastie);[549] Kol. 35–36:

jr	*grt*	*wnn*[550]	*Mr-Snfr.w*		*ḥr*	
PTCL:COND	PTCL	existieren:FUT	Mer-Snefru(Eigenname)	{PREP		
mr.t		*wnn*	*m-s3*	**n3**	*n*	*k3*
wünschen:INF}PRS		existieren:FUT	hinter:PREP	**DEM:PL.C**	**POSS**	Vieh(M.SG)

„Wenn aber Mer-Snefru wünscht, **dieses/das** Vieh zu überwachen, dann..."

→Demonstrativ in anamnestischem Gebrauch (Referent „Vieh" nicht im Text zuvor erwähnt)

(25) Papyrus New York MMA 22.3.518 [= pHekanacht III] (frühe 12. Dynastie);[551] Kol. 4:

---

548 Zur Diskussion der Verbform mit *wnn* s. Allen 2002: 92–93; zum Anschluss des *jnt*(.*tw*) Passivs im Subjunktiv vgl. Schenkel 2012: 215, insbes. Diskussion 2.
549 James 1962: Tf. 6–6a; Goedicke 1984: Tf. 2; Allen 2002: Tf. 10–11. Tf. 30–31.
550 Zur Konstruktion mit *wnn* vgl. Allen 2002: 44 mit weiterer Literatur.
551 James 1962: Tf. 8–8a; Goedicke 1984: Tf. 8; Allen 2002: Tf. 12–13. Tf. 34–35.

114   4. Analyse

…ḥr	n3	n	jt-mḥ	bd.t⁵⁵²
wegen:PREP	**DEM:PL.C**	**POSS**	unteräg Gerste(M.SG)	Emmer.F.SG

nt(ï/w)   ꜥ3
REL[M.SG/PL]   hier:ADV

„…wegen **dieser** unterägyptischen Gerste (und dieses/des) Emmers, der hier ist/die hier sind"

→ Demonstrativ in anamnestischem Gebrauch (Referent „unteräg. Gerste" nicht im Text zuvor erwähnt)⁵⁵³

(26) Papyrus New York MMA 22.3.516 [= pHekanacht I] (frühe 12. Dynastie);⁵⁵⁴ Kol. 4–5:

jr	grt	wnn	šd.n=sn	š(n)ꜥ.t
PTCL:COND	PTCL	existieren:FUT	nehmen:ANT=3PL.C	Wert.F.SG

m	db3	n	n3	n	bd.t
als:PREP	Bezahlung(M.SG)	für:PREP	**DEM:PL.C**	**POSS**	Emmer.F.SG

nt(.t)   m   Pr-H3...   ⁵⁵⁵
REL[F.SG] in:PREP Perhaa(Toponym)

"Wenn sie aber (den) Wert als Bezahlung für **diesen** Emmer, der in Perhaa ist, genommen haben werden, dann…"

→ Demonstrativ in diskurs-deiktischem Gebrauch, falls der Referent „Emmer" hier in die Diskussion erstmalig eingeführt wird; Relativsatz etablierend

→ Demonstrativ in anamnestischem Gebrauch, falls „dieser Emmer, der in Perhaa ist" spezifisches Sprecher-Hörer-Wissen bezeichnet; Relativsatz aktivierend

---

552 Obwohl die Schreibung als bt.ï interpretiert werden könnte, weist Brose (2014: 34) darauf hin, dass der Doppelstrich als Determinativ der zweizeiligen Getreideart „Triticum dicoccum L." dient, daher sei die Schreibung hier logographisch mit auslautender Femininendung -.t und wird aufgrund dessen auch in der vorliegenden Arbeit als bd.t transkribiert.

553 M. E. könnte sich das Demonstrativ auf beide Referenten erstrecken, wenn beide „hier" wären, was aus dem Kontext – und auch den weiteren Briefen – nicht klar hervorgeht; da die Numerus-Endung an der Relativnisbe ohnehin ergänzt werden muss, könnte sie Plural sein, was bedeuten würde, dass Demonstrativa sich in dieser Phase, in der keine overte Koordinierung einer Aufzählung erforderlich ist, auf die gesamte Koordination erstrecken können, ohne wieder aufgegriffen werden zu müssen, wie es im Deutschen der Fall ist

554 James 1962: Tf. 1–1a; Goedicke 1984: Tf. 4; Allen 2002: Tf. 8–9. Tf. 26–27.

555 In der hieroglyphischen Transliteration gibt Allen (2002: Tf. 26) das Stadt-Determinativ von Pr-33 ohne Innenzeichnung an. Da es sich aber, wie er selbst schreibt (Allen 2002: 122), um das Stadt-Determinativ (Gardiner Sign-list O49) handelt, wird es hier in der üblichen Weise mit Innenzeichnung abgebildet. Vgl. zur hieratischen Schreibung auch Möller 1909: 82.

(27) Papyrus New York MMA 22.3.516 [= pHekanacht I] (frühe 12. Dynastie);[556] vso. Kol. 17 (retrograd):

ḥnꜥ   rḏ=t(w)   int(.tw)   sḥꜣ
und:PREP   veranlassen:SBJV=IMPRS   bringen:SBJV(.PASS)   Schreiben(M.SG)
ḥr   šd.t
wegen:PREP   nehmen:PTCP.PASS.F

m   nꜣ   n   Pr-Ḥꜣꜣ
von:PREP   **DEM.PL.C**   **POSS**   Perhaa(Toponym)

„Und man lasse ein Schreiben bezüglich dessen bringen, was von **diesen** von Perhaa genommen wurde."

→ Demonstrativ in anaphorischem Gebrauch; Rückbezug auf „(den) Wert als Bezahlung für diesen Emmer, der in Perhaa ist" im vorherigen Beispiel (26); die syntaktische Verwendung des Demonstrativs ist auffällig: Eigentlich würde man nach dem possessiven Element ein Nomen oder ein Relativattribut erwarten (die meisten Bearbeiter ergänzen zum besseren Verständnis Angaben wie „diese Produkte"[557] oder „diese Verbindlichkeiten"[558]).[559]

Im überwiegenden, syntaktisch selbständigen Gebrauch kann das Demonstrativ *nꜣ* auf verschiedenste Referenten Bezug nehmen, wie (einzelne) Individuen, abstrakt-pluralische Referenten (Kollektiva) oder ganze Sachverhalte.

(28) Papyrus New York MMA 22.3.517 [= pHekanacht II] (frühe 12. Dynastie);[560] Kol. 41:

mtn   ḥbsw.t=j[561]   nꜣ
PTCL:ATTN:2PL   Frau.F.SG=1SG   **DEM:PL.C**

„Seht, **dies** ist meine Frau[562]"

---

556 James 1962: Tf. 4–4a; Goedicke 1984: Tf. 7; Allen 2002: Tf. 8–9. Tf. 28–29.
557 Siehe TLA: http://aaew.bbaw.de/tla/servlet/GetCtxt?u=akjsdfh&f=0&l=0&tc=20200&db=0&ws= 912&mv=4 (Zugriff 26.05.2014).
558 Siehe Allen 2002: 89.
559 Für das Altägyptische zitiert Jansen-Winkeln 2000: 29 eine Beobachtung Sander-Hansens, der bemerkt, dass Verbindungen des sog. „direkten Genitivs" (ohne possessiven Relator *n*) häufig eine Ortsangabe als Zweitnomen zeigen. Ausführlicher zu den possessiven Konstruktionen des älteren Ägyptischen s. Kapitel 4.2.3.2.
560 James 1962: Tf. 6–6a; Goedicke 1984: Tf. 1–3; Allen 2002: Tf. 10–11. Tf. 30–31.
561 Das nachgestellte weibliche Personendeterminativ wurde vom Schreiber offenbar zunächst vergessen und nachträglich dem maskulinen Suffix der 1. Person angefügt. S. Allen 2002: 46.
562 Die Kombination von pluralischem Determinierer und singularischem Ausdruck „Frau" ist auffällig. Während Erman/Grapow (1929: 66) „Ehefrau?; Konkubine?" angeben, übersetzt Hafemann im TLA „Nebenfrau" (http://aaew.bbaw.de/tla/servlet/GetCtxt?u=sdfsdf&f=0&l=0&tc=20202&db=0&ws=58

→ Demonstrativ in anaphorischem Gebrauch (Referent „Frau" im Satz zuvor erwähnt); syntaktisch selbständig

(29) Papyrus New York MMA 22.3.516 [= pHekanacht I] (frühe 12. Dynastie);[563] vso. Kol. 16 (retrograd):

mk	jr	th=k	**n3**
PTCL:ATTN:2SG.M	PTCL:COND	übertreten:PRS[564]=2SG.M	**DEM:PL.C**

„Siehe, wenn du dies übertrittst, (dann)…"

→Demonstrativ in anaphorischem Gebrauch; Referent sind die Anweisungen in Sachen Lohnzahlungen, die in den Kolumnen zuvor spezifiziert wurden

Die Hekanacht-Dokumente zeigen im Vergleich zu den Gebrauchskontexten des Alten Reiches bereits einen weiteren Entwicklungsschritt: Der anamnestische Gebrauch ist hinzugekommen und in den Hekanacht-Papyri bereits die häufigste Verwendungsweise. Bemerkenswert ist zudem, dass die singularischen Demonstrativa der *p3*-Reihe nur in adnominalem Gebrauch auftreten, was einen ersten Hinweis auf den voranschreitenden Grammatikalisierungsprozess zum definiten Artikel, welcher syntaktisch nicht mehr selbständig auftreten kann, darstellt. Die pluralische Variante *n3* ist zumeist syntaktisch selbständig. In adnominalem Gebrauch benötigt sie das verbindende Element *n*,[565] was aber keinen Einfluss auf die Wahl der Gebrauchskontexte zeigt: Anamnestischer und anaphorischer Gebrauch sind wie bei den singularischen Elementen vertreten.

Die Analyse des Gebrauchs in weiteren Dokumenten aus diesem Zeitraum gibt Aufschluss über ähnliche Kontexte. Die nachgestellten Demonstrativa sind in den privaten Briefen weiterhin selten, werden aber standardmäßig in formelhaften Einleitungen verwendet, insbesondere mit situativem Verweis auf das direkt vorliegende Schreiben, wie z. B. *sh3 pn* („dieses Schreiben").

Erste Hinweise auf eine Kontextausweitung bieten Briefe aus der 12. Dynastie:

(30) Papyrus London BM EA 10567 (11.–12. Dynastie);[566] Kol. 10–11:

swd3-jb	pw	n	nb	ʿnḫ(.w) (w)d3(.w) s(nb.w)
Mitteilung(M.SG)	COP:M.SG	für:PREP	Herr(M.SG)	l.h.g.[567]
ḥr	ntt			
wegen:PREP	REL:F.SG			

9&mv=4 [Zugriff 26.05.2014]); Allen (2002: 17. 46. Ausführliche Diskussion Allen 2002: 108) gibt „*wife*" an.
563 James 1962: Tf. 4–4a; Goedicke 1984: Tf. 4–7; Allen 2002: Tf. 8–9. Tf. 28–29.
564 Auch die Bestimmung als Subjunktiv oder Futur wäre möglich.
565 Vgl. auch Malaise/Winand 1999: 130.
566 James 1962: Tf. 27–28.
567 Kurzform für die Übersetzung der Pseudopartizipien ʿnḫ(.w) (w)d3(.w) s(nb.w) als „er möge leben, heil und gesund sein", vgl. Ockinga ³2012: 53.

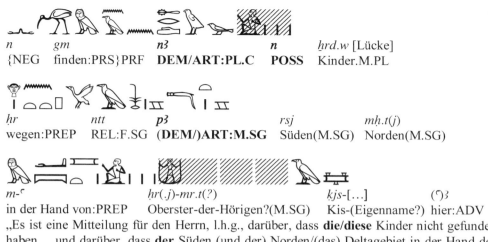

n	gm	n3	n	ḥrd.w [Lücke]
{NEG	finden:PRS}PRF	**DEM/ART:PL.C**	POSS	Kinder.M.PL

ḥr	ntt	p3	rsj	mḥ.t(j)
wegen:PREP	REL:F.SG	**(DEM/)ART:M.SG**	Süden(M.SG)	Norden(M.SG)

m-ˁ		ḥr(.j)-mr.t(?)	kjs-[…]	(ˁ)3
in der Hand von:PREP		Oberster-der-Hörigen?(M.SG)	Kis-(Eigenname?)	hier:ADV

„Es ist eine Mitteilung für den Herrn, l.h.g., darüber, dass **die/diese** Kinder nicht gefunden haben… und darüber, dass **der** Süden (und der) Norden/(das) Deltagebiet in der Hand des Obersten-der-Hörigen Kis-? … hier ist."

→Erstes Demonstrativ in anamnestischem Gebrauch (Referent „Kinder" nicht im Text zuvor erwähnt)

→Zweites demonstratives Element *p3* zeigt den Übergang von pragmatisch-definitem zu abstrakt-situativem Gebrauch: Die Referenten „Süden" und „Norden" sind im Weltwissen zu verankern (auch wenn es sich um bestimmte Gebiete handelt) und damit semantisch-definit, was durch das pränominale Element markiert wird. Da der Gebrauch hier zudem an eine vorherige Kommunikationssituation anknüpft, hat das Element in diesem Übergangsstadium auch noch anamnestische Funktion (die ja ebenso der definite Artikel weiterhin aufweisen kann). Es zeigt sich ferner, dass bei koordinierten Ausdrücken bereits im älteren Ägyptisch das Demonstrativ bzw. der Artikel nur einmal gesetzt wird.[568]

Besonders gut beobachten lässt sich die Erweiterung der Gebrauchskontexte schließlich an den sogenannten „Semna-Despatches", bei denen es sich um Abschriften von Korrespondenz und Berichten zwischen Grenzfestungen im Süden Ägyptens handelt, die gegen Ende der 12. Dynastie unter Amenemhet III. datieren.[569] Hier finden sich einführende Gebrauchskontexte, Wiedererwähnungen und sowohl Verweise auf spezifisches als auch auf Weltwissen. Besonders Despatch 3 zeigt letztlich nur noch einen einzelnen semantisch-definiten Kontext ohne vorangestelltes Demonstrativ bzw. mittlerweile den frühen Artikel, während die weiteren definiten Kontexte, insbesondere auch solche, die im Weltwissen verankert sind, durch ein Demonstrativ bzw. den Artikel markiert sind:

(31) Papyrus London BM EA 10752 [= Papyrus Ramesseum C; Semna Despatch 3: rto. 2. Blatt, Zeilen 7–14 & rto. 3. Blatt, Zeilen 1–6] (Ende 12. Dynastie);[570] Z. x+9–10:

---

568 Vgl. für das Neuägyptische auch Černý/Groll 1975: 55–56.
569 Smither 1945.
570 Smither 1945: Tf. 3–4a; BM Datenbank: http://www.britishmuseum.org/research/collection_online/

→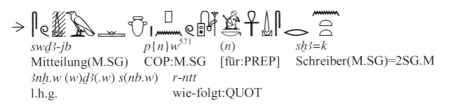
swḏ3-jb   p{n}w⁵⁷¹   (n)   sẖ3=k
Mitteilung(M.SG) COP:M.SG   [für:PREP]   Schreiber(M.SG)=2SG.M
ꜣnḫ.w (w)ḏ3(.w) s(nb.w)   r-ntt
l.h.g.   wie-folgt:QUOT

p3   ꜥḥ3.wtï   2   mḏ3.y   70
ART:M.SG   Krieger.M.DU   2:CARD   Medja.M.PL   70:CARD

šm   m-s3   p3   ꜥ   m   3bd
folgen:PTCP.ANT   nach:PREP   ART:M.SG   Spur(M.SG)   in:PREP   Monat(M.SG)
4   pr.t   sw   4
4:CARD   Peret.F.SG   Tag(M.SG)   4:CARD [Datum]

„Es ist eine Mitteilung für deinen Schreiber, l.h.g., wie folgt: **Die** 2 Krieger und (die) 70 Medja, die **der** Spur folgten am 4. Tag im 4. Monat der Peret-Jahreszeit, (sind zurückgekehrt)…"

(32) Papyrus London BM EA 10752 [= Papyrus Ramesseum C; Semna Despatch 3: rto. 2. Blatt, Zeilen 7–14 & rto. 3. Blatt, Zeilen 1–6] (Ende 12. Dynastie);⁵⁷² Z. x+12–13:

→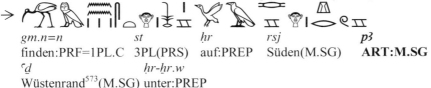
gm.n=n   st   ḥr   rsj   p3
finden:PRF=1PL.C   3PL(PRS)   auf:PREP   Süden(M.SG)   ART:M.SG
ꜥḏ   ḫr-ḫr.w
Wüstenrand⁵⁷³(M.SG) unter:PREP

t3   ḥt.t   n.t   šmw
ART:F.SG   Inschrift.F.SG POSS.F.SG   Schemu-Jahreszeit

---

    collection_object_details.aspx?objectId=11489&partId=1&searchText=%2210752%22&page=1 (Zugriff: 18.05.2014); The Ramesseum Papyri (BM Online Research Catalogue): http://tinyurl.com/lz2q539 & http://tinyurl.com/mmboqvc (Zugriff: 18.05.2014).

571 Vgl. Fußnote 519: Zur möglichen Austauschbarkeit von *pw* und *pn* äußern sich Edel 1955/64: 85–86 und Grapow 1962: 58. 76. Im Hieratischen ist *pn* als Ligatur geschrieben, vgl. Möller 1909: 68.

572 Smither 1945: Tf. 3–4a; BM Datenbank: http://www.britishmuseum.org/research/collection_online/collection_object_details.aspx?objectId=114899&partId=1&searchText=%2210752%22&page=1 (Zugriff: 18.05.2014); The Ramesseum Papyri (BM Online Research Catalogue): http://tinyurl.com/lz2q539 & http://tinyurl.com/mmboqvc (Zugriff: 18.05.2014).

573 Möglicherweise gibt es hier einen neuen Bedeutungsansatz (schriftl. Anmerkung zum Manuskript durch J. F. Quack).

mj.tt	*s.ut*	3	*ḫrw.fï*	*st*
gleichfalls:ADV	Frau.F.PL	3:CARD	sagen(Zitatende)	3PL(PRS)

(wörtl. Rede:) „'Wir fanden sie im Süden **des** Wüstenrandes, unter **der** Inschrift der Schemu-Jahreszeit (und) ebenfalls 3 Frauen', so sagten sie."

→ *pȝ* als Artikel gebraucht; in Beispiel (32) wird die Verwendung von *pȝ* als Artikel eindeutig, indem auf den „Wüstenrand" verwiesen wird, der auf Weltwissen referiert; der Gebrauch ist abstrakt-situativ, was dem Demonstrativ als Gebrauchskontext nicht mehr offensteht. Auch für *tȝ* in Beispiel (32) könnte man abstrakt-situativen Gebrauch vermuten, wenn man davon ausgeht, dass das in den Festungen stationierte Personal allgemein die benannte Inschrift kannte. In Angleichung an diese Weiterentwicklung wurden in den obigen Beispielen die weiteren Verwendungen ebenfalls als Artikel glossiert und übersetzt, man beachte jedoch, dass die Gebrauchsweisen weiterhin anamnestisch-aktivierend sind. Die Verwendung des Artikels vor „die 2 Krieger und [die] 70 Medja" und „die Spur" zeigen m. E., dass der Sachverhalt bereits Gegenstand einer vorherigen Kommunikation gewesen sein muss, sonst stünde der einführende Gebrauch auch im Ägyptischen indeterminiert: „2 Krieger und 70 Medja" sowie „einer Spur". Daher wäre es ebenso möglich, noch den demonstrativen Gebrauch zu übersetzen.

Interessanterweise unterscheiden sich die Anwendungskontexte des Artikels (bzw. Demonstrativs) innerhalb der einzelnen Despatches: Despatch 4 zeigt kein einziges Vorkommen der vorangestellten *pȝ*-Reihe, verwendet aber auch keine postnominalen Demonstrativa, obwohl semantisch die gleiche Bandbreite an Definitheitskontexten nachweisbar ist (z. B. „(der) Kämpfer", „(der) Wüstenrand", „(die) Spur", „(die) Grenzwache" etc.). Hypothetisch könnte dies mehreren Faktoren geschuldet sein:

— Despatch 4 enthält keine Zitate wörtlicher Rede,[574] daher wird der Artikelgebrauch in textlicher Form möglicherweise bewusst unterdrückt oder war nicht im aktiven (schriftlichen) Sprachgebrauch der betreffenden Individuen verankert[575]
— Despatch 4 bemüht sich um eine stärker textlich geformte Sprache, weil es sich um eine Kommunikation an ein sozial höherstehendes Individuum handelt (Offizier an seinen Vorgesetzten)[576]

---

574 Vgl. Stauder 2013: 115, der Ähnliches für den Gebrauch von *pȝ* im literarischen Text des Beredten Bauern beobachtet: „In this, eight of ten occurences are from narrative or dialogue situations, against only two from the much longer petitions themselves. To some extent this reflects the fact that dialogue situations naturally afford deictic contexts in higher numbers than the petitions do."

575 Das Phänomen zeigt sich auch im Papyrus Brooklyn 35.1446 sowie der Stele Kairo JE 30770, beide aus der Zweiten Zwischenzeit.

576 Auch Stauder (2013: 114) konstatiert, dass bspw. Hekanacht in seinem Brief an einen Vorgesetzten die Verwendung der pränominalen Demonstrativreihe vermeidet, in der Korrespondenz an seinen Haushalt diese jedoch produktiv einsetzt. Dass gerade auch sozial höherstehende Personen (z. B. der Wesir Antefiker im Papyrus Boston MFA E 38.2064 [pReisner II], der häufig Gebrauch der pränominalen Demonstrativreihe macht) zeitgleich Gebrauch der pränominalen Reihe machen, schreibt Stauder der Wahl des passenden sprachlichen Registers für briefliche Kommunikation zu:

120   4. Analyse

Auch im umfangreichen Korpus der Illahun-Papyri (Übergang 12./13. Dynastie) sind die Gebrauchskontexte des Demonstrativs/Artikels noch uneinheitlich: Nicht jeder semantisch-definite Ausdruck steht zwingend mit Artikel, häufig sind Genitiv- oder Relativattribute für die Bestimmung der semantischen Definitheit ausschlaggebend, allerdings ist die Systematisierung des Gebrauchs in abstrakt-situativen Kontexten in der Ausweitung befindlich. Interessant ist zudem die Verwendung im sog. „*tracking use*", der Partizipanteneinführung und -weiterverfolgung innerhalb eines Textes umfasst[577]:

(33) Papyrus London UC 32201 [Griffith lot. VI.4; Illahun Papyrus] (späte 12. Dynastie);[578] Z. 11–14:

ꜥḥ.n	sbi.n=j	n=k	ḫrp	Ḥnꜥt
CJVB:ANT	aussenden:PRF=1SG	zu:PREP=2SG.M	Leiter(M.SG)	Henat(Eigenname)

m	jmw
in:PREP	Schiff(M.SG)

gm.n=j	r	dmj	n	Ḥw.t-nbs
finden:PRF=1SG	zu:PREP	Hafen(M.SG)	POSS	Hut-nebes(Toponym)

rd.n=j	jnt=f	n=k	ꜣtp.w
veranlassen:PRF=1SG	bringen:SBJV=3SG.M	BEN=2SG.M	Ladung.M.PL

rd.n[579]	**pꜣ**	jmw	hꜣi(.w)	jn
veranlassen:PRF?	**ART:M.SG**	Schiff(M.SG)	hinabsteigen:RES	AGT

„To be sure, a vizier sits at the top of the innermost circle of court officials, yet when writing a letter he selects a register that befits this type of linguistic performance". Die Argumentation hierfür ist m. E. jedoch nicht ganz nachvollziehbar: Wenn ein sozial tiefer gestelltes Individuum an eine höher gestellte Person schreibt, bemüht sie sich um ein sprachlich angemessenes (hohes) Register; warum sollte jedoch ein Wesir, als sozial sehr hoch gestellte Persönlichkeit, in einem Brief bewusst eine mit weniger sozialem Prestige verbundene („umgangssprachliche") Varietät wählen? Die Frage nach der (bewussten) Wahl sprachlicher Register und der diastratischen Verteilung wurde in Kapitel 3.3 angedeutet und wird in Kapitel 4.5 noch einmal aufgegriffen.

577 Himmelmann 1997: 119.
578 Griffith 1898: Tf. 30–31; Collier/Quirke 2002: 104. 106.
579 Die Interpretation der Verbform ist nicht offensichtlich: Im Perfekt sḏm.n=f aktiv wäre syntaktisch (falls man kein pronominales Subjekt ergänzt) eigentlich pꜣ jmw („das Schiff") Subjekt, aber der Handlungsträger ist klar Baket (durch jn markiert). Die Bearbeiter Collier/Quirke (2000: 104) übersetzen: „[…] – though Baket had the ship sent off (once) fully loaded. I could hardly have had him bring you anything else." Alternativ könnte man vielleicht noch annehmen, dass es rd(.w) n pꜣ jmw hꜣi(.w) mit passivem Partizip Perfekt als Anschluss an den vorherigen Satz lauten könnte: „…eine Ladung, die dem Schiff, das herabgestiegen war, gegeben wurde durch Baket, (als) es beladen worden war." Nachträgliche Explikation des Handlungsträgers durch jn ist bei passiven Partizipien belegt (vgl. Zonhoven 2000: 137–138).

B3kt	*sw*	*3tp(.w)*
Baket(Eigenname)	3SG.M	beladen.RES

jw	*3*	*rd.n=j*	*jnt=f*	*n=k*
PTCL	PTCL	veranlassen:PRF=1SG	bringen:SBJV=3SG.M	BEN=2SG.M

k(y).t-(j)ḫ.ut
andere Sachen.F.PL

„Dann habe ich den Leiter Henat zu dir gesandt in (**einem/dem**) Schiff, das ich am Hafen von Hut-Nebes (= Saft-el-Henne) fand, (und) ich ließ ihn (**eine/die**) Ladung zu dir bringen, (da) **dieses/das** Schiff veranlasst worden war herabzusteigen durch Baket, indem es (bereits) beladen war, so dass ich kaum(?) veranlassen konnte, dass er dir andere Sachen bringt."

→Die Interpretation dieser Textpassage ist schwierig: Zentrale Frage ist, ob es sich um ein und dasselbe Schiff handelt, von dem die Rede ist, oder verschiedene. Die Ersteinführung des Schiffes erfolgt ohne Determinierer, was für einen indefiniten Kontext spräche, und wird durch einen Relativmodifikator identifiziert bzw. spezifiziert: „ein Schiff, das ich am Hafen fand"; auch der Referent „Ladung" ist nicht determiniert, so dass es sich entweder um eine nicht näher spezifizierte Ladung handeln könnte, die entsandt wird, oder um die bestimmte Ladung des oben genannten Schiffes, wodurch der Kontext assoziativ-anaphorisch wäre und somit dieser Kontext (noch) nicht die Setzung des definiten Artikels erfordert. Die nächste Nennung von Schiff erfolgt mit *p3*, wobei es sich um anaphorischen Gebrauch des Artikels handeln könnte, wenn obiges Schiff wieder aufgegriffen wird oder um anamnestischen Gebrauch des Demonstrativs, falls es sich um ein anderes Schiff handelt (betont im Kontrast zum vorherigen Schiff).

Nur selten treten in den Illahun-Texten außerhalb formelhafter Einleitungen, wie sie schon bei den älteren Texten vorkamen, postnominale Demonstrativa auf:

(34) Papyrus London UC 32106 A, G [Illahun Papyrus] (späte 12. Dynastie);[580] Z. 1:

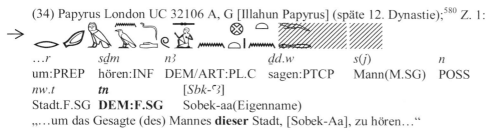

...*r*	*sḏm*	*n3*	*ḏd.w*	*s(j)*	*n*
um:PREP	hören:INF	DEM/ART:PL.C	sagen:PTCP	Mann(M.SG)	POSS

nw.t	**tn**	[*Sbk-ꜥ3*]
Stadt.F.SG	**DEM:F.SG**	Sobek-aa(Eigenname)

„...um das Gesagte (des) Mannes **dieser** Stadt, [Sobek-Aa], zu hören..."

→Das postnominale Demonstrativ scheint als Teil eines festen Ausdrucks („dieser Stadt") verwendet zu sein. Neben dem älteren Demonstrativ *tn* erscheint *n3* in selbständiger Funktion vor einem Partizip. Der anamnestische Gebrauch lässt in die-

---

580 Collier/Quirke 2002: 16. 18.

sem Fall nicht entscheiden, ob *n3* in diesem Kontext mehr Demonstrativ oder mehr Artikel darstellt; im Falle des Artikels ist die Setzung des Plurals auffällig, da andernorts in den Illahun-Dokumenten *p3 dd(.w)*[581] in derselben Bedeutung gebraucht wird.

In einem großen Konvolut wie den Illahun-Papyri ist immer mit sprachlicher Variation auf mehreren Ebenen zu rechnen, was eine exaktere diachrone Bestimmung erschwert: verschiedene Individuen haben an unterschiedliche Empfänger Verwaltungsmitteilungen, Notizen oder kurze Briefe verfasst, die sich durch unterschiedliche sprachliche Normen und Idiolekte voneinander abgrenzen.[582] Auffällig ist die deutlich erhöhte Frequenz des Gebrauchs der pränominalen Reihe, die postnominalen Demonstrativa wurden fast vollständig verdrängt.

Das erste Beispiel für die Verwendung der *p3*-Reihe in den Briefen aus königlichem Kontext findet sich in Papyrus Brooklyn 35.1446 (Fragmente B+C) aus der 13. Dynastie[583]:

(35) Papyrus Brooklyn 35.1446 [Fragmente B+C] (13. Dynastie);[584] Z. 12–13:

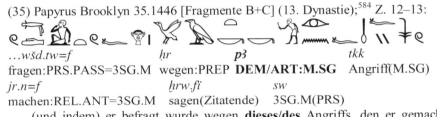

...*wšd.tw=f* *ḥr* **p3** *tkk*
fragen:PRS.PASS=3SG.M wegen:PREP **DEM/ART:M.SG** Angriff(M.SG)
jr.n=f *ḫrw.fi* *sw*
machen:REL.ANT=3SG.M sagen(Zitatende) 3SG.M(PRS)
„‚...(und indem) er befragt wurde wegen **dieses/des** Angriffs, den er gemacht hatte' so sagte er."

→ Auch in diesem Beispiel ist eine Identifizierung als Demonstrativ oder Artikel möglich; beide wären in anaphorischem Gebrauch, da direkt zuvor der Angriff näher spezifiziert und hier wieder aufgegriffen wird. Es ist das einzige Auftreten des vorangestellten Elementes in diesem Papyrus und auffälligerweise in einem Zitat, das wörtliche Rede wiedergibt.

In königlichen Texten der Zweiten Zwischenzeit tritt die *p3*-Reihe hingegen regelmäßig auf und zeigt sehr interessante Übergangsphänomene; prä- und postnominale Demonstrativa bzw. der Artikel können in demselben Text in scheinbar identischem Gebrauch verwendet werden:

---

581 Z. B. in pUC 32200/lot XV.1, Z. 17 und pUC 32213/lot VI.5, Z. 8.
582 Stauder 2013: 14 konstatiert auf der Grundlage von Kroeber 1970: 13–30: „As a form *p3* is overly common in e.g. Illahun: the fact that it is then never used then (sic.) as an article therefore directly demonstrates that such functions had not developed yet." Der oben gezeigte Gebrauch in den Semna-Despatches widerlegt diese Aussage – die Verwendung in adnominalem Gebrauch vor Referenten, die im Weltwissen verankert sind, spricht für die Funktion als Artikel (möglicherweise noch mit abgeschwächter demonstrativer Funktion).
583 Zur Datierung der königlichen „Dekrete" vgl. Quirke 1990: 127–154.
584 Hayes 1955: Tf. 5; Helck ²1983: 11; Brooklyn Museum Datenbank: http://www.brooklynmuseum.org/opencollection/objects/3369/Historical_Papyrus_in_Five_Pieces_(Zugriff 18.05.2014).

(36) Stele Kairo JE 30770 (2. Zwischenzeit, 17. Dyn.,⁵⁸⁵ Nubcheper-Re Intef);⁵⁸⁶ Z. 4–5:

→ [hieroglyphs]

ḫn	bjn	wꜣj(.w)	r	ḫpr
Angelegenheit(M.SG)	schlecht:ADJ(M.SG)	fern sein:RES	zu:PREP	entstehen:INF

m	**pꜣ**	rꜣ-pr
in:PREP	**DEM:M.SG**	Tempel(M.SG)

„Eine schlechte Angelegenheit war ‚fern davon' zu entstehen in **diesem** Tempel" (d.h., sie war geschehen im Tempel)⁵⁸⁷

(37) Stele Kairo JE 30770 (2. Zwischenzeit, 17. Dyn.,⁵⁸⁸ Nubcheper-Re Intef);⁵⁸⁹ Z. 6–7:

→

tm	sḫꜣ.t	rn=f	m	rꜣ-pr
nicht tun	gedenken:INF	Name(M.SG)=3SG.M	in:PREP	Tempel(M.SG)

pn
DEM:M.SG

„In **diesem** Tempel soll nicht seines Namens gedacht werden."
(wörtl.: „Dass nicht seines Namens gedacht wird, ist in **diesem** Tempel"

> → In beiden Beispielen handelt es sich um situativen Gebrauch der Demonstrativa (die Stele stand in dem Tempel, auf den Bezug genommen wird), in Beispiel (36) handelt es sich jedoch wieder um ein Zitat mit wörtlicher Rede, in Beispiel (37) um den Fließtext des Briefes. Dieses Beispiel, ebenso wie die Beispiele (31)–(32) zeigen, dass die *pꜣ*-Reihe in gesprochenen Varietäten frequenter zu sein scheint [man beachte allerdings, dass im gleichen Fließtext zweimal *tꜣ jꜣw.t* („dieses Amt") verwendet wird, ohne wörtliche Rede wiederzugeben].

Die bekannten Texte der Stele Luxor J.43 [= zweite Kamose-Stele] sowie der Tafel Kairo JE 41790 [= Carnarvon Tablet 1] vom Ende der Zweiten Zwischenzeit bzw. Beginn des Neuen Reiches verwenden konsequent die vorangestellte *pꜣ*-Reihe, bieten allerdings einen aufschlussreichen Wechsel in der Markierung der definiten Kontexte [vgl. Kapitel 4.2.3].

In den Texten der 18. Dynastie weitet sich der Artikelgebrauch quantitativ weiter aus, indem immer regelmäßiger alle semantisch-definiten Kontexte damit versehen werden. Auch die königlichen Dokumente zeigen in dieser Zeit ebenso regelmäßig die Verwendung der *pꜣ*-Reihe, in den gleichen Gebrauchskontexten wie die privaten Belege, so dass keine ‚Verzögerung' in der Anwendung des entstehenden Artikels beobachtet werden kann.

Während einige Eigennamen als Namensbestandteile bereits seit dem Alten Reich den Zusatz von Elementen der pränominalen Demonstrativreihe gestatten,⁵⁹⁰ ist die Kombination mit Götternamen ab der Amarnazeit belegt:

---

585 Nach Polz/Seiler 2003.
586 Sethe 1924: 98; Helck ²1983: 73–74.
587 Vgl. zu dieser Interpretation von *wꜣj r* die Aufsätze von Quack 1993 (vorliegendes Bsp. auf S. 67) und Franke 1998.
588 Nach Polz/Seiler 2003.
589 Sethe 1924: 98; Helck ²1983: 73–74.

(38) Papyrus Liverpool⁵⁹¹ „Robert Mond 2" (18. Dynastie, amarnazeitlich);⁵⁹² Z. 23–24:

→ [hieroglyphs]

mk	wj	ḥr	dd	n	p3
PTCL:ATTN:2SG.M	1SG	{PREP	sagen/beten}PRS	zu:PREP	ART:M.SG

Jtn ꜥnḫ(.w) (w)ḏ3(.w) s(nb.w)
Aton(Gottheit) l.h.g.

„Siehe, ich bete zu **dem** Aton, l.h.g., …"

Der Göttername „Re" kann ab der späten 18. Dynastie mit dem Artikel *p3* auftreten,⁵⁹³ was in der Ramessidenzeit zur bevorzugten Schreibweise und letztlich fester Kombination wird. Bei anderen Gottheiten, abgesehen von Aton, ist dies nicht der Fall.⁵⁹⁴
Während der abstrakt-situative Gebrauch des Artikels somit ab der 12. Dynastie belegt ist, kann der assoziativ-anaphorische Gebrauch in den Quellen schwer nachgewiesen werden. Zumindest in der 18. Dynastie scheint die Setzung des Artikels in diesem Kontext noch nicht obligatorisch:

(39) Papyrus London BM EA 10102 [Korrespondenz Ahmose Penjati] (18. Dynastie, Hatschepsut);⁵⁹⁵ vso. Z. 1–2:

→

ḏj=j	jnt.(t)w	n=k	k3
veranlassen:FUT=1SG	bringen:SBJV.PASS	BEN=2SG.M	Höhe(M.SG)

p3	pr	wsḫ.t=f	m-mj.tt
ART:M.SG	Haus(M.SG)	Breite.F.SG=3SG.M	gleichfalls:ADV

„Ich werde dir **(die)** Höhe **des** Hauses bringen lassen, seine Breite gleichfalls." (wörtl.: Ich werde veranlassen, dass dir (die) Höhe des Hauses gebracht wird,…)

→Die Referenten „Höhe" und „Breite" sind nicht determiniert, aber durch possessive Konstruktionen näher bestimmt: „Höhe" durch den Anschluss „des Hauses", „seine Breite" durch das Possessivsuffix, obwohl man vor „Höhe" einen definiten Artikel in einer der nicht-familiären Gebrauchsweisen (mit Genitiv- bzw. Possessivattribut) erwarten könnte; der Artikel vor „Haus" könnte anaphorische Funktion ha-

---

590 Vgl. Edel 1955/64: 87–88. Als ältesten Beleg führt er *P3-nj* „dieser ist mir" aus der 5. Dynastie auf. Der Determinierer gehört in diesen Fällen fest zum Bestandteil des Namens und ist kein Zusatz zur Betonung. Fecht (1960: 202, Fußnote 569) merkt an, dass interessanterweise in den Personennamen des Mittleren Reiches doppelt so viele weibliche Namen mit dem Determinierer (auch dem „Possessivartikel") als Bestandteil belegt sind wie männliche. Er zieht daraus den Schluss, dass das familiäre, inoffizielle Element bei den Frauennamen offenbar eine größere Rolle gespielt habe.
591 Verbleib des Papyrus in Liverpool laut Bakir 1970: 5.
592 Peet 1930: Tf. 20–21, 26–29.
593 Barta 1984: 156.
594 Eberle/Schulz (2004: 7 mit Fußnote 13) konstatieren für das Koptische, dass Eigennamen und selbständige Personalpronomina weiterhin artikellos gebraucht werden. Die Ausdrücke für „Gott" und „Christus" zählen jedoch nicht als Eigennamen und können mit Determinierer versehen werden.
595 Glanville 1928: Tf. 31–32. 35.

ben, wenn das Bauprojekt dem auf dem Recto des Briefes besprochenen entspricht; anamnestisch, falls es sich um ein in einer vorigen Kommunikation besprochenes Gebäude handelt.

Im Gegensatz dazu sind allerdings in demselben Textzeugen Passagen zu finden, die durchaus auf einen assoziativ-anaphorischen Gebrauch schließen lassen. In diesem Zusammenhang sind auch alle definiten Referenten determiniert:

(40) Papyrus London BM EA 10102 [Korrespondenz Ahmose Penjati] (18. Dynastie, Hatschepsut);[596] Z. 7–14:

→

r   dd[597]=k   wȝḥ.tw   **nȝ**
QUOT? veranlassen:NMLZ=2SG.M   aufeinanderlegen:PASS   **ART:PL.C**
jn(w)   sȝ.w   n   **nȝ**   n   šnʿ.w
Mattenbelag?:M.SG Balken.M.PL POSS **ART:PL.C** POSS Magazin.M.PL

ḥnʿ   pḥ.wï   n   **pȝ**   pr
zusammen mit:PREP   Rückseite.M.DU   POSS   **ART:M.SG**   Haus(M.SG)

jw   **pȝ**   jnb   ḫpr(.w)   m   mḥ
PTCL:SBRD   **ART:M.SG**   Mauer(M.SG)   entstehen:RES   in:PREP   Elle(M.SG)
6   m   kȝ=f
6:CARD   in:PREP   Höhe(M.SG)=3SG.M

ḫr-jr   **nȝ**   n   sbȝ.w   n   **nȝ**   n   šnʿ.w
PTCL   **DEM:PL.C**   POSS   Tür.M.PL   POSS   **DEM:PL.C**   POSS   Magazin.M.PL

jm   ḫpr=sn   m   mḥ   5   m
veranlassen:IMP   entstehen:SBJV=3PL   in:PREP   Elle(M.SG)   5:CARD   in:PREP
kȝ=sn
Höhe(M.SG)=3PL

---

596 Glanville 1928: Tf. 31–32. 35.
597 Glanville (1928: 298, Anm. 3) vermutet in dem initialen r eine (versehentliche) Kurzschreibung für r-ntt. Kroeber (1970: 178–179) weist auf die (unsichere) Möglichkeit hin, dass r dd=k als r-dj=k bzw. j:dj=k zu lesen mit r als Schreibung für das j-Augment. Dadurch möchte er die Form als „Adhortativ" klassifizieren.

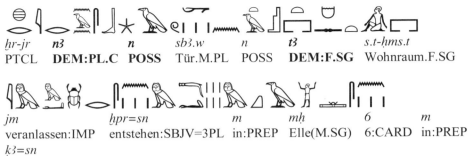

ḫr-jr	n3	n	sb3.w	n	t3	s.t-ḥms.t
PTCL	**DEM:PL.C**	**POSS**	Tür.M.PL	POSS	**DEM:F.SG**	Wohnraum.F.SG

jm	ḫpr=sn	m	mḥ	6	m
veranlassen:IMP	entstehen:SBJV=3PL	in:PREP	Elle(M.SG)	6:CARD	in:PREP

k3=sn
Höhe(M.SG)=3PL

„Dass du veranlasst, dass **die** Mattenbeläge(?) und (die) Balken **der** Magazine aufeinandergelegt werden zusammen mit (der) Rückseite **des** Hauses, ist, (indem/wenn?[598]) **die** Mauer in 6 Ellen in ihrer Höhe entstanden ist. Und dann **die** Türen **der** Magazine: Veranlasse, dass sie in 5 Ellen in ihrer Höhe entstehen. Und dann **die** Türen **des** Wohnraumes: Veranlasse, dass sie in 6 Ellen in ihrer Höhe entstehen."

> →Außer pḥ.wï ist jeder Referent mit dem definiten Artikel versehen, in der ersten Verwendung fällt zwischen Artikel und Nomen bereits einmal das possessive Element n aus. Dass vor „Rückseite" der Artikel nicht steht, mag an der Präposition ḥnꜥ liegen, die immer mehr die Funktion einer Konjunktion „und" übernimmt und binominale Konstruktionen ermöglicht. Wie zuvor bereits gezeigt wurde, wird in diesen Konstruktionen das Demonstrativ bzw. der Artikel nur einmal gesetzt.[599] Die „Mauer" im nächsten Abschnitt bezieht sich hingegen auf die Rückseite des Hauses, die „Türen" sowie der „Wohnraum" auf Bestandteile des Hauses, die im Text zuvor nicht erwähnt werden, was bei der Verwendung des Artikels vor diesen Bezeichnungen auf den assoziativ-anaphorischen Gebrauch schließen lässt. Daraus leiten sich konsequenterweise die in diesem Beispiel vorgenommene Übersetzung und Bestimmung der pränominalen Elemente als definite Artikel ab, da nach HIMMELMANNs Einteilung in diesem Gebrauchskontext keine demonstrativen Elemente auftreten.

Die Gebrauchskontexte des Artikels weiten sich im Verlauf des Neuen Reiches auch auf formelhafte Einleitungen und Floskeln aus, die zuvor den ‚traditionelleren' postnominalen Demonstrativa vorbehalten waren. In der 19. Dynastie lassen sich zudem Kontexte nachweisen, in denen Quantoren mit dem definiten Artikel in einem nominalen Ausdruck kombiniert werden können, während sie in vorhergehenden Sprachphasen noch komplementär verteilt waren:[600]

---

598 Vgl. Wente 1990: 90.
599 Vgl. für das Neuägyptische Černý/Groll 1975: 56–59.
600 Man beachte jedoch: In der spezifizierenden Bedeutung „alle, jeder" ist nb mit den Demonstrativa komplementär verteilt, in Ausdrücken mit der Bedeutung „allumfassend, ganz" können sie jedoch auftreten (vgl. Zonhoven 2000: 26. 32). Für das Demotische beschreibt Simpson (1996: 41–42) in Anlehnung an Johnson (1987) eine klare funktionale Zweiteilung des Elements in Determinierer und Quantor: In seiner Funktion als Determinierer sei nb weiterhin inkompatibel mit Demonstrativa und Artikel, mit funktional-semantischer Überlappung zum pluralischen Artikel. Als Quantor sei er hin-

(41) Ostrakon Oxford oAshmolean 0362 [= oGardiner 362] (19. Dynastie, Ramses II.);[601]
Z. 3:

→ [hieroglyphs]

n3	n	wdn.w	n3	n	nṯr.w	**nb.w**
ART:PL.C	POSS	Opfer.M.PL	**ART:PL.C**	POSS	Gott.M.PL	**alle:QUAN**

„…die Opfergaben **aller** Götter"

(42) Ostrakon Oxford oAshmolean 0362 [= oGardiner 362] (19. Dynastie, Ramses II.);[602]
Z. 5:

→ [hieroglyphs]

p3   *trj*[603]   **nb**
ART:M.SG   Boot(M.SG)   **jeder:QUAN**
„**jedes** Boot"

In diesen Kontexten ist davon auszugehen, dass der definite Artikel keinerlei demonstrative Funktion mehr aufweist, da er sonst nicht mit dem Quantor *nb* kombinierbar wäre, dessen komplementäre syntaktische Distribution mit Demonstrativa bislang ein Kombinieren der Elemente verhinderte.[604] Das possessive Element *n* entfällt in den Belegen des Textkorpus vermehrt erst in einigen Texten der 19. Dynastie ab Ramses II., systematisch in den Belegen der späten 20. Dynastie, während der adnominale Gebrauch jedoch bereits ab dem Beginn des Neuen Reiches dem der singularischen Formen gleichgestellt ist [s. Bsp. (41)]. Die formale Analogiebildung zu den Singular-Formen zeigt sich im Schriftbild des Textkorpus jedoch erst später.

Im Textkorpus ist bis zum Ende des Neuen Reiches das Auftreten eines spezifischen Artikels nicht zweifelsfrei nachweisbar, da keiner Gebrauchsumgebung diese Funktion wirklich eindeutig zugeordnet werden konnte. KUPREYEV weist den generischen Gebrauch jedoch in koptischen Quellen sowie der in Demotisch verfassten Lehre des Anch-Scheschonqi und dem Papyrus Insinger nach.[605] Der Verlust phonologischer Substanz setzt,

---

      gegen (selten, aber doch in einigen Fällen) nach singularischen Determinierern belegt (Simpson 1996: 45. 48). Johnson (1987: 52) formuliert hierzu noch vorsichtiger: „There are even examples where noun + *nb* (*n*) *p3 t3* has been preceeded by the definite article. […] These can probably all be explained as the result of confusion deriving from the possible variation with 'generic' reference between no article and the definite article." Vgl. Fußnote 604. Der substantivische Gebrauch von *nb* ist bereits im Frühägyptischen belegt, s. Kahl 2000: 5–7. Vgl. zum selbständigen Gebrauch auch ein Bsp. bei Malaise/Winand 1999: 90.

601   Černý/Gardiner 1957: Tf. 107; Kitchen 1980: 637–639 [H].
602   Černý/Gardiner 1957: Tf. 107; Kitchen 1980: 637–639 [H].
603   An der zerstörten Stelle fehlt wohl allein das Determinativ.
604   Vgl. Fußnote 600. Die Entwicklung der zweigeteilten Funktionsreichweite von *nb* scheint – im Sinne von Johnson 1987 – in der Markierung spezifischer bzw. generischer Kontexte zu liegen. Kombinationen von *nb* mit Determinierern versehenen nominalen Ausdrücken erscheinen im Textkorpus der vorliegenden Arbeit erst zu einem Zeitpunkt, als die Entwicklung zum Artikel bereits vollzogen ist; es ist also vermutlich nicht *nb*, das sich wandelt, sondern die Markierung der Definitheit und spezifischen Referenz der nominalen Ausdrücke.
605   Kupreyev 2014: 233. Vgl. auch Johnson 1987; und s. oben: Fußnoten 600 und 604.

soweit nachweisbar, bereits im Neuen Reich ein: In hieroglyphischen Inschriften wird der definite Artikel in adnominalem Gebrauch zumeist nur noch mit dem genuskongruierenden ersten Konsonanten an das Nomen präfigiert, was sich im Koptischen durchgängig zeigt.[606] Hier nimmt der Artikel auch die Funktion als Nominalmarker an.[607]

Bis hierhin lässt sich zusammenfassen: Wie frühere Forschende bereits feststellten,[608] beginnt die Entwicklung des definiten Artikels bereits im Alten Reich, und zwar außerhalb textlicher Kontexte nachvollziehbarerweise in der gesprochenen Sprache in Form eines vorangestellten Demonstrativs. Es muss dazu betont werden, dass stark deiktisch-pragmatische Kontexte in der gesprochenen Sprache einfach häufiger zu vermuten sind. Die wenigen Belege aus Texten des Alten Reiches (außerhalb des Textkorpus) scheinen diese Annahme zu stützen. Ob die pränominale Reihe der Demonstrativa durch topikalisierende Voranstellung postnominaler (und somit ‚älterer') Demonstrativa hervorgegangen ist, lässt sich anhand der vorliegenden Untersuchung nicht bestimmen.

Im Unterschied zu früheren Untersuchungen ermöglicht hingegen die Ermittlung des Übergangs von pragmatisch-definiten zu semantisch-definiten Gebrauchskontexte, vor allem des anamnestischen Gebrauchs, eine präzisere Einordnung der Entwicklungsphasen. Schon während der Ersten Zwischenzeit, aber nachweislich frequenter ab dem Beginn des Mittleren Reiches, findet die pränominale demonstrative Reihe Eingang in die Schriftsprache der Texte des Korpus, dabei auffällig oft in Zitaten wörtlicher Rede. Gegen Ende des Mittleren Reiches vollzieht sich der erwähnte Übergang vom Gebrauch in pragmatisch-definiten zu semantischen-definiten Kontexten, was den Schritt vom Demonstrativ zum Artikel markiert. Auch im Laufe des Grammatikalisierungsprozesses behält die vorangestellte Demonstrativ/Artikel-Reihe ihren demonstrativen Charakter, wenn der Gebrauchskontext dies vorgibt. Erst durch die Entstehung einer neuen, ebenfalls vorangestellten Demonstrativreihe, die sich aus dem Artikel ableitet [s. Kapitel 4.2.1.7], wird eine Unterscheidung von Artikel und Demonstrativ ermöglicht, was aber nicht die sofortige Ablösung der demonstrativen Funktion des Artikels bedeutet. Aus dem freien Morphem des Artikels wird wohl bereits im Neuägyptischen, sicher jedoch in den späteren Sprachstufen des Demotischen und Koptischen ein gebundenes, welches dem Nomen direkt präfigiert wird. Im Verlauf dieser Entwicklung wird die phonologische Substanz auf den kongruierenden ersten Radikal reduziert.

Im Folgenden wird auf die Entstehung der neuen Demonstrativreihe *pꜣy* eingegangen, bevor anschließend Veränderungen am Nomen selbst sowie Wandelphänomene der nominalen Possession besprochen werden, um letztlich Interdependenzen dieser sprachlichen Innovationen analysieren zu können.

---

606 S. Fußnote 407.
607 Kupreyev 2014: 234.
608 Insbesondere Kroeber 1970, s. Kapitel 4.2.1.3.

4.2 Morphosyntaktischer Wandel in nominalen Ausdrücken

4.2.1.7 Entstehung des Demonstrativs des jüngeren Ägyptisch

Auch im jüngeren Ägyptisch werden in bestimmten, stärker geformten Textgattungen die postnominalen Demonstrativa des älteren Ägyptischen in ihrer bisherigen Funktionsreichweite eingesetzt. Texte, die den definiten Artikel und den Gebrauch postnominaler Demonstrativa kombinieren, sind selten, aber vgl. z. B. die Stele Grenoble Ur. 1 + Ur. 33 [Kubân Stele][609] aus der Zeit Ramses' II. (19. Dynastie). Das erste Auftreten[610] des jüngeren Demonstrativs *p3y* findet sich im Korpus der Illahun-Papyri:

(43) Papyrus London UC 32202 [Griffith lot. VI.6; Illahun Papyrus] (späte 12. Dynastie);[611] Kol. 2–3:

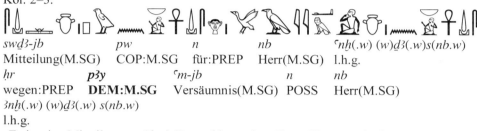

swd3-jb   pw   n   nb   ʿnḫ(.w) (w)d3(.w)s(nb.w)
Mitteilung(M.SG) COP:M.SG für:PREP Herr(M.SG) l.h.g.
ḥr   **p3y**   ʿm-jb   n   nb
wegen:PREP **DEM:M.SG** Versäumnis(M.SG) POSS Herr(M.SG)
3nḫ(.w) (w)d3(.w) s(nb.w)
l.h.g.

„Es ist eine Mitteilung an (den) Herrn, l.h.g., über **dieses** Versäumnis des Herrn, l.h.g."

→Demonstrativ in situativ-einführendem Gebrauch; das „Versäumnis" wird direkt im Anschluss im Brief näher ausgeführt und ist offensichtlich zum ersten Mal Gegenstand einer Kommunikation der Beteiligten.

Morphologisch unterscheidet sich das ,neue' Demonstrativ vom Artikel durch die Endung mit Doppelschilfblatt (häufig auch nur mit zwei Strichen [Gardiner Sign-list Z4] geschrieben), ansonsten gleichen Morphologie und Kongruenzverhalten dem Artikel, so dass davon auszugehen ist, dass das jüngere Demonstrativ eine direkte Ableitung aus dem Artikel darstellt.[612]

---

609 Tresson 1922: Tf. 3; Kitchen 1979: 359; Grenoble Museum: http://www.museedegrenoble.fr/TPL_CODE/TPL_OEUVRE/PAR_TPL_IDENTIFIANT/17/951-antiquites.htm#oeuvre_17 (Zugriff: 18.05.2014).
610 Kupreyev zitiert als zeitlich früheren Beleg eine Stelle aus dem Papyrus London BM EA 10752 [= Papyrus Ramesseum C; Semna Despatch 2: rto. 2. Blatt, Zeilen 1–6]; die Stelle zeigt noch *t3y* und ist danach zerstört. M. E. könnte es sich hierbei aber um einen „Possessivartikel" handeln, bei dem das entsprechende Suffix nicht erhalten ist. Die Semna-Despatches zeigen eben diese „Possessivartikel" an weiteren Stellen, das jüngere Demonstrativ jedoch nicht eindeutig [vgl. Kapitel 4.2.3.4, Beispiele (91)–(92)].
611 Griffith 1898: Tf. 31; Collier/Quirke 2002: 110. 112.
612 Ob das Doppelschilfblatt dabei eine morphologische Markierung, die Angabe eines Vokals oder eine Art *status constructus* wiedergibt, konnte anhand der Beleglage nicht entschieden werden. Dem entgegen deutet Kupreyev (2014: 232) an, dass es sich bei dem jüngeren Demonstrativ um eine Kombination des zu diesem Zeitpunkt bereits geschwächten Stammes *p-* und dem lokalen Adverb *ʿ3y* „hier" handeln könnte. Obwohl Demonstrativ und Adverb in Texten wie bspw. den Hekanacht-Papyri synchron auftreten, scheinen m. E. die unterschiedlichen Gebrauchsumgebungen und syntaktischen Positionen zunächst keinen Hinweis auf eine solche Kombination zu liefern.

Insgesamt erstaunt es jedoch, dass sich im Textkorpus vergleichsweise wenige Belege für das jüngere Demonstrativ finden und die meisten hiervon erst in Texten ab der Mitte des Neuen Reiches, regelmäßiger dann in den Briefen der späten 20. Dynastie auftreten. Dies deutet darauf hin, dass der Artikel tatsächlich weiterhin bis in diese Zeit demonstrative Funktionen beibehält, wie bereits über die Gebrauchskontexte gezeigt werden konnte.[613] Artikelfunktion und demonstrativer Gebrauch können über nicht verschriftlichte Merkmale wie Betonung unterschieden worden sein. Eine Differenzierung zwischen Artikel und Demonstrativ im gleichen Text bietet bspw. der Papyrus Anastasi VIII (19. Dynastie, Ramses II.):

(44) Papyrus London BM EA 10248 [= pAnastasi 8+9] (19. Dynastie, Ramses II.);[614] Kol. 2, Z. 5:

→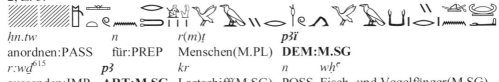

ḥn.tw	n	r(m)ṯ	**pȝï**
anordnen:PASS	für:PREP	Menschen(M.PL)	**DEM:M.SG**

r:wḏ[615]	**pȝ**	kr	n	wḥꜥ
aussenden:IMP	**ART:M.SG**	Lastschiff(M.SG)	POSS	Fisch- und Vogelfänger(M.SG)

„[…] das für die Menschen angeordnet wurde, ist **dies**. Sende **das** Lastschiff (des) Fisch- und Vogelfängers (Seruty) aus…"[616]

→ Demonstrativ *pȝï* in anaphorischem Gebrauch, syntaktisch selbständig; Artikel vor Substantiv mit possessivem Modifikator

Die Gebrauchsreichweite des Demonstrativs umfasst im Textkorpus die zuvor besprochenen Kontexte für Demonstrativa anaphorisch und anamnestisch. Der syntaktisch selbständige Gebrauch überwiegt jedoch die Verwendung in adnominalem Kontext.

4.2.2 Entstehung des indefiniten Artikels

Die Entwicklung des indefiniten Artikels im Ägyptischen ist, wie bereits beim definiten Artikel, typologisch charakteristisch[617]: Aus dem Zahlwort für „eins" (*wꜥ*) entsteht der

---

613 Vgl. Stauder 2013: 15, der argumentiert, dass das neue Demonstrativ entsteht, nachdem die pränominale Reihe *pȝ* die Abschwächung zum Artikel abgeschlossen hat. Das erste Auftreten des neuen Demonstrativs ist laut ihm erst unter Thutmosis III. belegt. Der hier zitierte frühere Beleg würde die Datierung der Entstehung des Demonstrativs zugunsten des Endes des Mittleren Reiches verschieben, allerdings ist die Beleglage im Textkorpus, wie zuvor erwähnt, sehr gering.

614 Birch/Hawkins 1844(1982): Tf. 140–143; Bakir 1970: Tf. 28–35. Tf. XXXVIII; Kitchen 1980: 499–508 [H].

615 Das *r* ist auffällig, möglicherweise eine Schreibung für das „Augment" vor dem Imperativ? Man beachte aber, dass „Augmente" in diesem Text (z. B. vor *jrj*) sonst mit Schilfblatt und Mann mit der Hand am Mund geschrieben werden (z. B. in Kol. 2, Z. 11). Übersetzung als Nominalsatz in Anlehnung an Wente (1990: 121), s. Fußnote 616.

616 Die Stelle ist verschieden interpretiert worden: Kitchen (2000: 355) sieht das Demonstrativ offenbar als postnominales Element und bezieht es auf „Mann": „[…] th[at] was comm[anded] of this man, to send on the boat of the fisherman Saruty […]". Wente (1990: 121) übersetzt: "This is [an obstruction] of work which men were charged with. Dispatch the boat of the fisherman Serdy immediately […]".

617 Vgl. Himmelmann 2001: 837–838.

indefinite, singularische Artikel *wꜥ*.⁶¹⁸ Typologisch eher selten ist die Entwicklung eines separaten, pluralischen Indefinitartikels,⁶¹⁹ der sich im Ägyptischen aus dem Wort für „einige" (*nh(ꜣ)ï*) herausbildet.⁶²⁰ Es ist jedoch schwierig zu bestimmen, wann der Übergang vom Zahlwort bzw. Quantifizierer zum Indefinitartikel greift, da beide segmental bis zum Koptischen⁶²¹ nicht unterschieden werden können und klare Kriterien zur Abgrenzung bislang fehlen.⁶²² Auch verschiedene Gebrauchskontexte lassen sich zur Differenzierung schwer heranziehen, da häufig nicht klar unterschieden werden kann, ob es sich um einen Referenten der Anzahl „eins" handelt (numerischer Gebrauch: „ein Haus [und nicht zwei]"), einen spezifschen Referenten, bei der die Anzahl nicht im Fokus steht (einführender bzw. spezifischer Gebrauch: „ein Haus auf dem Hügel") oder einen indefiniten, nicht spezifischen Referenten (generischer Gebrauch: „ein Haus hat mindestens eine Tür"). Da Numeralia im Ägyptischen üblicherweise postnominal stehen, der Indefinitartikel allerdings pränominal und zum Teil mit verbindendem possessivem Element *n*, könnte man für eine syntaktische Differenzierung der Funktionsweisen argumentieren; im Neuägyptischen steht jedoch auch das Zahlwort „eins" pränominal, sodass diese Unterscheidung nicht vereindeutigend angewendet werden kann.⁶²³ Klares Kriterium ist hingegen die komplementäre Distribution des Indefinitartikels mit jeder Art von Determinierern, die Definitheit herstellen.⁶²⁴

Vergleicht man jedoch die Gebrauchskontexte des Indefinitartikels in indoeuropäischen Sprachen mit denen des Ägyptischen und zieht das Kriterium der Frequenz hinzu, lässt sich eine Ausweitung der Verwendung im Ägyptischen beobachten, insbesondere in Umgebungen, die in Abgrenzung von semantisch-definiten Kontexten semantisch-indefinit sind und in späteren Texten daher mit einem Indefinitartikel versehen werden.

Im älteren Ägyptisch ist Indefinitheit generell „null-markiert", d. h. nicht durch sichtbare formale Merkmale gekennzeichnet, daher können nominale Ausdrücke im älteren Ägyptischen zunächst definit oder indefinit interpretiert werden. Definitheit wird in diesem Stadium jedoch durch verschiedene andere Ausdrucksmittel realisiert [vgl. Kapitel 4.2.1.4], sodass diese Kontexte für semantische Indefinitheit ausscheiden. Im Textkorpus fällt auf, dass die Mehrzahl der nominalen Ausdrücke erweitert ist, wodurch in vielen Fällen Definitheit und Referenz hergestellt wird. Nicht jede Erweiterung erlaubt jedoch eine ein-

---

618 Dieser kongruiert laut Černý/Groll nicht nach Geschlecht. Belege von Schreibungen mit 'femininem' -.t stellten rein graphische Schreibungen dar. Černý/Groll 1975: 66–67. Joachim Friedrich Quack merkt an, dass es im Demotischen allerdings regelhaft eine graphische Genusdifferenzierung gebe (schriftl. Anmerkung zum Manuskript).
619 „[…] it is occasionally argued that another quantifier (e. g. some in English) functions as a plural indefinite article […]." Himmelmann 2001: 838.
620 Vgl. Junge ³2008: 54. Zu *nh(ꜣ)ï* als Quantor im Mittelägyptischen vgl. auch Borghouts 2010: 99–100.
621 Das Koptische unterscheidet zwischen ⲞⲨ (INDF.ART) und ⲞⲨⲀ bzw. ⲞⲨⲈⲒ (PRN), allerdings können ebenfalls alle drei Varianten das Zahlwort ‚eins' wiedergeben, s. Layton ²2004: 43.
622 Himmelmann 2001: 838 nennt als bislang stärkstes Kriterium, dass bei segmentaler Äquivalenz von Zahlwort und Indefinitartikel der Artikel nicht betont wird. Das Kriterium ist aber schwer anwendbar, da einerseits auch Numerale in zahlreichen Sprachen nicht betont werden und andererseits historische Sprachen in dieser Hinsicht nicht überprüfbar sind.
623 Vgl. Černý/Groll 1975: 69.
624 Vgl. Himmelmann 2001: 840.

deutige Bestimmung, da durch solche Ergänzungen nicht automatisch Definitheit, aber zumindest eine Erhöhung der prinzipiellen Identifizierbarkeit geboten wird[625]:

(45) (= Bsp. (10)) Grab Qubbet el-Hawa A 8/QH 34n [= Grab Assuan 34n], Inschriften Herchuf (6. Dynastie);[626] Kol. 6–7:

ḏd.n=k   r   mḏꜣ.t=k   tn
sagen:PRF=2SG.M   zu:PREP   Brief.F.SG=2SG.M   DEM:F.SG

wnt   jn.n=k   dng   jbꜣw-nṯr
PTCL   bringen:PRF=2SG.M   Zwerg(M.SG)   Gottestanz(M.SG)

„Du sagtest in deinem (wörtl. diesem deinem) Brief, dass du (**einen**) Zwerg des Gottestanzes gebracht hast…"

→Trotz des spezifizierenden (direkten) Genitivattributes („des Gottestanzes") ist die Ersterwähnung des Referenten „Zwerg" in diesem einführenden Gebrauchskontext indeterminiert; der Referent wird in folgenden Erwähnungen durch anaphorische Demonstrativa determiniert

Im Textkorpus kann chronologisch in Texten vor der Mitte des Neuen Reiches (19. Dynastie) kein eindeutiger Gebrauchskontext für den Indefinitartikel bestimmt werden und auch in den späteren Textzeugen lässt sich häufig ambig für einen Gebrauch als Kardinalzahl oder Indefinitartikel argumentieren.[627] Allerdings könnte syntaktisch selbständiger Gebrauch einen Kontext zur Identifizierung des Indefinitartikels im Ägyptischen darstellen:

(46) Papyrus Kairo CG 58055/ JE 32881 (19. Dynastie, Sethos I.);[628] Z. 6:

m   rḏ.t   šn.tw   wꜥ   ntï
NEG:IMP   veranlassen:INF   fragen:SBJV.PASS   **INDF:ART.SG** REL:M.SG
m   ḏr.t=k
in:PREP   Hand.F.SG=2SG.M

„Lass nicht zu, dass man **einen** fragt, der unter deinem Kommando (wörtl. in deiner Hand) ist."

→Gebrauch als Indefinitartikel, da es sich nicht um numerischen oder einführenden Gebrauch handelt, sondern um die prinzipielle (im Gegensatz zur definiten ‚tatsäch-

---

625 Vgl. Himmelmann 1997: 102–103. Vgl. Fußnote 364.
626 Sethe 1933: 128–131; Eichler 1991: 153; Edel 2008a: Abb. 8; Edel 2008b: Tf. 28.
627 Kupreyev (2014: 232) zitiert ein überzeugendes Beispiel aus dem Papyrus Westcar, den er zeitlich in der Zweiten Zwischenzeit ansetzt, allerdings ist, wie oben erwähnt, bei literarischen Textzeugen zumindest Vorsicht hinsichtlich Datierung und Intertextualität geboten.
628 Bakir 1970: Tf. 3–4. Tf. V–VI; Kitchen 1975: 324–325 [H]; Allam 1987: Tf. 5.

lichen') Identifizierbarkeit eines Individuums aus der Gruppe der Personen, die im Relativattribut näher eingegrenzt wird (gemeint ist „Lass nicht zu, dass man **irgendeinen fragt**").

Laut ČERNÝ/GROLL ist der Indefinitartikel klar identifizierbar, sobald er einem Nomen vorsteht, welches ein Material bzw. eine Materialeinheit bezeichnet.[629] Zumindest in den Texten der 19. Dynastie des Textkorpus benötigt die Angabe dieser Materialien jedoch noch zusätzliche ‚Zähleinheiten':

(47) Papyrus Alnwick/Durham[630] „Northumberland I" (19. Dynastie, Ramses I.–Sethos I.), vso. Z. 6–7:

dj=k	*jn.tw*	*n=j*	*Mry.w-Ms*
veranlassen:SBJV=2SG.M	bringen:SBJV.PASS	BEN=1SG	Mery-Mes(Eigenname)

wˁ	*n*	*ˁ*	*dmˁ*
ein:CARD	**POSS**	**Stück(M.SG)**	Papyrus(M.SG)

mj.tt	*nk.t*	*n*	*ry(.t)*	*nfr*	*sp*	*2*
ebenso:ADV	etwas:QUAN	POSS	Tinte[.F.SG]	gut:ADJ	Mal(M.SG)	2:CARD

„‚Du sollst veranlassen, dass mir (durch) Mery-Mes ein **Stück Papyrus** gebracht wird, ebenso etwas von sehr guter Tinte'"

In direkt adnominalem Gebrauch ist die Abgrenzung, wie erwähnt, schwieriger; man kann jedoch für die Funktion als Indefinitartikel argumentieren, wenn der Fokus der Aussage offensichtlich nicht auf der Anzahl, sondern weiteren Attributen liegt:

(48) Papyrus Kairo CG 58054/JE 32748 (19. Dynastie, Sethos I.);[631] vso. Z. 10–11:

…*hnˁ*	*ntk*	*in.t*	***wˁ***	*js.t*	***nfr***	***sp***
und:CNJ	2SG:M	bringen:INF	**INDF:ART.SG**	Truppe.F.SG	**gut:ADJ**	**Mal(M.SG)**

2
2:CARD

„…und bringe du **eine sehr gute** Truppe."

---

629 Černý/Groll 1975: 69: *jw=w (hr) pš wˁ ḥd* „Sie teilten ein (Stück) Silber".
630 Die ägyptische Sammlung des vierten Herzogs von Northumberland wurde 1947 „*vollständig*" von der Durham Universität erworben: https://www.dur.ac.uk/oriental.museum/collections/egypt/ (Zugriff 08.01.2014); laut TLA befindet sich der Papyrus jedoch im Schloss der Familie Northumberland, Alnwick Castle.
631 Bakir 1970: Tf. 2–3. Tf. III–IV; Kitchen 1975: 323–324 [H]; Allam 1987: Tf. 3–4.

→Der Referent „Truppe" ist indefinit; es geht (nicht nur) darum, genau eine Truppe zu entsenden, sondern der Fokus liegt offensichtlich auf dem adjektivischen und zusätzlich verstärkten Attribut „eine **sehr gute** Truppe".

Der indefinite pluralische Artikel tritt in dieser Funktion im Korpus nicht vor der 20. Dynastie in Erscheinung und ist auch dann in den Texten nur selten belegt:

(49) Papyrus Valençay 1 (20. Dynastie, Ramses IX.);[632] vso. Z. 2:

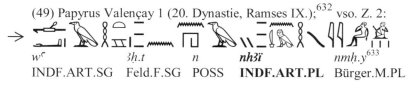

w^c	$3h.t$	n	**$nh3i$**	$nmh.y$[633]
INDF.ART.SG	Feld.F.SG	POSS	**INDF.ART.PL**	Bürger.M.PL

$f3$	nbw	r	$pr\text{-}hd$
tragen:PTCP	Gold(M.SG)	zu:PREP	Schatzhaus(M.SG)

„Ein Feld von Bürgern, die Gold zum Schatzhaus tragen"

→Die indefiniten Artikel sind beide in einführendem Gebrauch: „Feld" und „Bürger" werden im nächsten Satzteil beide durch den definiten Artikel in anaphorischem Gebrauch wieder aufgegriffen.

Im Textkorpus zeigt sich somit die Herausbildung des singularischen Indefinitartikels deutlich nach der Gebrauchsausweitung des Definitartikels. Vor Texten der 19. Dynastie ist seine Artikel-Funktion im Korpus nicht eindeutig zu belegen. Der Indefinitartikel im Plural, der typologisch seltener ist, lässt sich erst noch später nachweisen. Generell werden bis zum Ende des Neuen Reiches keineswegs alle semantisch-indefiniten Kontexte mit Artikel versehen, die Null-Markierung als Opposition zur markierten Definitheit bleibt in manchen Texten als Option bestehen, während die Setzung des Artikels in semantisch-definiten Kontexten – mit Ausnahme archaisierender Textformen, die diese bewusst vermeiden – obligatorisch wird. Die Gebrauchskontexte des Indefinitartikels reichen aufgrund des pluralischen Lexems weiter als im Deutschen.

Die verzögerte Abfolge der Entwicklung in Bezug auf den Definitartikel lässt vermuten, dass die overte Markierung semantisch-definiter Kontexte eine ‚stärkere' Markierung der semantisch-indefiniten anregte, dieser Zusammenhang ist jedoch nicht zwingend: Obwohl definiter und indefiniter Artikel üblicherweise als paradigmatische Gegensätze dargestellt werden, ist ihre Ko-Existenz sprachübergreifend eher die Ausnahme. Zahlreiche Sprachen weisen definite Artikel, aber keinen/keine indefiniten auf.[634] Wie gezeigt werden konnte, sind auch die formalen Eigenschaften nicht übereinstimmend: Die Indefinitartikel kongruieren nicht wie die definiten nach Genus.[635] Interessant ist jedoch die syntaktische Umgebung, die zunächst bei der Verwendung des Indefinitartikels das Setzen des possessiven

---

632 Gardiner 1948a: 72–73; Gardiner 1951: 129–131.
633 Zur Übersetzung als „Bürger" s. Erman/Grapow 1928: 268.
634 S. Himmelmann 2001: 838.
635 Vgl. Fußnote 618.

Elementes *n* fordert, was der syntaktischen Bildungsweise des späteren Definitartikels im Plural, *n3*, gleicht. Auch wenn der Zusammenhang nicht zwingend ist, so ist die chronologisch spätere Entstehung des indefiniten Artikels meines Erachtens dennoch auf die Verbreitung der lexikalischen Markierung semantisch-definiter Ausdrücke durch den Definitartikel zurückzuführen. Durch diese Markierung entsteht ein Ausdrucksmuster für definite Kontexte, dessen Kontrastierung in indefiniten Ausdrücken offenbar pragmatisch verstärkend ebenfalls durch ein overtes Element, den indefiniten Artikel, gekennzeichnet wird.

4.2.3 Wandel in der Possession

Die Entwicklung vom älteren zum jüngeren Ägyptisch zeigt nicht nur die Entstehung neuer Elemente und Ausdrucksmuster, sondern auch Veränderungen in bereits bestehenden Systemen. Die nominale Possession umfasst im Ägyptischen mehr als die Angabe von Besitzverhältnissen durch Possessivsuffixe oder den sog. „direkten" und „indirekten Genitiv". Nach einer kurzen Einführung in linguistische Grundlagen zur Possession und einem Überblick über die Realisierungsmöglichkeiten von possessiven Kontexten im Ägyptischen wird in den darauffolgenden Kapiteln der sprachliche Wandel dieser Phänomene analysiert.

4.2.3.1 Linguistische Grundlagen: Possession

Possession stellt, ebenso wie die Unterscheidung definit-indefinit, eine universale Kategorie dar, deren zugehörige Konzepte kulturell bzw. sprachspezifisch jedoch sehr unterschiedlich ausfallen können. Aus linguistischer Sicht ist Possession eine schwer abzugrenzende Kategorie, da Definitionen auf zahlreichen Ebenen vorgenommen werden können.[636]

Der Begriff Possession bezeichnet ursprünglich lat. „Besitz(verhältnis)", aber *Besitz* im engeren Sinne ist nur eine kleine Facette des Bedeutungsspektrums[637]: Prinzipiell umfasst sie eine binäre Relation zwischen zwei Referenten – dem Possessor (X) und dem Possessum (Y). Es handelt sich zudem um eine funktionale Domäne, die sich um diese Relation herausbildet.[638] Definitorische Kriterien zur Abgrenzung possessiver Relationen bspw. im Unterschied zu deiktischen Proportionen sind häufig komplex. Prototypischerweise wird possessiven Relationen „(asymmetrische) Kontrolle"[639] zugeschrieben, da der Possessor vermeintlich eine irgendwie geartete Kontrolle über das Possessum ausübe, wozu die Möglichkeit der ‚Beeinflussung' im weitesten Sinne zählt. Allerdings ist Kontrolle bzw. Beeinflussung schwer nachzuvollziehen, wenn es sich um eigentlich prototypische Possessionsrelationen wie Teil-Ganzes-Relationen unveräußerlicher Possession wie z. B. „der Grund des Meeres" handelt.[640] „Kontrolle" stellt somit kein definitorisches Kriterium possessiver Relationen dar. Prototypische Konzepte von Possession werden daher einerseits linguistisch anhand ihrer formalen Realisierungen unterschieden und andererseits durch

---

636 Vgl. Heine 1997: 1–5.
637 Vgl. Aikhenvald/Dixon 2012: 2.
638 Siehe Lehmann 2012: http://www.christianlehmann.eu/ling/lg_system/sem/index.html?http://www.christianlehmann.eu/ling/lg_system/sem/possession.php (Zugriff: 18.05.2014).
639 Ibd.
640 Fraglich ist auch, ob die ‚Beendigung' der Kontrolle zum Konzept hinzuzählt: Heine nennt als Beispiel „mein Kopf" – über den eigenen Kopf hat man unbestritten eine gewisse Kontrolle, man kann dieses Possessionsverhältnis jedoch nicht beenden. Heine 1997: 3.

sprachübergreifende kognitive Konzepte erfasst. Einige dieser Konzepte gehören in den meisten Sprachen der Welt zu den Kerninterpretationen possessiver Relationen und werden folglich als ‚*conceptual archetypes*'[641] oder ‚*core types*'[642] bezeichnet. Diese umfassen Besitzangaben, Teil-Ganzes-Relationen (inklusive Körperteile) sowie Verwandtschaftsbeziehungen. Strukturell werden zwei Ausdrucksmuster unterschieden: einerseits prädikative bzw. verbale sowie andererseits attributive bzw. nominale Possession.

Semantisch kodiert prädikative Possession in der Regel eine neue Information und beschreibt handlungsorientierte Aspekte, während attributive Possession zumeist bekannte Informationen bietet und zeit-stabile, objektbezogene Inhalte vermittelt. Attributive Possession beschränkt sich zudem auf phrasale Syntax, während die prädikative Realisierung sich naturgemäß propositional auf den ganzen Satz auswirkt.[643] Die untenstehende Tabelle illustriert die zentralen Relationen:

semantisch-konzeptuelle Ebene			syntaktische Ebene	possessivische Konstruktionstypen
Possessor	Relator	Possessum		
N	x	N	NP	attributiv: „Genitiv"/ „Dativ"
Pro	x	N	NP	attributiv: „pronominal"
Pro/NP	V	NP/Pro	VP/S	prädikativ

Tabelle 7: *Häufige Konstruktionstypen possessiver Relationen*
Nach Stolz 2011: Folie 22.

Die folgenden Ausführungen konzentrieren sich hauptsächlich auf die attributive Ausprägung der possessiven Relationen, da vorrangig Wandelphänomene nominaler Ausdrücke im Fokus der Untersuchung stehen.

Attributive Possession kann durch Markierungen des Possessors, des Possessums, einer Doppelmarkierung beider Partizipanten oder das Fehlen einer overten Markierung gekennzeichnet sein.[644] Sprachübergreifend sind hierfür Strategien wie Kasusmarkierungen, Affixe, Adpositionen oder Juxtaposition der betreffenden Elemente ohne Possessionsmorphologie zu beobachten. Wird eine Kasusmorphologie realisiert, dient der Genitiv als häufigste Markierung attributiver Possession. Seltener sind der „possessive Dativ"[645] sowie soziative oder komitative Adpositionen (z. B. „der Junge mit der Mütze"; in manchen Sprachen durch einen eigenen Kasus, den „Proprietiv" wiedergegeben) zur Kennzeichnung ähnlicher Bedeutungsrelationen möglich.[646]

---
641 Heine 1997: 37.
642 Aikhenvald/Dixon 2012: 3.
643 Vgl. Heine 1997: 143.
644 Vgl. Nichols 1988: 563.
645 Vgl. Neumann 1996: 745–779.
646 Vgl. Lehmann 2012: http://www.christianlehmann.eu/ling/lg_system/sem/index.html?http://www.

Typologisch zeigt sich, dass die Art der Kodierung dieser Muster nicht willkürlich ist. Die Grammatikalisierung possessiver Konstruktionen erfolgt auf der Basis einiger grundlegender kognitiver Schemata[647], die HEINE auflistet:[648]
- action schema (X takes Y)
- location schema (Y is located at X)
- companion schema (X is with Y)
- genitive schema (X's Y exists)
- goal schema (Y exists for/to X)
- source schema (Y exists from X)
- topic schema (as for X, Y exists)
- equation schema (Y is X's property)

Für die Entwicklung attributiver Possession sind nur die Schemata *location, companion, goal, source* und *topic* relevant, da sich attributive Possession auf die phrasale Ebene beschränkt und bspw. das „*action schema*" als handlungsorientierte Variante propositional konstruiert wird. Bei der Entstehung und Weiterentwicklung dieser possessiven Ausdrucksmuster spielen semantische Konzepte der Referenten, insbesondere in Bezug auf die Belebtheit des Possessors bzw. Possessums, die Unveräußerlichkeit des Possessums sowie die temporale oder lokale Beschränkung der Possession, eine entscheidende Rolle. Im Kern prototypischer Possessionsrelationen befinden sich bspw. Konzepte unveräußerlicher (belebter) Possession, z. B. Körperteile, deren Possessor menschlich ist. HEINE unterteilt folgende possessive (kognitive) Konzepte:[649]

- physikalische (auch: momentane) Possession: Possessor und Possessum sind zum Referenzzeitpunkt physikalisch ‚assoziiert', z. B. „Hast du (mal eben) einen Stift?"
- temporäre Possession: Der Possessor ist zeitweise im Besitz des Possessums, es ist allerdings nicht sein Eigentum und befindet sich auch nicht notwendigerweise in unmittelbarer, physikalischer ‚Assoziation', z. B. „mein geliehener Wagen".
- permanente (auch: inhärente) Possession: Das Possessum ist (auch im rechtlichen Sinne) Eigentum des Possessors, z. B. „mein Haus".
- unveräußerliche (auch: inalienable) Possession: Das Possessum ist untrennbar mit dem Possessor verbunden, z. B. Körperteile oder Verwandtschaft („mein Arm", „deine Mutter").

---

christianlehmann.eu/ling/lg_system/sem/possession.php
647 Den Begriff „Schema" definiert Heine zunächst in Hinsicht auf die Entwicklung prädikativer Possession als „event schema" folgendermaßen: „An event schema has the properties commonly associated with schemas: it summarizes important attributes abstracted from a large number of related events, and it has to do with stereotyped situations that we are constantly confronted with [...]. [...] What distinguishes event schemas from simple concepts in particular is that the former are composed of more than one perceptually discontinuous entity." (Heine 1997: 46) Er überträgt diese Beobachtungen auf die attributive Possession und konstatiert: "Perhaps the main observation [...] is that both predicative and attributive possession are built on the same general cognitive pattern. This means in particular that the sources from which they are derived are largely the same." (Heine 1997: 144)
648 Heine 1997: 47.
649 Heine 1997: 33–35.

– abstrakte Possession: Das Possessum ist ein Konzept, das nicht sichtbar oder materiell fassbar ist, so wie Gefühle, psychische Zustände etc., z. B. „Er hat keine Zeit/kein Mitleid." Von abstrakter Possession kann ebenfalls gesprochen werden, wenn die Aussage der Possession konträr entgegensteht, z. B. „Ich habe einen fehlenden Zahn."
– unbelebte unveräußerliche Possession: Der Possessor ist – im Gegensatz zur unveräußerlichen Possession – unbelebt und untrennbar mit dem Possessum verbunden, was vor allem Teil-Ganzes-Relationen umfasst, z. B. „ Der Raum hat drei Fenster."
– unbelebte veräußerliche (auch: alienable) Possession: Der Possessor ist unbelebt und das Possessum kann davon getrennt werden, z. B. „der Deckel der Dose".

Durch die Abstufung prototypischer Parameter[650] ergibt sich, dass unveräußerliche und permanente Possession im Zentrum prototypischer Wahrnehmung stehen, während unveräußerliche unbelebte, temporäre und vor allem unbelebte, veräußerliche Possession periphere Konzepte darstellen. Graphisch wird der Grad der Abstufung deutlich:

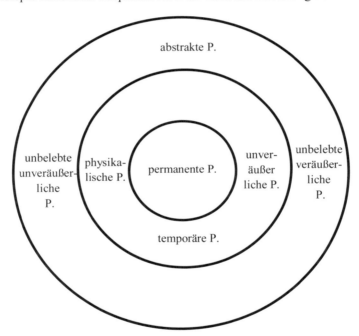

Abbildung 3: Prototypische Charakterisierung possessiver Konzepte
Nach Heine 1997: 40.

Diese Abstufung der Prototypikalität der Referenten hat direkten Einfluss auf die morphosyntaktische Realisierung des Konstruktionsmusters: Je prototypischer eine Possessions-Relation ist, desto weniger aufwendig ist sie markiert, was u. a. AIKHENVALD und

---

650 S. Heine 1997: 39–41.

DIXON mit dem Prinzip der Ikonizität begründen, HASPELMATH jedoch auf die Ökonomie bei unterschiedlicher Frequenz der Konzepte in possessiven Konstruktionen zurückführt.[651]

Einzelsprachen kodieren nicht alle sieben der oben genannten Konzeptionen in unterschiedlichen sprachlichen Ausdrucksmustern – im Gegenteil, zumeist verschmelzen Aspekte mehrerer (oder aller) Notationen in einer oder wenigen Strategien der sprachlichen Umsetzung. Für die Sprachgeschichte des Ägyptischen besonders relevant ist dabei die Differenzierung zwischen unveräußerlicher und unbelebter veräußerlicher Possession[652]. Je nach kulturellem Hintergrund setzt sich die Gruppe unveräußerlicher Referenten unterschiedlich zusammen. Sprachübergreifend gehören häufig folgende konzeptuelle Domänen zu unveräußerlicher Possession:[653]

– Verwandtschaftsbeziehungen
– Körperteile
– relationale räumliche Konzepte (z. B. „Ober- und Unterseite", „Innenseite")
– Teile übergeordneter Referenten (z. B. „Henkel", „Ast")
– mentale und physische Zustände (z. B. „Angst", „Stärke")
– Substantivierungen, bei denen das Possessum von einem Verb abgeleitet ist („das Pflanzen von Bananen", „sein Sprechen")

Auch im Ägyptischen ist die Unterscheidung zwischen alienablen und inalienablen Klassen morphologisch markiert, worauf in den Kapiteln 4.2.3.3 und 4.2.3.4 genauer eingegangen wird. Die hier genannten konzeptionell-semantischen Unterschiede sind zudem von diachroner Bedeutung, da sie nachweislich in vielen Sprachen einen Einfluss auf die Formstabilität ihrer Ausdrucksmuster haben. NICHOLS[654] konstatiert beispielsweise, dass Possessiv-Marker an unveräußerlichen Nomen häufig „archaischer" seien, d. h., sie erschienen etymologisch älter als die Ausdrucksmuster an veräußerlichen Nomen, was sich ebenfalls im Ägyptischen beobachten lässt.

4.2.3.2 Überblick: Possession im älteren Ägyptisch
Das ältere Ägyptisch nutzt verschiedene Bildungsmuster zum Ausdruck possessiver Relationen. Insbesondere zwei Konstruktionen, der sog. „direkte" und „indirekte Genitiv"[655],

---

651 Aikhenvald/Dixon (2012: 8) konstatieren, dass je enger die Relation der Referenten, desto weniger sprachliche Markierung sei erforderlich. Haspelmath (2008: 1–3) ist der Ansicht, dass je enger die Relation der Referenten, desto eher und frequenter erschienen sie in possessiven Konstruktionen, wodurch solche Konzepte in einer possessiven Relation „erwartet" werden. Dadurch werde eine overte possessive Markierung praktisch redundant und es sei sprachlich ökonomischer, diese häufige possessive Relation mit gar keiner oder wenig aufwendiger Markierung zu realisieren. In Kapitel 2.2.4 wurde bereits gezeigt, dass sich Ikonizität und Ökonomie in solchen Fällen nicht ausschließen, sondern ergänzen können.
652 Man beachte die Anmerkungen zur Unschärfe der beiden Begriffe bei Heine 1997: 10. Es geht nicht im eigentlichen Sinne um das ‚Veräußern' des Possessums als Transaktion oder als Möglichkeit des ‚Abgebens eines Gegenstandes' o. Ä., sondern um die relationale konzeptuelle Bindung an den Possessor.
653 Heine 1997: 10.
654 Nichols 1992: 117.
655 Diese in der Ägyptologie sehr geläufigen Bezeichnungen sind missverständlich und sollten aus

sind Beispiele für attributive Possession.[656] Der „direkte Genitiv" wird durch Juxtaposition der nominalen Elemente gewährleistet:

(50) Grab Qubbet el-Hawa A 8/QH 34n [= Grab Assuan 34n], Inschriften Herchuf (6. Dynastie);[657] Kol. 18–19:

jr *hꜣ=f* *m-ꜥ=k* *r* *dp.t*
PTCL:COND herabsteigen:FUT=3SG.M mit:PREP=2SG.M zu:PREP Schiff.F.SG
jr *r(m)ṯ* *jkr.w*
machen:IMP Menschen(M.SG) ausgezeichnet:ADJ

wnn.w *hꜣ=f* *ḥr* **gs.wï** **dp.t**
existieren:PTCP hinter:PREP=3SG.M auf:PREP **Seite.M.DU** **Schiff.F.SG**
„Wenn er mit dir zu (dem) Schiff herabsteigt, stelle ausgezeichnete Menschen bereit, die um ihn herum sind auf beiden Seiten (des) Schiffes" (wörtl.: Wenn er mit dir zu (dem) Schiff herabsteigt, mach ausgezeichnete Menschen, die hinter ihm existieren zu beiden Seiten (des) Schiffes)

In der ägyptischen Phrase „die beiden Seiten (des) Schiffes" werden die nominalen Referenten ohne verbindendes Element hintereinander angeordnet. Neben einer Übersetzung mit dem deutschen Genitiv deuten manche Bearbeiter[658] den Charakter des sog. „direkten Genitivs" als Wortbildungsmechanismus an, indem sie ein Kompositum („Schiffsseiten") setzen. Häufig kombinierte Worte können im Verlauf der Sprachgeschichte zu festen Ausdrücken erstarren, wodurch sie als Worteinheit interpretiert wurden.[659] Besonders häufig werden Eigennamen, Titel (oft mit *nb* „Herr") und Filiationsangaben damit ausgedrückt. Bei direkter Juxtaposition tritt eine in der Schrift nur gelegentlich erkennbare morphologische Markierung am Erstnomen auf, welche den *status constructus* kennzeichnet.[660]

---

linguistischer Sicht besser abgeändert werden [s. Kapitel 4.2.3.3 mit Fußnote 685].
656 Jenni (2004: 123–131) analysiert zudem die Bildung non-verbaler possessiver Sätze mit dem Element *n* („der von…" bzw. „zugehörig zu…") nach folgendem Muster, wobei sie *n* als Determinativpronomen ansieht:
[*n* X]$_P$ – S   In der Konstruktion können für X und S (Subjekt) beliebige, nominale Ausdrücke angenommen werden, wobei das Erstnomen in Kombination mit *n* als Prädikat und das Zweitnomen als Subjekt analysiert werden. Die Konstruktion kann zudem durch das Adverb *jm* („dort") erweitert werden, wobei X immer pronominal ist, während das Subjekt (S) einen beliebigen nominalen Ausdruck beinhaltet: [*n* X$_{pron}$ jm]$_P$ – S
Dies ist auch in der Konstruktion mit adverbialem Prädikat möglich: S – [*n* X]$_P$ oder [*n* X$_{pron}$]$_P$ – S. Zu diesen Konstruktionen zur Angabe von Besitzverhältnissen vgl. auch Schenkel 2012: 162–165.
657 Sethe 1933: 128–131; Eichler 1991: 153; Edel 2008a: Abb. 8; Edel 2008b: Tf. 28.
658 Z. B. Eichler 1991: 154.
659 Vgl. Jansen-Winkeln 2000: 33.
660 Zu vermutende phonologische Veränderungen der Vokalstruktur aller juxtapositionierten Nomen im *status constructus* lässt die hieratische/hieroglyphische Schrift zumeist nicht erkennen. Beim *status constructus* handelt es sich zudem nicht um eine Kasusmarkierung, da er nicht in Kontrast zu anderen

Der sog. „indirekte Genitiv" fügt zwischen die beiden nominalen Referenten ein Element *n* ein, welches in älteren Sprachphasen nach Genus und Numerus mit dem Erstnomen kongruieren kann, im jüngeren Ägyptischen jedoch als unveränderliche Partikel erscheint:[661]

(51) Mastaba Giza G2370, Inschriften Senedjemib, 1. Brief (5. Dynastie);[662] Kol. 3:

ntt	*ḥr*	*š*	*n*	*pr-ꜥꜣ*
REL:F.SG	auf:PREP	Bezirk(M.SG)[663]	POSS	Haus(M.SG)-groß:ADJ

„..., welche in (dem) Bezirk (des) Palastes ist" (wörtl.: welche auf (dem) Bezirk (des) großen Hauses ist)

Dieser Relator *n* wird in der ägyptologischen Forschung unterschiedlich analysiert: Während einige ihn als *Nisbe* bzw. *Nisbeadjektiv*[664] der Präposition *n* („für, an, zu, wegen") ansehen,[665] wird er andernorts als Determinativpronomen[666] und in seiner unveränderlichen Form als mögliche Kasusmarkierung des Genitivs angesprochen.[667] In Bezug auf die Bedeutungsreichweiten der beiden Bildungsmuster wird dem sog. „direkten Genitiv" bereits gegen Ende des Alten Reiches eine geringe produktive Verwendung zugeschrieben. Der sog. „indirekte Genitiv" ist hingegen in zahlreichen semantischen

---

Kasus steht und in der ägyptischen Schriftsprache nicht nachgewiesen werden kann, ob er nicht bei anderen nominalen Attributen (z. B. vor Adjektiven) Anwendung fand. Egedi (2010: 10–11) stellt zum status constructus jedoch zusammenfassend fest: „[...] it seems tenable that a construction of the so-called construct state type did exist in the Egyptian language. [...] The productivity of this construct state-like direct genitive is questionable as early as in Old and Middle Egyptian, and this type of construction was gradually replaced by the analytic pattern of the indirect genitive." Restriktionen bezüglich der Definitheit der Referenten, wie es in anderen semitischen Sprachen der Fall ist, werden für das ältere Ägyptische unterschiedlich bewertet. Vgl. Jansen-Winkeln 2000: 27. 30 (mit weiterer Literatur); Schenkel 2012: 104–105. 132–133. Egedi (2010: 8–9) weist darauf hin, dass nominale Ausdrücke, die durch die direkte Konstruktion gebildet werden, als ein Wort angesehen wurden und somit insgesamt je nach Kontext definit oder indefinit gebraucht werden konnten. In der Konstruktion mit „indirektem Genitiv" ist im Neuägyptischen der Possessor bzw. das Zweitnomen laut Erman mit Artikel versehen. Erman ²1933: 93–96.

661 Vgl. z. B. Schenkel 2012: 132–133.
662 Sethe 1933: 62–63; Eichler 1991: 143; Brovarski 2000: 92, Abb. 1. Tf. 61–63b.
663 Die Wortbedeutung ist ursprünglich „See" oder „Teich". Da sich aber das „Meret-Heiligtum des Isesi" in *š* befindet, ist von einem Bezirk oder Gebiet auszugehen. Eichler übersetzt „Büro des Meret-Heiligtums des Jzzj [= Isesi, Anm. d. Verf.], das im Königsbezirk ist" (Eichler 1991: 144). In der Übersetzung des TLA wird *š* mit „Bau-Bezirk" angegeben (http://aaew.bbaw.de/tla/servlet/GetTextDetails?u=dfssdfasdf&f=0&l=0&tc=20709&db=0; Zugriff 18.05.2014).
664 Vgl. z. B. Jansen-Winkeln 2000: 36. Aufgrund der Analyse als Nisbe wird der Relator im Maskulin Singular häufig mit der (analog zu anderen Nisben ergänzten) Endung -*j* wiedergegeben: *n(.j)*. In der vorliegenden Arbeit werden die Endungen am Relator nur transkribiert, wenn sie im Original tatsächlich geschrieben sind. Da die Endung -*j* des Maskulin Singular im Textkorpus nicht belegt ist, wird sie in der vorliegenden Arbeit nicht ergänzt.
665 Z. B. Schenkel 2012: 132.
666 Vgl. Loprieno 1980: 1–27. Loprieno 1995: 118–120. Jenni 2004: 123, Fußnote 2.
667 Z. B. Kammerzell 2000: 100.

Relationen produktiv verwendbar, die über die Angabe von Besitzverhältnissen weit hinausgehen. Insbesondere scheint auch syntaktische Notwendigkeit eine Rolle zu spielen, wenn die Juxtaposition einer possessiven Relation durch weitere Attribute, wie bspw. postnominale Demonstrativa oder den Quantor *nb* („alle, jeder"), unterbrochen wird.[668]

(52) Leinentuch Kairo, CG 25975 [= Cairo Linen] (6. Dynastie);[669] Kol. 7:

ḫt.w	*nb*	*n*	*ḥm=k*
Dienerschaft.M.PL	**alles:QUAN**	POSS	höhergestellte Person(M.SG)=2SG.M

„(die) ganze (wörtl. **alles**) Dienerschaft ‚euer Gnaden'"[670]

Ein formal gleiches Element *n* (die Präposition *n* „für") wird auch für die Anbindung benefaktiver Relationen (sog. „Dativ")[671] verwendet:

(53) Grab Qubbet el-Hawa A 8/QH 34n [= Grab Assuan 34n], Inschriften Herchuf (6. Dynastie);[672] Kol. 13:

sḏm=sn	*jr.t*	*n=k*	*ḥm(=j)*
hören:PRS=3PL	machen:REL.F	**BEN=2SG.M**	Majestät(M.SG)[=1SG]

„(wenn) sie hören, was (meine) Majestät für dich getan hat"

Ist der Possessor pronominal, wird er in Form von Suffixpronomina dem Possessum angefügt, unabhängig davon, ob im Falle nominaler Referenten der „direkte" oder der „indirekte Genitiv" stehen würden. Die Bildungsreihe der Suffixpronomina entspricht dabei der gleichen, die als Verbalsuffixe Person angeben sowie Objektpronomen in bestimmten Konstruktionen bilden.[673]

---

668 Vgl. Jansen-Winkeln 2000: 31–32.
669 Gardiner/Sethe 1928: Tf. 1–1a.
670 Häufig als ehrerbietige Anrede des Königs (*ḥm* „Majestät") gebraucht. Gardiner/Sethe schreiben (1928: 1): „[…] all the menials of Thy Worship […]", während Willems (1991: 185) „[…] all your Honor's servants […]" übersetzt.
671 Vgl. z. B. Schenkel 2012: 69. 284, der die Konstruktion als „Äquivalent unseres [deutschen, Anm. der Verf.] Dativs" bezeichnet.
672 Sethe 1933: 128–131; Eichler 1991: 153; Edel 2008a: Abb. 8; Edel 2008b: Tf. 28.
673 Die zahlreichen unterschiedlichen Varianten der hieroglyphischen Schreibung resultieren einerseits aus der graphischen Angabe der Person, so dass bspw. die 1. Person Singular als „Mann", „Verstorbener", „Frau", „König" oder „Gott" gekennzeichnet wird. Andererseits spiegeln sich hierin möglicherweise phonologische Änderungen der ägyptischen Sprachgeschichte wieder. Vgl. z. B. Schenkel 2012: 108–110; Ockinga ³2012: 14.

4.2 Morphosyntaktischer Wandel in nominalen Ausdrücken 143

Person/ Genus	Singular	Person/ Genus	Plural	Dual
1C	=j	1C	=n	=nï
2M	=k [am Dual =kï]	2C	=tn	=tnï
2F	=t			
3M	=f [am Dual =fï]	3C	=sn	=snï
3F	=s [am Dual =sï]		im jüngeren Ägyptisch: =w	
3C/IMPRS	=tw			

Tabelle 8: *Ägyptische Suffixpronomen*
Nach Schenkel 2012: 108–110; Ockinga ³2012: 14.

Beispiele für Gebrauchskontexte sind sehr zahlreich, so dass hier nur ein erster Eindruck vermittelt werden soll:

(54) Papyrus Kairo CG 58043/JE 15000 [= pBoulaq 8] (6. Dynastie);[674] Kol. 9[675]:

nb=s
Herr(M.SG)=**3SG.F**
„**ihr** Herr"

---

674 Baer 1966: 2 [H]; Goedicke 1967: 2 [H]; Mariette 1871: Tf. 39.
675 Kolumnenzählung nach Baer 1966. Abweichende Zählung bei Goedicke 1967 und Goedicke 1988.

(55) Grab Qubbet el-Hawa A 8/QH 34n [= Grab Assuan 34n], Inschriften Herchuf (6. Dynastie);[676] Kol. 3:

md(w).t	n.t	mdȝ.t=k	tn
Rede.F.SG	POSS.F.SG	Brief.F.SG=2SG.M	DEM:F.SG

„(die) Rede dieses **deines** Briefes"

Diese Suffixpronomina werden im jüngeren Ägyptischen nicht mehr durchgängig an das Possessum angefügt, sondern migrieren an den vorangestellten Artikel und fügen sich zum sog. „Possessivartikel" zusammen:[677]

(56) Papyrus Turin 1973 (20. Dynastie, Ramses XI.);[678] Z. 5:

pȝy=j	ḥr(.ï)
POSS:M.SG=1SG	Vorgesetzter(M.SG)

„**mein** Vorgesetzter"

(57) Papyrus Leiden I, 366 (19. Dynastie, Ramses II.);[679] vso. Z. 1:

tȝy =j	šꜥ.t
POSS:F.SG=1SG	Brief.F.SG

„**mein** Brief"

Schon die Bildungsweise dieses jüngeren Possessivelementes lässt darauf schließen, dass seine Entstehung eng mit der Entwicklung des definiten Artikels verknüpft ist, was im folgenden Kapitel besprochen wird.[680]

Im Rahmen der prädikativen Possession steht dem Ägyptischen bis ins Koptische kein Ausdruck für „haben" zur Verfügung. Im Koptischen existiert hingegen ⲞⲨⲈⲚⲦⲈ bzw. ⲞⲨⲈⲚⲦⲀ-, das sich aus dem Ausdruck wn („sein; existieren") + lokativem m-dj=f („mit ihm") entwickelt hat.[681] Konstruktionen mit wn („sein; existieren") sind es auch, die im älteren Ägyptisch Bildungen prädikativer Possession ermöglichen. Insgesamt ist die prädikative Possession im Ägyptischen bisher nicht hinreichend analysiert worden, wird jedoch aufgrund der phrasalen Ausrichtung der folgenden Betrachtungen in der vorliegenden Arbeit ebenfalls nicht tiefergehend analysiert.

---

676 Sethe 1933: 128–131; Eichler 1991: 153; Edel 2008a: Abb. 8; Edel 2008b: Tf. 28.
677 Z. B. Černý/Groll 1975: 43. Schenkel 2012: 118.
678 Černý 1939: 2–5 [H]; Janssen 1991: Tf. 95–96.
679 Janssen 1960: 37–38. Tf. 11–12; Bakir 1970: Tf. 14–15; Tf. XIX–XX; Kitchen 1979: 910–911 [H].
680 Die Weiterentwicklungen possessiver Konstruktionen untersuchen Egedi (2010) und Haspelmath (2015). Vgl. auch den Vortrag von Barbara Egedi auf der ICE Florenz („Reconsidering possessives in Middle Egyptian and beyond") im August 2015. Abstract unter: http://www.ice11florence.org/circulars (Zugriff: 27.10.2015). Zu semantisch-lexikalischen Ursachen unterschiedlicher possessiver Konstruktionen im sog. ‚Égyptien de tradition' jetzt aktuell auch Werning: im Druck.
681 Heine 1997: 77–78 (nach Claudi 1986 [n. v.]).

4.2.3.3 Wandel der attributiven Possession (nominal)

In der attributiven Possession des Ägyptischen sind zwei grundlegende Wandelphänomene zu beobachten: Die Konstruktion des sog. „indirekten Genitivs" ersetzt nach und nach in beinahe allen Gebrauchskontexten den sog. „direkten Genitiv" und die pronominale Possession wird im jüngeren Ägyptisch nicht mehr an das Bezugsnomen, sondern den pränominalen Artikel suffigiert. In bestimmten semantischen bzw. syntaktischen Kontexten sind jedoch Ausnahmen beider Entwicklungen zu beobachten, deren Verhalten Rückschlüsse auf den sprachlichen Wandelprozess in dieser Domäne erlaubt.

Wie bereits gezeigt wurde, existieren im älteren Ägyptisch mehrere grundlegende Strukturen nominaler Possession, die sich folgendermaßen verteilen:

Semantisch-konzeptuelle Ebene			Syntaktische Ebene	Possessivische Konstruktionstypen
Possessum	Relator	Possessor		
N	x	N	NP	„dir. Genitiv"
N	n	N	NP	„indir. Genitiv"
N	x	Possessivsuffix (Suffixpronomen)	NP	Suffigierte Possession

Tabelle 9: *Konstruktionstypen attributiver possessiver Relationen im Ägyptischen*
Angelehnt an Stolz 2011: Folie 22.

Die syntaktische Abfolge entspricht üblicherweise der in der Tabelle dargestellten: Der Possessor folgt dem Possessum. Ausnahmen bilden graphische Umstellungen, in denen Götter- oder Herrscherzeichen ehrenhalber voran gestellt werden, z. B.:[682]

(58) Papyrus London BM EA 10375 (20. Dynastie, Ramses XI.);[683] Z. 1:

sḫ3   nsw (geschrieben: nsw sḫ3)
Schreiber(M.SG) König(M.SG)
„Schreiber (des) Königs" („Königsschreiber")

Bereits im Altägyptischen existieren die Möglichkeiten der attributiven Possession synchron, die Forschermeinungen über Verbreitung und Verlauf des sprachlichen Wandels gehen jedoch auseinander. Einigkeit herrscht darüber, dass der „direkte Genitiv" die ältere und der „indirekte Genitiv" die jüngere Konstruktion ist, welche dann den „direkten Genitiv" auch in beinahe allen Kontexten ablöst. Schon in der Frage der Bezeichnung der Konstruktionen ist die Ägyptologie jedoch uneins: Während auf der einen Seite dafür plädiert wird, dass der sog. „direkte" und „indirekte Genitiv" die Hauptfunktionen zeigten, die der

---

682 Diese Art der Umstellung existiert bereits in den frühen Schriftbelegen in der 0. Dynastie, s. Kahl 1994: 42–43.
683 Černý 1939: 48–49 [H]; Janssen 1991: Tf. 33–34; BM Datenbank: http://tinyurl.com/q6gcy96 (Zugriff 18.05.2014).

Genitiv-Kasus in anderen Sprachen übernähme und somit die Bezeichnung gerechtfertigt sei, wird diesem andernorts widersprochen, da das Ägyptische generell keine morphologischen Kasusmarkierungen (mehr)[684] zeige und die Funktionsreichweite bzw. funktionalen Aspekte der ägyptischen „Genitiv-" Konstruktionen nicht mit der des Genitiv-Kasus in anderen Sprachen übereinstimmten.[685]

Letztere sind meines Erachtens die wesentlichen Argumente, die Benennung „Genitiv" nur mit Einschränkungen zu verwenden. Die Funktionsreichweite der beiden „Genitiv"-Konstruktionen des älteren Ägyptischen geht über das hinaus, was der Genitiv-Kasus bspw. im Deutschen zu leisten vermag. In der älteren ägyptischen Sprachphase werden damit alle prototypischen Domänen der Possession, d. h. Besitzangaben, Teil-Ganzes-Relationen sowie Verwandtschaftsbeziehungen, aber zum Beispiel auch Ortszugehörigkeit realisiert. Als Konsequenz wird in der vorliegenden Arbeit der Relator n allgemein als POSS (Possession) bezeichnet und glossiert, unabhängig davon, ob er in seiner älteren Form als Nisbe oder in seiner jüngeren Form als erstarrte Partikel bzw. Possessivmarker gebraucht wird [s. unten]. Die Bezeichnung „direkter Genitiv" ist zudem in zweifacher Hinsicht missverständlich. Nicht nur die Benennung als „Genitiv" ist streckenweise irreführend, auch der Terminus „direkt" wird sprachwissenschaftlich oft abweichend gebraucht: Als „direkte" Possession werden dort mit Affixen realisierte possessive Relationen beschrieben.[686] Die Bezeichnungen „direkter" und „indirekter Genitiv" werden in der vorliegenden Arbeit nur als sprachliche Konvention der Ägyptologie im Text beibehalten, aus den oben genannten Gründen jedoch in Anführungszeichen gesetzt. Kodiert das formal gleiche Element n eine Benefaktiv-Relation, wird dies als BEN (Benefaktiv) markiert.

Die bisherigen Analysen zur Thematik konnten die (synchronen) Verwendungsweisen der beiden Possessiv-Konstruktionen nicht stringent erklären, so dass JANSEN-WINKELN schließlich konstatiert:

---

684 Vgl. zum Verlust evtl. Kasusmarkierungen Fußnote 132 sowie Loprieno 2001: 1753.
685 So zum Beispiel Junge ³2008: 61: „[…]; da das Ägyptische keine Kasus hat, ist ‚Genitiv' allerdings eine irreführende Bezeichnung (dies gilt analog für den sogenannten indirekten ‚Genitiv')." Dagegen argumentiert Jansen-Winkeln (2000: 27): „[…] Aber auch in diesen Sprachen ist die Grund- und Hauptfunktion des Genitivs immer die Attribution eines Substantivs (‚Relativkasus', ‚possessive marker' etc.), während die anderen (marginalen) Funktionen in den verschiedenen Sprachen in unterschiedlicher Art und Anzahl vorhanden sind. Die beiden ägyptischen Konstruktionen (‚direkter' und ‚indirekter' Genitiv) entsprechen nach Funktion und Bedeutung ziemlich genau dieser Grund- und Hauptfunktion des (‚eigentlichen', kasusmarkierten) Genitivs, und insofern kann man diese Bezeichnung unter funktionalem Aspekt durchaus guten Gewissens auf sie anwenden." Und fügt hinzu (Jansen-Winkeln 2000: 27, Fußnote 9): „Jedenfalls sofern man sich darüber im klaren ist, daß damit in diesem Fall nur eine syntaktische Relation bezeichnet ist, kein eigentlicher Kasus […]." Auch Haspelmath (2015: 264) bezeichnet die Verwendung von ‚Kasusnamen' für adpositionale Marker als „well-motivated". M. E. schärft jedoch schon die Änderung der Bezeichnung in „Possessivmarker"/„possessive Relation" o. Ä. die Aufmerksamkeit der Forschenden dafür, dass es sich nicht um ein Kasussystem handelt, das auch nicht exakt die gleichen Funktionen wie ein solches erfüllt, ohne dass man es explizit bewusst machen muss. Ferner erleichtert die (präzisere) Benennung einen übersprachlichen Vergleich, besonders dann, wenn linguistische Systeme anderer Sprachfamilien oder typologische Konzepte wie bspw. die Prototypensemantik herangezogen werden sollen.
686 Vgl. Völkel 2007: 2.

> „Beide Konstruktionen sind teils komplementär, teils konkurrierend, teils freie Varianten [...], und das erschwert das Erkennen eventueller Bedeutungsunterschiede zwischen ihnen zusätzlich."[687]

Sowie des Weiteren:

> „Insgesamt können die Unterschiede zwischen direktem und indirektem Genitiv nicht auf ein einziges Prinzip zurückgeführt werden. Beide ergänzen sich in verschiedener Hinsicht. Im Verlauf der Sprachgeschichte mit ihrer generellen Tendenz zur Analyse wird der direkte Genitiv als produktive Wortverbindung allmählich seltener; viele direkte Verbindungen erstarren und werden univerbiert, und schließlich bleibt nur noch der indirekte als frei verwendbare Konstruktion übrig."[688]

Die Sachlage in Hinblick auf die Entwicklung der Genitivrelationen ist zweifellos komplex und kann auch in der vorliegenden Analyse aufgrund des eingeschränkten Textkorpus nicht umfänglich aufgearbeitet werden. Dennoch lässt sich zusätzlicher Erkenntnisgewinn erlangen, wenn der Entwicklungsverlauf der Konstruktionen vor dem Hintergrund prototypischer Konzepte betrachtet wird, was nach einem kurzen Blick auf bisherige Erkenntnisse der ägyptologischen Forschung erfolgen wird.

In seiner umfassenden Betrachtung zum „Genitiv" des Ägyptischen bespricht JANSEN-WINKELN ausführlich ältere Forschungsmeinungen und widerlegt fundiert irreführende Ansätze, die hier nicht noch einmal explizit vorgestellt werden sollen.[689] Er selbst schlussfolgert, dass die Verwendung des „indirekten Genitivs" teilweise auf syntaktische Notwendigkeit sowie teilweise größere Vielfalt sprachlicher Ausdrucksmöglichkeiten zurückzuführen sei. Dabei stelle der „indirekte Genitiv" dann die syntaktische Alternative des „direkten Genitivs" dar, wenn die beiden nominalen Referenten nicht direkt aufeinander folgten.[690] Er fügt einschränkend hinzu, dass der „indirekte Genitiv" in diesen Fällen nicht obligatorisch den „direkten" ersetze, sondern dass es auch andere Ausdrucksmuster zur Realisierung des gleichen semantischen Inhalts gäbe. Somit sei der „indirekte Genitiv" ein Mittel der freieren Wortstellung und des flexibleren Satzbaus, welches die syntaktischen Möglichkeiten des älteren Ägyptischen erweitere, ohne dass ein spürbarer Bedeutungsunterschied der Konstruktionen zu erwarten sei.[691] Als weiteren Faktor zur Wahl der jeweiligen Konstruktion führt er die Wortform des Erstnomens an: Sei der erste Referent durch ein einsilbiges Lexem besetzt, stünde in den älteren Sprachphasen bevorzugt der „indirekte Genitiv". Zusätzlich beschreibt er semantische Unterschiede innerhalb des „indirekten Genitivs", bei denen es sich einerseits um den Ausdruck von Besitz bzw. Zugehörigkeit oder Abhängigkeit („restringierend") und andererseits um die qualifizierende Bestimmung des Possessums durch den Possessor („qualifizierend") handelt. Im jüngeren Ägyptisch werde diese Unterscheidung auch formal markiert, indem im qualifizierenden Gebrauch das Zweitnomen (der Possessor) indeterminiert und artikellos stehe. Er verweist zudem auf

---

687 Jansen-Winkeln 2000: 30.
688 Jansen-Winkeln 2000: 37.
689 Siehe die ausführliche Darstellung bei Jansen-Winkeln 2000.
690 Jansen-Winkeln 2000: 31.
691 Ibd.

einige feste Wortverbindungen, nach FECHT[692] sog. „Komposita älterer Bildungsweise", die in zahlreichen Einzelfällen bereits im Alten Reich univerbiert worden seien, was aber die produktive Verwendung der juxtapositionierten Konstruktion zu dieser Zeit nicht einschränke.

Die von JANSEN-WINKELN dargestellten Faktoren haben offensichtlich Einfluss auf den Verlauf der Ausbreitung des indirekten Konstruktionsmusters, beobachten jedoch nur am Rande einen Zusammenhang mit der semantischen Besetzung und der Wahl der jeweiligen Konstruktion und benennen nicht die Faktoren, die die Entstehung der neuen Konstruktion ermöglichen bzw. begünstigen.

Dabei ist die Einführung und Verbreitung einer neuen possessiven Konstruktion (hier mit possessivem Relator n) typologisch gesehen keine Überraschung. HEINE formuliert:

> "Once the situation in a given language has reached a stage where the morphology used for encoding attributive possession is 'worn out', that is, has been eroded to the extent that juxtaposition is the only means left for marking a possessive relationship, one may expect a new marking pattern to emerge. This new pattern is likely to involve a locative marker (translatable as 'at, in, on, by', etc.) if the Location Schema is chosen, or an ablative ('from'), an allative ('to'), or a comitative marker ('with') in the case of the Source, the Goal, and the Companion Schema, respectively."[693]

Es ist also davon auszugehen, dass der sprachliche Entwicklungsstand, den man im älteren Ägyptisch antrifft, sich bereits von der Realisierung attributiver Possession durch ‚bloße' Juxtaposition zu einer zusätzlichen Konstruktion mit possessivem Relator n entwickelt hat. Die Grammatikalisierung dieses Relators aus einer Präposition ist aus typologischer Sicht ebenfalls eine gängige Strategie. Im vorangehenden Kapitel wurden bereits die zugrundeliegenden konzeptuellen Schemata aufgelistet, aus denen sich attributive Possession üblicherweise entwickeln kann. Im Ägyptischen handelt es sich in diesem Fall um eine Präposition, deren Bedeutungsreichweite im Alten Reich vielfältig ist, insbesondere jedoch Benefaktiv-Relationen („für")[694] umfasst. Des Weiteren sind „zum Nutzen für", Angaben der Richtung („[hin] zu"), kausale Bedeutungen („wegen"), temporale Angaben („während") und Konjunktionen („weil") Konnotationen dieser Präposition.[695]

Das Kongruenzverhalten der Präposition als Relator der possessivischen Konstruktion im älteren Ägyptisch erklärt sich durch eine morphologische Strategie semitischer Sprachen, der sog. „*Nisbe*"-Bildung,[696] durch die nominale Elemente sowie Präpositionen mit Hilfe kongruierender morphologischer Endungen „adjektiviert" werden können. Somit wird aus der in den possessiven Verbindungen eingesetzten Präposition n ein attributives Element $n(.j)$[697], welches mit dem voranstehenden Possessum kongruiert.[698]

---

692 Fecht 1960: 5–6.
693 Heine 1997: 174. Vgl. Haspelmath 2008: 10.
694 Edel 1955/64: 387 schreibt zur Präposition n: „Hauptbedeutung ist die dativische […]".
695 Vgl. Erman/Grapow 1928: 193–194; Edel 1955/64: 388; Schweitzer 2005: 142–143.
696 Vgl. z. B. Osing 1976: 309–320; Allen: 2000: 59. 89; Schweitzer 2005: 112.
697 Die Endung -j des Maskulin Singular wird am possessiven Relator n im Textkorpus nie ausgeschrieben. S. Fußnote 664.
698 Vgl. zu Aspekten des Relators als Nisbe Jansen-Winkeln 2000: 36.

4.2 Morphosyntaktischer Wandel in nominalen Ausdrücken

Nicht nur die Grammatikalisierung einer Präposition als possessiver Relator ist sprachübergreifend häufig belegt,[699] auch der diachrone Verlauf der Verbreitung durch bestimmte Gebrauchskontexte ist vorhersagbar, denn

> „[t]he need for introducing such a new pattern is most pronounced in contexts where it is least obvious that a possessive relation exists. Introducing a new pattern appears to be least compelling in the case of possessees which can be predicted to be associated with a ‚possessor‘, that is, in the case of body-parts or kin-terms. Thus, it is the latter items, that is, items typically associated with 'inalienability', that are most likely to be ignored when a new pattern of marking attributive possession is created."[700]

Das Ägyptische verhält sich in dieser Hinsicht zwiegespalten: Die Einführung der neuen Konstruktion mit possessivem Relator scheint tatsächlich zunächst in Kontexten zu greifen, die ‚wenig possessiv‘ anmuten, darunter Material-, Längen- und Inhaltsangaben,[701] [s. Beispiel (70) unten] die nach der oben vorgestellten Konzeption ‚unbelebte unveräußerliche Possession‘ darstellen und bereits im Alten Reich sehr konsistent mit der indirekten Konstruktion gebildet werden.[702] Spätestens im Mittelägyptischen kommen dann auch „Angaben des Teils" (Teil-Ganzes-Relationen – unbelebte unveräußerliche Possession) hinzu. Die Konzepte jedoch, die HEINE als besonders ‚resistent‘ gegenüber neuen Ausdrucksmustern beschreibt, wie z. B. Körperteile und Verwandtschaftsbeziehungen, reflektieren diesen Widerstand im Hinblick auf die Ausbreitung des possessiven Relators nur bedingt. Gerade Körperteile, die auch im jüngeren Ägyptisch völlig konsistent das ältere Ausdrucksmuster der pronominalen suffigierten Possession beibehalten, zeigen laut JANSEN-WINKELN bereits im Alten Reich die indirekte „Genitiv-" Konstruktion, sofern es sich um ein Körperteil als Possessum im Singular handelt.[703]

---

699 Vgl. aktuell auch Haspelmath 2015.
700 Heine 1997: 174. Vgl. Haspelmath 2008: 10.
701 Da die Beleglage im Textkorpus für das Alte Reich sehr gering ist, sei hier zusätzlich auf die Aussagen Jansen-Winkelns verwiesen, der dies mit Bezug auf frühere Untersuchungen feststellt (Jansen-Winkeln 2000: 34–35).
702 Man beachte, dass bestimmte Maßangaben auch im jüngeren Ägyptisch weiterhin mit dem „direkten Genitiv" konstruiert werden, vgl. Černý/Groll 1975: 75.
703 S. Jansen-Winkeln 2000: 33. Vgl. zu diesem Sachverhalt auch Egedi 2010: 7. 9–10. Im Textkorpus konnte diese Aussage aufgrund der Beleglage nicht direkt überprüft werden. Eine Recherche im TLA am Beispiel von jb („Herz") ergab jedoch, dass es einerseits generell selten im Plural auftritt und andererseits in den meisten Kontexten mit einem suffigierten Possessor versehen ist. Es bevorzugt den „direkten Genitiv" scheinbar dann, wenn das Zweitnomen im Plural realisiert ist, unabhängig davon, ob jb selbst pluralisch markiert ist. Zudem scheint eine Tendenz zu bestehen, das juxtaponierte Ausdrucksmuster zu verwenden, wenn der possessiven Relation eine Benefaktiv-Konstruktion mit dem formal gleichen Relator n vorausgeht. In allen anderen Kontexten mit nominalem Possessor wird tatsächlich die indirekte Konstruktion bevorzugt. Ob dies der phonologischen Struktur geschuldet ist, konnte anhand der Quellen nicht eindeutig bestimmt werden. Auffällig ist, dass in diesen Kontexten das Zweitnomen häufig selbst mit einem suffigierten Possessor versehen ist oder jb in einem komplexen, mit einem Adjektiv, Partizip oder Verb zusammengesetzten Ausdruck auftritt. Es sei jedoch angemerkt, dass gerade jb im Ägyptischen selten die Grundbedeutung „Herz" als Organ des Körpers einnimmt, sondern in vielfältigen abstrakten Relationen als „Charakter, Wunsch oder Verstand" (vgl. Erman/Grapow 1926: 59–60) zu verstehen

In seinem Aufsatz zu ägyptischen Possessivkonstruktionen schreibt KAMMERZELL in Bezug auf die Entwicklung des „indirekten Genitivs":

„Possessive expressions with alienable possessed are no longer built productively by means of compounds, but rather exhibit the determinative pronoun *n(j)-* (masc.sg.) 'that of', *n.w-* (masc.pl.) 'those of', *n.t-* (fem.sg. or pl.)."[704]

Auch wenn der Eindruck entsteht, dass sich die ägyptische Possession entlang genau der prototypischen Distinktion zwischen unveräußerlicher und veräußerlicher Possession entwickelt, ist der Wandel der einzelnen Ausdrucksmuster komplexer. Dies ist zum Einen der bislang unzureichenden Definition der Konzepte unveräußerlicher und veräußerlicher Possession im Ägyptischen geschuldet, und zum Anderen der ungenauen Trennung der Entwicklungsprozesse der nominalen und pronominalem Possession.

Die Trennung zwischen unveräußerlicher und veräußerlicher Possession ist in vielen Sprachen der Welt formal markiert, was sich auch im jüngeren Ägyptisch zeigt. Bestimmte semantische Klassen von Referenten behalten in den jüngeren Sprachphasen einerseits die suffigierte Possession direkt am Nomen bei [s. unten] und werden im Falle nominaler Referenten zum Teil weiterhin bevorzugt ohne Relator juxtapositioniert. Es zeigt sich jedoch, dass die semantischen Klassen dieser Referenten in den beiden Entwicklungssträngen nicht gänzlich identisch sind. Das heißt, dass einerseits Konzepte unveräußerlicher Possession existieren, die den Verlauf der Ausbreitung des „indirekten Genitivs" beeinflussen und andererseits Referenten, die konsequent die direkt suffigierte pronominale Possession beibehalten.

Im Textkorpus konnten zumindest folgende Gebrauchskontexte nachgewiesen werden, die bis ins Mittlere Reich die direkte Juxtaposition verwenden:

– **Epitheta/Appositionen zu Götternamen**

(59) Leinentuch Kairo CG 25975 [= Cairo Linen] (6. Dynastie);[705] Kol. 1:

Ḥꜣ   nb   Jmn[.tt]
Ha(Göttername) Herr(M.SG) Westen[F.SG]
„Ha, (der) Herr (des) Westens"

(60) Leinentuch Kairo CG 25975 [= Cairo Linen] (6. Dynastie);[706] Kol. 1:

---

ist. Sehr häufig beschreibt es in zusammengesetzten Ausdrücken mentale Zustände wie „Freude" und ist somit möglicherweise als abstrakte Possession zu bewerten [s. unten im Text].
Ein interessantes Beispiel im Textkorpus zeigt die synchrone Verwendung eines „Körperteils" mit Relator und eines ohne: Gefäß Berlin P 22573 [= Berlin Bowl] (1. Zwischenzeit); Kol. 2: *sḫm sw n jb n ḥrd.w=t* („vergiss ihn für das Herz/den Wunsch deiner Kinder"). Hingegen Kol. 1: *mt pr m ꜥ ḥrd.w=t* („siehe, (das) Haus ist in der Hand deiner Kinder"). Man beachte, dass es sich bei *m-ꜥ* um eine zusammengesetzte Präposition handeln könnte [s. unten], sodass eine Kombination mit Relator *n* ausgeschlossen wäre.

704 Kammerzell 2000: 102.
705 Gardiner/Sethe 1928: Tf. 1–1a.

Jnpw	nb	ḳrs
Anubis(Göttername)	Herr(M.SG)	Begräbnis(M.SG)

„Anubis, (der) Herr (des) Begräbnisses"

— **Titel/Amtsbezeichnungen**

(61) Mastaba Saqqara LS16[S209], Inschriften Raschepses (5. Dynastie, Djedkare-Isesi);[707] Z. 1:

(j)m(.j)-rʾ	sh̠3	ʿ	nsw	Rʿ-Špss
Vorsteher(M.SG)	Schreiber(M.SG)	Akte(M.SG)	König(M.SG)	Raschepses(Eigenname)

„Vorsteher (der) Schreiber (der) Akten (des) Königs, Raschepses"/ „Vorsteher (der) Aktenschreiber (des) Königs"

— **Verwandtschaftsbeziehungen (in Kombination mit Eigennamen)**

(62) Leinentuch Kairo CG 25975 [= Cairo Linen] (6. Dynastie);[708] Kol. 6:

s3	Jssy
Sohn(M.SG)	Isesi(Eigenname)

„(Der) Sohn (des) Isesi"

Es ist zu beachten, dass Titel und Verwandtschaftsbezeichnungen, die in Kontexten mit Eigennamen gebraucht werden, durch alle Sprachphasen hinweg ältere Ausdrucksmuster aufweisen [vgl. Kapitel 4.2.3.4]. Im Gegensatz dazu können Verwandtschaftsbezeichnungen ohne Zusatz eines Namens produktiv mit der indirekten Konstruktion kombiniert werden:

(63) Grab Qubbet el-Hawa A 8/QH 34n [= Grab Assuan 34n], Inschriften Herchuf (6. Dynastie);[709] Kol. 12:

r	3ḥ	n	s3	**n**	s3=k	n	d̠.t
zu:PREP	Nutzen(M.SG)	BEN	Sohn(M.SG)	**POSS**	Sohn(M.SG)=2SG.M	für:PREP	Ewigkeit.F.SG

„…zum Nutzen für (den) Sohn deines Sohnes in Ewigkeit."

---

706 Gardiner/Sethe 1928: Tf. 1–1a.
707 Sethe 1933: 179–180; Eichler 1991: 150.
708 Gardiner/Sethe 1928: Tf. 1–1a.
709 Sethe 1933: 128–131; Eichler 1991: 153; Edel 2008a: Abb. 8; Edel 2008b: Tf. 28.

(64) Leinentuch Kairo CG 25975 [= Cairo Linen] (6. Dynastie);[710] Kol. 4:

ḫsf(.w)   s3   **n**   s   r
vertreiben:FUT.PASS   Sohn(M.SG)   **POSS**   Mann(M.SG) von:PREP

nḏr.ut=f
Mobiliar.F.PL=3SG.M

„…(wenn) (ein/der) Sohn (eines) Mannes von seinem Mobiliar vertrieben wird."

- **Teil-Ganzes-Relationen**

(65) Grab Qubbet el-Hawa A 8/QH 34n [= Grab Assuan 34n], Inschriften Herchuf (6. Dynastie);[711] Kol. 19:

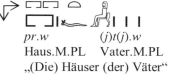

ḥr   gs.wï   dp.t
auf:PREP   Seite.M.DU   Schiff.F.SG
„auf beiden Seiten (des) Schiffes"

- **Besitzangaben**

(66) Leinentuch Kairo CG 25975 [= Cairo Linen] (6. Dynastie);[712] Kol. 12:

pr.w   (j)t(j).w
Haus.M.PL   Vater.M.PL
„(Die) Häuser (der) Väter"

Im späten Neuen Reich zeigen die direkte Juxtaposition weiterhin:

- **Epitheta/Appositionen zu Götternamen**

(67) Papyrus Turin 1972 (20. Dynastie, Ramses XI.);[713] Z. 2:

Jmn-Rᶜ   nsw   nṯr.w
Amun-Re(Göttername)   König(M.SG) Gott.M.PL
"Amun-Re, König (der) Götter"

- **Titel/Amtsbezeichnungen**

---

710 Gardiner/Sethe 1928: Tf. 1–1a.
711 Sethe 1933: 128–131; Eichler 1991: 153; Edel 2008a: Abb. 8; Edel 2008b: Tf. 28.
712 Gardiner/Sethe 1928: Tf. 1–1a.
713 Černý 1939: 7–8 [H]; Janssen 1991: Tf. 94.

(68) Papyrus Kairo CG 58057 (19. Dynastie, Ramses I.–Sethos I.);⁷¹⁴ Z. 1:

→

(j)m(.j)-rʾ   jḥ.w   Pȝ-Jr.ï
Vorsteher(M.SG)   Rind.M.PL   Pairi(Eigenname)
„(der) Vorsteher der Rinder, Pairi"

– Möglicherweise **Körperteile** [dazu s. unten]

(69) Papyrus London BM EA 10375 (20. Dynastie, Ramses XI.);⁷¹⁵ vso. Z. 1:

→

m   jb   ḥȝ.tï=n
gemäß:PREP   Wunsch(M.SG)   Herz(M.SG)=1PL.C
„gemäß (dem) Wunsch unseres Herzens"

Die indirekte Konstruktion wird, wie zuvor erwähnt, bereits im Alten Reich für unbelebte, unveräußerliche Possession verwendet:

– **Materialangaben (unbelebte unveräußerliche Possession)**

(70) Leinentuch Kairo CG 25975 [= Cairo Linen] (6. Dynastie);⁷¹⁶ Kol. 3–4:

↓

ḫt   n   ȝtw.t   tw
Holz(M.SG)   POSS   Bett.F.SG   DEM:F.SG
„(Das) Holz dieses Bettes"

Interessanterweise werden auch nicht-humane Körperteile mit der indirekten Konstruktion versehen:

– **Körperteile nicht-humaner Lebewesen**

(71) Gefäß London UC 16163 [= Qaw Bowl] (1.Zw.Zt.);⁷¹⁷ innen, Z. 2:

↓

ḫpš   n   kȝ
Schenkel(M.SG)   POSS   Rind(M.SG)
„(einen/den) Schenkel (eines/des) Rindes"⁷¹⁸

---

714 Möller 1910: Tf. 8; Allam 1973: Tf. 86; Kitchen 1975: 238 [H].
715 Černý 1939: 44–48 [H]; Janssen 1991: Tf. 39–40; BM Datenbank: http://tinyurl.com/ntqc7zp (Zugriff 18.05.2014).
716 Gardiner/Sethe 1928: Tf. 1–1a.
717 Gardiner/Sethe 1928: Tf. 2–2a; Farout 2004: 46. 49–50; UCL Datenbank: http://petriecat.museums.ucl.ac.uk/detail.aspx#28107 (Zugriff 18.05.2014).

Von Interesse bleibt nach dem Vergleich der Beispiele aus der älteren und jüngeren Sprachphase, wie groß der Einfluss der semantischen Klasse der Referenten auf den Verlauf der Entwicklung der nominalen Konstruktion mit Relator ist. Deutlich wird, dass die syntaktische Umgebung wesentlichen Einfluss auf die Entwicklung hat. Ein Beispiel aus dem Alten Reich illustriert, dass die Variation zwischen den beiden Konstruktionen in scheinbar identischem Gebrauchskontext auftreten kann: In vier direkt aufeinander folgenden Kolumnen wird die possessive Relation nur ein Mal durch den possessiven Relator markiert, und zwar in Kombination mit einem Ausdruck aus Nisbe-Adjektiv und *jb*[719], während die weiteren Gebrauchskontexte (noch) die direkte Konstruktion zeigen (falls es sich um eine rein graphische/orthographische Variante handelt, ist dennoch die Verteilung in vier direkt aufeinander folgenden Kolumnen ungewöhnlich):

(72) Mastaba Saqqara LS16[S209], Inschriften Raschepses (5. Dynastie);[720] Kol. 7–10:

mrr.w   *nb{.w}=f*
lieben:PTCP:IPFV.PASS.M(SG)   Herr(M.~~PL~~.SG)=3SG.M
„(ein) Geliebter (wörtl.: einer, der geliebt wird) seines Herrn"

ḥss.w   *nb=f*
loben:PTCP:DISTR.PASS.M(SG)   Herr(M.SG)=3SG.M
„(ein) Gelobter (wörtl.: einer, der gelobt wird) seines Herrn"

jm.j   *jb*   *n*   *nb=f*
befindlich:ADJ[721]   Herz(M.SG)   POSS   Herr(M.SG)=3SG.M
„(ein) Liebling (wörtl.: ein im Herzen Befindlicher) seines Herrn"

ḫr.j   *sštȝ*   *nb=f*
oben-befindlich:ADJ   Geheimnis(M.SG)   Herr(M.SG)=3SG.M
„(ein) ‚Hüter (wörtl.: Oberster) des Geheimnisses'[722] seines Herrn"

Anhand der Beispiele des Textkorpus ist kaum zu beurteilen, ob Körperteile bevorzugt in direkter Juxtaposition mit nominalem Possessor auftreten, da sie zumeist in Kombination

---

718   Es ist möglich, dass der Rinderschenkel als Totenopfergabe bereits als unbelebte, veräußerliche Possession angesehen wurde.
719   Vgl. Fußnote 703.
720   Sethe 1933: 179–180; Eichler 1991: 150.
721   Nisbebildung zur Präposition *m* („in").
722   Ein AR-Titel, s. Jones 2000: 609.

mit einer Präposition verwendet werden (und in diesem Zusammenhang womöglich schon in der ältesten Sprachphase als „zusammengesetzte Präposition" grammatikalisiert sind), welche das Zweitnomen ohnehin direkt anschließen. Am häufigsten findet sich in dieser Funktion m-ḏr.t (wörtl.: „in (der) Hand (des)...", als zusammengesetzte Präposition „durch (jmdn.)"), wobei der Possessor naturgemäß eine Person (bzw. Gottheit oder Amtsbezeichnung) ist.

(73) Papyrus Kairo ESP A–E [= pCairo A–E] (20. Dynastie, Ramses IX.);[723] Dokument B, Z. 23 (B.7):

m	ḏr.t	(j)m(.j)-rʾ	pr-ḥḏ	pr-ꜥꜢ ꜥ(nḫ) w(ḏꜢ) s(nb)
in:PREP	Hand.F.SG	Vorsteher(M.SG)	Schatzhaus(M.SG)	Pharao(M.SG) l.h.g.

„...durch (wörtl.: in (der) Hand) (des) Vorstehers (des) Schatzhauses (des) Pharao, l.h.g."

ČERNÝ und GROLL weisen darauf hin, dass der „direkte Genitiv" im Neuägyptischen sehr häufig vorkomme, wenn das Possessum einen Körperteil darstelle, die dort aufgeführten Beispiele zeigen aber ausschließlich Körperteile in Kombination mit Präpositionen.[724] Ein Beispiel mit nominalem Possessor aus dem späten Neuen Reich belegt jedoch zumindest die Möglichkeit, Körperteile (auch in abstrakter Bedeutung) juxtapositioniert zu konstruieren (man beachte, dass im Gegensatz zu m-ḏr.t die Kombination m jb nicht als zusammengesetzte Präposition belegt ist):

(74) (= Beispiel (69)) Papyrus London BM EA 10375 (20. Dynastie, Ramses XI.);[725] vso. Z. 1:

m	jb	ḫꜢ.tï=n
gemäß:PREP	Wunsch(M.SG)	Herz(M.SG)=1PL.C

„gemäß (dem) Wunsch unseres Herzens"

Relevant scheint auch das sprachliche Register bzw. die Etymologie des Ausdrucks oder der verwendeten Phrase zu sein. Wie bereits gezeigt, tendieren Einleitungsfloskeln zu älteren Bildungsmustern, sodass innerhalb dieser die Verwendung archaischerer Konstruktionen prinzipiell nicht unerwartet ist. Es zeigt sich jedoch, dass auch die formelhafte Sprache der Floskeln durchaus ‚aufgeschlossen' für die jüngeren Konstruktionen ist, wenn es sich z. B. um die Verwendung des definiten Artikels oder des jüngeren Demonstrativs handelt.

---

723   Helck 1967: 146–151 [H]; Kitchen 1982: 518–522 [H].
724   Černý/Groll 1975: 74–75. Nach dieser Aussage richtet sich auch Haspelmath (2015: 270). Im Koptischen treten diese „bound nouns" beinahe ausschließlich in Konstruktionen mit/als Präpositionen auf, vgl. Kammerzell 2000: 106. Die Bildung präpositionaler Ausdrücke anhand von Körperteilen oder relationalen lokativen Ausdrücken ist generell ein häufig zu beobachtendes Phänomen in einigen afrikanischen Sprachen, vgl. Heine/Reh 1984: 101.
725   Černý 1939: 44–48 [H]; Janssen 1991: Tf. 39–40; BM Datenbank: http://tinyurl.com/ntqc7zp (Zugriff 18.05.2014).

156   4. Analyse

(75) Papyrus Kairo ESP A–E (20. Dynastie, Ramses IX.);[726] Dokument C, Z. 48 (C.11):

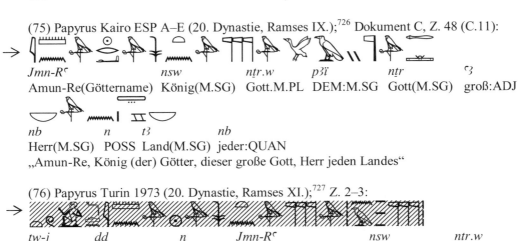

Jmn-R'	nsw	nṯr.w	pȝï	nṯr	ꜥȝ
Amun-Re(Göttername)	König(M.SG)	Gott.M.PL	DEM:M.SG	Gott(M.SG)	groß:ADJ

nb	n	tȝ	nb
Herr(M.SG)	POSS	Land(M.SG)	jeder:QUAN

„Amun-Re, König (der) Götter, dieser große Gott, Herr jeden Landes"

(76) Papyrus Turin 1973 (20. Dynastie, Ramses XI.);[727] Z. 2–3:

tw-j	ḏd	n	Jmn-R'	nsw	nṯr.w
PRS-1SG	sprechen:PRS	zu:PREP	Amun-Re(Göttername)	König(M.SG)	Gott.M.PL

nȝ	nṯr.w
ART:PL.C	Gott.M.PL

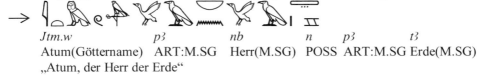

n	nȝ	ḏw.w	ntï	tw-j	m-ḫnw=w
POSS	ART:PL.C	Berg.M.PL	REL:M.SG	PRS-1SG	in:PREP=3PL.C

„Ich bete (wörtl. spreche) zu Amun-Re, (dem) König (der) Götter, (und zu) den Göttern der Berge, in denen ich bin"

Auch die Konstruktion mit indirektem Genitiv tritt auf, vereinzelt sogar in Kontexten göttlicher Epitheta, die – wie zuvor gezeigt – ansonsten bevorzugt direkt (und ohne definiten Artikel) konstruiert werden:

(77) Papyrus London BM EA 10326 (20. Dynastie, Ramses XI.);[728] Z. 3:

Jtm.w	pȝ	nb	n	pȝ	tȝ
Atum(Göttername)	ART:M.SG	Herr(M.SG)	POSS	ART:M.SG	Erde(M.SG)

„Atum, der Herr der Erde"

(78) Papyrus Turin 1972 (20. Dynastie, Ramses XI.);[729] Z. 2:

---

726 Helck 1967: 146–151 [H]; Kitchen 1982: 518–522 [H].
727 Černý 1939: 2–5 [H]; Janssen 1991: Tf. 95–96.
728 Černý 1939: 17–21 [H]; Janssen 1991: Tf. 37–38; BM Datenbank: http://tinyurl.com/nnt6jua (Zugriff 18.05.2014).
729 Černý 1939: 7–8 [H]; Janssen 1991: Tf. 94.

4.2 Morphosyntaktischer Wandel in nominalen Ausdrücken   157

tw-j   ḏd   n   nꜣ   nṯr.w   n   pꜣ
PRS-1SG   sprechen:PRS zu:PREP ART:PL.C Gott.M.PL POSS   ART:M.SG
tꜣ
Erde(M.SG)
„Ich bete (wörtl. spreche) zu den Göttern der Erde"

Tatsächlich ‚resistent' gegenüber der indirekten Konstruktion sind die bereits von JANSEN-WINKELN und anderen genannten zusammengesetzte Ausdrücke zweier oder mehrerer Substantive, die feste Verbindungen eingegangen sind und syntaktisch als Einheit angesehen werden können:

(79) Papyrus Turin 1974 + 1945 (20. Dynastie, Ramses XI.);[730] Z. 1:

ḥm-nṯr   sn.nw   n   Ἰmn-Rꜥ
Diener(M.SG)-Gott(M.SG)   zweiter:ORD   POSS Amun-Re(Götternahme)
„Zweiter Priester (wörtl.: Diener (des) Gottes) des Amun-Re"

(80) Papyrus Paris BN 197,2 (20. Dynastie, Ramses XI.);[731] Z. 4:

pꜣ   (j)m(.j)-rꜣ-mšꜥ
ART:M.SG   Vorsteher(M.SG)-Heer(M.SG)
„der Vorsteher (des) Heeres"/„der General"

Insgesamt lässt sich somit der Verlauf der Entwicklung entlang einer Skala der Prototypikalität anhand typologischen Sprachvergleiches zwar vermuten, die genannten Faktoren der syntaktischen Umgebung, des sprachlichen Registers und die eingeschränkte Beleglage des Textkorpus erlauben jedoch noch keine endgültige Bestimmung. Der Wandelprozess zeigt sich im älteren Ägyptisch verstärkt in konzeptuellen Bereichen, deren Grad an Prototypikalität gering ist, bevor er sich auf nahezu alle nominal-possessiven Kontexte ausweitet. Zu den archaischer konstruierten Konzepten zählen gleichermaßen durch syntaktische Faktoren bestimmte Gruppen wie bestimmte göttliche Epitheta, zusammengesetzte Ausdrücke und möglicherweise Körperteile. Eine Trennung in unveräußerliche und veräußerliche Possession reicht in diesem Fall nicht aus, um die Abfolge und das Ergebnis der Veränderungen zu erklären.

Eindeutig zu erkennen sind hingegen die Mechanismen dieses Wandels: durch Grammatikalisierung wandelt sich ein Lokativ-/Benefaktivschema zur neuen possessiven Konstruktion. Der Relator kongruiert zunächst noch aufgrund der Nisbe-Bildung mit dem Possessum, während er im jüngeren Ägyptisch das Kongruenzverhalten verliert und zur Partikel erstarrt.

---

730 Černý 1939: 39–40 [H]; Janssen 1991: Tf. 97–98.
731 Černý 1939: 22–23 [H]; Janssen 1991: Tf. 75.

Der Einfluss prototypischer Konzepte auf den sprachlichen Wandel lässt sich jedoch deutlicher an den Innovationen der pronominalen Possession beobachten, welche im Folgenden dargestellt werden.

4.2.3.4 Wandel der attributiven Possession (pronominal)

Der Wandel der pronominalen Possession besteht im Abwandern des pronominalen Possessionssuffixes an den pränominalen Determinierer, ein Phänomen, welches sich bei nahezu allen Klassen von Referenten vollzieht. Die wenigen Ausnahmen sind semantisch relativ genau einzugrenzen, da sie – im Unterschied zur Entwicklung der nominalen Possession mit Relator – auf den ersten Blick mit weniger Faktoren interferieren, die die Analyse der semantischen Komponenten trüben könnten. Es zeigt sich aber, dass die Erklärung des Phänomens komplexer ist, als es der stringente Ablauf des Wandels vermuten lässt.

Formal betrachtet erfolgt die pronominale Possession des älteren Ägyptisch, wie einleitend festgestellt, weitestgehend[732] über Suffixe, die dem Possessum direkt angefügt werden und für alle semantischen Kategorien an Referenten in Gebrauch sind:

(81) Grab Qubbet el-Hawa A 8/QH 34n [= Grab Assuan 34n], Inschriften Herchuf (6. Dynastie);[733] Kol. 6:

mdꜣ.t=k
Brief.F.SG=2SG.M
„dein Brief"

(82) Grab Qubbet el-Hawa A 8/QH 34n [= Grab Assuan 34n], Inschriften Herchuf (6. Dynastie);[734] Kol. 11:

ḥm=f
Majestät(M.SG)=3SG.M
„seine Majestät"

(83) Papyrus Kairo CG 58043/JE 15000 [= pBoulaq 8] (6. Dynastie, Pepi I.);[735] Kol. 7:

nb=j
Herr(M.SG)=1SG
„mein Herr"

---

732 Abgesehen von possessiven Relationen, die über nominale Satzmuster mit enklitischen Pronomen im Alt- und Mittelägyptisch (vgl. Fußnote 656) sowie über sog. „unabhängige" Pronomen über den Verlauf vom Alt- bis Neuägyptischen erfolgen (vgl. Schenkel 2012: 162–165; Černý/Groll 1975: 17–22).
733 Sethe 1933: 128–131; Eichler 1991: 153; Edel 2008a: Abb. 8; Edel 2008b: Tf. 28.
734 Sethe 1933: 128–131; Eichler 1991: 153; Edel 2008a: Abb. 8; Edel 2008b: Tf. 28.
735 Mariette 1871: Tf. 39; Baer 1966: 2 [H]; Goedicke 1967: 2 [H].

(84) Papyrus Kopenhagen P. Haun Inv.Nr. Hier. 1 (Mittleres Reich);[736] Kol. x+2:

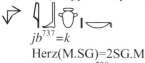

jb[737]=k
Herz(M.SG)=2SG.M
„dein Herz"[738]

(85) Papyrus London BM EA 10752 [= Papyrus Ramesseum C; Semna Despatch 5: rto. 4. Blatt, Zeilen 6–12] (Mittleres Reich);[739] Z. x+10:

ḫ3s.t=sn
Wüste.F.SG=3PL
„ihr Wüstengebiet"

Im jüngeren Ägyptisch finden sich dieselben possessiven Suffixe, allerdings werden sie nun an den vorangestellten Determinierer angelagert:

(86) Papyrus London BM EA 10102 (18. Dynastie, Hatschepsut);[740] vso. Z. 6:

p3y=f   nb
POSS:M.SG=3SG.M Herr(M.SG)
„sein Herr"

(87) Papyrus Valençay 2 (20. Dyn., Ramses IX.);[741] Z. 6:

t3y=k   ḥnw.t
POSS:F.SG=2SG.M Herrin.F.SG
„deine Herrin"

Dabei schließen sich indirekte nominale und präpositionierte pronominale Possession nicht aus:

---

736 Frandsen 1978: Tf. 5.
737 Ungewöhnliche Schreibung mit vorangestellter phonetischer Komplementierung.
738 Vermutlich zu ergänzen zu swḏ3-jb=k „du mögest informiert sein" (wörtl. „wohlbehalten/erfreut sei dein Herz").
739 Smither 1945: Tf. 5–5a; BM Datenbank: http://www.britishmuseum.org/research/collection_online/collection_object_details.aspx?objectId=114898&partId=1&searchText=%2210752%22&page=1 (Zugriff: 04.01.2014); The Ramesseum Papyri (BM Online Research Catalogue): http://tinyurl.com/lzl95ax (Zugriff: 04.01.2014).
740 Glanville 1928: Tf. 31–32. 35.
741 Gardiner 1951: 132–133.

(88) Papyrus Genf MAH D192 (20. Dynastie, Ramses XI.);[742] Z. 7:

nb	n	p3y=j		dmj.t
Herr(M.SG)	POSS	POSS:M.SG=1SG		Stadt.F.SG

„der Herr meiner Stadt"

Zum ersten Mal tritt das Phänomen des „Possessivartikels" im Textkorpus in Texten des frühen Mittleren Reiches auf, nur wenig später als die ersten Belege der pränominalen Demonstrativreihe *p3*:

(89) Papyrus Kairo CG 58045/JE 31061[743] (späte 11. Dyn.);[744] Kol. 8:

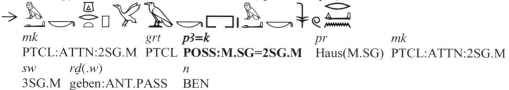

mk		grt	**p3=k**		pr	mk
PTCL:ATTN:2SG.M		PTCL	**POSS:M.SG=2SG.M**		Haus(M.SG)	PTCL:ATTN:2SG.M
sw	rd(.w)	n				
3SG.M	geben:ANT.PASS	BEN				

p3	wʿb	Nḫt	ʿ3.w=f
DEM:M.SG	Wab-Priester(M.SG)	Nacht(Eigenname)	Tür.M.PL=3SG.M
(j)ḫ.wt=f	nb.t		
Sachen.F.PL=3SG.M	alles:QUAN.F.SG		

„Siehe aber, **dieses**[745] dein Haus, siehe, es ist gegeben (verkauft)[746] an den Wab-Priester Nacht; seine Türen (und) alle seine Dinge."

Und regelmäßiger in Texten des späteren Mittleren Reiches:

(90) Papyrus London BM EA 10752 [=Papyrus Ramesseum C; Semna Despatch 5: rto. 4. Blatt, Zeilen 6–12] (Mittleres Reich);[747] Z. 11–12:

---

742 Černý 1939: 33–34 [H]; Janssen 1991: Tf. 61–62; MAH Datenbank: http://tinyurl.com/nnj2swd (Zugriff 18.05.2014).

743 James (1962: 92) und Bakir (1968: Tf. 7) geben die Nummer (JE) 91061 an, Bellion jedoch 31061, vgl. Bellion 1987: 118.

744 James 1962: Tf. 26–27; Bakir 1968: Tf. 7–7a.

745 Unklar ist zu diesem Zeitpunkt, ob der Determinierer im Falle des Antretens des Possessivsuffix noch demonstrative Funktion aufweist oder bereits als Artikel zu werten ist. Es ist m. E. vorschnell, die Funktion auf einen reinen „Possessivartikel" festzulegen und den Determinierer somit zu einem reinen Träger der pronominalen Possession zu reduzieren. Der Gebrauchskontext ist anamnestisch, sodass weiterhin demonstrative Aspekte möglich sind.

746 Vgl. Bakir 1968: 58.

747 Smither 1945: Tf. 5–5a; BM Datenbank: http://www.britishmuseum.org/research/collection_online/collection_object_details.aspx?objectId=114898&partId=1&searchText=%2210752%22&page=1 (Zugriff: 18.05.2014); The Ramesseum Papyri (BM Online Research Catalogue): http://tinyurl.com/

4.2 Morphosyntaktischer Wandel in nominalen Ausdrücken

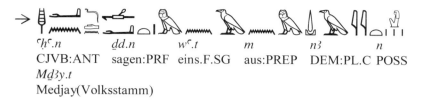

ꜥḥꜥ.n	ḏd.n	wꜥ.t	m	nꜣ	n
CJVB:ANT	sagen:PRF	eins.F.SG	aus:PREP	DEM:PL.C	POSS

Mḏꜣy.t
Medjay(Volksstamm)

hꜣ	rḏ.t(w)	n=j	**pꜣy=j**	Mḏꜣy
MODP	geben:SBJV.PASS	BEN=1SG	**POSS:M.SG=1SG**	Medjay(Volksstamm)

m
in:PREP

„Da sagte eine dieser Medjay-Frauen: Ach, möge man mir **meinen** Medjay(-Mann) geben in…[748]"

(91) Papyrus London UC 32216 [Griffith lot. LXV.1; Illahun Papyrus] (späte 12. Dynastie);[749] Z. 18–19:

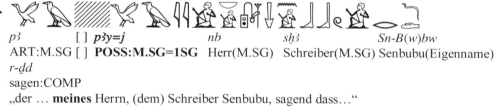

pꜣ	[ ]	**pꜣy=j**	nb	sḫꜣ	Sn-B(w)bw
ART:M.SG	[ ]	**POSS:M.SG=1SG**	Herr(M.SG)	Schreiber(M.SG)	Senbubu(Eigenname)

r-ḏd
sagen:COMP

„der … **meines** Herrn, (dem) Schreiber Senbubu, sagend dass…"

Zu Beginn des Neuen Reiches ist das Phänomen bereits weit verbreitet und kodiert schließlich im weiteren Verlauf die pronominale Possession der meisten Referenten. Ausnahmen bilden einige semantische Klassen, die zum Teil schon in der Entwicklung der Possession mit nominalen Referenten erwähnt wurden, allerdings lässt sich anhand der konsequent unterschiedlichen formalen Markierung eine deutliche Differenzierung in „unveräußerliche" Referenten vornehmen. Dies betrifft vor allem[750]

– Körperteile
– Bezeichnungen für „Name" (*rn*) und „selbst" (*ḏs*)
– z. T. relationale räumliche Konzepte, Ortsangaben (z. B. *w* („Bezirk"))
– z. T. Bezeichnungen für Eigentum, Einkünfte und Arbeitsleistungen
– z. T. abstrakte (mentale) Zustände (z. B. ꜥ „Befinden", *ḥr* „Aufmerksamkeit", *snb* „Gesundheit/Befinden")

---

lzl95ax (Zugriff: 18.05.2014).
748 Smither 1945: 9. Tf. 5a schlägt als Fortsetzung des Satzes „in diesem Augenblick" vor, hält die Lesung aber selbst nicht für sehr wahrscheinlich.
749 Griffith 1898: Tf. 37. Collier/Quirke 2002: 152.
750 Vgl. auch Černý/Groll 1975: 60–66; Junge ³2008: 59–60; Egedi 2010: 9.

Des Weiteren behalten einige Klassen die direkt suffigierte Possession bei, wenn sie in einem bestimmten Kontext gebraucht werden:

– Verwandtschaftsbezeichnungen in Kombination mit Eigennamen
– Herrscherbezeichnungen in formelhaften Kontexten (ḥm [„Majestät"]; nsw [„König"]; nb [„Herr"])
– z. T. Titel/Amtsbezeichnungen in Kombination mit Eigennamen („sein Schreiber NN")

Obwohl ČERNÝ und GROLL anmerken, dass „The fact that the direct genitive very often occurs under the same conditions as the pronominal suffixes indicates that the direct genitive expresses an identical notion of ‚belonging' [...]"[751], wurde bereits im vorangehenden Kapitel deutlich, dass eine solch klare semantische Trennung, wie sie bei der pronominalen Possession zu beobachten ist, in diesem Fall nicht möglich ist. Es sind Referenten betroffen, die in der Entwicklung der nominalen possessiven Konstruktion mit Relator keine Besonderheiten zeigten.

Das Ägyptische verhält sich somit in mehrfacher Hinsicht typologisch charakteristisch:

– Unveräußerliche Referenten werden (am deutlichsten in der Realisierung der pronominalen Possession) formal anders markiert als veräußerliche,[752]
– veräußerliche Possession ist ‚aufwendiger' markiert,[753]
– die unveräußerlichen Referenten zeigen weiterhin die ältere Art des Konstruktionsmusters.[754]

Typologisch ungewöhnlich ist jedoch, dass die unveräußerlichen Referenten nicht nur ein abweichendes Ausdrucksmuster der Possession aufweisen, sondern auch Einfluss auf die syntaktische Gestalt ihrer Nominalphrase zeigen, indem sie keine pränominalen Determinierer annehmen.

Die Frage ist jedoch zunächst, warum und unter welchen Bedingungen das Possessivsuffix an den Artikel migriert und wieso dies bei den unveräußerlichen Referenten eben nicht der Fall ist. Von phonologischen Einflüssen abgesehen [s. Kapitel 4.2.4] ist eine Erklärung für dieses Phänomen zunächst nicht offensichtlich. Voraussetzung für ein Abwandern des Suffixes ist zunächst das Antreten eines pränominalen Determinierers, was bei den unveräußerlichen Referenten z. T. nicht der Fall ist [s. unten]. Bei den veräußerlichen Referenten fällt hingegen auf, dass der in der Entwicklung logisch anzunehmende Zwischenschritt, die Abfolge **DET+N+POSS**, nicht auftritt. Im Textkorpus fanden sich für diese Kombination nur äußerst wenige Beispiele, von denen alle bis auf eines [Bsp. (93)] in einen Zeitraum datieren, zu dem die Entwicklung des „Possessivartikels" bereits abgeschlossen ist und somit nicht als Übergangsstadium klassifiziert werden können:

---

751 Černý/Groll 1975: 75.
752 Heine 1997: 172–175.
753 Vgl. Rijkhoff 1992: 59; Heine 1997: 172–175.
754 Vgl. Nichols 1992: 117. Heine 1997: 172–175.

(92) Papyrus Boston MFA E 38.2064, Abschnitt G [= pReisner II, section G] (12. Dynastie);[755] Kol. 3:

...p3   ḥꜥ.w=tn
...**DEM:M.SG** Lastschiff.M.PL=**2PL.C**
„**diese eure** Lastschiffe"

(93) Ostrakon Toronto ROM A11 (19. Dynastie, Ramses II.);[756] Z. 23:

ḥr   nfr   p3   sḫr.w=f
wegen:PREP Vollkommenheit(M.SG) **ART:M.SG** Plan.M.PL=**3SG.M**
"aufgrund (der) Vollkommenheit seiner Pläne[757]"

Doppelmarkierungen der Gestalt **DET+POSS+N+POSS** sind noch seltener:

(94) Papyrus Kairo CG 58054/JE 32748 (19. Dynastie, Sethos I.);[758] Z. 11:

m   p3y=k   w=k
in:PREP   POSS:M.SG=**2SG.M** Bezirk(M.SG)=**2SG.M**
„in **deinem** Bezirk"[759]

Es ist also zu beobachten, dass – bis auf die oben gezeigten Ausnahmen – das Suffix sofort an den pränominalen Determinierer wandert, sobald das Possessum mit einem solchem versehen ist. Der Wandel ist also, im Gegensatz zu den bisher beobachteten Grammatikalisierungsprozessen, abrupt.[760] Formal nicht zu erkennen ist hingegen, ob die Anlagerung an das vorangestellte Demonstrativ oder den bereits grammatikalisierten frühen Artikel antritt.[761] Das erste Beispiel (92) sowie ein Beleg im Papyrus London UC 32213 [Griffith lot. VI.5; Illahun Papyrus] (späte 12. Dynastie) zeigen am „Possessivartikel" noch

---

755 Simpson 1965: Tf. 10–10a.
756 Gardiner 1913: 16 b–o; Kitchen 1980: 31–44 [H].
757 Auffällig ist die Kombination des Artikels im Singular mit dem nachfolgenden Bezugswort im Plural.
758 Bakir 1970: Tf. 2–3. Tf. III–IV; Kitchen 1975: 323–324 [H]; Allam 1987: Tf. 3–4.
759 „Bezirk" wird in anderen neuägyptischen Kontexten bevorzugt weiterhin mit direktem Possessivsuffix konstruiert, z. B. m w=k („in deinem Bezirk") auf dem Ostrakon Toronto ROM A11 (19. Dynastie, Ramses II.), vso. Z. 19.
760 Zu graduellem vs. abrupten Wandel in Grammatikalisierungsprozessen vgl. z. B. Traugott 2003: 627–630. Grammatikalisierungsprozesse sind nicht notwendigerweise immer graduell, so können einzelne Stufen der Entwicklung abrupt sein. Bei der Migration des Suffixes selbst liegt jedoch gar kein eigener Grammatikalisierungsprozess vor, sondern die graduelle Ausweitung des Phänomens ist abhängig vom Fortschreiten der Grammatikalisierung des definiten Artikels [s. unten].
761 Haspelmath (2015: 277) plädiert typologisch für ein Antreten an das Demonstrativ in „demonstrative or anaphoric use", untersucht aber nicht detailliert die tatsächlichen Gebrauchskontexte und Schreibungen.

nicht die Endung mit Doppelschilfblatt, wie sie bei den späteren Schreibungen charakteristisch ist. Die Belege sind jedoch zu vereinzelt, um daraus zwingende Rückschlüsse auf die Art des nun mit Suffix versehenen Determinierers zu ziehen.[762] Allerdings scheint der Zeitpunkt des Auftretens des Phänomens zu früh, um wie Černý und Groll davon auszugehen, dass „The demonstrative adjective with pronominal suffix gave rise to the possessive article [...]"[763], da die Entwicklung des neuägyptischen Demonstrativs *pЗy* in den Belegen des Textkorpus erst gegen Ende des Mittleren Reiches beginnt und sich im Laufe des Neuen Reiches als produktive Alternative zu (stärker betontem?) *pЗ*-Demonstrativ/Artikel etabliert. Der „Possessivartikel" wird somit in seinen frühen Formen nicht an das jüngere Demonstrativ *pЗy* sondern offenbar dessen Vorläufer, das Demonstrativ *pЗ*, affigiert.[764] Zunächst einmal scheint die Anlagerung des Suffixes unabhängig von der Art des Determinierers, jedoch nicht von seiner Position, da die Abwanderung nur an pränominale Varianten stattfindet.

Aus typologischer Sicht lässt sich Weiteres zu dieser Art der Suffixmigration anmerken: In seinem Aufsatz zu ägyptischen Possessivkonstruktionen weist KAMMERZELL[765] darauf hin, wie dieses Phänomen in die Klassifizierungen von „*head-*" und „*dependent-marking*" einzugruppieren ist.[766] Diese Begriffe wurden seit den 1980er Jahren insbesondere durch die breit angelegten Studien von NICHOLS[767] geprägt, in denen sie Untersuchungen zur Verteilung verschiedener morphosyntaktischer Merkmale in den Sprachfamilien der Welt durchführte. In Hinblick auf possessive Konstruktionen konnte sie unter anderem feststellen, dass Konstruktionen mit veräußerlicher und unveräußerlicher Possession[768] in zahlreichen Sprachen unterschiedliche morphosyntaktische Realisierungen aufweisen und insbesondere, dass ein Zusammenhang zwischen unveräußerlicher Possession und „*head-marking*" zu bestehen scheint. Grundlegend merkt sie zunächst an, dass in einer phrasalen possessiven Konstruktion, die aus zwei Bestandteilen, dem Possessum (dem Kopf, laut NICHOLS) und dem Possessor (dem Dependent), bestünde, auch nur vier Möglichkeiten existierten, die Markierung[769] der Possession zu realisieren: entweder am Kopf (Possessum)

---

762 Brose (2014: 77) schließt (vermutlich aus denselben beiden Beispielen, er nennt seine genauen Belegstellen in diesem Fall nicht), dass es eine orthographische Entwicklung gegeben habe. Obwohl der Gedanke naheliegend ist, scheint die Beleglage m. E. hierfür zu gering, zumal auch in späteren Textzeugen gelegentlich *pЗ*+Suffix ohne verbindendes Doppelschilfblatt auftreten kann, z. B. in zwei Belegen der Schreibtafel Tafel Kairo JE 41790 [= Carnarvon Tablet 1] (17.–18. Dyn., Kamose), die sonst durchgängig das Doppelschilfblatt am „Possessivartikel" zeigt.
763 Černý/Groll 1975: 43.
764 Unklar bleibt, welche Funktion genau der Endung mit Doppelschilfblatt zuzuordnen ist: beim Antreten eines Suffixes könnte man eine Markierung des *status pronominalis* annehmen, bei der im Schriftbild gleichen Bildung des jüngeren Demonstrativs *pЗy* müsste es sich dann jedoch um den *status constructus* oder eine phonologische/morphologische Markierung des demonstrativen Charakters in Abgrenzung zum Artikel *pЗ* handeln. Brose (2014: 77, Fußnote 225) schlägt vor, dass es sich beim Doppelschilfblatt möglicherweise um den „zwischen den Konsonanten liegenden Vokal" handeln könnte und gibt zum Vergleich die koptischen Formen ⲡⲉϥ, ⲧⲉϥ, ⲛⲉϥ an.
765 Kammerzell 2000.
766 Siehe für das Koptische auch die Ausführungen von Reintges 2004: 86–87. 92–96.
767 Nichols 1986. Nichols 1988. Nichols 1992.
768 Zu Nichols Definition von ,veräußerlicher' und ,unveräußerlicher Possession' s. Nichols 1988: 561–562; diese steht nicht in Kontrast zu den in der vorliegenden Arbeit vorgestellten Konzepten.
769 Dabei versteht Nichols diese Markierungen einerseits als Kennzeichnung (der Existenz und der Art)

4.2 Morphosyntaktischer Wandel in nominalen Ausdrücken

oder dem Dependent (Possessor), an beiden simultan oder keinem der beiden. Das Ausdrucksmuster mit einer Markierung am Kopf nennt sie „*head-marking*", die Realisierung am Dependent „*dependent-marking*". Sind beide Partizipanten markiert, liegt ein Fall von „*double-marking*" vor.[770] Besonders interessant ist die Tatsache, dass einige Sprachen ‚gespaltene' Systeme aufweisen, indem sie bspw. für unveräußerliche Possession „*head-marking*" und für veräußerliche Possession keine overte Markierung verwenden. Die possessiven Markierungen selbst können unterschiedlich gestaltet sein, so z. B. als Kasusmarkierungen, Possessivaffixe oder Adpositionen.[771]

Überträgt man die Unterscheidung zwischen „*head-*" und „*dependent-marking*" auf die Stadien der Entwicklung der ägyptischen Possession, ergibt sich folgendes Bild:[772] Im älteren Ägyptisch handelt es sich um „*head-marking*" im Falle des sog. „direkten Genitivs", da das voranstehende Possessum in den *status constructus* gesetzt wird, sowie bei der Affigierung eines pronominalen Possessors an das Possessum, welches dann den *status pronominalis* zeigt. Die jüngere Konstruktion des „indirekten Genitivs" mit possessivem Relator stellt das Ausdrucksmuster „*dependent-marking*" dar, da hierdurch der Possessor markiert wird, auch wenn der Relator im älteren Ägyptisch mit dem Possessum kongruiert. Das heißt, dass der Relator Eigenschaften des Possessums indiziert, während *status constructus* im „direkten Genitiv" und *status pronominalis* bei Antreten eines Suffixes nur die Präsenz des jeweils folgenden Elementes registrieren. Es handelt sich bei letzteren also nicht im eigentlichen Sinne um „Possessivmarker", vielmehr ist die Deutung der possessiven Konstruktion nur in Kombination mit Wortstellung und lexikalischer Besetzung möglich. Das Possessivsuffix ist „Dependent", es bildet nicht selbst die possessive Markierung.

Mit der Entwicklung zum jüngeren Ägyptischen bleiben die bisherigen „*head-marking*"-Strukturen der nominalen Juxtaposition bzw. des pronominalen Possessivsuffixes am Bezugsnomen bestehen, allerdings nur für die Klasse der unveräußerlichen Referenten. Die „*dependent-marking*"-Struktur des „indirekten Genitivs" weitet sich auf alle Gebrauchskontexte mit veräußerlicher Possession aus und, besonders interessant, im Falle pronominaler veräußerlicher Possession migriert das Suffix an den präpositionierten Determinierer und verschmilzt zum sog. „Possessivartikel". Letzteres ist typologisch von Bedeutung, da es den Anschein hat, das Suffix würde zum Dependent (dem Demonstrativ

---

syntaktischer, aber auch semantischer Abhängigkeit, sowie andererseits als Träger der grammatischen und lexikalischen Kategorien, die sie an Kopf und Dependent der Phrase anzeigen. Sie unterscheidet ‚marking' für das Abhängigkeitsverhältnis und ‚indexing' für die Kategorien. S. Nichols 1986: 58.

770 Nichols 1986: 57; Nichols 1988: 558–559.
771 Vgl. Nichols 1992: 48–19. Durch diese morphosyntaktischen Markierungen können laut Nichols drei verschiedene Ebenen von sprachlichen Informationen ausgedrückt werden:
Indizierung: Die Markierung zeigt die Eigenschaften eines anderen Elements der Phrase/des Satzes an dem markierten Ausdruck an (z. B. Person und Numerus in der indoeuropäischen Verbalmorphologie)
Kodierung: Die syntaktische Funktion eines Elementes wird durch die Markierung gekennzeichnet (z. B. Kasusmorphologie)
Registrierung: Die Markierung zeigt die Präsenz eines anderen Elementes an, indiziert aber nicht seine Merkmale (z. B. die „definite Konjugation" des Ungarischen, welche das Vorhandensein eines definiten Objektes im Satz am Verb markiert, aber – abgesehen von der Definitheit – nicht seine Merkmale indiziert).
772 Vgl. Kammerzell 2000.

bzw. Artikel) wandern, dieser – vermutlich – in den *status pronominalis* treten und somit einen Fall von „*dependent-marking*" bilden, NICHOLS aber ganz deutlich konstatiert: „If any adposition or piece of affical morphology moves, it will go from the dependent to the head of the constituent, not vice versa."[773] Ein Lösungsansatz, den bspw. KAMMERZELL vorschlägt,[774] wurde bereits im Kapitel zur Entstehung des definiten Artikels angedeutet: In einigen grammatiktheoretischen Analysen wird der definite Artikel als Kopf der Phrase identifiziert und somit migriert das Suffixpronomen in der Determinansphrase vom abhängigen Element zum Kopf. Dieser Vorschlag ginge zwar konform mit einer der Beobachtungen NICHOLS[775], widerspricht aber ihrer Grundannahme, dass das Substantiv in einer Nominalphrase den Kopf und der Determinierer das abhängige Element darstellten, sodass zwei grammatiktheoretische Ansätze vermischt werden, die in dieser Hinsicht nicht übereinstimmen. Insgesamt ist die Analyse von Kopf- und Dependent-Strukturen nicht nur für das Ägyptische komplex, sondern auch in der Linguistik seit Jahrzehnten Gegenstand wissenschaftlicher Kontroverse [s. Kapitel 4.3.3].

Für die pronominale Possession im Ägyptischen lässt sich jedoch ableiten, dass die Migration von affixaler possessiver Morphologie keine Seltenheit darstellt und das jüngere Ägyptisch als System mit gespaltener Possession zu klassifizieren ist, wobei die Trennung aufgrund der prototypischen Eigenschaften der Referenten erfolgt. Diese Eigenschaften folgen sprachübergreifend einer Hierarchie:[776]

Körperteile < Verwandtschaftsbezeichnungen < Teil-Ganzes-Relationen < Kleidung, Werkzeuge < andere

Das heißt, wenn in einer Sprache Verwandtschaftsbezeichnungen als unveräußerliche Possession gelten, so tun dies auch Körperteile. Die Beleglage des Ägyptischen spiegelt das wider: Konsequent werden Körperteile mit suffigierter Possession und ohne Artikel konstruiert, Verwandtschaftsbeziehungen unter bestimmten Voraussetzungen,[777] und statt Teil-Ganzes-Relationen sind eher Einkünfte und Leistungen anzusetzen. Die semantische Klasse der Referenten hat noch weiteren Einfluss auf die Realisierung der direkt suffigierten oder präpositionierten pronominalen Possession, denn obwohl die Abwanderung des Suffix abrupt auftritt, ist die Ausbreitung des Phänomens für die Klasse der veräußerlichen Referenten graduell. Dies hat seine Ursache, wie bereits angedeutet wurde, in der Tatsache, dass die Suffixmigration abhängig von der Setzung eines pränominalen Determinierers ist, sodass der Wandel von der am Substantiv suffigierten Possession hin zu der Verwendung des „Possessivartikels" durch die Ausbreitung der pränominalen Determinierer, sei es nun Demonstrativ oder bereits Artikel, bedingt ist. In Texten der Zweiten Zwischenzeit zeigt sich

---

773 Nichols 1986: 84.
774 Kammerzell 2000: 106.
775 „A common type of split in NP's and PP's is one where constituents with pronoun dependents are head-marked, while those with noun dependents are dependent-marked." Nichols 1992: 53.
776 Vgl. Rijkhoff 1992: 58. Diese ist nicht zu verwechseln mit der Abstufung des Grades an Prototypikalität possessiver Konzepte in Abb. 3.
777 In einigen Sprachen der Welt ist es möglich, anhand formaler Markierungen Unterkategorien innerhalb der unveräußerlichen Referenten zu unterscheiden, bspw. vom Possessor kontrollierbare Körperteile („Kopf, Fuß") vs. unkontrollierbare („Blut, Haar"), vgl. Rijkhoff 1992: 61.

4.2 Morphosyntaktischer Wandel in nominalen Ausdrücken

dies deutlich an der parallelen Verwendung des direkten Possessivsuffixes und des „Possessivartikels" bei gleichem Possessum:[778]

(95) Stele Luxor J.43 [= 2. Kamose-Stele] (17.–18. Dynastie, Kamose);[779] Z. 1:

→

tw=k	tf.tj	r	gs	mšꜥ=k
PRS=2SG.M	zurückdrängen:RES.2SG	zu:PREP	Seite(M.SG)	Heer(M.SG)=2SG.M

„[…] du bist zurückgedrängt zu (der) Seite deines Heeres!"

(96) Stele Luxor J.43 [= 2. Kamose-Stele] (17.–18. Dynastie, Kamose);[780] Z. 2:

→

mšꜥ=j	m	s3=k
Heer(M.SG)=1SG	in:PREP	Rücken(M.SG)=2SG.M

„Mein Heer ist hinter dir." (wörtl.: Mein Heer ist in deinem Rücken.)

(97) Stele Luxor J.43 [= 2. Kamose-Stele] (17.–18. Dynastie, Kamose);[781] Z. 3:

→

sḏm.t(w)	hmhm.t	n.t	pꜣy=j	mšꜥ
hören:PRS.PASS	Gebrüll.F.SG	POSS.F.SG	ART.POSS:M.SG=1SG	Heer(M.SG)

„[…] wenn das Gebrüll meines Heeres gehört wird!"

Innerhalb der veräußerlichen Referenten lautet die Frage also nicht, unter welchen Umständen sich die pronominale Possession wandelt, sondern in welchen Kontexten ein pränominaler Determinierer gebraucht wird, der offenbar ‚automatisch' das Abwandern der suffigierten Possession erfordert. Wie zuvor festgestellt wurde, ist ein mit Possessivsuffix versehener nominaler Ausdruck bereits inhärent definit und spezifisch,[782] daher kann die Setzung eines Determinierers zu einem Zeitpunkt, in dem sie für definite nominale Ausdrücke noch nicht obligatorisch geworden ist, nur aus pragmatisch-deiktischen Gesichtspunkten erfolgen. Dies wiederum zeigt bspw. in den obigen Zeilen der Kamose-Inschriften [Beispiele (95)–(97)], dass die pragmatische Funktion des Determinierers für die Setzung in diesem Kontext ausschlaggebend war („Mein Heer" wird in Zeile 2 als Referent neu eingeführt und in Zeile 3 direkt anaphorisch wieder aufgegriffen; „dein Heer" wird in Zeile 1 als Referent neu eingeführt).

Im Gegensatz dazu nehmen die unveräußerlichen Referenten keine pränominalen Determinierer an, was mehreren Faktoren geschuldet sein kann: Einerseits sind die in Bezug auf den „Possessivartikel" ‚resistenten' unveräußerlichen Begriffe wie Körperteile

---

778 Dies ist kein Einzelphänomen, vgl. beispielsweise die juristische Inschrift der Stele Kairo JE 52453 (2. Zwischenzeit), nicht im Textkorpus. Lacau 1949: Tf. 1–2.
779 Helck ²1983: 91.
780 Helck ²1983: 94.
781 Helck ²1983: 91.
782 Vgl. Fußnote 455: Ausnahmen bilden offenbar Konstruktionen mit prädikativer Possession *wn*.

bereits definit und spezifisch, sodass keine zusätzliche Markierung notwendig scheint.[783] Andererseits können sie nicht auftreten, ohne selbst bereits in possessiven Relationen zu sein,[784] welche als belebte, unveräußerliche Possessionen sehr prototypisch sind, d. h. im Kernbereich der Konzepte stehen, die neue possessive Konstruktionen später oder gar nicht annehmen.[785] Es wurde zudem bereits gezeigt, dass bspw. Körperteile sehr häufig in Kombination mit Präpositionen gebraucht werden, was möglicherweise zusätzlich das Antreten eines pränominalen Determinierers behindert. GREENBERG vermerkt Ähnliches in Bezug auf Artikellosigkeit bei gewissen Referenten:

> „They [definite Nomen ohne overten Artikel, Anm. d. Verf.] may lack the article because they are automatically definite, e.g. vocatives, proper nouns, and possessed – particularly inalienably possessed nouns, such as kinship terms. On the other hand the unarticulated form often survives in various generic uses, […] in adverbial, particularly locative expressions, e.g. 'on foot', […] and as dependent members of nominal compounds."[786]

Interessant ist in diesem Zusammenhang, dass die oben erwähnten Bezeichnungen verwandtschaftlicher Beziehungen in Kombination mit einem nachfolgenden Eigennamen im jüngeren Ägyptisch die suffigierte Possession beibehalten, was die direkte Folge ihrer Artikellosigkeit in diesem Kontext ist. Ähnliches trifft übrigens auch für Amtsbezeichnungen und Titel zu, denen ein Eigenname folgt – sie nehmen oftmals ebenfalls keinen Artikel an, selbst wenn der Titel in anderen Kontexten damit gebraucht wird. Man beachte die jeweils kontrastierenden Beispiele:

(98) Papyrus Turin 1974 + 1945 (20. Dynastie, Ramses XI.);[787] Z. 1:

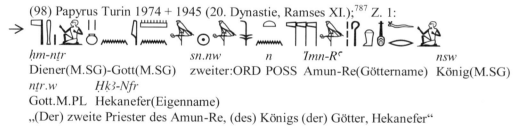

ḥm-nṯr   sn.nw   n   'Imn-Rꜥ   nsw
Diener(M.SG)-Gott(M.SG)   zweiter:ORD POSS Amun-Re(Göttername) König(M.SG)
nṯr.w   Ḥkꜣ-Nfr
Gott.M.PL   Hekanefer(Eigenname)
„(Der) zweite Priester des Amun-Re, (des) Königs (der) Götter, Hekanefer"

(99) Papyrus Turin 1974 + 1945 (20. Dynastie, Ramses XI.);[788] Z. 9:

---

783 Junge (³2008: 59) erwähnt bereits: „Eine geschlossene Gruppe von Substantiven, die durch das Merkmal ‚Bezeichnungen unveräußerlicher Gegenstände' gekennzeichnet werden können, bleibt artikellos; ihr Besitz wird in der Regel durch das Suffixpronomen als Possessivausdruck angegeben." S. auch Egedi 2010, die nachvollziehbar folgert, dass der syntaktisch gebundene Status sowie ihr relationaler Charakter für die Artikellosigkeit dieser Referenten verantwortlich zu machen sind.
784 Vgl. Rijkhoff 1992: 58–61. In einigen Sprachen der Welt ist es möglich, unveräußerliche Referenten, vor allem Körperteile, ohne die Nennung des Possessors zu gebrauchen (sog. „*possessor deletion*"). Im Ägyptischen erfolgt die Angabe jedoch sehr konsequent, am häufigsten in Form eines Possessivsuffixes oder ggf. durch eine nominale possessive Konstruktion. Vgl. auch Egedi 2010: 9.
785 Vgl. Fußnote 700.
786 Greenberg 1981: 106.
787 Černý 1939: 39–40 [H]; Janssen 1991: Tf. 97–98.
788 Černý 1939: 39–40 [H]; Janssen 1991: Tf. 97–98.

4.2 Morphosyntaktischer Wandel in nominalen Ausdrücken

>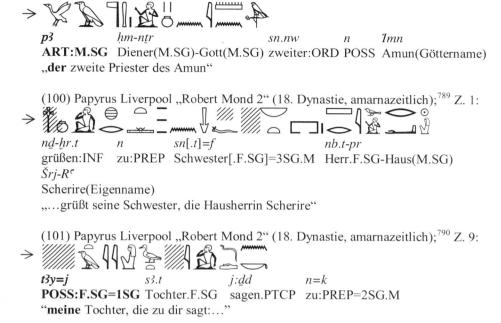
>
> p3   ḥm-nṯr   sn.nw   n   Jmn
> **ART:M.SG** Diener(M.SG)-Gott(M.SG) zweiter:ORD   POSS   Amun(Göttername)
> „**der** zweite Priester des Amun"

(100) Papyrus Liverpool „Robert Mond 2" (18. Dynastie, amarnazeitlich);[789] Z. 1:

> nḏ-ḥr.t   n   sn[.t]=f   nb.t-pr
> grüßen:INF   zu:PREP Schwester[.F.SG]=3SG.M Herr.F.SG-Haus(M.SG)
> Šrj-Rꜥ
> Scherire(Eigenname)
> „…grüßt seine Schwester, die Hausherrin Scherire"

(101) Papyrus Liverpool „Robert Mond 2" (18. Dynastie, amarnazeitlich);[790] Z. 9:

>
>
> t3y=j   s3.t   j:ḏd   n=k
> **POSS:F.SG=1SG** Tochter.F.SG sagen.PTCP   zu:PREP=2SG.M
> "**meine** Tochter, die zu dir sagt:…"

Bei Titeln und Amtsbezeichnungen scheint die Regel jedoch nicht so konsequent wie bei den Verwandtschaftsbezeichnungen:

(102) Papyrus London UC 32210 [Griffith lot. VIII.1; Illahun Papyrus] (späte 12. Dynastie);[791] Z. 10–11:

> p3y=k   ḥm-nsw   W3ḏ-h3w
> **POSS:M.SG=2SG.M** Diener(M.SG)-König(M.SG)   Wadjhau(Eigenname)
> „**dein** Königsdiener Wadjhau"[792]

Das bedeutet, dass Definitheit und Spezifität durch den in Apposition folgenden Eigennamen bereits maximal markiert sind und somit keinen definiten Artikel erfordern. Dies wiederum wirkt sich auf die Struktur der vorangehenden Phrase aus: ein in Apposition folgender Eigenname verhindert die Setzung eines pränominalen Artikels, sodass das Possessivsuffix keine andere Möglichkeit hat, als direkt am Substantiv realisiert zu werden.

Die Ursache für die Migration des Suffixes bei veräußerlichen Referenten muss jedoch in anderen Faktoren gesucht werden. Obwohl pränominaler Determinierer und Possessiv-

---

789 Peet 1930: Tf. 18–19, 22–25.
790 Peet 1930: Tf. 18–19, 22–25.
791 Griffith 1898: Tf. 35. Collier/Quirke 2002: 132.
792 Im gleichen Satz folgt interessanterweise: m rd.t sh3.w=f „beim Geben seiner Schriftstücke"; sh3.w=f ist weiterhin mit der suffigierten Possession (=f) versehen.

suffix funktional das Äquivalent dessen bilden, was in indoeuropäischen Sprachen Possessivpronomen darstellen, ist ihr Entstehungs- und Expansionsvorgang deutlich verschieden.[793] Die Einzelbestandteile des „Possessivartikels" sind zudem klar erkennbar. Zum Entstehungszeitpunkt des „Possessivartikels" hat der Determinierer seine Funktion als Markierung pragmatischer Definitheit in situativem, anaphorischem oder anamnestischem Gebrauch [vgl. Kapitel 4.2.1.1] offenbar noch nicht verloren, sodass davon auszugehen ist, dass er das betonte Element in der Nominal-/Determinansphrase darstellt. Das Suffix lagert sich an dieses Element an, ein Vorgang, der möglicherweise durch die Schwächung von Nominalendungen in Verbindung mit pränominalen Determinierern verstärkt wird [s. Kapitel 4.2.4]. Erstaunlich bleibt in jedem Fall die sofortige Abwanderung des Suffixes ohne Übergangsphänomene, die durch einen Grammatikalisierungsvorgang nicht zu erklären ist.

Zusammenfassend lässt sich festhalten: Entgegen der oftmals zu vereinfachten Trennung zwischen unveräußerlicher und veräußerlicher Possession, zeigt sich an den Beispielen des Textkorpus, dass possessive Konzepte sowie die Entwicklung ihrer formalen Markierung deutlich vielschichtiger sind. Für die fortschreitende Grammatikalisierung des sog. „indirekten Genitivs" wurde eine Entwicklung entlang der Abstufung prototypischer Konzepte vorgeschlagen, die es auf breiterer Basis älterer Textzeugen zu prüfen gilt. Es wurde zudem beobachtet, dass es sich im Unterschied zur graduellen Grammatikalisierung der indirekten „Genitiv"-Konstruktion beim Wandel der pronominalen Possession in den untersuchten Textzeugen um ein abruptes Phänomen handelt, dessen graduelle Ausbreitung in direkter Abhängigkeit von der Ausweitung der Gebrauchskontexte pränominaler Determinierer steht. Das jüngere Ägyptisch zeigt bekanntermaßen ein System der ‚gespaltenen' formalen Markierung possessiver Relationen, deren klare, strukturelle Trennung durch die Einführung detaillierter prototypischer Konzepte verfeinert werden kann. Dabei ist innerhalb der unveräußerlichen Referenten eine typologisch charakteristische Hierarchie nachzuverfolgen: Körperteile verwenden konsequent die ältere Konstruktion (aufgrund ihrer Artikellosigkeit), Verwandtschaftsbezeichnungen werden in bestimmten Kontexten (in Kombination mit Eigennamen) ähnlich realisiert.

Im Folgenden wird auf den Zusammenhang mit Veränderungen der Struktur substantivischer Endungen eingegangen, bevor Kapitel 4.3 sich Wandel in der Phrasen- und Satzstruktur des Ägyptischen zuwendet.

4.2.4 Wandel der Endungen am Substantiv

Das folgende Kapitel beschäftigt sich in einigen wenigen Aspekten mit dem teilweise postulierten Zusammenhang zwischen dem Abfall nominaler Endungen und der Herausbildung des definiten Artikels, ohne grundsätzlich die zahlreichen phonologischen, aber auch lexikalischen Veränderungen ägyptischer Substantive aufzuarbeiten.[794]

---

793 Vgl. Himmelmann 1997: 221 zur Kontextexpansion von Possessivpronomina: „D-Elemente breiten sich von pragmatisch-definiten Kontexten auf semantisch-definite aus, während Possessivpronomina sich umgekehrt von einem semantisch-definiten Kontext auf einen bzw. mehrere pragmatisch-definite Kontexte ausdehnen." Er merkt allerdings auch an: „Possessivpronomina sind selbst das Ergebnis eines Grammatikalisierungsprozesses, der eng mit der Grammatikalisierung von Personalpronomina verwandt ist, über dessen Details aber meines Wissens noch überhaupt nicht gearbeitet worden ist" (Himmelmann 1997: 219).

794 Zu diesen Aspekten vgl. detailliert bspw. Osing 1976; Kammerzell 1998(2009).

In der ägyptologischen Forschung wurden teilweise Veränderungen am Substantiv bzw. Verlagerungen der Akzentverhältnisse für die Herausbildung des definiten Artikels verantwortlich gemacht.[795] Durch phonologischen Schwund am Wortauslaut nominaler Ausdrücke seien sowohl die Genus- als auch die Numerusdistinktion geschwächt worden bzw. gänzlich abgebaut und diese Funktionen vom Artikel übernommen worden. KAMMERZELL merkt an, dass „grammatical elements expressing nominal categories were no longer identified with the vocalic tier fused with the root, but became isolated as a new additional element – the definite article – located to the left of the lexeme."[796] Aus grammatikalisierungstheoretischer Sicht ist es eher selten,[797] dass sich stärker grammatikalisierte Elemente wie Endungen wieder zu isolierten, selbständigen Elementen ‚rückbilden', da Grammatikalisierungsprozesse meist unidirektional verlaufen, d. h. vom weniger grammatischen zum stärker grammatischen Element. Üblicherweise gehen damit Verlust phonologischer Substanz, syntaktischer Selbständigkeit sowie semantischer Kraft einher, sodass eine solche entgegengesetzte Entwicklung kaum möglich scheint.

Die Gegenposition vertritt bspw. JUNGE[798], der deutlich formuliert:

> „Mittelägyptische Demonstrativa kongruieren mit dem näherbestimmten Substantiv in Geschlecht und Zahl; im Neuägyptischen muss man davon sprechen, daß die Artikel neben ihrer Artikelleistung […] nun auch zu den Trägern der Kennzeichnung von Geschlecht/Genus und Zahl/Numerus des determinierten Substantivs werden […]. Auch dies ist eine Folge der analytischen Tendenz. Und aus dieser Entwicklung folgt wiederum, daß die Genus- und Numerusmorpheme der Substantive (-*t*, -*w*) häufig nicht mehr notiert werden, und wenn doch, daß ihre Grapheme häufig nicht mehr verlässlich sind […]."

In der zugehörigen Fußnote nach dem ersten Satz („[…] Geschlecht und Zahl") ergänzt er:[799]

> „Und dies ist Form einer redudanten Markierung, weil Genus und Numerus mehrfach gekennzeichnet sind, am Substantiv und am Demonstrativum."

WINAND[800] scheint ähnlicher Ansicht, führt aber weniger explizit aus:

> „[…] la grammaticalisation de l'opposition défini/non défini au moyen des articles *p3, t3, n3* a entraîné la disparition progressive des terminaisons de nombre et de genre avec les substantifs et les adjectifs, mais aussi avec les participes et les formes relatives; […]"

---

795 Z. B. Hintze 1947; Hintze 1950; Fecht 1960: 203; Eyre 1994: 121; Kammerzell 2000: 103.
796 Kammerzell 2000: 103.
797 Vgl. dagegen die möglichen Typen von De-Grammatikalisierungen bei Heine/Reh 1984: 74–76 und die ausführliche Diskussion des Themas in Hopper/Traugott ²2008: 99–139 sowie Traugott 2003: 629 mit weiterer Literatur. Einen Fall von De-Grammatikalisierung im Ägyptischen bespricht Stauder 2015 mit der Entwicklung der flexionalen Passiv-Endung zu einem unpersönlichen Subjektspronomen.
798 Junge ³2008: 52.
799 Junge ³2008: 52, Fußnote 3.
800 Winand 1992: 19.

Die beiden Entwicklungen (Endungsschwund am Nomen und Herausbildung des Artikels) stehen offenbar in gegenseitiger Wechselwirkung – nur die zeitliche Abfolge der sprachlichen Veränderungen ist nicht klar zu bestimmen, was zu den unterschiedlichen Positionen in der Forschung führte.

Die Problematik der zeitlichen Abfolge kann in der vorliegenden Untersuchung nicht umfänglich gelöst werden, allerdings ist ein Beitrag zum vermeintlich kausalen Zusammenhang zwischen Endungsschwund und Ausbreitung des Artikels möglich: Der Verlust von Nominalendungen muss nicht ursächlich als Motivation der Artikelgenese angesehen werden,[801] wie im Folgenden gezeigt wird.

4.2.4.1 Überblick: Endungen ägyptischer Substantive

Das Genus ägyptischer Substantive ist lexikalisch bedingt – Substantiven ist ein Genus inhärent, wobei zwischen maskulin und feminin unterschieden wird. Während das Maskulin keine spezifische Endung aufweist, zeigen feminine Substantive in der Regel eine Endung -.*t*[802]. Diese kann zur Ableitung femininer Substantive von einem maskulinen Stamm genutzt werden, z. B. *sn* („Bruder") - *sn.t* („Schwester"), was jedoch nicht bei allen Lexemen der Fall ist, vergleiche *jt* („Vater"), *mw.t* („Mutter").[803] Die Bildungsweisen ägyptischer Plurale und Duale sind nicht einheitlich und lassen sich aufgrund der Überlieferungslage und des Schriftbildes nicht umfänglich nachvollziehen.[804] Bei zahlreichen Worten gleicht der geschriebene Konsonantenbestand im Plural dem des Singular,[805] nach ägyptologischer Konvention erfolgt jedoch die Angabe von Numerus am Substantiv in der Transkription über die Endungen -.*w* (M.PL), -.*wt* (F.PL),[806] -.*wj* (M.DU) und -.*tj* (F.DU), die sich bei manchen Worten auch in phonetischen Schreibungen im Schriftbild wiederfinden. Die Anzeige von Plural und Dual in geschriebenen Varietäten kann jedoch neben der (eher seltenen) phonetischen Wiedergabe auf unterschiedlichste Art erfolgen: Eine Mehrfach- (Zwei- bzw. Dreifach-)Setzung des entsprechenden Logogramms ist vor allem in den (monumentalen) Schriftzeugnissen der ältesten Sprachphase möglich, während in den hieratischen Brieftexten die Markierung am häufigsten über sog. „Pluralstriche" bzw. „Pluraldeterminative"[807] erfolgt, die der Schreibung meist nach dem Determinativ, aber vor evtl. Suffixen angefügt werden. Dabei erfolgt eine Pluralmarkierung auch, wenn das Wort nicht morphologisch Plural ist, sondern es Pluralität wiedergibt, so bspw. bei Kollektiva (z. B. *mnmn.t* – „Vieh/Herde", im jüngeren Ägyptisch

---

801 Vgl. aus linguistischer Sicht Alexiadou et al. 2007: 155.
802 Diese ist nicht zu verwechseln mit der formal gleich anmutenden Endung -.*t* verbaler Infinitive. Gerade Infinitive bzw. substantivierte Verbformen werden konsequent mit dem maskulinen Artikel bzw. Demonstrativ versehen.
803 Vgl. Schenkel 2012: 96. 98.
804 Vgl. Schenkel 2012: 101–102.
805 Ibd.
806 Der Pluralmarker wird vor der Femininendung -.*t* realisiert, vgl. Schenkel 2012: 101. In der vorliegenden Arbeit wird der Feminin-Plural nach Di Biase-Dyson et al. 2009 als -.*ụt* transkribiert, s. Anmerkung „Zum Verständnis der ägyptischen Beispiele".
807 Bzw. einer Kombination von phonetischer Schreibung der Endung und „Pluralstrichen", s. Schenkel 2012: 102–103.

𓅃 𓈗 𓃘 𓏥 *t3 mnmn.t* – „das Vieh/die Herde"⁸⁰⁸) oder bei Lexemen, deren Schriftbild dem Plural oder Dual entspricht (𓄤𓄤𓄤 *nfr.w* – „Schönheit").⁸⁰⁹ Über die Vokalisation oder das ‚Vorhandensein' einer Endung in der gesprochenen Varietät geben diese Schreibungen keinen eindeutigen Aufschluss.⁸¹⁰

4.2.4.2 Verlust nominaler Endungen

Dass erheblicher phonologischer Schwund am Wortauslaut ägyptischer Substantive stattfindet, lässt sich spätestens am Koptischen eindeutig belegen, einer Sprachphase, in welcher Nominalendungen, die in hieroglyphischer oder hieratischer Schrift noch bestimmte Auslautkonsonanten (bzw. -silben) zeigen, diese nachweislich eingebüßt haben.⁸¹¹ Es kann kein Zweifel bestehen, dass dieser Prozess bereits früher begonnen hat, der genaue Zeitpunkt dieser Veränderungen wird in der Forschung jedoch kontrovers diskutiert, da sich aufgrund der Besonderheiten der älteren ägyptischen Schriftarten die Beobachtung phonologischen Wandels als ausgesprochen schwierig erweist. Wie in Kapitel 3.1 bereits erwähnt, erschweren u. a. „defektive"⁸¹² sowie „historische Schreibungen"⁸¹³ die zeitliche Eingrenzung solcher Veränderungen. Die verlässlichsten Quellen für die Analyse der Struktur ägyptischer Worte bilden Wiedergaben in anderen Schriftsystemen, einschließlich des Koptischen, für prä-koptische Sprachphasen liegen solche jedoch erst aus der Zeit ab der Mitte des Neuen Reiches vor, wobei zu diesem Zeitpunkt viele der Konsonanten im Wortauslaut bzw. der letzten Silbe eines Wortes offenbar schon geschwunden waren.⁸¹⁴

Beobachtungen zu solchen lautlichen Prozessen in früheren Sprachphasen lassen sich nur indirekt anhand von Auffälligkeiten in den ägyptischen Schreibungen machen. SCHENKEL postuliert, dass ab dem Beginn des Mittleren Reiches zunehmend Femininendungen nicht mehr geschrieben würden, während andere Wandelphänomene u. a. einen Wechsel von *w>j* und *r>j* im Wortauslaut zeigten, die sich in Schreibung mit Doppelmarkierungen (-*wj* und -*rj*) manifestierten.⁸¹⁵ Nach SCHENKEL findet der Abfall von -*t* (und -*r*) im absoluten Auslaut zeitlich vor dem Neuen Reich und nach dem Alten Reich statt. Es sei möglich, dass zur Zeit der Regierung Sesostris' I. die Endung -*t* schon geschwunden war. Aufgrund der Beleglage müsse dieser Schwund nicht lange vor Beginn der 12. Dynastie stattgefunden haben. Er stellt jedoch selbst einschränkend fest:

---

808 Bsp. in Papyrus Berlin P 10463 (18. Dynastie, Amenophis II.); Z. 7. Caminos 1963: Tf. 6–6a.
809 S. Schenkel 2012: 103, Anm. 1 und 2.
810 Zur Diskrepanz zwischen geschriebener und gesprochener Sprache im Neuägyptischen s. Junge ³2008: 33–41 mit weiterer Literatur.
811 Peust 1999: 141.
812 Ein Konsonant wird in der Schriftform des Wortes nicht dargestellt, war in der gesprochenen Form jedoch (noch) erhalten.
813 Phonologischer Wandel hat bereits nachweislich stattgefunden, die Schrift behält allerdings die ‚traditionelle' Orthographie des Wortes bei.
814 Vgl. Peust 1999: 141.
815 Schenkel 1962: 47–65. Ebenso Fecht 1960: 7–34. Vergleiche dagegen Peust 1999: 140, der anhand koptischer Belege mit erhaltenem -*r* im Auslaut darauf verweist, dass der Wandel *r>j* möglicherweise nicht für alle Worte in dieser Abfolge stattgefunden hat.

> „Das -t wird wahrscheinlich nicht auf einmal völlig geschwunden sein, sondern über Zwischenstufen (etwa ꜣ oder j), die zu verfolgen aber nicht möglich ist. Deshalb ist auch nicht genau zu bestimmen, wann der dem -t vorausgehende Vokal in den absoluten Auslaut kam."[816]

Mittlerweile sind in der ägyptologischen Forschung die früheren Ansichten zur Struktur ägyptischer Worte in Frage gestellt worden, wonach nicht mehr sicher ist, dass die meisten Konsonanten sich überhaupt im ‚absoluten Auslaut' von Substantiven befunden haben, was wiederum die Silbenstruktur ägyptischer Substantive beeinflusst.[817] PEUST fasst zur Datierungsfrage zusammen:

> „Judging from evidence like this [keilschriftlicher sowie koptischer Wiedergabe ägypt. Worte, Anm. d. Verf.], it seems an appropriate generalization that most consonants that are found lost in Coptic were already absent in Egyptian at the time of the New Kingdom. However, the limited number of early transcriptions does not allow us to establish the rules in detail. Due to the graphical problems indicated, it is difficult to determine how long before the New Kingdom the losses took place. It will suffice to mention that, e.g. as far as the date of the loss of the phonological equivalent of < t > is concerned, opinions vary from the New Kingdom […] to the time of the invention of hieroglyphs […]."[818]

Im Textkorpus selbst konnten in Hinblick auf den Abfall der Nominalendungen keine zusätzlichen Informationen gewonnen werden. In den Fällen, in denen ein feminines Demonstrativ bzw. ein femininer Artikel antreten, zeigten die Substantive in der Schreibung in den allermeisten Fällen zumindest die Schreibung eines auslautenden -.t, wobei es sich dabei vermutlich um eine reine Schreibkonvention handelt – hat sich ein auslautendes -.t durch Antritt nachfolgender Silben (z. B. Suffix) in der Aussprache tatsächlich gehalten, wird in schriftlicher Form durch u. a. Doppelschreibungen oder verstärkende Graphien wie ⲟⲉ -tw bzw. -tj darauf aufmerksam gemacht.[819] Es fanden sich einige Ausnahmen, in denen gänzlich keine Femininendung angezeigt wurde, wobei die ramessidische Orthographie in hieratischen Schreibungen oftmals die Gestalt des Wortes zusätzlich verschleiert, z. B.:

---

816 Schenkel 1962: 67.
817 Vgl. zur Struktur ägyptischer Worte grundlegend Fecht 1960. Mit anderer Ansicht z. B. Peust 1999: 182–183. Dagegen Quack 2003b: insb. 446–447. Eine aktuelle Zusammenfassung des Forschungsstandes und weiterführende Analyse bei Schenkel 2009.
818 Peust 1999: 141.
819 S. u. a. Černý/Groll 1975: 6. Winand 1992: 90–93. Winand (1992: 92–93) weist zudem darauf hin, dass die verstärkenden Endungen immer nach dem Determinativ zu stehen kommen. Zudem betont er, dass einerseits die Schreibung bestimmter Zeichengruppen mit auslautendem -t einen ‚Automatismus' der Schreiber darstellen könnte und keine phonologische Realität widerspiegeln muss. Andererseits fielen in der Neuägyptischen Sprachphase die Laute /d/ und /t/ zusammen und würden in der Schrift zum Teil austauschbar, sodass auslautendes -t (oder sogar verstärktes -tw bzw. -tj) auch statt oder zusätzlich zu auslautendem -d erscheinen könne.

(103) Papyrus Paris BN 199,5–9 + 196,5 + 198,4 (20. Dynastie, Ramses XI.);[820] vso. Z. 15:

t3   mdw(.t)   n
ART:F.SG Rede(F.SG)   POSS
„die Rede des…"

(104) Ostrakon Oxford oAshmolean 0013 [= oGardiner 13] (19. Dynastie, Ramses II.);[821] Z. 7:

t3   mj(.t)
ART:F.SG Weg(F.SG)
„der Weg"

(105) Papyrus Leiden AMS 38b [= pLeiden I, 370] (20. Dynastie, Ramses XI.);[822] Z. 12:

t3ï   ꜥk3.y
DEM:F.SG   Transportschiff(F.SG)
„dieses Transportschiff"

Zur gleichen Zeit können auch Worte mit ‚eigentlich' femininer Endung den maskulinen Artikel erhalten:[823]

(106) Ostrakon Toronto ROM A11 (19. Dynastie, Ramses II.);[824] Z. 3:

p3   dmj.t
ART:M.SG Stadt.F.SG
„die Stadt"

(107) Papyrus Genf MAH D192 (20. Dynastie, Ramses XI.);[825] Z. 7:

---

820 Černý 1939: 5–7 [H]; Janssen 1991: Tf. 88–89.
821 Černý/Gardiner 1957: 9. Tf. 30–30a; Kitchen 1980: 29–30 [H].
822 Černý 1939: 9–11 [H]; Janssen 1991: Tf. 66–67; Rijksmuseum Leiden Datenbank: http://www.rmo.nl/collectie/zoeken?object=AMS+38b (Zugriff 18.05.2014).
823 Aber man beachte Erman/Grapow 1931(1971): 455–456, die bei maskulinen dmj „Ortschaft" anmerken: "die jüngeren mit vermutlich bedeutungslosem 𓍿 , 𓊖 geschr. Stellen sind hier aufgenommen; sie sind äusserlich von dem seltenen Femininum nicht zu scheiden, zu dem ein Teil von ihnen gehören könnte".
824 Gardiner 1913: 16 b–o; Kitchen 1980: 31–44 [H].
825 Černý 1939: 33–34 [H]; Janssen 1991: Tf. 61–62; MAH Datenbank: http://tinyurl.com/nnj2swd (Zugriff 18.05.2014).

→
nb   n   p3y=j   dmj.t
Herr(M.SG) POSS POSS:M.SG=1SG   Stadt.F.SG
"der Herr meiner Stadt"

Hingegen sind bereits in Belegen des Alten Reiches Schreibungen mit und ohne Femininendung zu finden, die allerdings den hieroglyphischen Schreibkonventionen oder rein graphischen Gründen geschuldet sein können und nicht auf eine phonologische Realität referieren müssen:

(108) Mastaba Saqqara LS16[S209], Inschriften Raschepses (5. Dynastie, Djedkare-Isesi);[826] Kol. 12 und 13:

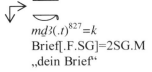
md3(.t)[827]=k
Brief[.F.SG]=2SG.M
„dein Brief"

md3.t=k
Brief.F.SG=2SG.M
„dein Brief"

Durch die Reduktion des Auslauts ägyptischer Substantive wird ebenfalls die Numerusdistinktion geschwächt, der Zeitpunkt dieses Schwundes ist aber aus den oben genannten Gründen ebenso schwer einzugrenzen wie die Genusdistinktion. Im Textkorpus werden nur wenige Substantive nach pluralischem n3 (n) ohne eine Form der Angabe ihres pluralischen Charakters geschrieben, zumeist sind „Pluralstriche" gegeben, was genauso wenig eine phonologische Entsprechung in der gesprochenen Sprache gehabt haben muss wie die auslautende Femininendung.

4.2.4.3 Zusammenhang mit der Artikelgenese

Aufgrund des Abfalls der Endungen maskuliner Substantive (-3, -ꜥ, -j, -y, -w)[828] sowie der oben erwähnten femininen Nominalendung (-.t) stellen Artikel und Demonstrativ im jüngeren Ägyptisch laut ČERNÝ und GROLL den einzig zuverlässigen Indikator des Genus und Numerus eines (semantisch nicht eindeutigen) Substantivs dar.[829] Falls ein direkter Zusam-

---

826 Sethe 1933: 179–180; Eichler 1991: 150.
827 Üblicherweise wird bei logographischer Schreibung die Femininendung ergänzt.
828 Vgl. Osing 1976: 30. 328–329.
829 Vgl. Černý/Groll 1975: 6. Osing (1976: 326–329) legt des Weiteren Beispiele vor, in denen die ursprünglichen Possessivsuffixe =f (3SG.M) und =s (3SG.F) fester Teil des Wortstammes geworden sind, in dem Bestreben „das Genus dieser Worte wieder deutlich durch ihre Form zu kennzeichnen, […]." Osing 1976: 328.

menhang zwischen dem Abfall der Endungen am Substantiv und der Herausbildung des definiten Artikels bestünde, müsste man einerseits annehmen, dass dieser Schwund vor oder gleichzeitig mit der Entstehung des Artikels abliefe, was nach obigen Betrachtungen nicht eindeutig belegt werden kann. Andererseits sollte der Artikel sich dann verstärkt in solchen Kontexten herausbilden, die durch Endungsschwund zusätzlicher morphologischer Markierung bedürften, d. h. vorrangig im adnominalen Bereich und vorrangig bei Substantiven, die ihre Endung auch tatsächlich verlieren.

Das ist zumindest in zweierlei Hinsicht nicht der Fall. Erstens umfassen die frühen Gebrauchskontexte der Demonstrativreihe *p3* nicht vorrangig den adnominalen Bereich, sondern verteilen sich gleichermaßen auf die Determinierung substantivierter Ausdrücke wie Relativformen, Partizipien und Infinitive sowie den selbständigen Gebrauch, wie bereits im Kapitel 4.2.1.6 dargelegt wurde. Zweitens ist an gleicher Stelle gezeigt worden, dass die Funktion der pränominalen Demonstrativreihe nicht primär die Angabe von Genus und Numerus war, sondern von (deiktisch-pragmatischer) Referenz.

Ob schließlich die adnominalen Gebrauchskontexte diejenigen sind, in denen die jeweiligen Substantive ihre Endungen einbüßen, ist schwer nachzuweisen. Der Zeitpunkt der lautlichen Reduktion bzw. des Abfalls nominaler Auslaute ist zumindest nicht sicher vor die Ausweitung des Demonstrativgebrauches bzw. des Artikels zu datieren, was oben erläutert wurde. Es sei darauf verwiesen, dass bspw. auch im Deutschen die Herausbildung des Artikels nicht ursächlich aufgrund der Übernahme der Funktionen nominaler Endungen erfolgt.[830] Somit ist die oben dargestellte Position von JUNGE und WINAND anhand der Beleglage nachvollziehbar: Die redundante Doppelmarkierung durch deiktisches Element und Nominalendung könnte aufgrund dessen reduziert worden sein.

Als letztes Argument ist bei einem nominalen Ausdruck mit demonstrativem Element in initialer Position eine Akzentverlagerung zu bedenken: Die Betonung geht schon allein aus sprach-pragmatischen Gründen zu Beginn der Entwicklung auf eben diesen voranstehenden Determinierer über, was einen Endungsverlust im dadurch unbetonten, nachfolgenden Nomen begünstigt, wie es auch durch den „stark expiratorischen Akzent" in neuägyptischen Komposita zur Reduzierung des Wortkörpers des Zweitnomens kommen kann.[831] Somit würde die Ausbreitung der pränominalen Demonstrativreihe/des späteren Artikels den Verlust der redundant markierten und unbetonten Nominalendungen bedingen.

In den vorangegangenen Kapiteln wurde zudem bereits gezeigt [s. vor allem Kapitel 4.2.1.6], dass nicht die von JUNGE genannte „analytische Tendenz" für die ‚Aufspaltung' von Nominalendung und Determinierer verantwortlich ist, sondern die Herausbildung einer neuen syntaktischen Kategorie sowie ihre Ausbreitung über zusätzliche Gebrauchskontexte, die zum Artikel führt [vgl. auch Kapitel 4.4].

---

830 Zur Herausbildung des Artikels im Deutschen s. Szczepaniak 2009: 73–79.
831 Siehe Junge ³2008: 36.

> *"One of the built-in limitations of human speech is its linearity."*
>
> Haiman 1985a: 237.

4.3 Morphosyntaktischer Wandel in der Phrasen- und Satzstruktur

Während sich die voranstehenden Betrachtungen auf Phänomene innerhalb der Nominal- bzw. Determinansphrase beschränkten, werden in den folgenden Abschnitten diese Erkenntnisse auf die Ebene der Verbalphrase bzw. Satzstruktur übertragen. Dabei werden drei grundlegende Wandelphänomene einbezogen, denen teils sprachliche Mechanismen zugrunde liegen, die im Bereich der Nominalphrase schon beobachtet werden konnten. Die weiteren Phänomenbereiche umfassen:

- die periphrastische Konstruktion verbaler Phrasen mit *jrj* („tun, machen")
- den Wandel von Haupt- zu Nebensatzmarkierung am Beispiel der Partikel *jw*,
- den allgemeinen Wandel in der Phrasen- und Satzstruktur des Ägyptischen mit Blick auf den Wechsel der Wortstellung von VSO > (Aux)SVO.[832]

Im Gegensatz zu den Betrachtungen der Nominal-/Determinansphrase werden diese Bereiche aufgrund ihrer Komplexität nur angeschnitten, um die Parallelität ihrer sprachlichen Wandelprozesse mit der Nominalphrase zu beleuchten – tiefergehende, detaillierte Analysen hätten den Rahmen der Untersuchung gesprengt, bieten aber vielversprechende Felder zukünftiger Untersuchungen.

4.3.1 Entwicklung verbaler Periphrasen mit *jrj*

Vereinzelt tritt bereits in Textzeugen des Alten Reiches ein Phänomen in Erscheinung, welches sich im jüngeren Ägyptisch zu einem der maßgeblichen Konstruktionsmuster verbaler Phrasen entwickelt: die Kombination von Verbalstämmen mit dem Verb *jrj* („tun, machen").[833] Im Ägyptischen ist der Verlauf dieser Entwicklung ähnlich komplex wie in den gut untersuchten indoeuropäischen Sprachen und muss daher ebenso auf verschiedenen Ebenen verfolgt werden, was – nach einigen einleitenden Bemerkungen zu periphrastischen Konstruktionen aus linguistischer Sicht [Kapitel 4.3.1.1] – zunächst unter Einbeziehung der ägyptologischen Forschungsliteratur erfolgt [Kapitel 4.3.1.2], um anschließend in den typologischen Kontext der ägyptischen Phrasenstruktur eingebunden zu werden [Kapitel 4.3.3].

4.3.1.1 Linguistische Grundlagen: Verbale Periphrasen

Der Grammatikalisierungsprozess von Konstruktionen mit periphrastischen Verben ist typologisch gut belegt und führte in vielen Sprachen zu einer geschlossenen Klasse von

---

832 Vgl. z. B. Kroeber 1970; Kammerzell 1998(2009): 81–92.
833 Vgl. z. B. Kroeber 1970: 181; Schenkel 2012: 270. Ausführlich analysiert das Phänomen jüngst auch Kammerzell 1998(2009): 172–193.

sog. „Hilfsverben", die in Kombination mit lexikalischen Verben vor allem modale und/oder temporale Aspekte vermitteln.[834]

Die Funktion als Vollverb ist dabei entlang des Grammatikalisierungspfades naturgemäß die erste Station.[835] Interessant sind hingegen die nachfolgenden Schritte der Gebrauchskontextausweitung, die für die Grammatikalisierung von Auxiliaren (sog. „Auxiliarisierung") typischerweise folgende Stufen, die nicht notwendigerweise als strikt aufeinander aufbauende Stadien anzusehen sind, umfasst:[836]

– paralleles Auftreten der unterschiedlichen Ausdrucksmuster („*layering*", d. h. eine ‚Schichtung' der Konstruktionen)
– auseinanderdriftende Weiterentwicklung des Ursprungslexems, das mit unveränderter Bedeutungsreichweite weiterexistieren kann, und des abgespaltenen Funktionsverbes (**Divergenz**)
– die stärkere Verbreitung des neuen Funktionsverbes gegenüber konkurrierenden Lexemen, die sich aus anderen Verben abgeleitet haben könnten (**Spezialisierung**)
– eingeschränkte Verwendung in bestimmten Gebrauchskontexten, z. B. ist die Kombination von Ursprungslexem und neu grammatikalisiertem Auxiliar zumeist noch nicht möglich, solange der Grammatikalisierungsprozess nicht abgeschlossen ist (**Persistenz**)
– Verlust der meisten morphosyntaktischen Eigenschaften (**Dekategorialisierung**)

Weiterhin beachtenswert ist die Tatsache, dass typologisch gesehen Auxiliarisierungen häufig mit einem Wechsel der Funktion der Kodierung von Aspekt zu Tempus einhergeht,[837] was allgemein der ägyptischen Sprachentwicklung als Wandel von einem aspekt- zu einem tempusmarkierenden System attestiert wird.[838]

4.3.1.2 Phasen der Entwicklung verbaler Periphrasen mit jrj

Das (Hilfs-)Verb *jrj* vereint am Übergang zum jüngeren Ägyptisch noch unterschiedliche Funktionen unter einer homonymen Gestalt, die sich von verschiedenen Anwendungsbereichen in den älteren Sprachphasen herleiten. Mehrere Faktoren tragen zu seiner Grammatikalisierung bei, bevor es u.a. als präfigiertes Perfektmorphem im Koptischen ‚endet'.[839] Zu unterscheiden sind folgende Kontexte, in denen *jrj* vor dem Neuen Reich eingesetzt wird (das lexikalische Verb folgt nach Angabe des Subjekts jeweils im Infinitiv):[840]

– als lexikalisches Vollverb („tun, machen") mit direktem Objekt

---

834 Vgl. z. B. Traugott 2003: 626; Hopper/Traugott ²2008: 55–58; Szczepaniak 2009: 5–6. 129–164.
835 Vgl. z. B. Lehmann ²2002: 29.
836 Szczepaniak 2009: 130–131. Sie betont: „Diese Prinzipien sind nicht als chronologische Stadien der Grammatikalisierung zu verstehen, sondern als Gesetzmäßigkeiten bei der Entwicklung einer grammatischen Funktion." Szczepaniak 2009: 131.
837 Vgl. Szczepaniak 2009: 133.
838 Vgl. zusammenfassend Ritter 1995: 45–68 mit weiterführender Literatur und Kritik an dieser Sichtweise.
839 Vgl. Loprieno 1995: 220–221; Kammerzell 1998(2009): 174–176.
840 Vgl. zur Ausweitung und Funktionsreichweite der Periphrasen auch Junge ³2008: 100–103.

- als Periphrase langer Verbalwurzeln (mit vier oder mehr Wurzelkonsonanten) sowie (langer) univerbierter verbaler Ausdrücke[841]
- als Periphrase von Verben der Bewegung, unabhängig von ihrer Länge[842]
- als alternatives/ablösendes Ausdrucksmuster bestimmter Verbalkonstruktionen[843]

Soweit erkennbar, findet die Entwicklung im Ägyptischen auch in der oben genannten Reihenfolge statt: Aus dem lexikalischen Vollverb leitet sich schon im Alten Reich zunächst die Periphrase langer Verbwurzeln ab, um offenbar ein einheitliches Flexionsmuster zu erzeugen, da aufgrund der Ableitung dieser längeren Verbwurzeln, die zumeist aus der Reduplikation kürzerer Verben, der Kausativbildung oder der Univerbierung zusammengesetzter verbaler Ausdrücke entstanden, kein eigenes Flexionsmuster zur Verfügung stand.[844] Die Periphrasen dieser Wurzeln erzeugen dieselben Tempus- bzw. Aspektmerkmale wie die korrespondierenden synthetischen Verbformen. Durch diese periphrastische Bildungsweise war eine Kontrastierung der Gebrauchsweisen wie bei anderen Verbformen durch die markierte Variante mit der Periphrase *jrj* nicht möglich.[845]

Scheinbar unabhängig[846] von diesem Schritt beginnt laut KRUCHTEN[847] in der Zweiten Zwischenzeit die Bildung periphrastischer Konstruktionen in Bereichen, in denen Verbformen ihre morphologischen Endungen zur Anzeige von Aspekt bzw. Tempus einbüßten: Im Neuägyptischen stehen sich einige Verbformen in komplementärer Distribution gegenüber, die einen scheinbar gleichen Funktionsradius aufweisen. Dazu zählen die mit Hilfe eines *j*-Präfixes[848] markierten Formen des emphatischen (d. h. nominal gebrauchten, initial stehenden) *j:sḏm=f*, das aktive Partizip *j:sḏm* sowie die *j:sḏm=f* Relativform gegenüber den Periphrasen dieser Formen mit *jrj*, namentlich *j:jr=f sḏm* (emphatisch), *j:jr sḏm* (aktives Partizip) und *j:jr=f sḏm* (Relativform).

In seinen Darlegungen konstatiert KRUCHTEN[849] (u. a. auf der Basis von WINAND[850]), dass die periphrastischen Konstruktionen die im Paradigma jeweils fehlenden Merkmale ihrer gegenüberstehenden Form ausfüllen/annehmen. Das betrifft einerseits eine modal/indikative Opposition sowie andererseits ein tripartites tempusmarkierendes System.

---

841 Dies stellt im älteren Ägyptisch zunächst eine Auffälligkeit nicht-literarischer Texten dar, s. Kroeber 1970: 181. Im Neuägyptischen betrifft dies alle langen Verbalwurzeln, s. Černý/Groll 1975: 160–161.
842 Ein Phänomen mittelägyptischer, literarischer Texte, s. Gardiner ³1957(2001): 395; Kroeber 1970: 181; Kammerzell 1998(2009): 185–186; Schenkel 2012: 270.
843 Emphatische Formen, aktive Partizipien, Relativformen, vgl. Winand 1992; Kammerzell 1998(2009): bes. 175; Kruchten 1999; Kruchten 2000.
844 Kruchten 2000: 60. Vgl. auch Kroeber 1970: 181. Die langen Verbwurzeln weisen nur einen Infinitiv und einen Stativ ohne Periphrase auf.
845 Kruchten 2000: 60.
846 Vgl. Kroeber 1970: 181, Fußnote 6: „Daß das neuäg. j-jr.f sḏm nicht einfach die Fortsetzung des seltenen mittelägyptischen Gebrauchs der Periphrase mit jrj darstellte, hat schon Parker, RdE 10 (1955), p. 50, Anm. 4, hervorgehoben; es wurde weiterhin unterstrichen von Westendorf, ZÄS 84 (1959), p. 154, A. 3. Die generelle neuäg. Periphrase unterscheidet sich von der gelegentlichen mitteläg. Periphrase in mehrfacher Hinsicht: Die Funktion ist ausgeweitet, die Grammatikalisierung ist eingetreten, es werden auch 3-rad. Verben umschrieben."
847 Kruchten 1999; Kruchten 2000.
848 Auch als „*j*-Augment" oder „prothetisches *j*" bezeichnet, vgl. Fußnote 232.
849 Kruchten 1999; Kruchten 2000.
850 Winand 1992.

4.3 Morphosyntaktischer Wandel in der Phrasen- und Satzstruktur

Diese ‚paradigma-ausgleichende' Funktion leitet sich laut KRUCHTEN aus der Entstehungsgeschichte der Formen ab. Er zeigt anhand eines kleinen, diachronen Textkorpus, dass aufgrund phonologischen Wandels einige Verbformen ihre morphologischen Endungen einbüßten und dadurch die Herausbildung alternativer Ausdrucksmuster zur Übernahme der Flexionsfunktion bzw. zur Auflösung von Ambiguität aufgrund formal gleicher Formen angeregt wurde.[851] Diese bestünden in den periphrastischen sowie mit *j*-Präfix versehenen Bildungsweisen.

Sowohl bei den Partizipien als auch den Relativformen übernähmen nach seiner Analyse die periphrastischen Formen die Kodierung des Präsens, während die mit Augment versehenen das Perfekt vermitteln. Die futurische Komponente des Paradigmas würde von periphrastischen Formen mit Relativmarker + Pseudoverbaler Konstruktion (Futur) übernommen, nach dem Muster:

ntï   jw=f   r   sḏm   (=f)
REL   {PTCL=3SG.M PREP   hören:INF}FUT (=3SG.M)
„wörtl.: von dem gilt: er wird hören"

Im Gegensatz zur tempusdifferenzierenden Funktion erzeuge die Gegenüberstellung der emphatischen Formen einen Aspekt-Kontrast: Die periphrastische Konstruktion *j:jr=f sḏm* übernimmt die indikative Funktion der in ihr vereinten Ursprungsformen des emphatischen *mrr=f* mit Präsens-Tempus (markiert durch Reduplikation[852] des letzten Wurzelkonsonanten) und des emphatischen, perfektivischen *sḏm.n=f* (markiert durch Perfekt-Morphem -*.n*). Die modale (aber auch futurische) Sphäre des ursprünglich prospektiven(-subjunktiven)[853] *sḏm=f*, welches nicht den phonologischen Schwund der obigen Formen durchlaufen habe, gehe auf das (*j:*)*sḏm=f* Konstruktionsmuster über.

Den Zeitpunkt dieser Entwicklungen grenzt KRUCHTEN einerseits auf die Zweite Zwischenzeit ein, zu welchem der Verlust des Tempusmorphems -*.n* des prädikativen *sḏm.n=f* (im Neuägyptischen das sog. „Perfekt I" bzw. Perfekt aktiv) einsetze und andererseits gegen Ende der 18. Dynastie, zu dem das emphatische *sḏm.n=f* sowie der negative Aorist das Tempusmorphem verlören. Die Markierung durch Reduplikation bei den emphatischen Formen schwindet laut KRUCHTEN spätestens während der Amarna-Zeit.[854]

Die Ausweitung der Periphrase auf die prädikativen Verbformen erfolge jedoch erst gegen Ende der 18. Dynastie, da diese Formen bis dahin nicht durch den phonologischen Wandel betroffen waren.[855] KRUCHTEN formuliert in Bezug auf die prädikativen Formen:

> „Of course, to supply the temporal or modal values lost because of the phonetic changes during the late XVIIIth dynasty, differentiated verb forms had to be recreated starting from the simple formations inherited from earlier stages of the languages. Hence, the recourse to the verb *iri* to produce these new marked patterns.

---

851 Ähnlich argumentiert auch bereits Eyre 1994: 121.
852 In der ägyptologischen Literatur häufig als „Gemination" bezeichnet. Vgl. Schenkel 2012: 33.
853 Zur Komplexität der futurisch-subjunktiven Formen vgl. bspw. Zonhoven 2000: 104–108; Schenkel 2012: 203–207. 215–217. 226–229.
854 Zusammenfassend Kruchten 1999: 27–28; Kruchten 2000: 57–58.
855 Aufgrund der unterschiedlichen Betonung der Formen, s. Kruchten 1999: 12; Kruchten 2000: 57.

> This is the reason why the LE [Late Egyptian, Anm. d. Verf.] *iri* verb forms always stand in complementary distribution with the old unmarked formations they derived from, these retaining their original ME [Middle Egyptian, Anm. d. Verf.] meaning while the newly derived form patterns quite naturally took the values which were expressed by the extinct ME verb forms."[856]

Die Entwicklungsabfolge stellt sich nach KRUCHTEN folgendermaßen dar:[857]

– Verbformen, die nicht (mehr) durch Reduplikation oder Tempusmorphem -*n* gekennzeichnet sind, behalten bis gegen Ende der 18. Dynastie Tempus und Modus der früheren Sprachphasen bei;
– bis zum Ende der 18. Dynastie werden alle Verbformen, die bis zu diesem Zeitpunkt durch Reduplikation oder das Tempusmorphem -*n* gekennzeichnet sind, durch periphrastische Bildungsmuster mit *jrj* ersetzt [s. oben], dabei sind diese in komplementärer Distribution zu den älteren Konstruktionen verteilt; die Periphrasen mit *jrj* stellen die markierte Variante zu den älteren Formen dar.

Den Prozess der Formation dieser Formen bezeichnet er als „*allonymic dissimilation*"[858]. Ab der 19. Dynastie beginnt nach KRUCHTEN die Ausweitung der Gebrauchskontexte der periphrastischen Konstruktionen auf weitere verbale Kontexte, diesmal nicht zum Zwecke der Kontrastierung unterschiedlicher Funktionsreichweiten, sondern als ‚simple' Analogiebildung:

> „[…] the verb forms built with *iri* which appeared after those prompted by the phonological changes of the Amarna Period were in complementary distribution with their corresponding simple verb form, not according to their temporal or modal value as the result of another process of allonymic dissimilation, but diachronically, as the result of a steady process of spreading by analogy of the periphrastic patterns to the detriment of the former suffixal or participial formations."[859]

In seinen überzeugenden Ausführungen berücksichtigt KRUCHTEN erst Textzeugen ab der Zweiten Zwischenzeit, wodurch frühere Belege der *jrj*-Periphrasen nicht in die Betrachtungen mit einbezogen werden. Daher bietet KRUCHTEN auch keinen Erklärungsansatz für die Periphrase von Verben der Bewegung im Mittleren Reich sowie dem (vereinzelten) Auftreten in weiteren Kontexten ohne lange Verbalwurzeln.

KAMMERZELL hingegen macht deutlich, dass bei der Entwicklung offenbar alle der oben genannten Entwicklungsstränge eine Rolle spielten und es sich seit den frühesten Belegen um ein sprachinternes, nicht durch Sprachkontakt induziertes Phänomen handelt.[860]

Im Textkorpus findet sich das Phänomen der *jrj*-Periphrasen bereits zu Beginn des Mittleren Reiches in den Hekanacht-Papyri:[861]

---

856 Kruchten 1999: 29.
857 Kruchten 1999: 48–51.
858 Kruchten 2000: 57.
859 Kruchten 2000: 65.
860 Kammerzell 1998(2009): 191–193.
861 Vgl. diese Beispiele auch bei Kroeber 1970: 182–185 und Kammerzell 1998(2009): 189.

4.3 Morphosyntaktischer Wandel in der Phrasen- und Satzstruktur   183

(109) Papyrus New York MMA 22.3.516 [= pHekanacht I] (frühe 12. Dynastie);[862] Kol. 3:

jr	n=k	rḏ.t	hꜣy	Ḥtï
machen:IMP	PREP=2SG.M[863]	veranlassen:INF	herabsteigen:SBJV	Heti(Eigenname)

sꜣ   Nḫt
Sohn(M.SG) Nacht(Eigenname)

ḥnꜥ	Sꜣ-Nb-Nw.t	r	Pr-Ḥꜣꜣ
zusammen mit:PREP	Sanebnut(Eigenname)	nach:PREP	Perhaa(Toponym)

„Lass Heti, (den) Sohn (des) Nacht zusammen mit Sanebnut nach Perhaa herabsteigen"
(wörtl.: Mache du (das) Veranlassen, dass Heti, (der) Sohn (des) Nacht herabsteigt, zusammen mit Sanebnut, nach Perhaa)

(110) Papyrus New York MMA 22.3.516 [= pHekanacht I] (frühe 12. Dynastie);[864] vso. Kol. 13 (retrograd):

jr	n=k	grt	rḏ.t	tꜣ	bꜣk.t	n.t
machen:IMP	PREP=2SG.M	PTCL	geben:INF	DEM.F.SG	Dienerin.F.SG	POSS.F.SG

pr	Snn	ḥr	tꜣ	n	pr=j
Haus(M.SG)	Senen(Eigenname)	auf:PREP	Erde(M.SG)	POSS	Haus(M.SG)=1SG

"Wirf diese Hausdienerin Senen aus meinem Haus!"
(wörtl.: Mach du (das) Geben dieser Dienerin des Hauses Senen auf die Erde/den Boden meines Hauses)

(111) Papyrus Boston MFA E 38.2064, Abschnitt E [= Papyrus Reisner II, section E] (12. Dynastie, Sesostris I.);[865] Kol. 3:

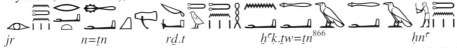

jr	n=tn	rḏ.t	ḥꜥk.tw=tn[866]	ḥnꜥ
machen:IMP	PREP=2PL.C	veranlassen:INF	rasieren:SBJV PASS =2PL	und:CNJ

ꜥꜣ=tn
Verb[867]:SBJV=2PL.C

---

862 James 1962: Tf. 1–1a; Goedicke 1984: Tf. 4; Allen 2002: Tf. 8–9. Tf. 26–27.
863 Als Verstärkung des Imperativs.
864 James 1962: Tf. 4–4a; Goedicke 1984: Tf. 7; Allen 2002: Tf. 8–9. Tf. 28–29.
865 Simpson 1965: Tf. 8–8a.
866 Der erste Klassifikator hinter dem Verb ḥꜥk ist im Hieratischen unklar. Statt des zu erwartenden Gardiner Sign-list U37 verwendet Simpson in seiner hieroglyphischen Transliteration T110, s. Simpson 1965: Tf. 8a. Hannig (2006: 1976) wählt U37 und gibt u. a. genau diese Belegstelle an. Erman/Grapow 1929(1971): 365 führen ebenfalls U37 als Möglichkeit auf.
867 Die Bedeutung des Verbs ꜥꜣ ist ungeklärt.

m	*š3.t.n=j*	*n=tn*	*nb.t*
gemäß:PREP	anordnen:REL.F.ANT=1SG	BEN=2PL	alles:QUAN.F.SG

„Lasst euch rasieren und VERB(tut) gemäß allem, was ich für euch angeordnet habe."
(wörtl.: Macht ihr (das) Veranlassen, dass man euch rasiert und VERB(tut) gemäß dessen, was ich für euch alles angeordnet habe)

In allen drei Beispielen handelt es sich beim lexikalischen Verb weder um eines der Bewegung, noch um eine lange Verbalwurzel. KROEBER weist darauf hin, dass es sich immer um die Periphrase des Verbs *rdj* „geben; veranlassen" handele und geht davon aus, dass dieses Verb seine volle lexikalische Kraft bereits eingebüßt habe und daher in Kombination mit den nachfolgenden Verben als Kausativ-Präfix reanalysiert worden sei. Durch diese Reanalyse wäre (Präfix)*rdj* + Verb als lange Verbalwurzel angesehen und mit der *jrj*-Periphrase versehen worden. Durch Analogiebildung habe sich die Form dann auf weitere Gebrauchskontexte von *rdj* und schließlich auf weitere verbale Kontexte ausgeweitet.[868] Obwohl KROEBER damit eine nachvollziehbare Erklärung liefert, beschränkt sich die Periphrase mit *jrj* jedoch auch zu einem frühen Zeitpunkt weder ausschließlich auf lange Verbalwurzeln noch auf Periphrasen von *jrj*:[869]

(112) Mastaba Giza G1201 [Opferkammer des Ibi, Sohn des Wepemnefret, Ostwand] (4. Dynastie[870]/5. Dynastie[871]); 2. Register, 1. Szene[872] (nicht im Textkorpus):

jr	*n=k*	*dnj*
machen:IMP	PREP=2SG.M	abdichten:INF

„Dichte du ab!"

Der Zusammenhang dieser speziellen Periphrasen ist somit offensichtlich der Gebrauch im Imperativ. Bereits GARDINER weist auf diese Möglichkeit der periphrastischen Konstruktion als „special uses of the imperative" hin: „The imperative ⟨⟩ *ir* ‚make' is occasionally used with an infinitive as a periphrasis for the simple imperative."[873] Eine Begründung gibt er nicht, aber es handelt sich offensichtlich um eine Methode zur Verstärkung des Imperativs. Dieser Eindruck wird durch die explizite Angabe des Subjekts des Imperativs in den Belegen noch verstärkt. Interessanterweise sind alle Belege, die EDEL in seiner „Altägyptischen Grammatik" zur Periphrase langer Verbalwurzeln angibt, ebenfalls im Imperativ konstruiert und werden auch unter „Umschreibung des

---

868 Kroeber 1970: 182–185.
869 Vgl. weitere Beispiele bei Kammerzell 1998(2009): 187.
870 Nach http://www.gizapyramids.org/view/sites/asitem/PeopleTombs@1923/0?t:state:flow=97d1e3f2-6b8f-4618-8751-8e09709b13f2 (Zugriff 26.05.2014).
871 Nach Hassan 1936: 200.
872 Hassan 1936: Abb. 219.
873 Gardiner ³1957(2001): 259.

Imperativs" eingeordnet als spezielle Bildungsweise der (ohnehin seltenen) vierradikaligen Verben in diesem besonderen Gebrauchskontext.[874]

Auch bei den Verben der Bewegung[875] in mittelägyptisch literarischen Texten scheint die Periphrase eine verstärkende Funktion zu haben:

(113) Sinuhe B 5–6 (nicht im Textkorpus, Bsp. nach GARDINER und SCHENKEL[876]):

jr.t=j   šm.t   ḫnt.yt
machen:INF[877]=1SG   fortgehen:INF   südwärts:ADV
„Dann ging ich südwärts fort." (wörtl.: Ich machte (ein) südwärts Weggehen)

Ab der 18. Dynastie wird die periphrastische Konstruktion stets zur Verstärkung des Imperativs (m) des Negativverbs jmj „nicht (tun)" verwendet, sodass m jr + INF zur Standardkonstruktion des Vetitivs wird.[878] KRUCHTEN vermutet, dass es „an effective way to strengthen the too insubstantial negation of the imperative"[879] war, wie es auch schon KROEBER vermutete.[880] Da, wie oben gezeigt, die verstärkende Periphrase des (affirmativen) Infinitivs jedoch schon vor der Ausbreitung der Vetitiv-Konstruktion in Gebrauch war,[881] könnte sich durch Reanalyse der periphrastischen Konstruktion als Bildungsmuster des Imperativs das verstärkende Ausdrucksmuster schließlich auf den Vetitiv ausgeweitet haben, sodass der Entstehungspfad zuerst die Kombination von jr + INF als Imperativ analysierte und schließlich die Negation des Imperativs in Form von m hinzufügte:

$$jr_{\text{IMP}} + \text{INF} > [jr + \text{INF}]_{\text{IMP}} > \{m + [jr + \text{INF}]_{\text{IMP}}\}_{\text{NEG-IMP}} > \{[m + jr]_{\text{NEG-IMP}} + \text{INF}\}$$

Diese verstärkenden, zunächst pragmatischen Funktionen sowie der Gebrauch als Periphrase langer Verbalwurzeln scheinen somit ‚Wegbereiter' der Ausbreitung des späteren Auxiliars jrj als Konjugationsträger im verbalen Paradigma, auch wenn sich diese auf abzweigenden Grammatikalisierungspfaden fortentwickeln.[882]

---

874 Edel 1955/64: 302.
875 Vgl. Kammerzell (1998(2009): 185–187), der auf diesem Entwicklungspfad die lexikalisch-semantische Klasse als ausschlaggebendes Kriterium für die periphrastische Konstruktion sieht.
876 Gardiner ³1957(2001): 395; Schenkel 2012: 270.
877 Die Form wird als sog. „narrativer Infinitiv" klassifiziert und als finite Verbform übersetzt, daher im Ägyptischen die Angabe des Subjekts in Form des Suffixes. Vgl. Schenkel 2012: 270.
878 Gardiner ³1957(2001): 260; Kruchten 2000: 60.
879 Kruchten 2000: 60.
880 Kroeber 1970: 185–187.
881 Vgl. detailliert Kammerzell 1998(2009): 185.
882 Man beachte auch Kammerzell 1998(2009): 191–192, der auf breiter Datenbasis dazu bemerkt: „Im Älteren Ägyptisch scheinen gleichermaßen formale wie semantische Merkmale den Ausschlag dafür gegeben zu haben, ob ein bestimmtes Verballexem periphrastisch konstruiert werden konnte. […] Zwar dominieren unter den frühen Beispielen für analytische Verbalformen bestimmte Funktionen – insbesondere modale Verwendungsweisen wie der Imperativ sowie Relativformen –, doch lassen sich daneben auch Periphrasen des Infinitivs […], des futurischen Partizips […], des adverbialen Präsens […], des Futur […] oder des nominalen Präteritums […] nachweisen. Somit war wohl anfänglich mit der Periphrase vor allem bezweckt, komplizierte Flexionsformen zu vermeiden. Später wurde das

Es zeigt sich somit, dass gemäß der zuvor beschriebenen Prinzipien der Grammatikalisierung von Auxiliaren in der Entwicklung von *jrj* beinahe das ganze Spektrum der einzelnen Stadien auftritt:

– **Layering**: Verschiedene Konstruktionen mit *jrj* als Periphrase in unterschiedlicher Funktion existieren parallel
– **Divergenz**: Im Falle von *jrj* existieren tatsächlich mehrere, auseinanderdriftende Weiterentwicklungen des Lexems, indem
    o das Ursprungswort weiterhin als Vollverb verwendet werden kann;
    o es als funktionales Verb das Flexionsparadigma langer Verbwurzeln realisiert;
    o es nach und nach paradigmatische Funktionen verbaler Konstruktionen übernimmt und durch Analogiebildung bis zur Römerzeit nahezu alle verbalen Kontexte umfasst;
    o es zur Verstärkung von Verben der Bewegung sowie des Imperativs eingesetzt wird
– **Persistenz**: Vor der Ausweitung der Gebrauchskontexte durch Analogiebildung ab der 19. Dynastie ist das Auxiliar auf die paradigmatischen Kontexte und die Periphrase der langen Verbwurzeln beschränkt
– **Dekategorialisierung**: Schon bei der Umschreibung der langen Verbwurzeln kommt dem periphrastischen *jrj* keinerlei lexikalische Funktion mehr zu, es dient einzig als Flexionsträger. Ähnliches gilt für die Konstruktionsmuster, die das Auxiliar als Träger der Tempus- und Aspektinformation verwenden; einzig der frühe Gebrauch vor den Verben der Bewegung weist noch eine pragmatisch-verstärkende Funktion, jedoch nicht notwendigerweise semantischen Inhalt auf

Eine Spezialisierung gegenüber anderen Verben scheint hingegen nicht stattgefunden zu haben. Auch wenn einige weitere Verben sich ansatzweise zu Auxiliaren oder Verbal-Partikeln entwickeln,[883] dringen sie doch nie in die funktionalen Domänen von *jrj* vor, das uneingeschränkt als Tempus- und Aspektträger die oben beschriebenen Kontexte umfasst.

Typologisch charakteristisch ist an diesem Verlauf sowohl der Wandel von synthetischen zu analytischen Strukturen, als auch die Umschichtung eines stark aspektbetonten zu einem eher tempusorientierten Flexionssystems. Interessant ist, dass mit *jrj* ein Auxiliar sowohl als Träger rein temporaler Distinktion dient, andererseits aber in bestimmten Kontexten modalen Aspekt vermitteln *kann*, wofür sich in anderen Sprachen eigens Modalverben herausbilden.[884] Die unterschiedlichen Funktionen des Auxiliars zeigen, dass es sich um eine „Polygrammatikalisierung" handelt – das formal gleiche Verb wird in ganz bestimmten Kontexten mit jeweils abweichenden Funktionen grammatikalisiert. Eine noch umfassendere „Polygrammatikalisierung" zeigt bspw. das deutsche „werden", das im Neu-

---

Auxiliar *jrj* zusätzlich zum Träger von Funktionen, die mit speziellen Eigenschaften von Bewegungsverben zusammenhängen."
883 Z. B. ꜥḥꜥ.n (vgl. Schenkel 2012: 255), *rḏj* (vgl. Kroeber 1970: 182–184) und *wn* (Junge ³2008: 169–172).
884 Vgl. Szczepaniak 2009: 158–164.

hochdeutschen als Kopula, Passivauxiliar, Futurauxiliar, Konjunktivauxiliar sowie epistemisches Modalverb eingesetzt werden kann.[885]

KRUCHTENs Analysen ergeben ein scheinbar nahtloses Erklärungsmodell der Herausbildung der auxiliaren Gebrauchskontexte, dennoch kommen einige Aspekte aufgrund der Ausrichtung seiner Untersuchung zu kurz: Es bleibt zum Beispiel unklar, um was für einen phonologischen Prozess genau es sich beim Verlust des Tempusmorphems -.n sowie der Reduplikation des letzten Wurzelradikals handelt, zumal beide Formen zumeist aufgrund des nachfolgenden Personensuffix nicht im absoluten Auslaut standen. Abgesehen vom Hinweis, dass man unterschiedliche Akzentverhältnisse in Betracht zu ziehen habe, sind die Aussagen (vor allem in Bezug auf den Verlust der Reduplikation) recht vage. KAMMERZELL sieht in der weiteren Entwicklung ab dem Neuägyptischen zwei Tendenzen: Einerseits eine Spezialisierung und Einschränkung der Funktion der Periphrase unter Ausschluss nicht-negierter Imperative und futurischer Formen sowie hingegen gleichermaßen eine Ausweitung bei periphrastischen Formen jüngerer Tempora und Modi.[886]

Es ist insgesamt von einem vielschichtigen System auszugehen, dass vor allem vokalische Bildungsmuster, ähnlich dem Arabischen, vermuten lässt, welches in der ägyptischen Schrift nicht oder nur unzureichend erkennbar ist.

Es wurde zudem deutlich, dass auch semantisch-pragmatische Aspekte bei der Herausbildung des Auxiliars eine Rolle spielen, sodass nicht allein phonologische Prozesse wie der Verlust von Endungen für die Ausbreitung des späteren Hilfsverbs eine Rolle spielen.[887] Ähnliches wurde schon bei der Entstehung des definiten Artikels im Zusammenhang mit dem Endungsverlust bei Substantiven beobachtet [vgl. Kapitel 4.2.4]. KRUCHTEN selbst merkt zu seinen Belegen der Relativformen in Belegen der 18. Dynastie an, dass die Verben *jrj* („tun, machen" > Auxiliar), *rdj* („geben; veranlassen") und *dd* („sagen") ein abweichendes, morphosyntaktisches Verhalten zeigen, indem sie länger als erwartet das Tempusmorphem -.*n* beibehalten. Er deutet an, dass es einen diatopischen Unterschied geben könnte, hält es aber für wahrscheinlicher, dass es sich bei diesen sehr häufig verwendeten Verben um lexikalisierte Idiome handelt, die ihre graphische Form noch bis in die ramessidische Zeit beibehielten.[888] Wie in allen bislang vorgestellten Phänomenbereichen deutlich wurde, betrifft die Grammatikalisierung eines Elementes nicht nur das Wort selbst, sondern die gesamte Konstruktion, die durch die syntagmatischen Relationen des betreffenden Elementes gebildet wird.[889]

4.3.2 Wandel der Haupt-und Nebensatzmarkierung

Neben der Umgestaltung des verbalen Paradigmas ereignet sich Lauf der ägyptischen Sprachgeschichte eine weitere Veränderung, die den Umbruch vom älteren zum jüngeren Ägyptisch kennzeichnet: Der Übergang vom sog. „hauptsatzmarkierenden" zum „verbin-

---

885 Vgl. Szczepaniak 2009: 139–152.
886 Kammerzell 1998(2009): 193.
887 Man beachte noch einmal, dass die Entwicklung und Verbreitung des Phänomens offenbar nicht durch Sprachkontakt ausgelöst bzw. begünstigt wurde (Kammerzell (1998(2009): 172–216). Das Phänomen verbreite sich weder bei Sprechergemeinschaften mit fremdsprachlichem Hintergrund noch bei Konstruktionen mit Lehnwörtern besonders schnell oder bevorzugt.
888 Kruchten 1999: 18–19.
889 Vgl. Traugott 2003: 625.

dungsmarkierenden" Sprachtyp.[890] Dieser Wandel zeigt sich insbesondere an der Funktionsumkehrung der proklitischen Partikel *jw*, die sich von einer Markierung unabhängiger (Haupt-)Sätze in den älteren Sprachphasen zum prototypischen Marker untergeordneter Satzgefüge im jüngeren Ägyptisch wandelt. Die Entwicklung dieser Partikel hat aufgrund ihrer hohen Frequenz in den ägyptischen Quellen und der Breite ihres Funktionsspektrums in der ägyptologischen Forschung viel Beachtung erfahren.[891] Nach einigen einleitenden linguistischen Betrachtungen zur Entwicklung von „Nebensatz"-Markierungen aus typologischer Sicht wird im Anschluss der Verlauf des Funktionswandels von *jw* auf der Basis der umfassenden Betrachtungen KRUCHTENS[892] mit weiteren Informationen aus Arbeiten LOPRIENOS[893] und SCHENKELS[894] kurz skizziert, um einen Überblick für die später relevante Fragestellung nach der typologischen Satzstruktur des Ägyptischen zu gewinnen. Im Fokus steht dabei letztlich die Frage nach *head-* und *dependent-marking* Strukturen.

4.3.2.1 Linguistische Grundlagen: Strukturierung von Satzgefügen

Sprachübergreifend existiert eine Vielzahl von Möglichkeiten, komplexe Satzgefüge zu strukturieren: „All languages have devices for linking clauses together into what are called complex sentences."[895] Diese werden gemeinhin nach funktional-semantischen Prinzipien in Kategorien klassifiziert, die vor allem in Hinblick auf nominale Syntagmen in vorangegangenen Kapiteln bereits eingehender besprochen wurden. Grundlegende Funktionen komplexer Gefüge im Allgemeinen sind:[896]

– NPs/DPs, die als Komplemente/„noun clauses" fungieren und Argumente der Satzstruktur bilden
– Modifizierer von NPs/DPs, beispielsweise Relativsätze
– (Neben-)Sätze, die adverbiale Funktionen wie temporale, kausative oder konditionale Konzepte vermitteln

Die Typen der Beiordnung von Sätzen zu einem übergeordneten „Matrixsatz" stellen drei Konstruktionsmuster dar:[897]

– **Parataxe**: Es handelt sich um eine relative Unabhängigkeit von Satzgefügen, deren Zusammenhang durch die Diskurs-Pragmatik und Relevanz bestimmt wird (und zumeist durch Juxtaposition ohne overte morphologische oder syntaktische Kennzeichnung erfolgt).

---

890 Kammerzell 1998(2009): 84–92.
891 Siehe u. a. Kroeber 1970: 103–139; Frandsen 1974: 194–224; Winand 1992; Vernus 1990b: insbesondere 5–9; Vernus 1997: insbesondere 19–31; Vernus 1998: 194–197; Kruchten 1999: 52–92; Loprieno 2006; Schenkel 2007; Allen 2013: 188–193; Loprieno 2015.
892 Kruchten 1999; Kruchten 2000.
893 Loprieno 2006.
894 Schenkel 2007; Schenkel 2012. Siehe unten.
895 Hopper/Traugott ²2008: 175.
896 Ibd.
897 Hopper/Traugott ²2008: 177. Vgl. auch Loprieno 1995: 225.

- **Hypotaxe**: auch „Interdependenz"; hier wird ein relatives Abhängigkeitsverhältnis zwischen einem Nukleus (üblicherweise die Verbalphrase des Matrixsatzes) und einem oder mehreren (Neben-)Sätzen zum Ausdruck gebracht, die z. B. aufgrund eines identischen Subjekts nicht für sich allein stehen können; es handelt sich allerdings (noch) nicht um in Konstituenten des Nukleus eingebettete Elemente. Hypotaxe umfasst solche Phrasen, die in indoeuropäischen Sprachen durch koordinierende Konjunktionen (z. B. „und") zum Ausdruck gebracht werden.
- **Subordination**: ein starkes Abhängigkeitsverhältnis, dass in seiner extremsten Form „Einbettung" beinhaltet; dabei ist eine untergeordnete Phrase bzw. ein Nebensatz gänzlich in eine der Konstituenten des Nukleus eingebunden. Subordination umfasst solche Konstruktionen, die in indoeuropäischen Sprachen bspw. durch typische Nebensätze ausgedrückt werden.

In Grammatikalisierungsprozessen entwickeln sich diese Ausdrucksmuster charakteristisch von Parataxe zu Hypotaxe und schließlich zu Subordination. Dabei stehen Parataxe und Hypotaxe in Opposition, indem sie Formen der (unmarkierten) Juxtaposition denen der Koordination gegenüberstellen. So korreliert Juxtaposition mit minimaler syntaktischer Integration, während Koordination eine tiefergehende und letztlich Subordination eine maximale syntaktische Integration beinhalten.[898] Aus typologischer Sicht plädieren einige Linguisten jedoch schon seit den 1980er Jahren dafür, die Trennung zwischen subordinierenden und koordinierenden (Neben-)Sätzen aufzuheben, da die Kriterien für ihre Unterscheidung bestenfalls vage sind:

> „[…] the notion of ‚subordinate clause' has caused a great amount of difficulty for grammarians, particularly those interested in language universals, because it refers to no single unitary grammatical category. Rather, the term encompasses a number of isolable and independent parameters, where each of these parameters involves a different relationship which two adjacent clauses in discourse can have with each other. Instead of assuming a simple binary distinction between 'coordinate' und 'subordinate clause', therefore, we advocate the richer, more interesting, and more realistic approach of abandoning the notion 'subordination' and instead determining which of the parameters of the sort we have suggested here seem to describe the relationship between the clauses in question and what the discourse factors might be that underlie each of these parameters."[899]

Die neuägyptische Strukturierung von Satzgefügen durch *jw* scheint diese Aussage zu bestärken [s. unten], es ist aufgrund der ägyptologischen Forschungsgeschichte in diesem Bereich jedoch im Folgenden nicht sinnvoll, auf den Terminus „Subordination" gänzlich zu verzichten.

4.3.2.2 Wandel der Funktionsreichweite der Partikel jw
Bereits die älteste Sprachphase des Ägyptischen formt Aussagen in komplexen Satzgefügen, sodass prinzipiell nicht angenommen werden darf, dass die Strukturierung von Sätzen

---
898 Hopper/Traugott ²2008: 178–179.
899 Haiman/Thompson 1984: 520.

im Laufe der ägyptischen Sprachgeschichte ‚komplizierter' oder ‚aufwendiger' werden würde. Es ist im Altägyptischen genauso möglich, ein komplexes Nebensatzgefüge zu bilden wie im Neuägyptischen, es sind vielmehr die Mittel der sprachlichen Kodierung dieser syntaktischen Relationen, die sich verändern. Dies entspricht den typologischen Beobachtungen HOPPERs und TRAUGOTTs, die konstatieren:

> „We have no historical textual evidence of a stage of a native language without complex clauses, followed by the emergence of complex ones. In other words, to our knowledge human languages have had complex sentence structure available throughout recorded history."[900]

Es lässt sich anhand des Ägyptischen jedoch beobachten, dass syntaktische Abhängigkeit im jüngeren Ägyptisch deutlicher overt markiert wird, während die formale Kennzeichnung unabhängiger Sätze zurückgeht. Die Kennzeichnung syntaktischer Relationen erfolgt im älteren Ägyptisch mit Hilfe bestimmter Verbalformen sowie der Wortstellung, aber deutlich auch über (Diskurs-)Partikel, insbesondere der proklitischen Partikel 𓇋𓅱/𓇋𓂝 *jw*.[901]

In der ältesten Sprachphase hat das satzinitial positionierte *jw* mit nicht-pronominalem Subjekt und folgendem non-verbalen Satz die Funktion einer assertorischen[902] bzw. situierenden Partikel, die zudem Unabhängigkeit vom vorangegangen Satz(gefüge) signalisiert und den nachfolgenden Satz(teil) als Hauptsatz markieren kann.[903] Interessant ist, dass diese Markierung offenbar nicht obligatorisch ist[904] – im älteren Ägyptisch gibt es zahlreiche Instanzen von (Haupt-) Sätzen, die z. T. durch andere Partikel (oder eine Kombination mit PTCL+*jw*) gekennzeichnet werden, aber auch Fälle ohne overte Markierung, die nur aufgrund der Wortstellung oder bestimmter initialer Verbalformen als solche zu identifizieren sind.[905] Gleichermaßen existiert die Partikel in Kombination mit direkt angeschlossenem pronominalem Subjekt(suffix), wobei sie zudem eine „stützende" Funktion für das nicht-selbständige Element ausführt.[906] Zusätzlich kann sie in Kombination mit bestimmten Verbalformen auftreten, wodurch sie laut SCHENKEL Einfluss auf das Tempus dieser Satzteile habe (in SCHENKELs Terminologie „komplexe Tempora"[907]).

---

900 Hopper/Traugott ²2008: 177.
901 Vgl. Kroeber 1970: 103.
902 Gegen die rein assertorische Funktion von *jw* siehe Depuydt 1998 und Depuydt 1999b: lxix–lxx.
903 Vgl. Kroeber 1970: 103; Schenkel 2007: 161; Schenkel 2012: 73–74. 172–175. Generell ist anzumerken, dass die Unterscheidung von Haupt- und Nebensatz im älteren Ägyptisch aus heutiger Sicht aufgrund der fehlenden overten Markierung oftmals schwierig ist und oftmals nur anhand des Kontextes bzw. des semantischen Gehaltes entschieden werden kann. Vgl. Schenkel 2007 zu zahlreichen interpretatorischen Abweichungen bei der Übersetzung von *jw*.
904 Vgl. Kruchten 1999: 89.
905 Kammerzell (1998(2009): 87–88) weist darauf hin, dass „Hauptsätze mit nicht-modalen Verbformen als Prädikat einer vorderen Erweiterung beispielsweise durch ein substantivisches Topic [...] oder durch das ‚Dummy-Topic' *jw* bedürfen."
906 Vgl. z. B. Zonhoven 2000: 43. Siehe auch Schenkel 2007: 179, nach Gardiner ³1957(2001): 40. 92–94.
907 Schenkel 2012: 73. 246–253. Zu mit *jw* kombinierten Verbformen siehe auch bspw. Junge 1979; Doret 1986: 97–114 (zu Briefen: 103–105). 119. 125–132. 175.

4.3 Morphosyntaktischer Wandel in der Phrasen- und Satzstruktur 191

Diese „hauptsatzmarkierende" Partikel *jw* ist bereits in Belegen des älteren Ägyptisch mit bspw. pseudoverbalen[908] Konstruktionen erhalten:

(114) Papyrus Kairo JE 49623 (6. Dynastie);[909] Kol. 2–4:

(j)m(.j)-rʾ	mšʿ	ḏd
Vorsteher(M.SG)	Truppe(M.SG)	sagen:PRS

jw	*jn.w*	*sḫȝ*[910]	*n*	*tȝ.t(j)-sȝb-tȝ.t(j)*	*n*
PTCL:MCM	bringen:ANT.PASS	Schreiben(M.SG)	POSS	Wesir(M.SG)	an:PREP

bȝk	*jm*
Diener(M.SG)	dort:ADV

r	*jn.t*	*ṯ(ȝ)s.t*	*n.t*	*ʿpr.w*	*Rʾ-ȝw*
zu:PREP	bringen:INF	Truppe.F.SG	POSS.F.SG	Mannschaft.M.PL	Tura(Toponym)

r
zu:PREP

ḥbs	*r*	*gs=f*	*ḥr*	*srḥ*
bekleiden:INF	zu:PREP	Seite(M.SG)=3SG.M	auf:PREP	Behörde(M.SG)

jm.j-wr.t[911]
Westseite(?).F.SG

„(Der) Vorsteher (der) Truppe sagt: Es wurde gebracht (das) Schreiben (des) Wesirs zu (dem) Diener da (d. h. mir), um (die) Truppe (der) Mannschaft von Tura zu bringen, um sie zu bekleiden an seiner Seite bei (der) Behörde der Westseite(?)"

Durch die Einleitungsformel der direkten Rede (*ḏd* „sagen" als direkter *„indicator of initiality*"[912] für die nachfolgende Phrase) kann hier kein Zweifel an der syntaktischen Unabhängigkeit des mit *jw* beginnenden Satzgefüges bestehen. Alle nachfolgenden Sätze werden mit der proklitischen Partikel (*j)sk*[913] eingeleitet. In der deutschen Übersetzung ist

---

908 D. h., einem Stativ oder einer „Pseudoverbalen Konstruktion", eigentlich ein Adverbialsatz des Bildungsmusters (*jw*) Subjekt + PREP (*ḥr, m, r*) + INF.
909 Gunn 1925: Tf. 1–1a; Gardiner 1927: 75 [H].
910 S. Fußnote 461.
911 Gardiner (1927: 75) liest *srḥ nfr wr.t* „the very beautiful *srḥ*-building".
912 Terminus nach Černý/Groll 1975: 211–213.
913 Zur Funktion dieser Partikel schreibt Schenkel (2012: 259–260): „[…] (*i)śk* […] führt einen Tatbe-

man bemüht, hierfür Sub- oder Konjunktionen einzusetzen, um einen logischen bzw. temporal parallelen Ablauf zu verdeutlichen, der allerdings in den sich syntaktisch nur anhand der (pseudo-)verbalen Formen unterscheidenden Sätzen des ägyptischen Originals nur durch die Partikel intendiert sein kann:

(115) Papyrus Kairo JE 49623 (6. Dynastie);[914] Kol. 4–6:

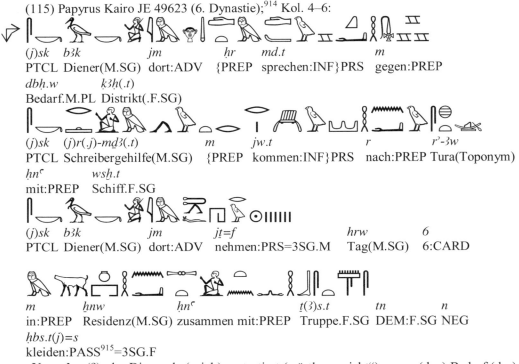

(j)sk   bꜣk   jm   ḥr   md.t   m
PTCL Diener(M.SG) dort:ADV {PREP sprechen:INF}PRS gegen:PREP

dbḥ.w   ḫꜣḫ(.t)
Bedarf.M.PL Distrikt(.F.SG)

(j)sk   (j)r(.j)-mḏꜣ(.t)   m   jw.t   r   rꜣ-ꜣw
PTCL   Schreibergehilfe(M.SG) {PREP kommen:INF}PRS nach:PREP Tura(Toponym)

ḥnꜥ   wsḫ.t
mit:PREP Schiff.F.SG

(j)sk   bꜣk   jm   jṯ=f   hrw   6
PTCL   Diener(M.SG) dort:ADV nehmen:PRS=3SG.M Tag(M.SG) 6:CARD

m   ḫnw   ḥnꜥ   ṯ(ꜣ)s.t   tn   n
in:PREP Residenz(M.SG) zusammen mit:PREP Truppe.F.SG DEM:F.SG NEG

ḥbs.t(j)=s
kleiden:PASS[915]=3SG.F

„**Nun aber**(?), der Diener da (= ich) protestiert (wörtl.: „spricht") gegen (den) Bedarf (des) Distriktes, **denn**(?) (der) Schreibergehilfe (= du) kommt nach Tura mit (dem) Transportschiff, **während**(?) der Diener da (= ich) 6 Tage in der Residenz verbringt zusammen mit dieser Truppe, indem sie nicht bekleidet wird"

---

stand ein, der nicht die Folge des unmittelbar zuvor Berichteten ist, jedoch zum Verständnis des danach zu Berichtenden erforderlich ist: Nachtragen eines parallel zum Berichteten ablaufenden Geschehens, Nachtragen eines aus irgendwelchen Gründen noch nicht Berichteten, Einführung eines allgemein bekannten Sachverhalts […]". Genauer zur Funktionsreichweite der Partikel (j)sk vgl. auch Depuydt 1993. Er ordnet jsk (und der verwandten Partikel js) vier grundlegende Funktionen zu: **Selbständigkeit**, da Sätze mit jsk einen selbständigen Gedanken bezeichneten; **Anapher**, da die Partikel anstelle eines vorher genannten Gedanken träten; **Betonung**, da die Partikel noch einen Umstand spezifizierten; und **Unterordnung** in dem Sinne, dass die Umstände untergeordnet seien und die Partikel einen Hauptsatz oder übergeordneten Gedanken verträten (Depuydt 1993: 15–16; Hervorhebung auch im Original). Ausführlich zu (j)sk: Oréal 2011: 171-257; vgl. dieses Bsp. bei ihr auf Seite 199.

914 Gunn 1925: Tf. 1–1a; Gardiner 1927: 75 [H].
915 Zur Verbform s. Fußnote 454.

Im Neuägyptischen zeigt die Partikel *jw* dann drei Hauptfunktionen, die sich deutlich von denen der älteren Sprachphasen unterscheiden:[916]

- *jw* ist fester Bestandteil des sog. „dritten Futur"[917], welches nach dem Muster *jw=f r* + INF gebildet werden kann.[918]
- *jw* ist fester Bestandteil des sog. „Sequential" (teilw. auch als „*non-initial main sentence*"/NIMS[919] bezeichnet), nach dem Konstruktionsmuster *jw=f ḥr* (*tm*) + INF mit indikativem Modus (als Opposition zum sog. „Konjunktiv" des Neuägyptischen).[920] [zum konkreten Gebrauch s. unten]
- *jw* dient als sog. „Konverter"[921], laut KRUCHTEN ein nicht-initialer „Substantivierer", der selbständige syntaktische Einheiten in nominale Äquivalente umwandelt, die theoretisch alle Funktionen eines Nomens erfüllen können, aber hauptsächlich als zirkumstantielle Nebensätze fungieren;[922] in der weiteren Literatur wird der „Konverter" als Nebensatzmarkierung oder „Umstandskonverter" angesprochen.[923]

Eine frühe eigene Entwicklung durchläuft die Partikel *jw* als feste Komponente des sog. „dritten Futur". Sie entstammt einem Grammatikalisierungsprozess, der die erstmals ab der 5. Dynastie belegten Phrasen *jw=f r* + INF oder *jw=f* + STAT oder *jw=f* + ADVP von locker gefügten Syntagmen in ein festes Konstruktionsmuster überführt. Dabei wird zunächst die ursprüngliche Präposition *r* zum funktionalen Element abgeschwächt, was schon ab der 6. Dynastie ihr gelegentliches Ausfallen ermöglicht.[924] Die Reanalyse der Partikel *jw*, die in diesem Kontext zunächst ausschließlich als Träger des pronominalen Subjektsuffix (ohne eigenen semantischen Gehalt) dient, führt zu ihrer Identifizierung als eigentliches Kennzeichen dieser Futurform, wodurch letztlich die Kombination lexikalisiert wird und im Neuägyptischen sogar mit dem „Konverter" *jw* kombiniert werden kann.[925] Beispiele sind im Textkorpus bereits aus dem frühen Neuen Reich belegt:[926]

(116) Papyrus Berlin P. 10463 (18. Dynastie, Amenophis II.);[927] Z. 1–2:

jn.tw	*n=k*	*sḫ3*	*pn*	*m-dd*	*r-n.tt*
bringen:ANT.PASS	BEN=2SG.M	Schreiben(M.SG)	DEM:M.SG	QUOT	QUOT

jw=j	*r*	*spr*	*r=k*	
{PTCL=1SG	PREP	gelangen:INF}FUT	zu:PREP=2SG.M	

---

916 S. Kruchten 1999: 52, auf der Basis von: Frandsen 1974; Černý/Groll ³1984 (n. v.); Winand 1992.
917 S. z. B. Černý/Groll 1975: 248–264.
918 Vgl. Vernus 1990b: 5–15.
919 Z. B. Junge ³2008: 220–226.
920 Kruchten 1999: 52.
921 Vgl. auch Kammerzell 1998(2009): 90–92.
922 Kruchten 1997: 57–70; Kruchten 1999: 52.
923 Z. B. Kammerzell 1998(2009): 90–92; Junge ³2008: 122–126. 201–208.
924 Vernus 1990b: 6 mit Fußnote 8.
925 Vgl. Vernus 1990b: 5–15.
926 Vgl. auch Kroeber 1970: 132–133, mit leicht abweichender Übersetzung dieser Textstelle.
927 Caminos 1963: Tf. 6–6a.

𓇋𓅱 𓇋𓅱𓊪𓅱 𓂋 𓌳𓈖𓈖𓇋𓊛 𓂋 𓊡𓏤𓈊 𓅓 𓉔𓂋𓅱𓇳𓏪
jw   *jw=tw*   *r*   *mnj*   *r*
PTCL:SBRD   {PTCL=IMPRS   PREP   anlanden:INF}FUT   zu:PREP
Ḥw.t-S<u>h</u>m   *n*   *hrw*   *3*
Hut-Sechem(Toponym)   in:PREP   Tag(M.SG)   3:CARD
„Dieses Schreiben ist zu dir gebracht worden, sagend: Ich werde zu dir gelangen, sobald man angelandet sein wird in Hut-Sechem in 3 Tagen."

Ihre indikative Grundbedeutung behält die Futur-Konstruktion aufgrund des semantischen Ursprungs der Partikel *jw* als assertorisches Element:

> „This morphological evolution may reflect the semantic affinity of subject+*r*+infinitive with the indicative, since the message auxiliary *jw* [das assertorische *jw*, Anm. d. Verf.] indicates that the action is true and valid with respect to some standpoint, most often the moment of speech [...]".[928]

Die Stadien der Entwicklung hin zum obligatorischen Marker von Subordination, die eine Umkehrung der ursprünglichen Funktion als Hauptsatzmarkierung darstellt, fasst KRUCHTEN wie folgt zusammen:[929]

– Im Altägyptischen sei die Hauptaufgabe der kommunikativen[930] Partikel *jw* den ihr nachfolgenden Satz mit dem zeitlichen und thematischen Fokus des Sprechers in Einklang zu bringen. In dieser Funktion erscheine sie nur initial vor selbständigen Sätzen bzw. Hauptsätzen mit indikativer Bedeutung. Bislang bliebe unklar, inwieweit ihr Setzen obligatorisch war.[931]
– (Spätestens)[932] ab der Ersten Zwischenzeit fungiere die Partikel dann ebenfalls als Träger des Subjektsuffixes **subordinierter** Sätze mit adverbialem oder pseudoverbalem Prädikat [vgl. Bsp. (22), Kapitel 4.2.1.6].
– Im Laufe des Mittleren Reiches bis zum Ende der Zweiten Zwischenzeit schwände der proklitische assertorische Gebrauch des *jw*, d. h. Sätze mit Verbformen, die zuvor mit *jw* eingeleitet wurden (prädikatives *s<u>d</u>m.n=f*, passives *s<u>d</u>m.w=f*), stehen nun ohne Markierung initial; ebenso Hauptsätze, die ein adverbiales oder pseudoverbales Prädikat mit nominalem Subjekt aufweisen.
– Nach diesem Schwund bleibe als einzig produktiver Gebrauch des *jw* die Funktion als Träger des Subjektsuffixes in Haupt- **und** Nebensätzen. Dadurch werde aber die Differenzierung zwischen Haupt- und Nebensätzen in vielen Fällen syntaktisch unmöglich.

---

928   Vernus 1990b: 7–8.
929   Kruchten 1999: 52–73.
930   Vernus 1997: 26 bezeichnet sie (und weitere Partikel) als „auxiliares d'énoncé" bzw. „message auxiliaries" und schreibt ihr diskurskommunikative Funktionen zu. Im Gegensatz zu früheren Betrachtungen handelt es sich seiner Meinung nach nicht um ein obligatorisches Element der Prädikation adverbialer Ausdrücke (Vernus 1997: 22–26).
931   Kruchten 1999: 61. 71. Aber siehe hierzu die Ausführungen von Loprieno 2006 und Schenkel 2007.
932   Kruchten (1999: 71, Fußnote 326) zitiert Belege von Vernus, die diese Funktion schon in den Pyramidentexten des Alten Reiches belegen.

Zeitgleich entstehe durch die Verschmelzung einer (als „*indicator of initiality*" dienenden) Partikel (*r-n.tt*) und einer Reihe älterer enklitischer Personalpronomen (*wj, tw, sw*-Reihe) ein neues Paradigma proklitischer (initialer) Personalpronomen, die sich in Kombination mit einer ursprünglich pseudoverbalen Konstruktion ((*jw*)Subjekt + PREP(*ḥr*) + INF > *twj/twk/sw* (+ (*ḥr*)PREP) + INF), dem sog. „Präsens I", rasch ausbreite. Durch diese Übernahme der Funktion in selbständigen bzw. Hauptsätzen beschränke sich der Gebrauch des initialen *jw* (+Subjektsuffix) auf untergeordnete (häufig zirkumstantielle) Sätze.

– Von der Funktion als Träger des Suffixpronomens in subordinierten Sätzen breite sich die Verwendung des initialen *jw* bereits in der Zweiten Zwischenzeit durch Analogiebildung auf Kontexte mit Substantiven und Negationen aus.
– Schließlich weiteten sich die Gebrauchskontexte von *jw*, unabhängig vom initialen Element des Nebensatzes, zur obligatorischen Markierung subordinierter Sätze aus (laut KRUCHTEN bereits zur Zeit Amenophis' II.).

LOPRIENO sieht eine ähnlich geartete Entwicklung aus typologischer Sicht, in der sich im Verlauf der ägyptischen Sprachgeschichte die Partikel in einem syntaktisch festgelegten ‚slot' von einer initialen zunächst zu einer koordinierenden und schließlich einer subordinierenden Konjunktion wandele:[933]

> initial particle > coordinating particle > coordinating conjunction > subordinating conjunction

KRUCHTEN trennt aus der oben skizzierten Entwicklung eine abzweigende Funktionsreichweite für die Verwendung der Partikel *jw* als koordinierender Marker bei der Bildung des sog. „*sequential*"/ „*non-initial main sentence*" heraus, deren Entwicklungsverlauf er im selben Aufsatz beschreibt:[934] Es handele sich um eine zusammengesetzte (pseudoverbale) Verbform nach dem Muster *jw* + Subjekt + PREP(*ḥr*) + INF, die formal dem zuvor besprochenen, **zirkumstantiellen** *jw* + Subjekt + PREP(*ḥr*) + INF gleiche, sich aber semantisch-funktional von diesem durch seinen koordinierenden Charakter unterscheide. Deutlich differenzieren lasse sich die Konstruktion im Schriftbild nur anhand ihrer unterschiedlichen Negationsbildungen, sodass sich das Nachverfolgen der Entwicklungsstufen schwierig gestalte, da die Frequenz der Negativ-Konstruktionen sehr niedrig sei.[935] Während andere Ansätze das Ausdrucksmuster als eher einheitliche Konstruktion betrachten oder zwischen zeitstufen-abhängigem Gebrauch differenzieren,[936] unterscheidet KRUCHTEN hinsichtlich des „*Sequentials*" drei unterschiedliche Gebrauchskontexte:

1. als Fortführung einer autonomen Verbform, entweder direkt oder durch zahlreiche, aufeinander folgende Verwendungen der *jw=f ḥr sḏm*-Form, alle abhängig von der ein-

---

933 Loprieno 2006: 433–437; typologische Hierarchie auf Seite 437. Dagegen Schenkel 2007, der hier zu viel modernen Interpretationsspielraum in der Übersetzung sieht. Siehe dazu aber wiederum die Ausführungen in Loprieno 2015.
934 Kruchten 1999: 74–83.
935 Vgl. Kruchten 1999: 75.
936 Vgl. Černý/Groll 1975: 423–437. Sie unterscheiden das „*iw.f (ḥr) sḏm.f* of the Past" und das „*jw.f (ḥr) sḏm.f* of the Future".

leitenden autonomen Verbform – der ‚eigentliche' „*Sequential*" (die Vergangenheitsform nach ČERNÝ/GROLL)
2. als Apodosis der sehr frequenten Brieffloskel (die Futurform nach ČERNÝ/GROLL):

wnn	t3y=j	šꜥ.t	ḥr	spr	r=k
COND	POSS:F.SG=1SG	Brief.F.SG	{PREP	gelangen:INF}PRS	zu:PREP=2SG.M

jw=k   ḥr   (tm)
{PTCL=2SG.M   PREP   (NEG)…}SEQUENTIAL
„Wenn mein Brief zu dir gelangt, dann sollst du (nicht)…"
3. als Protasis eines Konditionalsatzes in Kombination mit dem Topikmarker *jr*

Die Herleitung der Formen erfolgt laut KRUCHTEN ganz unterschiedlich. Während 1. offenbar ältere, zunächst inchoative Konstruktionsmuster wie ꜥḥꜥ.n(=f) sḏm(.n)=f; ꜥḥꜥ.n(=f) + STAT; ꜥḥꜥ.n=f + PREP(ḥr) + INF oder wn.jn=f + PREP(ḥr) + INF fortführte, welche schließlich zu Narrativkonstruktionen grammatikalisierten und die Partikel in davon abhängigen Sätzen somit als ‚Ableger' des zirkumstantiellen *jw* fungierte,[937] behielt die Konstruktion in 2. die assertorische Bedeutung des *jw* in dieser speziellen Gebrauchsumgebung bei. Dieses assertorische *jw* wurde nicht durch jüngere, satzinitiale Elemente wie die neue proklitische Pronominalreihe (*twj* etc., s. oben) ersetzt, da es nie ohne vorangehende Protasis gebraucht werden konnte.[938] Im Falle von 3. ersetzt laut KRUCHTEN der „Konverter" *jw* frühere Formen der Protasis-Bildung mit *jr wnn*, wobei *jw* den neuägyptischen Ersatz von *wnn* darstelle.[939]

Zusammenfassend formuliert: Durch Reanalyse älterer Konstruktionsmuster und Analogiebildung zwischen den zirkumstantiellen Ausdrucksmustern mit *jw* entwickelt sich eine narrative Form des fortführenden *jw*, die in deutscher Übersetzung mit „und" oder „und dann" als Hauptsatz wiedergegeben würde. In erstarrter Verwendung einer Floskel aus dem älteren Ägyptisch tritt die Partikel *jw* noch in ihrer assertorischen Funktion auf und markiert dort weiterhin die Apodosis, lässt sich aber nur in Kombination mit dem Topikmarker *jr* in den produktiven Gebrauch der Konstruktion einer eigenen Protasis überführen – hier wird die zirkumstantielle Partikel in ihrer Funktion als „Konverter" verwandt. Insgesamt liegen also laut KRUCHTEN den Formen des „*Sequentials*" drei getrennte Entwicklungen zu Grunde.

Es zeigt sich, ähnlich wie beim Auxiliar *jrj*, dass die Funktionsvielfalt von einem gemeinsamen Ausgangspunkt auf abzweigenden Pfaden zu parallelen Entwicklungen führt, welche wiederum gravierenden Einfluss auf die Markierung der Relationen ägyptischer Satzstrukturen haben. Bemerkenswert ist, dass solch unterschiedliche Konzepte wie die Markierung subordinierter (häufig zirkumstantieller) Sachverhalte und die sequentielle Abfolge von gleichwertigen Ereignissen mit demselben Marker erfolgen können.[940] Diese

---

937 Kruchten 1999: 76–79.
938 Kruchten 1999: 80.
939 Kruchten 1999: 81.
940 Vgl. dazu noch einmal die diachrone Situation: Loprieno (2006: 437) formuliert zur Markierung von Haupt- und Nebensatz: „In Middle Egyptian, therefore, the opposition between main and dependent clause turns out to be contingent upon typological hierarchy; the same morpheme can function as initial particle, as coordinating particle, as coordinating conjunction, as subordinating conjunction, with an historical tendency to replace the former through the latter functions […]."

Beobachtung führt unweigerlich zu der eingangs erwähnten Problematik zurück, die die Trennung von subordinierender und koordinierender Beiordnung von Phrasen/Sätzen betrifft. Dass diese tatsächlich keine fundamentale ist, zeigt sich im Ägyptischen anhand der Verwendung desselben Markers für beide Funktionen – trotz der oben beschriebenen, abzweigenden Entwicklungsstränge der einzelnen Funktionen der Partikel *jw*, bereitete die Unterscheidung der verschiedenen Funktionen im Diskurs offenbar keine Schwierigkeiten. Das bedeutet allerdings, dass die funktionellen, aber auch semantischen Unterschiede sich grundsätzlich aus der syntaktischen Umgebung (bzw. dem Kontext) erschließen. Die Partikel *jw* stellt somit im jüngeren Ägyptisch eine ‚neutrale Subjunktion' zur Markierung einer logisch-sequentiellen Abfolge bzw. Ordnung von Ereignissen/Sachverhalten dar, während die Art des Abhängigkeitsverhältnisses (koordinierend oder subordinierend) sich rein aus dem Gehalt des übergeordneten Satz(gefüges) sowie der gewählten Konstruktion innerhalb des beigefügten Satzes herleitet. Ähnliches ist bspw. auch im Deutschen zu beobachten: Nebensätze werden hier u. a. durch Konjunktionen/Subjunktionen und Verbendstellung markiert.

Auch im Hinblick auf die bereits zuvor erwähnten „*head-*" und „*dependent-marking*" Strukturen des Ägyptischen ist die Funktionsumkehrung interessant – hauptsatzmarkierende[941] Strukturen stellen letztlich „*head-marking*" dar, nebensatzmarkierende „*dependent-marking*",[942] sodass sich hier scheinbar ein Wandel von „*head-*" hin zu „*dependent-marking*" Strukturen beobachten lässt. Allerdings ist Vorsicht geboten bei einer Verallgemeinerung dieser Beobachtung: Neben den unterschiedlichen Entwicklungspfaden zeigt die Entwicklung der Partikel *jw* aus grammatikalisierungstheoretischer Sicht auch, dass im Laufe der sprachgeschichtlichen Entwicklung des Ägyptischen der Grad der syntaktischen Integration von Sätzen von einer teils parataktischen Nullmarkierung zu einer hypotaktischen bzw. subordinierenden Kennzeichnung mit Subjunktionen bzw. Konvertern zunimmt, wie es aus typologischer Sicht häufig belegt ist.[943] Die Funktionsreichweite der Partikel ist jedoch trotz allem begrenzt: Da der semantische Gehalt einer Subjunktion mit dem Abhängigkeitsgrad des Nebensatzes korreliert,[944] zeigt *jw* als ‚neutrale Subjunktion' in dieser Hinsicht einen relativ niedrigen syntaktischen Integrationsgrad (was das Verhältnis von Matrixsatz zu Nebensatz anbelangt), denn auch ohne Nebensatzanschluss mit *jw* wäre der Matrixsatz vollständig. Einen hohen syntaktischen Integrationsgrad weisen bspw. Objektsätze auf, ohne die der übergeordnete Satz nicht vollständig, d. h. nicht grammatisch, wäre. Diese Funktion, also die Unter-/Beiordnung von Objektsätzen übernimmt der Konverter *jw* jedoch auch im Neuägyptischen nicht (bzw. nicht in allen Fällen); Objektsätze nach dem häufigen Verb *rdj* „geben; veranlassen" werden weiterhin wie im älteren Ägyptisch asyndetisch mit nachfolgender Verbform, ohne Partikel oder Konverter, gebildet:[945]

---

941   D. h. genauer gesagt, das Prädikat des Hauptsatzes markierende Strukturen. Nichols 1986: 57.
942   Ibd.
943   Vgl. Hopper/Traugott ²2008: 183–194; Szczepaniak 2009: 165–172.
944   Sczcepaniak 2009: 166.
945   Vgl. Junge (³2008: 230–234) mit weiteren Beispielen dieses Phänomens, die allerdings z. T. formelhafter Sprache entstammen (Brieffloskeln) und damit möglicherweise eine ältere Sprachphase vermitteln.

(117) Papyrus London BM EA 10248 [= pAnastasi 8+9] (19. Dynastie, Ramses II.);[946] Kol. 2, Z. 15–16:

ptr	dj=j	grg	n=sn	r(m)t
PTCL:ATTN	veranlassen:PST=1SG	einrichten:SBJV	BEN=3PL	Menschen(M.SG)

r	js
zu:PREP	Mannschaft(M.SG)

„Siehe, ich veranlasste, (dass) für sie Menschen als Mannschaft bereit waren (wörtl.: eingerichtet waren)."

Weitere, von Verben der Wahrnehmung wie *gmj* „finden; feststellen", *rḫ* „wissen", *sḏm* „hören" etc., abhängige Nebensätze werden mit anderen Arten der Subordinationsmarkierung versehen – teils tritt hier *jw* als Konverter auf, jedoch merkt bereits JUNGE dazu an, dass diese „nach ihrer Struktur nicht notwendigerweise und nach ihrer Herkunft nur teilweise als Objektsatzbildungen zu verstehen sind"[947].

Somit ist nicht jede Art von subordiniertem Satz im jüngeren Ägyptisch des Neuen Reiches mit einem Marker versehen (so wie auch im älteren Ägyptisch nicht jeder Hauptsatz markiert war). In der Konsequenz bedeutet dies, dass auch im scheinbaren Wandel der „*head-dependent-marking*" Struktur auf syntaktischer Ebene im jüngeren Ägyptisch nur eine Tendenz zum „*dependent-marking*" nachzuweisen ist, während Satzgefüge mit hohem syntaktischem Integrationsgrad (weiterhin) unmarkiert bleiben. Hauptsätze des älteren Ägyptisch sind nicht notwendigerweise mit „*head-marking*" versehen, sondern können unmarkiert bleiben. Im Textkorpus kann die Partikel *jw* als Markierung von Satzgefügen in den Texten des Neuen Reiches ebenso häufig in subordinierender wie koordinierender Funktion analysiert werden und muss hier somit als neutraler Beiordnungsmarker angesehen werden. Die Identifikation des Grades der Bei- bzw. Unterordnung erfolgt durch weitere Ausdrucksmuster im beigeordneten Satz, wie bspw. die Art der Verbalphrase.

Insgesamt ist jedoch der zuvor erwähnte Ausbau des Beiordnungs-Charakters der subordinierenden Sätze im Ägyptischen ein interessantes Phänomen, das sowohl im typologischen Vergleich als Sprachwandelphänomen gut belegt ist, jedoch auch auf „Ausbauprozesse der Schriftlichkeit"[948] hindeuten könnte. Verschiedene Merkmale unterscheiden hierbei Schriftlichkeit im Allgemeinen von mündlicher Kommunikation:

> „Generell zeichnet sich Schriftlichkeit durch einen nahezu ausschließlich mit sprachlichen Mitteln hergestellten Typ von Textkohärenz aus [...], der eine durchstrukturierte semantische Progression und eine explizite Verkettung zwischen Sequenzen im Text erfordert. Besondere Bedeutung kommt hier einer planungsintensiven Textphorik zu, bei der einerseits Kongruenzregeln strikt beachtet werden müssen, andererseits aber auch eine erhebliche Variation bei der Substitution

---

946 Birch/Hawkins 1844(1982): Tf. 140–143; Bakir 1970: Tf. 28–35. Tf. XXXVIII; Kitchen 1980: 499–508 [H].
947 Junge ³2008: 232.
948 Koch 1994: 590.

koreferenter Ausdrücke möglich ist [...]. Ein wichtiges Mittel der Verkettung sind ferner die Satzverknüpfungen: in den schriftlichen Varietäten der verschiedensten Sprachen wird – mit diskurstraditionellen Schwankungen – die sog. Asyndese, aber auch die Häufung bloßer UND-Verknüpfungen möglichst selten eingesetzt, vielmehr wird die Differenzierung und Präzisierung der logischen Relationen zwischen Sätzen bei allen Ausbauprozessen vorangetrieben (Konjunktionen; [...])."[949]

„Gefördert wird [bei Ausbauprozessen der Schriftlichkeit, Anm. der Verf.] die syntaktische Integration und Präzision hingegen durch folgende Phänomene, die regelmäßig Gegenstand des syntaktischen Ausbaus sind und die in frühen Phasen der Verschriftlichung zu Unsicherheiten führen: Differenzierung von Präpositionen und hypotaktischen Konjuktionen, Regularisierung von tempus- und Modusgebrauch (z. B. *consecutio temporum*), Intensivierung der Möglichkeit von Subordination und Hypotaxe, Partizipialkonstruktionen [...]."[950]

Die „planungsintensivere Textphorik" konnte bereits beim System der deiktischen Pronomen beobachtet werden [vgl. Kapitel 4.2.1.5], während sich die zunehmende syntaktische Integration unter anderem am Funktionswandel der Partikel *jw* zeigt. Eine interessante Frage ist nun, ob es sich also bei den sprachlichen Wandelprozessen vom älteren zum jüngeren Ägyptischen nicht nur um diachrone Phänomene (unter Einbezug sprachlicher Varietät) handelt, sondern sich hieran gleichzeitig ein Ausbau der Schriftlichkeit im Alten Ägypten allgemein beobachten lässt. Um dies zu klären, wären weitere Untersuchungen auch an anderen Textkategorien, möglichst im Vergleich mit der soziokulturellen Entwicklung, sicher vielversprechend.

4.3.3 Wandel der Phrasen- und Satzstruktur des Ägyptischen

In den vorangehenden Kapiteln stellte sich bereits die Frage nach der Struktur ägyptischer Phrasen, die hier noch einmal aufgegriffen wird. Die Bestimmung der funktionalen Rolle von Bestandteilen syntaktischer Phrasen und Sätze ist prinzipiell kein leichtes Unterfangen und in der Linguistik seit jeher Gegenstand wissenschaftlicher Kontroverse. Auch im Rahmen dieser Arbeit ist sie anhand des Ägyptischen nicht zu lösen. Dennoch lohnen einige grundlegende Betrachtungen, da sie helfen, den strukturellen Wandel vom älteren zum jüngeren Ägyptisch besser zu erfassen.

Die Begrifflichkeiten Kopf und Dependent (bzw. Argument) sowie Nukleus und Satellit stammen vorwiegend aus den Analysen der generativen Grammatik, sind aber in den letzten Jahrzehnten je nach theoretischer Richtung neu definiert, interpretiert und/oder benannt worden.[951] Interessant ist diese abstrakte Analyse struktureller Relationen insbesondere im Hinblick auf den typologischen Vergleich diachroner Wandelprozesse – um sprachübergreifende Regularitäten feststellen zu können, ist ein gewisses Maß an Abstraktion unumgänglich. Des Weiteren unterstützt die Abstraktion von Einzelphänomenen die Analyse von Parallelen in der Entwicklung unterschiedlicher Strukturen.

---

949 Koch 1994: 590.
950 Koch 1994: 591.
951 Vgl. zusammenfassend Croft 1996; Müller 2013.

Solche Parallelen zeigen sich bspw. in der phrasalen Struktur periphrastischer verbaler Konstruktionen sowie nominaler Ausdrücke mit Determinierern, auch wenn die jeweiligen Grammatikalisierungspfade, wie oben gezeigt wurde, unterschiedlich sind: Der definite Artikel bildet sich aus der Grammatikalisierung einer pränominalen Demonstrativ-Reihe mit naturgemäß stark pragmatischem Charakter, während die verbale Periphrase mit *jrj* teils pragmatisch (zur Verstärkung), teils morphosyntaktisch motiviert ist (zum Ausgleich des verbalen Paradigmas nach phonologischem Schwund von Flexionsmorphemen). Allerdings wird in beiden Fällen ein präpositioniertes Element zum Funktionsträger und später zum präfigierten Affix, was sich typologisch vor allem bei verbalen Periphrasen häufig bestätigt, wie auch HOPPER und TRAUGOTT anmerken: „These periphrastic constructions may themselves in turn become inflections (prefixes rather than postfixes)".[952]

Die Parallelen zeigen sich vor allem in der Analyse der ‚Funktionalität' ihrer Komponenten, deren Zuweisung in der linguistischen Forschung sehr divergent erfolgt. So wurde in den vorangehenden Kapiteln bereits angedeutet, dass die generative Grammatik seit den 1980er Jahren davon ausgeht, dass in einer definiten nominalen Phrase nicht länger das Nomen den (funktionalen) Kopf der Struktur darstellt, sondern vielmehr der Determinierer, genauer gesagt eine funktionale Kategorie „D" (Definitheit), deren Position durch determinierende Ausdrücke overt besetzt sein kann. Die Parallelität zur Verbalphrase ist nicht überraschend, denn diese These wurde anhand der Beobachtungen zur Verbalphrase entwickelt, in welcher nach generativer Sicht nicht mehr das Verb, sondern eine funktionale Kategorie „I" bzw. „T" (*inflection* bzw. *tense*) den funktionalen Kopf bildet. In der overten Struktur der Phrase kann sich diese Kategorie u. a. durch Flexionsmarker, Wortstellung oder die Kombination von morphologischer Markierung und Wortstellung äußern, aber auch nullmarkiert, d. h. in der Oberflächenstruktur nicht sichtbar, sein. Mit dieser Betrachtungsweise stößt man bei diachronen Untersuchungen allerdings schnell an Grenzen, da fundamentale Fragen der historischen Sprachentwicklung in diesem theoretischen Rahmen nicht geklärt sind. Unklar ist zum Beispiel, ob durch die Herausbildung eines definiten Artikels die funktionale Kategorie „D" ‚nur' overt bzw. lexikalisch besetzt wird oder sich durch die Grammatikalisierung eines Artikels erst herausbildet. Fraglich ist auch, ob eine nicht overt determinierte Nominalphrase inhärent „D" beinhaltet oder wie es zu erklären ist, dass aus einem Demonstrativ ein Artikel wird, wenn die beiden Elemente sich laut generativer Grammatik an unterschiedlichen Positionen der Phrasenstruktur befinden (im Ägyptischen stünden pränominale Determinierer nach dieser Analyse linksperipher in der Specifier-Position der Determinansphrase und Artikel unter „D").

Sobald die Phrase einen possessiven Ausdruck umfasst, wie oben gezeigt wurde, verkompliziert sich die Situation zusätzlich, da es sich nach gängiger Auffassung dann um eine „Possessorphrase" handelt, in der das possessive Element bzw. eine possessive Kategorie den funktionalen Kopf darstellt. Es wird deutlich, dass mit der Analytik der generativen Grammatik diachrone Prozesse (aber auch synchrone Varietät) nur unzureichend erfassbar sind, was aber auch nicht erklärtes Ziel dieses theoretischen Rahmens ist.

In anderen grammatiktheoretischen Ansätzen wie der „*Head-Driven Phrase Structure Grammar*" stellt das Nomen das zentrale Element des nominalen Ausdrucks dar. Die funktionalen Eigenschaften des Nomens sind bereits im Lexikon festgelegt, so zum Beispiel die

---

952   Hopper/Traugott ²2008: 61.

"Valenzinformation", was bedeutet, dass es bereits ‚vorbestimmt' ist, dass ein bspw. veräußerlicher Referent einen definiten Artikel benötigt, um eine Phrase zu bilden.[953] Dies berücksichtigt jedoch nicht, wie sich der Valenzeintrag des Lexikons verändert, wenn eine zuvor artikellose Phrase später obligatorisch einen Artikel benötigt.

Für diachrone Betrachtungen empfiehlt sich daher ein eher konstruktionsorientierter Ansatz, der die Herausbildung komplexerer Strukturen berücksichtigt, was letztendlich dazu führt, dass sich die Gesamtbedeutung von Konstruktionen nicht aus der Bedeutung ihrer Einzelkomponenten ableiten lässt.[954] Konstruktionen wie nominale Ausdrücke mit Determinierer sind somit „nicht-kompositionell".[955] Dies wurde u. a. bei der Betrachtung nominaler Phrasen mit Determinierer deutlich, in denen die ‚Außenwirkung' der Gesamtkonstruktion die Eigenschaften der Bestandteile in Hinsicht auf Pragmatik, Semantik und syntaktische Komposition übersteigt. HIMMELMANN betont, dass sich die funktionalgrammatischen Eigenschaften auf die beiden Bestandteile verteilen und somit die Bestimmung eines Kopfes in der Phrase in dieser Hinsicht unmöglich ist.[956] Manche Ansätze ‚umgehen' dieses Problem und klassifizieren in einem solchen Fall den Determinierer als (funktionalen) Kopf und das Nomen als (lexikalischen) Kern einer Phrase, was analog in der periphrastischen Verbalphrase das Auxiliar zum Kopf und das infinite Verb zum Kern macht.[957] Der Determinierer verhält sich somit im nominalen Ausdruck zum Nomen wie das Auxiliar im verbalen Syntagma zum Verb. Und auch die Verbalphrase mit Auxiliar ist nicht-kompositionell, denn ohne das Flexionsmuster, welches Angaben zu Tempus und Modus widerspiegelt, sowie die semantisch-lexikalische Information des Vollverbs wäre ein Ausdruck ungrammatisch. Die Relationalität der Verbalphrase reicht jedoch weiter als die der nominalen Ausdrücke, da sie sich nicht auf die Ebene der Phrase beschränkt, sondern auf den Satz auswirkt [s. unten].

Die Frage ist nun, wie sich diese Parallelität auf die sprachliche Realität des Ägyptischen übertragen lässt und welche Erkenntnisse sich daraus im Hinblick auf seine typologische Struktur ableiten lassen. Relevant war die Frage nach einer konkreten Kopf-Dependent-Bestimmung beispielsweise in der Analyse der Migration pronominaler Possession veräußerlicher Referenten [vgl. Kapitel 4.2.3.4]. Es wurde bereits besprochen, dass nach NICHOLS typologisch davon auszugehen sei, dass es sich bei dem Nomen um den Kopf der Phrase handele, beim Determinierer sowie dem Possessivsuffix um Dependenten.[958] Des Weiteren konstatiert sie, dass veräußerliche Possession zu „*dependent-marking*" neige, während unveräußerliche Possession zumeist „*head-marking*" aufweise.[959] Das jüngere Ägyptisch spiegelt diese Situation wider, indem veräußerliche Referenten mit „Possessivartikel" und unveräußerliche mit direkt suffigierter pronominaler Possession

---

953 Müller 2013: 938–939.
954 Vgl. Traugott 2003: 624–647.
955 Vgl. Szczepaniak 2009: 23.
956 Himmelmann 1997: 144–157. Die Bestandteile eines nominalen Syntagmas teilen nach Himmelmann Charakteristika von Nukleus (Kopf in der hier verwendeten Terminologie) und Dependent unter sich auf, weswegen eine klare funktionale Zuweisung der Einzelbestandteile nicht möglich ist.
957 Vgl. z. B. Eisenberg 2005: 25–27.
958 Nichols 1986: 57.
959 „Commonly, inalienable possession is head-marked, while alienable possession is dependent-marked." Nichols 1992: 117.

auftreten. Dabei folgt das Ausdrucksmuster der unveräußerlichen Possession ganz charakteristisch der älteren Bildungsweise. Was jedoch die Entwicklung der neuen Struktur angeht, stellt NICHOLS ganz deutlich fest: „If any adposition or piece of affical morphology moves, it will go from the dependent to the head of the constituent, not vice versa."[960] Das Possessivsuffix migriert allerdings vom Nomen (dem Kopf) zum Determinierer (dem Dependent), wodurch sich im Erklärungsansatz Probleme ergeben:

– Entweder verhält sich das Ägyptische typologisch ungewöhnlich und die pronominale veräußerliche Possession weist im jüngeren Ägyptisch *head-marking* auf (wählt bei der nominalen attributiven Possession veräußerlicher Referenten jedoch die *dependent-marking* Konstruktion mit Relator)
– oder NICHOLS ansonsten konsistente Regel, was die Affixmigration betrifft, wird am Ägyptischen widerlegt
– oder die Kopf-Dependent-Bestimmung ist (nicht nur im Ägyptischen) nicht eindeutig.

Im Vergleich periphrastischer Verbalphrasen und nominaler Gefüge mit pronominaler Possession im jüngeren Ägyptisch zeigt sich eine Parallele: Im Falle der Auxiliarisierung verwundert es nicht, dass die Flexionsmorphologie sowie das pronominale Subjekt sich am Hilfsverb, dem funktionalen Kopf des Satzes bzw. Satzteiles („*clause*"), anlagern,[961] somit scheint sich auch im Falle des nominalen Syntagmas mit pronominaler Possession der pronominale Possessor zum funktionalen Kopf zu bewegen. Die Konstruktionen unterscheiden sich jedoch in einer Hinsicht deutlich, denn obwohl sich verbale und nominale Phrasen des Ägyptischen in ganz paralleler Art und Weise entwickeln, indem sie – abgesehen von der allgemeinen Tendenz hin zu analytischen Strukturen – auch die lineare Ordnung der Einzelkomponenten der Phrasen ähnlich strukturieren, wandeln sich die nominalen Komponenten *innerhalb* ihrer Phrase, die Veränderung ist somit **phrasal**, während die verbalen Innovationen den Satz bzw. Satzteil (d. h., die Relationalität zwischen Subjekt und (verbalem) Prädikat) betreffen, sie sind somit **propositional**. Insgesamt unterstützt die uneindeutige Zuweisung der Funktionen der Phrasenbestandteile HIMMELMANNs These, dass sich Charakteristika von Kopf und Dependent in nominalen Syntagmen auf die Bestandteile der Phrase verteilen, wodurch eine Anlagerung an das Demonstrativ/den Artikel als Bestandteil mit funktionalen Kopf-Charakteristika möglich wird. Während diese Suffix-Migration dazu führt, dass im jüngeren Ägyptisch die Reihenfolge (pronominaler) Possessor – Possessum vorherrschend wird, ist die Auxiliarisierung – neben anderen Entwicklungen im Bereich der Syntax (u. a. die Entwicklung neuer initialer Personalpronomina, die Ausbreitung des Konstruktionsmusters „Präsens I" [vgl. Kapitel 4.3.2]) mit für den Wandel der Wortstellung VSO > (Aux)SVO verantwortlich, wie es HEINE und REH auch für andere afrikanische Sprachen beobachten konnten.[962]

---

960 Nichols 1986: 84.
961 Und in Nichols theoretischem Rahmen auch den Kopf des Verbalgefüges darstellt (Nichols 1986: 57).
962 Heine/Reh 1984: 183–187. Zum Einfluss von Topikalisierungen in diesem Prozess vgl. Eyre 1994: 128–133.

Der Wandel der Wortstellung vom älteren zum jüngeren Ägyptisch stellt somit nicht einen unabhängigen Grammatikalisierungsprozess dar, vielmehr liegt diesem eine Vielzahl von Einzelentwicklungen zugrunde, die schließlich zu einer Umstellung der syntaktischen Strukturen in größerem Maßstab führten. HOPPER und TRAUGOTT weisen in diesem Zusammenhang darauf hin, dass Umstellungen der Wortfolge dennoch nicht aus den Betrachtungen von Grammatikalisierungsphänomenen ausgeschlossen werden sollten:

> "Word-order changes are not unidirectional. Therefore, they should not be identified with grammaticalization in the narrower sense. However, given a broader definition of grammaticaliziation as the organization of grammatical, especially morphosyntactic material, they cannot be excluded from consideration."[963]

Zusammenfassend lässt sich festhalten, dass die Phrasen- und Satzstruktur des Ägyptischen einschneidende Veränderungen im Schritt vom älteren zum jüngeren Ägyptisch zeigt. Die häufig angemerkte Umkehrung der typologischen Struktur von Kopf-Dependent zu Dependent-Kopf sowie von VSO zu (Aux)SVO findet jedoch nicht durch eine Verschiebung der Reihenfolge der syntaktischen Positionen oder eine Umstellung bereits bestehender Elemente innerhalb der Phrase/des Satzgefüges statt, vielmehr entstehen neue Positionen und dadurch neue phrasale Gefüge, die es zuvor nicht gab. Grundlegend dafür ist die Grammatikalisierung von Elementen, die diese Positionen als funktionale Komponenten besetzen bzw. gleichzeitig mit ihrer Grammatikalisierung herausbilden. Durch die Ausbreitung analytischer Strukturen sowie der hierdurch maßgeblich beeinflussten Veränderungen der Wortstellung kann aus typologischer Sicht somit die Struktur des älteren Ägyptisch als vorherrschend Kopf-Dependent angesehen werden (N + DEM, N + ADJ, V + S, Possessum + (pron.) Possessor); im jüngeren Ägyptisch hat sich die Anordnung scheinbar umgekehrt (DEM + N, S + V, ART + (pron.) Possessor + N). Entscheidend ist jedoch, dass jede dieser ‚umgekehrten' Strukturen neu grammatikalisierte Bestandteile enthält und somit aus einem neuartigen phrasalen bzw. propositionalen Gefüge besteht. Strukturen, die solche Prozesse nicht durchlaufen haben, behalten die vorherige Struktur bei (bspw. N + ADJ oder $N_{unveräußerlich}$ + (pron)Possessor) oder bedienen sich zusätzlicher funktionaler Elemente, verändern aber ihre Anordnung nicht (wie im Falle der possessiven nominalen Relation: $N_{Possessum} + N_{Possessor} > N_{Possessum} + n_{Relator} + N_{Possessor}$).

Die strukturelle „Umkehrung" des Ägyptischen ist demnach keine Umstellung bestehender Strukturen[964], sondern die Herausbildung neuer Elemente und Konstruktionen, die zu einer typologischen Neubewertung der Abfolge von (aus linguistischer Sicht standardisierten) Kategorien führt.

---

963 Hopper/Traugott ²2008: 60.
964 Keine „Auswahl des Bestehenden", wie Junge es formulierte [s. Kapitel 3.2.2.3].

"The complexities of cause and effect defy analysis."

Douglas Adams, *Dirk Gently's Holistic Detective Agency*, London 1987.

4.4 Auswertung: Geschwindigkeit und Interdependenzen sprachlicher Wandelprozesse im Ägyptischen

Eine der wesentlichen Zielsetzungen der vorliegenden Analyse ist es, Zusammenhänge zwischen den einzelnen Prozessen sprachlichen Wandels im Ägyptischen aufzuzeigen. Nach den zuvor erfolgten Betrachtungen zu Einzelphänomenen kann dies im jetzigen Kapitel geschehen. Dafür wird zunächst noch einmal die chronologische Abfolge der einzelnen Entwicklungen zusammengefasst sowie eine Einschätzung zur Geschwindigkeit des sprachlichen Wandels gegeben, um anschließend den jeweiligen Einfluss der sprachlichen Innovationen untereinander zu bewerten.

Bereits in den Textquellen des Alten Reiches ist die erste Innovation der attributiven Possession belegt, d. h. die Veränderung der direkt juxtapositionierten nominalen Possession zu einer Konstruktion mit indirektem Element, einem aus einer Präposition abgeleiteten Relator. Gegen Ende dieser Epoche [außerhalb des Textkorpus, Belege s. Kapitel 4.2.1.5] tritt die *pꜣ*-Reihe als pränominaler Determinierer in Erscheinung. Höchstwahrscheinlich im Verlauf der Ersten Zwischenzeit, spätestens jedoch zu Beginn des Mittleren Reiches, migriert die pronominale Possession vom Possessum zum pränominalen Determinierer. Während des Mittleren Reiches erfolgt bei dem vorangestellten Demonstrativ der Schritt von pragmatischer zu semantischer Definitheit und die Entstehung der Funktion als definiter Artikel, bevor sich nach und nach die Ausbreitung auf alle semantisch-definiten Kontexte vollzieht. Parallel zu diesen Entwicklungen beginnen Genus- und Numerusendungen an Substantiven zu schwinden; in Kapitel 4.2.4.3 wurde dafür argumentiert, dass die Ausbreitung des pränominalen Determinierers den Schwund der Nominalendungen begünstigt. Gegen Ende des Mittleren Reiches entsteht das jüngere Demonstrativ *pꜣy* als Ableitung der *pꜣ*-Reihe. Im Laufe der 18. Dynastie setzt die Grammatikalisierung des Zahlwortes *wꜥ* „eins" zum Indefinitartikel in Opposition zu den nun overt markierten definiten Kontexten ein. Der indefinite pluralische Artikel ist regelmäßig erst ab der 20. Dynastie belegt. Während der Ramessidenzeit fällt das verbindende Element *n* zwischen definitem/indefinitem Artikel und Substantiv häufiger aus, um schließlich gegen Ende des Neuen Reiches ganz zu schwinden.

In der Verbalphrase zeigt sich ab dem Ende des Alten Reiches eine Tendenz, lange Verbalwurzeln periphrastisch mit *jrj* zu konstruieren. Spätestens im Mittleren Reich weitet sich diese Periphrase als diskurs-pragmatische Verstärkung auf einige Kontexte mit Imperativen und Verben der Bewegung aus. In der Zweiten Zwischenzeit, möglicherweise früher, wird das periphrastische Ausdrucksmuster als paradigmatischer Ausgleich bei Verbformen genutzt, die Aspekt- bzw. Tempusmorpheme durch phonologische Prozesse eingebüßt haben. Im Laufe der 18. Dynastie weitet sich dieser Gebrauch auf angrenzende verbale

Kontexte aus, um gegen Ende des Neuen Reiches durch Analogiebildung auf zahlreiche verbale Ausdrucksmuster übertragen zu werden.

Gleichzeitig mit den phrasalen Innovationen beginnt ein Umbau der Markierung von Satzgefügen: Vereinzelt tritt gegen Ende des Alten Reiches die vormalige Hauptsatzkennzeichnung *jw* bereits zur Markierung von Umstandssätzen auf, bevor sie in der Zweiten Zwischenzeit, spätestens jedoch zu Beginn des Neuen Reiches, vom reinen Träger des pronominalen Subjektsuffixes zur gängigen Nebensatzmarkierung umgewandelt wird. Dabei spielt die Art der Beiordnung, ob Koordination oder Subordination, wie in Kapitel 4.3.2.2 gezeigt werden konnte, für diese Markierung offenbar keine Rolle.

Schwierig zu beurteilen ist hingegen die Geschwindigkeit des sprachlichen Wandels im Ägyptischen. In den vorangehenden Kapiteln wurde bereits deutlich, dass Grammatikalisierungsprozesse graduell, jedoch nicht zwangsläufig linear, ablaufen.[965] Häufig ist bei der Verbreitung sprachlicher Wandelprozesse bzw. ihrer Übernahme in das Lexikon sowie den Sprachgebrauch der Sprecher ein Verlauf mit langsamem Beginn, einer dann schnelleren Adaption und einem wieder abflachenden Ende zu beobachten, das einer S-Kurve ähnelt:

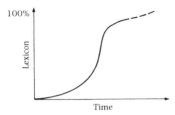

Abbildung 4: Exemplarischer Verlauf der Übernahme von Lautwandel
Aus Aitchison ³2001: 91.

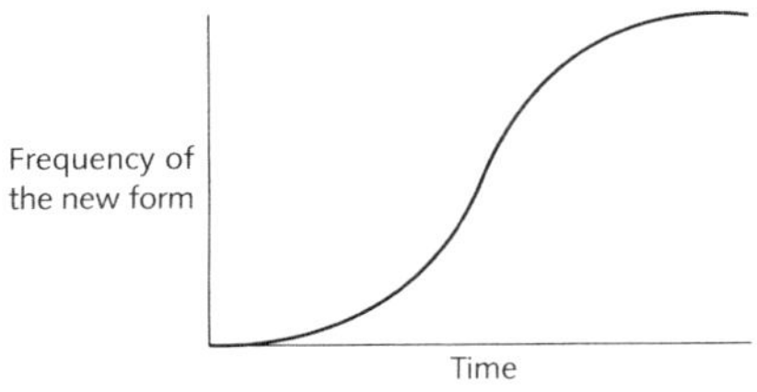

Abbildung 5: Exemplarischer Verlauf des Anstiegs der absoluten Frequenz einer neuen Form
Aus Pintzuk 2003: 512.

Sprachübergreifend zeigen sich Varianten dieses Verlaufs bei Wandelprozessen unterschiedlichster sprachlicher Ebenen, wobei das Muster nicht immer einer durchgehenden S-Kurve entsprechen muss, auch ein überlappender oder unterbrochener Vorgang ist möglich:

---

965 Vgl. Aitchison ³2001: 84–97.

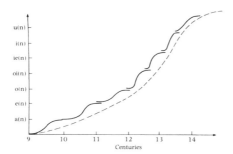

Abbildung 6: Verlauf des Wandels französischer Wortendungen auf -n
Aus Aitchison ³2001: 93.

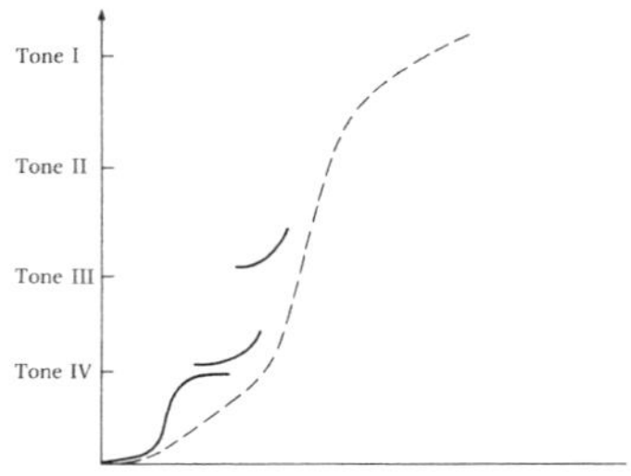

Abbildung 7: Verlauf des Akzentwandels im chinesischen Shuang-Feng Dialekt
Aus Aitchison ³2001: 94.

Für syntaktische Phänomene hat sich zudem im generativen Ansatz eine Generalisierung etabliert, die als „*Constant Rate Effect*" bezeichnet wird, welche besagt, dass in einer Phase sprachlichen Wandels bzw. Übergangs, in der zwei linguistische Optionen parallel existieren, die Gebrauchsfrequenz je nach Kontext variieren kann, die Geschwindigkeit des Wandels jedoch für alle Kontexte gleich bleibt. Das heißt konkret, einige Kontexte können die neue Option favorisieren und somit gleichzeitig eine höhere Gebrauchsfrequenz aufweisen, der Grad des Anstiegs der Verwendung (d. h., die Steigung der Linie in Abb. 8) sei aber in allen Kontexten gleich.[966] Dies führt im Vergleich der Verbreitung eines Phänomens in unterschiedlichen Gebrauchskontexten zu linearen, aber parallelen Darstellungsweisen:

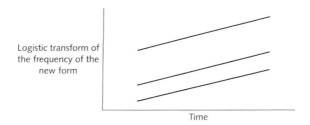

Abbildung 8: Anstieg der Frequenz einer neuen Form im Modell des *Constant Rate Effect*s
Aus Pintzuk 2003: 514.

Die graphische Umsetzung des Verlaufs eines sprachlichen Wandels ist somit direkt abhängig vom angewandten theoretischen Hintergrund, weshalb derselbe Sprachwandelprozess in einer Darstellung kurvenförmig, in einer anderen linear erscheinen kann. Solche Darstel-

---

966 Pintzuk 2003: 510–511. Zweifel am *Constant Rate Effect* äußert Aitchison ³2001: 110–111.

lungsweisen auf die in der vorliegenden Arbeit untersuchten Prozesse zu übertragen, birgt Risiken. Die chronologische Beleglage ist lückenhaft und die Anzahl der Quellen unterschiedlich verteilt, daher würde die Wiedergabe eines durchgängigen Kurvenverlaufs der Gebrauchsfrequenz zwangsläufig zu Ungenauigkeiten führen. Eine solche Graphik würde für das Ägyptische auch die Situation verklären, dass es sich – im Unterschied zu den in Kurvenverläufen wiedergegeben Phänomenen – bei den in der vorliegenden Untersuchung analysierten Prozessen nicht nur um den Anstieg der Übernahme einer bereits voll entwickelten Form in den Sprach- bzw. besser Schriftgebrauch (und somit um eine Abwandlung von Frequenz und Zeit) handelt. Vielmehr geschieht gleichzeitig eine Weiterentwicklung morphosyntaktischer Strukturen, während sie sich im Sprachgebrauch ausbreiten.

Der zuvor beschriebene „*Constant Rate Effect*" ist für die Verbreitung sprachlichen Wandels spezieller Kontexte konzipiert, die für das Ägyptische aus grammatischer Sicht erst definiert und anschließend quantitativ anhand eines repräsentativen Korpus belegt werden müssten. Alternativ soll im Folgenden beispielhaft die prozentuale Auswertung des Verlaufs der Grammatikalisierung des definiten Artikels anhand der zuvor etablierten Gebrauchskontexte einen Entwicklungsstrang illustrieren:

208   4. Analyse

Tabelle 10a & 10b: *Entwicklung der Gebrauchskontexte der pränominalen p3-Reihe*
Beispielhaft an sieben Unterkorpora

	Hekanacht-Korrespondenz (frühe 12.Dyn)	Semna-Dispatches (12. Dyn.)	Illahun-Papyri (späte 12. Dyn.)	Ahmose Peniati-Korrespondenz (18. Dyn., Hatschepsut)	pRobert Mond 1+2 (18. Dyn., amarnazeitl.)	pAnastasi 8+9 (19. Dyn., Ramses II.)	Butehamun-Korrespondenz (20. Dyn., Ramses XI.)
situativ	14 % (4)	0 %	2 % (2)	0 %	5 % (1)	8 % (4)	6 % (2)
anaphorisch	38 % (11)	12 % (2)	6 % (5)	22 % (4)	0 %	16 % (8)	8 % (3)
anamnestisch	48 % (14)	47 % (8)	46 % (39)	50 % (9)	32 % (7)	41 % 20	42 % (15)
Übergang anamnestisch/abstrakt-situativ	0 %	0 %	9 % (8)	0 %	9 % (2)	11 % (5)	0 %
abstrakt-situativ	0 %	12 % (2)	1 % (1)	6 % (1)	36 % (8)	16 % (8)	44 % (16)
assoziativ-anaphorisch	0 %	0 %	0 % (0)	22 % (4)	0 %	2 % (1)	0 %
unklar	0 %	29 % (5)	36 % (31)	0 %	18 %	6 % (3)	0 %

	Hekanacht-Korrespondenz (frühe 12.Dyn)	Semna-Dispatches (12. Dyn.)	Illahun-Papyri (späte 12. Dyn.)	Ahmose Peniati-Korrespondenz (18. Dyn., Hatschepsut)	pRobert Mond 1+2 (18. Dyn., amarnazeitl.)	pAnastasi 8+9 (19. Dyn., Ramses II.)	Butehamun-Korrespondenz (20. Dyn., Ramses XI.)
Jüngeres Demonstrativ	-	-	-	-	-	(3)	(7)
Indef. Artikel	-	-	-	-	-	(2)	(6)

Anmerkungen:

- Ausgewertet wurde jedes Auftreten von *pȝ/tȝ/nȝ* (*n*) in den angegeben Texten bzw. Unterkorpora.
- Die prozentualen Angaben wurden gerundet, daher ergibt die Summe der Einzelspalten nicht konstant 100%.
- Aufgrund des Erhaltungszustandes der Originalquellen und/oder fehlenden Kontextes konnten manche Belege keinem konkreten Gebrauch zugeordnet werden; diese wurden als „unklar" gewertet.
- Zum Vergleich wurde in Tabelle 10b darunter die Anzahl der Verwendung des jüngeren Demonstrativs sowie des Indefinitartikels (Sg.) angegeben.

Auswertung der Gebrauchskontexte:

Gemäß den Ausführungen HIMMELMANNs wurden die Gebrauchskontexte in den Belegen des Textkorpus folgendermaßen bestimmt:

- Situativ: Pragmatische Gebrauchskontexte, die Sprecher und Hörer in der unmittelbaren Situation verankern, z. B. Zeitausdrücke wie *pȝ hrw* oder *tȝ wnw.t*, sofern sie „heute" bzw. „augenblicklich" ausdrücken (aber nicht: „dieser Tag = damals" → dies zählt je nach Kontext zu anaphorischem oder anamnestischem Gebrauch); Ortsangaben wie *pȝ tȝ*, sofern „dieses Land" der Ort ist, an dem sich Sprecher und Hörer aufhalten; direkte Verweise auf den Brief, der auch die Textquelle ist (z. B. *tȝ šʿ.t* – „dieser Brief [hier; den ich gerade schreibe])"
- Anaphorisch: Gebrauchskontexte, die auf Referenten/Kontexte im direkten Textzusammenhang Bezug nehmen
- Anamnestisch: Gebrauchskontexte, die Bezug auf geteiltes Sprecher-Hörer-Wissen nehmen, das nicht im direkten Textzusammenhang erwähnt wird, aber kein Allgemein- bzw. Weltwissen darstellt; Verwendung bei kataphorischer Referenz[967] (vor aktivierenden und etablierenden Relativsätzen, im Ägyptischen bedeutet dies vor Relativformen, Partizipien und Relativkonverter)
- Abstrakt-situativ: Gebrauchskontexte, die Allgemein- bzw. Weltwissen darstellen (z. B. *pȝ Ỉtn* („der (Gott) Aton") und somit Markierungen semantisch-definiter Kontexte darstellen
- Assoziativ-anaphorisch: Gebrauchskontexte, die, basierend auf Allgemein- bzw. Weltwissen, assoziative Bezüge darstellen (z. B. „Lass ein Haus errichten. **Die** Rückwand soll eine Höhe von 5 Ellen erreichen.")[968]
- Zusätzlich zu HIMMELMANNs Einteilung der Gebrauchskontexte wurde die Kategorie „Übergang anamnestisch/abstrakt-situativ" eingeführt, da in manchen Kontexten inhaltlich nicht entschieden werden konnte, ob es sich um spezifisches Sprecher-Hörer-

---

967 Dass dies typische Kontexte des anamnestischen Gebrauches sind, belegt Himmelmann 1997: 72–82, insbesondere 78–79.
968 Die in der Tabelle im Ahmose-Peniati-Unterkorpus als assoziativ-anaphorisch angegeben Beispiele wurden oben besprochen [vgl. Kapitel 4.2.1.6].

Wissen oder Allgemeinwissen handelt, aber sicher kein anaphorischer (oder assoziativ-anaphorischer) Bezug vorlag (z. B. die Nennung von sozial höhergestellten Personen: Zählt ein bestimmter „Schreiber des Königs" zum Allgemeinwissen der Priestergemeinschaft in Illahun oder handelt es sich bei der Erwähnung eines speziellen Schreibers um geteiltes Sprecher-Hörer-Wissen?)

Die Tabelle illustriert den Verlauf der Entwicklung ab dem Mittleren Reich, wie er zuvor [Kapitel 4.2.1.6] beschrieben wurde. Die Entwicklung des definiten Artikels beginnt zuvor mit seinem sporadischen Gebrauch als pränominaler Determinierer im Alten Reich. Der Gebrauchskontext ist sehr eingeschränkt: Zunächst tritt das Element ausschließlich in den als „written as if spoken" wiedergegebenen Dialogen der Arbeiter in Grabdarstellungen aus dem Alten Reich auf. Ab der Ersten Zwischenzeit lässt es sich im Textkorpus nachweisen, wodurch der Eingang in die schriftsprachliche (private) Kommunikation belegt wird. Zu Beginn des Mittleren Reiches erhöht sich die Frequenz, daher dient die Gruppe der Hekanacht-Papyri als erstes Unterkorpus zur obigen prozentualen Auswertung. Die Gebrauchskontexte beschränken sich hierin auf den pragmatisch-definiten Bereich. In den Semna-Despatches zeigt sich erstmalig der abstrakt-situative Gebrauch, situativer und vor allem anaphorischer Gebrauch gehen zurück. Das Verhältnis zugunsten der Markierung der semantisch-definiten Kontexte ändert sich jedoch erst in der Mitte der 18. Dynastie. Die prozentuale Auswertung verdeutlicht den Verlauf der Verwendung von pragmatisch-definiten hin zu semantisch-definiten Gebrauchskontexten. Der Steilanstieg einer Verlaufskurve wäre vom Ende des Mittleren Reiches bis zur Mitte der 18. Dynastie zu verorten, ein Abflauen wäre etwas später zu markieren – definite nominale Konstruktionen in der Alltagskommunikation weisen erst ab der Ramessidenzeit obligatorisch einen definiten Artikel auf. Dass der anamnestische Gebrauch im Textkorpus am stärksten vertreten ist, stand zu erwarten: Die Kommunikationssituation in Briefen ist prädestiniert für diese Verwendung, da zumeist auf spezifisches Sprecher-Hörer-Wissen referiert wird.

Ein ähnlicher Verlauf ist für die Ausbreitung der indirekten, nominalen Possession anzunehmen, jedoch zeitlich deutlich früher anzusetzen, da die indirekte Konstruktion bereits zu Beginn der Beleglage des Textkorpus Eingang in die Schriftsprache der alltäglichen Kommunikation gefunden hat und schon im Mittleren Reich kaum Kontexte ohne diese zu finden sind. Der steilste Anstieg einer Entwicklungskurve umfasst das Ende des Alten bis hin zum Beginn des Mittleren Reiches.

Komplexer gestalten sich die unterschiedlichen Facetten der Entwicklung der Periphrasen mit *jrj*. Betrachtet man allein ihre Funktion als Konjugationsträger, so startet die Ausbreitung in oder kurz vor der Zweiten Zwischenzeit und hat ihren Höhepunkt in der Mitte der 18. Dynastie. Aufgrund der geringen Beleglage ist bis zum Beginn der Ramessidenzeit die Weiterentwicklung im Textkorpus nicht zu beobachten. Zu Beginn der Ramessidenzeit in der 19. Dynastie bis zum Ende des Neuen Reiches steigt der Entwicklungsverlauf weiter an. Seinen Ausklang findet der Prozess erst in der Römerzeit, wenn die meisten verbalen Kontexte mit Hilfe des Auxiliars (und späterem präfigiertem Element) gebildet werden.

Statt eines Kurvenverlaufes oder linearen Graphen sind in der untenstehenden Tabelle die Hauptphasen und die Abfolge der untersuchten Phänomene in Pfeildiagrammen zusammengefasst:

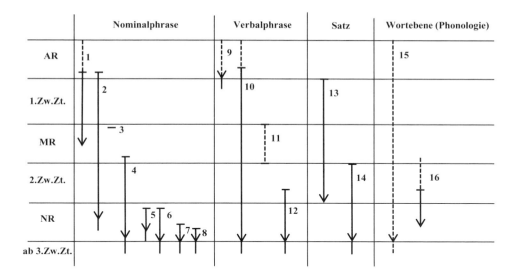

1: Ausbreitung indir. nom. Possession
2: pränom. DET > ART
3: pron. POSS migriert zu DET
4: Entstehung/Ausbreitung jüngeres DEM p3y
5: CARD w^c > INDEF.ART(SG)
6: Wegfall n zw. ART:PL + N
7: Wegfall n zw. INDEF.ART:SG + N
8: QUAN $nh(3)y$ > INDEF.ART(PL)
9: Periphrase langer Verbalwurzeln
10: Periphrase Imperativ
11: Periphrase Verben d. Bewegung
12: jrj > Auxiliar/Konjugationsträger
13: jw > Träger des Subjektsuffix in HS und NS
14: Ausbreitung jw als Nebensatzmarker
15: Abfall Genus-/Numerusend. am Substantiv
16: Abfall Aspekt-/Tempusmorpheme am Verb

Abbildung 9: Hauptphasen und chronologische Abfolge der untersuchten Sprachwandelprozesse

Anmerkungen:

– Die Pfeile geben (schematisch) die **Hauptphase** des jeweiligen Grammatikalisierungsprozesses an, d. h. sie markieren den in den obigen Kapiteln dargestellten Verlauf der Wandelprozesse bis zum Ende des Neuen Reiches.
– Den im Textkorpus bzw. an den zusätzlich herangezogenen Belegen identifizierten ‚Ausgangspunkt' der jeweiligen Hauptphase markiert näherungsweise ein Querstrich; die Pfeilspitze gibt den Endpunkt an. Zu beachten ist jedoch, dass sich die meisten untersuchten Prozesse über diesen Endpunkt hinaus fortsetzen, d. h. die entsprechenden Pfeile wurden mit über die Spitze hinausragenden Linien versehen, die dies verdeutlichen:
  o Z. B. ist die Hauptphase der Grammatikalisierung des definiten Artikels (Prozess 2) in der Mitte des Neuen Reiches abgeschlossen, indem seine Verwendung in semantisch-definiten Kontexten obligatorisch geworden

ist [markiert durch die Pfeilspitze] – seine Entwicklung schreitet jedoch zum präfigierten Artikel bis ins Koptische hinein weiter fort.
- o Die Herausbildung der periphrastischen Konstruktionen mit *jrj* wurde in der Darstellung in Einzelpfeile aufgliedert (Prozesse 9–12), da sich die Entwicklung in verschiedene Stränge aufteilt, wobei die Hauptphasen jeweils unterschiedliche Zeitspannen umfassen; während die Periphrase langer Verbalwurzeln im Alten Reich offenbar bereits Standard ist, ist die generelle Ausweitung auf angrenzende Gebrauchskontexte zum Ende des Neuen Reiches noch nicht abgeschlossen. (Ein gemeinsamer Ausgangspunkt wäre möglicherweise in der diskurs-pragmatischen Funktion als Verstärkung von Imperativen zu suchen, hierauf wurde in der Darstellung jedoch verzichtet.)
- o Die Abbildung der Entwicklung von Periphrasen der Verben der Bewegung (Prozess 11) ist nur als (gestrichelte) Annäherung ohne Pfeilspitze wiedergegeben, da das Phänomen außerhalb des Textkorpus liegt und somit eine evtl. Entwicklung nicht beobachtet werden konnte.
- Liegt der Ausgangspunkt der Entwicklung außerhalb des Textkorpus bzw. außerhalb der Quellenlage des Ägyptischen, zeigen dies gestrichelte Linien zu Beginn der Pfeile an.
- Durchgängig gestrichelte Pfeile markieren Prozesse, deren Ausgangspunkt und Hauptphase nicht in gleichem Maße wie die übrigen Phänomene eingegrenzt werden konnten bzw. außerhalb des Textkorpus liegen.
- Den abrupten Wandel der Migration der suffigierten pronominalen Possession (Prozess 3) markiert ein Querstrich als Markierung des ersten Auftretens in den Textbelegen.

Auf dieser Basis lassen sich folgende Interdependenzen herausarbeiten:

Ein häufig beobachteter Grammatikalisierungsprozess gestaltet die Entstehung des definiten Artikels aus einem demonstrativen Element. Ursache bzw. Auslöser dieser Entwicklung sind nicht eindeutig zu bestimmen, die mehrfach vorgebrachte Erklärung des Schwunds der Nominalendungen, deren Funktionen der definite Artikel auszugleichen versucht, ist, wie zuvor gezeigt wurde, allerdings nicht zwingend. Eine funktionale, diskursbedingte Ursache wie die diskurs-pragmatische Verstärkung des nominalen Ausdrucks (im Gegensatz zu den häufig anaphorischen postnominalen Determinierern) ist wahrscheinlicher.

Die Grammatikalisierung der pränominalen Demonstrativreihe zum Artikel führt zur Herausbildung eines neuen demonstrativen Elements mit stärkerer pragmatischer Kraft, wodurch die Ableitung der neuen Demonstrativreihe *pꜣy* ermöglicht wird.

Die Kontextausweitung des Demonstrativs/definiten Artikels ist Voraussetzung für die Entstehung des sog. „Possessivartikels", denn nur durch das Hinzufügen eines erweiternden Elementes zur Nominalphrase wird die Migration der suffigierten, pronominalen Possession möglich. Die Ursache der Suffixmigration lässt sich in einer Akzentverlagerung sowie einer (möglicherweise hierdurch) bedingten Schwächung des Auslauts und weiteren Faktoren vermuten. Argumente für die Hypothese, dass der Auslautschwund am Substantiv erst nach (und möglicherweise durch) die Ausbreitung der pränominalen Determinierer erfolgt, wurden zuvor vorgebracht [Kapitel 4.2.4.3]. Im Unterschied zu den graduellen

Grammatikalisierungsprozessen der übrigen Phänomene zeigt sich bei der Possessivsuffixmigration in den untersuchten Belegen ein abruptes Auftreten.

Ebenfalls abhängig von der Entwicklung des definiten Artikels ist die Entstehung der indefiniten Determinierer, die als Alternative zur Nullmarkierung indefiniter Ausdrücke gesetzt werden. Dieser Entwicklungsschritt ist jedoch nicht ursächlich in der Artikelgenese zu suchen, was der Vergleich mit anderen Sprachen belegt, in denen sich ein definiter Artikel, aber dadurch nicht notwendigerweise auch ein indefiniter, herausbildete.[969]

Aufgrund der größeren Vielfalt an Gebrauchskontexten zeigt die Umgestaltung der verbalen Phrasen des Ägyptischen auch mehr Facetten der Grammatikalisierung. Dass es sich bei der Auxiliarisierung von *jrj* um eine Grammatikalisierung handelt, ist zuvor verdeutlicht worden [Kapitel 4.3.1]. Die Entwicklungsschritte zweigen zu einem frühen Zeitpunkt voneinander ab, wie es auch in anderen Sprachen bei der Grammatikalisierung von Auxiliaren beobachtet werden kann. Dass die pragmatisch-verstärkende Konstruktion vor allem bei der Verwendung im Imperativ reanalysiert und schließlich als fester Bestandteil der Vetitivkonstruktion interpretiert wurde, geschieht weitestgehend unabhängig von der paradigmatischen Funktionsübernahme des Auxiliars als Konjugationsträger, erleichtert aber aufgrund der analogen Bildungsweise die Ausbreitung des neuen Konstruktionsschemas. Die Funktion als Periphrase langer Verbalwurzeln (insbesondere im Imperativ), in der *jrj* bereits vor allen weiteren Entwicklungen in Gebrauch war, liegt der Kontextausweitung konkret zugrunde.

Interessant ist der Zusammenhang mit den Veränderungen in der Wortfolge: Durch die fortschreitende Auxiliarisierung sowie die Herausbildung einer neuen initial gebrauchten Pronominalreihe (mit entsprechender Verbalkonstruktion) setzt sich die Wortstellung (Aux)SVO gegenüber der älteren VSO in vielen Kontexten durch und wird eines der charakteristischen Konstruktionsmuster für das jüngere Ägyptische. Für den Wortstellungswandel ist nicht ein einzelner Vorgang verantwortlich, sondern eine Kombination von sprachlichen Innovationen, die in ihrer Gebrauchsfrequenz letztendlich die ursprüngliche Ordnung übersteigen. Daher ist die Ursache des Wortstellungswandels in den Einzelprozessen der beteiligten Elemente zu identifizieren.

Bemerkenswert ist der Funktionswandel der Partikel *jw* – die Partikel durchläuft eine komplexe Reihe von schrittweisen Funktionsänderungen, bis eine vollständige Umkehrung des Gebrauchs stattgefunden hat. Der generelle Wandel der Markierung von Haupt- und Nebensatzgefügen hingegen ist sprachübergreifend typologisch gut belegt: Die Herausbildung verschiedener Arten der Nebensatzmarkierung, häufig durch spezialisierte Subjunktionen, lässt sich bspw. an der Sprachgeschichte des Deutschen gut beobachten.[970] Die zeitlich vorangehende Schwächung/der Verlust der Hauptsatzmarkierung, der die Unterscheidbarkeit von syntaktischen Abhängigkeitsverhältnissen eliminiert, begünstigt die Gebrauchskontextausweitung von *jw* als Subjektsuffixträger und letztlich seiner Reanalyse als Nebensatzmarker. Beachtenswert ist der Gebrauch in subordinierenden wie koordinie-

---

969 Himmelmann 2001: 838: „It is common to think of definite and indefinite articles as a ‚natural pair', i. e. as occurring together in one morphosyntactic paradigm. Crosslinguistically, however, this is the exception rather than the rule […]. There are many languages with definite articles lacking indefinite articles (classical Greek, the Celtic languages, Bulgarian, many modern Arabic dialects, etc.)."

970 Vgl. Szczepaniak 2009: 165–172.

renden Kontexten, jedoch nicht in Kontexten mit sehr hohem syntaktischem Integrationsgrad. Ähnlich dem Wandel der Wortstellung ist es nicht ein einzelner Grammatikalisierungsprozess, der zur generellen Umgestaltung der Markierung ägyptischer Satzgefüge führt, sondern ein Wechselspiel der oben genannten Faktoren.

Was in Abb. 9 nicht dargestellt wurde, ist, dass die Entwicklungen innerhalb der Nominalphrase bzw. innerhalb der Verbalphrase jeweils einen übergeordneten Prozess darstellen, der durch die Wechselwirkung der untergeordneten Phänomene gestaltet wird. Während auf Wort- bzw. phrasaler Ebene einzelne Prozesse bzw. die Kombination weniger Prozesse zu einer Umgestaltung führen, bedingt das Zusammenspiel all dieser Mechanismen Ergebnisse auf Satzebene. Die Interdependenzen der Einzelprozesse haben Auswirkungen über ihre funktionale Domäne hinaus, welche im Wandel der Wortstellung sowie dem Umbau der Markierung von Satzstrukturen sichtbar werden. Ein „Interdependenzmodell" der Sprachentwicklung des Ägyptischen berücksichtigt somit den diachronen Verlauf der Entwicklungen, die grammatische Dimension der Phänomene sowie ihre wechselseitigen Abhängigkeiten untereinander.

In der Untersuchung bestätigt sich somit einerseits, was bereits KROEBER[971] und andere festgestellt haben: Zahlreiche Wandelphänomene haben ihren Ursprung weit vor dem Neuen Reich. Andererseits sind sie jedoch keineswegs bis zur Amarnazeit abgeschlossen, wie die (Weiter-)Entwicklung des definiten Artikels, die Entstehung des indefiniten Artikels im Singular und Plural sowie insbesondere die Innovationen der Verbalphrasen, welche vielfach erst nach der Mitte der 18. Dynastie zum Tragen kommen, illustrieren. Ein zu enges Untersuchungsfenster verstellt einigen der in der vorliegenden Arbeit erwähnten Analysen den Blick auf den Umfang von Entwicklungsverläufen. Auch diese Untersuchung endet mit den Texten des Neuen Reiches, wodurch die Betrachtung der Entwicklungsprozesse der untersuchten Phänomene ‚abgeschnitten' wird; diese sind jedoch keineswegs abgeschlossen. Weiterführende Untersuchungen bis hin zum Koptischen müssten den späteren Verlauf der Prozesse und ihre Auswirkungen klären.

In der vorliegenden Analyse wurde die oben erwähnte Wechselwirkung von Grammatikalisierungsprozessen beschrieben, durch welche sich die ursprünglichen Innovationen zu jenen typologischen Merkmalen entwickeln, die die Struktur des jüngeren Ägyptisch charakterisieren. Eine der wesentlichen Erkenntnisse der Untersuchung ist das Zusammenspiel einzelner Wandelphänomene, die letztlich in ihrer Gesamtheit zu größeren „Umbrüchen" führen. Statt eines linearen oder gar stufenförmigen Ablaufs der Entwicklung ägyptischer Sprachphasen wurde an einem homogenen sprachlichen Register gezeigt, dass Geschwindigkeit und Verbreitung von Innovationen je nach Einzelphänomen verschieden sind, jedoch gemeinsame Phasen starker Frequenzerhöhung aufweisen können (mögliche „S-Kurven"). Die einschneidenden Veränderungen der typologischen Struktur, die dem Ägyptischen am Übergang vom älteren zum jüngeren Ägyptisch zugeschrieben werden, sind das Ergebnis gradueller Entwicklungen und basieren auf der Abfolge sowie der Interdependenz von Einzelprozessen. Es konnte gezeigt werden, dass Ausbreitung und Geschwindigkeit des sprachlichen Wandels vom älteren zum jüngeren Ägyptisch nicht in

---

[971] Kroeber 1970.

einem gemeinsamen Zeitfenster ablaufen, sondern aufeinander aufbauen, wobei der Scheitelpunkt je nach einzelnem sprachlichen Bereich in zeitversetzten Abschnitten der ägyptischen Sprachgeschichte liegt. Die Entstehung des Neuägyptischen kann nicht gegen Ende des Mittleren Reiches oder innerhalb der Zweiten Zwischenzeit verortet werden; Phänomene wie der Wandel der nominalen attributiven Possession sind bereits im Mittleren Reich in allen Textgattungen etabliert, während Neuerungen wie der indefinite Artikel im Plural oder Teile des Umbaus des verbalen Paradigmas erst gegen Ende des Neuen Reiches wirklich sichtbar werden.

Nicht zuletzt wurde deutlich, dass nicht ein übergreifendes Phänomen wie die analytische Tendenz ursächlich für die Unterschiede zwischen dem älteren und jüngeren Ägyptisch verantwortlich ist. Der Entwicklungsverlauf der sprachlichen Innovationen wird durchaus von Prinzipien wie u. a. Ikonizität und Ökonomie sowie Prototypikalität beeinflusst; letztlich führen jedoch kommunikative Bedürfnisse, die in den kognitiven Strukturen der menschlichen Sprachverarbeitung fußen, zu sprachlichem Wandel.

> *"Before you judge me as some kind of 'anything goes' language heathen, let me just say that I'm not against usage standards. [...] There are social conventions for the way we do lots of things, and it is to everyone's benefit to be familiar with them. But logic ain't got nothin' to do with it."*
>
> Arika Okrent, *In the Land of Invented Languages*, New York 2009, 231–232.

4.5 Exkurs: Sprachliche Register und diachroner Wandel

In vorangegangenen Kapiteln [Kapitel 3.2, 3.3, 4.2] wurde mehrfach auf Hypothesen zum Zusammenhang von sprachlichem Register und sprachlichem Wandel im Ägyptischen verwiesen. Obwohl die vorgenommene Untersuchung nicht explizit synchrone sprachliche Varietät zum Gegenstand hatte, werden im Folgenden einige Beobachtungen zusammengestellt, die vor diesem Hintergrund dennoch gewonnen werden konnten.

In den Vorbetrachtungen [Kapitel 3.3] wurde deutlich, dass in der ägyptologischen Forschung ein Zusammenhang zwischen sprachlicher Innovation und sprachlichem Register hergestellt wird. Genauer gesagt, werden Neuerungen zunächst in niedrigen (weniger prestigeträchtigen, ‚umgangssprachlichen' bzw. ‚alltagssprachlichen') Registern vermutet, während höhere (prestigeträchtigere, stärker formale) Register ältere Sprachmuster zu konservieren oder gar absichtlich zu imitieren scheinen. Ganz offensichtlich existiert eine Korrelation zwischen dem sprachlichen Register und der Kommunikationssituation, letztere wird in der ägyptologischen Forschung jedoch häufig mit Textgattung gleichgesetzt, was dazu führt, dass die Relationen

- hochsprachlich = älteres Sprachgut = prestigeträchtige Textgattung und
- umgangssprachlich = jüngeres Sprachgut = wenig prestigeträchtige (alltagsweltliche) Textgattung

für selbstverständlich erachtet werden. An anderer Stelle wurde jedoch bereits angemerkt, dass sich diese Beziehungen an den textlichen Belegen nicht klar verifizieren lassen.[972] Das ist m. E. oftmals der vorschnellen Gleichsetzung von sprachlichem Register und Textgattung sowie der Zuweisung „Umgangssprache" und „Hochsprache" zu diesen Einteilungen geschuldet. LIEVEN warnt ebenfalls vor dieser Identifikation: „Doch liegen m.E. Sprachregister und Sprachstufen auf einer völlig anderen Ebene und sollten nicht vermischt werden."[973]

Im untersuchten Textkorpus vereinen Briefe ab einer gewissen Länge mehrere sprachliche Register. Brieffloskeln und formale Redewendungen wie Eide zeigen abweichende sprachliche Konstruktionen im Vergleich zum Text des Briefkörpers, z. B. die postnominalen Demonstrativpronomina, während der Textkörper die pränominale Reihe aufweist. An mehreren Stellen enthält die Wiedergabe wörtlicher Rede hingegen Elemente, die in späteren Sprachphasen zur Standardvarietät der alltäglichen Kommunikation gehören.[974] Dies bestätigt, dass die Wiedergabe gesprochener Sprache (schriftlich bezeugte wörtliche Rede, „written as if spoken"-Passagen) bzw. die verschriftlichte Sprache der Kommunikationssituation Brief (bspw. im Unterschied zu religiösen Texten) sprachliche Register bevorzugt, die – wofür oben argumentiert wurde [Kapitel 3.3, 4.1] – gesprochener Sprache nahe stehen. Da Sprachwandel seinen Ursprung in Variationen hat, die zunächst in gesprochener Sprache auftreten, lässt sich schlussfolgern, dass diese Texte sprachliche Innovationen auch chronologisch am ehesten aufzeigen, was sich bestätigen ließ.

Zu prüfen ist jedoch, ob diese sprachlichen Register mit ‚Umgangssprache', und in diesem Zusammenhang mit der sprachlichen Varietät niedriger sozialer Schichten als Ursprung sprachlicher Innovation im Ägyptischen, gleichzusetzen sind. Betrachtet man das Beispiel der Verwendung der pränominalen Demonstrativ-Reihe $p3$, spricht einiges für diese Annahme:

- Die Demonstrativ-Reihe tritt erstmals in den „Reden und Rufen" der Darstellungen von (sozial niedriger gestellten) Arbeitern in Gräbern des Alten Reiches [vgl. Fußnote 513] auf;
- der Beamte Month-Weser trifft zu Beginn des Mittleren Reiches die Aussage, dass seine Rede wie die hoher Beamter frei von $p3$-Sagerei sei [vgl. Kapitel 2.1];

---

972 Vgl. z. B. Jansen-Winkelns Kritik an Junges Theorie des phasenverzögerten Auftretens sprachlicher Neuerungen sowie Kammerzells Kritik an Jansen-Winkelns Diglossie-Hypothese [Kapitel 3.2.2].

973 Lieven 2007: 230. Ihre Anwendung der sog. „sprachhistorischen Datierung" ist allerdings umstritten, vgl. z. B. Jansen-Winkeln 2011. Dagegen erneut Lieven 2013. M. E. kann es sich schwierig gestalten, nach sprachlichen Phänomenen zu datieren, deren exaktes zeitliches Auftreten sowie genaue Gebrauchskontexte nicht abschließend geklärt sind. Die vorliegende Untersuchung zeigt dies bspw. für den Bereich der Determinierer in nominalen Ausdrücken.

974 Z. B. in den Semna-Despatches (Papyrus London BM EA 10752 [= Papyrus Ramesseum C]) aus dem Mittleren Reich sowie dem Papyrus Brooklyn 35.1446 und der Stele Kairo JE 30770, beide aus der Zweiten Zwischenzeit. Vgl. auch Jansen-Winkeln 2011: 167, Fußnote 79.

- im Korpus der Hekanacht-Papyri, ebenfalls vom Beginn des Mittleren Reiches, wird die Reihe im Brief an ein höhergestelltes Individuum vermieden bzw. wird in dieser Kommunikationssituation nicht verwendet.

Interessant ist jedoch, dass auch einer der höchsten Beamten, der Wesir Antefiker, zu Beginn des Mittleren Reiches im Papyrus Boston MFA E 38.2064 [= pReisner II] die pränominalen Demonstrativa ebenso produktiv verwendet wie Hekanacht in seiner privaten Korrespondenz.[975]

In diesem Zusammenhang zeigt die Erforschung sprachlicher Varietät in modernen Gesellschaften bislang, dass die Übernahme sprachlicher Innovationen in den Sprachgebrauch einer größeren Gruppe u. a. aufgrund des Strebens nach Prestige, sozialer oder kommunikativer Notwendigkeit und/oder dem Wunsch nach Identifikation mit einer sozialen Gruppe erfolgt.[976] Falls die typische Rede hoher Beamter zu dieser Zeit frei von *p3*-Sagerei war, sich kein Prestige durch ihre Anwendung gewinnen ließ und keine kommunikative Notwendigkeit dafür bestand (der Brief wäre sicher auch ohne den Gebrauch pränominaler Demonstrativa verständlich und ‚grammatisch korrekt' gewesen), ist Antefikers Sprachgebrauch in gewissem Maße überraschend. Es wäre vorschnell, aufgrund dieser knappen Datengrundlage Rückschlüsse auf die Verbreitung und Implementierung sprachlicher Innovationen in ägyptischen Gesellschaftsschichten zu ziehen, aber vermuten lässt sich hieraus, dass die Verwendung der Demonstrativreihe sich entweder zu diesem Zeitpunkt schon in sozial höherstehenden Gesellschaftsschichten in der alltäglichen Kommunkation etabliert hat oder andererseits „*p3*-Sagerei" nicht zwangsläufig seinen Ursprung nur in niedrigeren sozialen Gruppen hatte. Die Fragestellung erscheint durchaus lohnenswert hinsichtlich zukünftiger ägyptologischer Forschungen unter Einbeziehung soziolinguistischer Methodik.[977]

Festzuhalten ist, dass sich eine zeitlich verzögerte Verbreitung sprachlicher Innovationen, aufsteigend innerhalb der stratischen Unterteilungen des Textkorpus (private Korrespondenz > Briefe vom und an den Wesir > Texte des Königs bzw. aus dem königlichen Umfeld) nicht bzw. höchstens marginal feststellen ließ.[978] So weisen Texte des Königs, die als Dekrete auf Stelen oder an Grabwänden wiedergegeben wurden, zum Teil die Verwendung älterer Konstruktionen auf, was offenbar der Art der (öffentlichen?) Kommunikationssituation sowie des Inhaltes (z. B. die Eulogie an Ramses II. auf der Stele Grenoble Ur. 1 + Ur. 33 [=Kubân Stele]) geschuldet ist. Während private Korrespondenz manche Innovationen in quantitativ höherer Frequenz zeigt, sind die qualitativen Gebrauchskontexte die gleichen (z. B. in der Hekanacht-Korrespondenz im Vergleich zum Brief des Wesirs Antefiker [s. oben] oder im Korpus der Illahun-Papyri gegenüber den Kamose-Belegen). Unklar bleibt bislang die sozial-stratische und diatopische Ausbreitung der Phänomene, während

---

975 Vgl. Fußnote 576.
976 Vgl. z. B. Aitchison ³2001: 55–83; McMahon 1994: 225–252.
977 Man beachte hierbei vor allem auch das Spannungsfeld Mündlichkeit vs. Schriftlichkeit generell, dessen Parameter bspw. Koch (1994: 595) auf der Basis von Coserius Varietätenmodell im Gegensatz „Nähe vs. Distanz" verortet und hieran zahlreiche Charakteristika festmacht.
978 Man beachte jedoch: Die ungleiche Verteilung des Textkorpus im Hinblick auf private und königliche Korrespondenz sowie die sozial sehr simpel gefasste Einteilung können dieses Ergebnis jedoch verzerren.

diaphasisch klare Gebrauchskontexte sowie die sprachlichen Register der Alltagskommunikation identifiziert werden können [vgl. Kapitel 4.2.1.6]. Vorsicht ist geboten bei einer Gleichsetzung von sprachlichem Register und Textgattung; eine Einschätzung der Kommunikationssituation, des Sprecher-Hörer-Verhältnisses sowie weiteren Faktoren der Varietät sind bei diachronen Untersuchungen zu berücksichtigen.

> *„Wer wissen will, wie sich die Amöbe zum Elefanten entwickelt hat, wird sich mit einer sehr allgemeinen Antwort zufrieden geben müssen, mit einer so-genannten Erklärung-im-Prinzip. Aber auch da, wo der Skopus der Betrachtung stimmt, ist eine Erklärung vielfach nicht erreichbar, weil uns die dazu notwendigen Kenntnisse fehlen, und sie möglicherweise auch nicht mehr zu bekommen sind."*
>
> Keller ³2003: 214.

5. Fazit

Was KELLER für die gesamte menschliche Sprachgeschichte umschreibt, gilt in kleinerem Maßstab auch für schriftlich belegte, historische Sprachen: Manche Erklärungen werden aufgrund der lückenhaften Beleglage und der Komplexität interagierender Einflussfaktoren für historische Sprachen nicht mehr zu erreichen sein. Doch im richtigen Skopus der Analyse lassen sich, wie die vorliegende Arbeit zu zeigen anstrebt, dennoch zahlreiche Erkenntnisse über die Entwicklung einer antiken Einzelsprache gewinnen. Mit der Übertragung funktional-typologischer Betrachtungsweisen der modernen Linguistik können Lücken in der Quellenlage anhand fundierter Kenntnisse zum Ablauf eines sprachlichen Wandels zumindest näherungsweise erschlossen werden. Eine Erklärung sprachlichen Wandels allgemein vermag eine solche Detailanalyse nicht zu bieten; selbst der sprachliche Wandel des Ägyptischen von den ältesten schriftlichen Zeugnissen bis zu den koptischen Belegen des ersten nachchristlichen Jahrtausends stellt für eine Einzeluntersuchung ein erheblich zu umfangreiches Gebiet dar. Doch auch der in der vorliegenden Arbeit untersuchte Zeitraum vom Ende des Alten bis zum Ende des Neuen Reiches umfasst immer noch mehr als tausend Jahre Sprachgeschichte. Ein solches Untersuchungsfenster ist jedoch unumgänglich, wenn Prozesse sprachlichen Wandels aus typologischer Sicht untersucht werden sollen, die der erheblichen Umstrukturierung eines Sprachsystems wie dem Ägyptischen zugrunde liegen. Anhand eines abgegrenzten Textkorpus wurden daher ausgewählte Prozesse analysiert, bei denen der Fokus auf Veränderung innerhalb der Nominalphrase lag. Zudem wurden ein Fall von Auxiliarisierung sowie der Funktionswandel einer zunächst haupt- und später nebensatzmarkierenden Partikel nachvollzogen, um anschließend Erkenntnisse über deren mögliche Interdependenzen zu erlangen.

Detailliert wurde für die Nominalphrase u. a. die Herausbildung des definiten Artikels analysiert, da dieser ein charakteristisches Element des jüngeren Ägyptischen darstellt. Die Entwicklung basiert auf der Grammatikalisierung einer pränominalen Demonstrativa-Reihe; entscheidend für die Analyse des Übergangs vom Demonstrativ zum Artikel war die Identifizierung anamnestischer Gebrauchskontexte in den ägyptischen Textquellen, in denen sich der Wechsel von pragmatischer zu semantischer Definitheit vollzieht. Hierbei konnte gleichfalls gezeigt werden, dass spezifische Diskurssituationen die Ausbreitung der zunächst stark pragmatischen Demonstrativreihe begünstigen, während der textlichanaphorische Gebrauch postnominaler Demonstrativ-Reihen keine Weiterentwicklung aufweist. In diesem Phänomenbereich wurde zudem die Entwicklung des indefiniten Artikels im Singular und Plural sowie der jüngeren Demonstrativreihe *p3y* besprochen, welche sich erst nach der Entwicklung des definiten Artikels herausbilden.

Aus funktional-typologischer Sicht konnte ferner der Wandel nominaler Possessiv-Konstruktionen aufgeschlüsselt werden, die sich entlang prototypischer Konzept-Hierarchien entwickeln. Entstehung und Ausbreitung des sog. „Possessivartikels" wurden in Korrelation mit der Grammatikalisierung des Artikels gesetzt, sodass der direkte Zusammenhang des Wandels pronominaler attributiver Possession mit der Ausweitung des Gebrauchs der pränominalen Demonstrativreihe verdeutlicht werden konnte. Dabei zeigte sich, dass unveräußerliche Referenten, welche die ältere suffigierte pronominale Possession bis ins Koptische beibehalten, ebenfalls keinen pränominalen Determinierer annehmen, was ein Abwandern des Possessivsuffixes gar nicht erst ermöglicht.

Auf phrasaler und propositionaler Ebene wurden die Auxiliarisierung des Hilfsverbs *jrj* sowie der Funktionswandel der Partikel *jw* von einer Haupt- zu einer Nebensatzmarkierung betrachtet und ihr Zusammenhang mit dem Umbau der Phrasen- und Satzstruktur vom älteren zum jüngeren Ägyptisch aufgezeigt. Dabei wurde deutlich, dass der einschneidende Strukturwandel vom älteren zum jüngeren Ägyptisch nicht auf der Umstellung bereits bestehender Ausdrucksmuster basiert, sondern vielmehr die Grammatikalisierung einzelner Elemente zur Herausbildung neuer Konstruktionen führt.

Abschließend wurden Interdependenzen der zuvor analysierten Wandelphänomene dargestellt. Es zeigte sich, dass die tiefgreifenden Veränderungen wie die vermeintliche Umstellung der Phrasenstruktur oder der Wandel der Wortstellung von VSO zu (Aux)SVO am Übergang vom älteren zum jüngeren Ägyptisch auf miteinander in Wechselwirkung stehenden Einzelprozessen beruhen, die erst in der Summe als gravierende Veränderungen sichtbar werden. Verantwortlich für diese Veränderungen sind nicht übergreifende ‚Motivationen' wie die analytische Tendenz, sondern kommunikative Bedürfnisse der Sprachanwender. Aus typologischer Sicht formen „*competing motivations*" wie Ikonizität und Ökonomie Gestalt und Richtung sprachlicher Innovationen. Damit aus einer Variation überhaupt erst ein Wandelprozess entsteht, wirken jedoch weitere, insbesondere soziolinguistische Faktoren, die in der vorliegenden Untersuchung nicht umfänglich mit einbezogen werden konnten.

Der Ablauf sprachlichen Wandels vom älteren zum jüngeren Ägyptisch zeigt einen graduellen, jedoch nicht linearen Verlauf. Die Geschwindigkeit der Verbreitung einzelner Phänomene ist dabei sehr unterschiedlich und abhängig von zahlreichen Faktoren wie sprachlicher Varietät, grammatischer Ebene und Frequenz, auf deren Berücksichtigung in der Arbeit besonderes Augenmerk gelegt wurde.

Auf der Basis der vorliegenden Untersuchung eröffnen sich zahlreiche weiterführende Forschungsfelder: Die hier beschriebenen Prozesse sollten an anderen Textgattungen überprüft werden, um ein vollständigeres Bild des Ablaufs der ägyptischen Sprachgeschichte zu erhalten. Des Weiteren können die funktional-typologischen Theorien auf zusätzliche Bereiche der ägyptischen Grammatik angewandt werden, bspw. den umfangreichen Komplex der ägyptischen Verbalphrasen, woraus sich zweifelsohne gewinnbringende Erkenntnisse ergeben würden.

Besonders vielversprechend und bislang nur in Ansätzen untersucht ist der Bereich der sprachlichen Varietät im vor-koptischen Ägyptisch. Die drei Dimensionen der synchronen Varietät könnten an spezifisch dafür konzipierten Textkorpora analysiert werden, um Rückschlüsse auf diatopische Unterschiede sowie diastratische und diaphasische Einflussfaktoren zu ziehen, was wiederum die diachrone Erforschung des Ägyptischen voranbringen und letztlich einen tieferen Einblick in die Strukturierung und Interaktion der ägyptischen Gesellschaft ermöglichen würde.

Trotz der oft lückenhaften Quellenlage des Ägyptischen sowie des großen untersuchten Belegungszeitraumes hat die vorliegende Untersuchung gezeigt, dass auf der Grundlage sprachvergleichender, typologischer Theorien der modernen Linguistik der Gewinn wesentlich exakterer Erkenntnisse zum sprachlichen Wandel des Ägyptischen möglich ist. Die Analyse eines Ausschnittes der ägyptischen Sprachgeschichte schafft eine Datengrundlage für weiterführende Forschungen und im Idealfall Erklärungen für den Entwicklungsverlauf ausgewählter Phänomene. Fundierte Hypothesen auch über Phasen, die aufgrund der mangelnden Beleglage nicht mehr im Detail nachvollzogen werden können, helfen, die ägyptische Sprache besser zu verstehen.

Literaturverzeichnis

ABNEY 1987:
   Abney, Steven Paul, *The English Noun Phrase in its Sentential Aspect*, Diss. Cambridge (Massachusetts) 1987.

AIKHENVALD/DIXON 2012:
   Aikhenvald, Alexandra Y. & Robert M. W. Dixon, *Possession and Ownership. A Cross-Linguistic Typology*, Explorations in Linguistic Typology 6, Oxford 2012.

AITCHISON ³2001:
   Aitchison, Jean, *Language Change: Progress or Decay?*, Cambridge ³2001.

AITCHISON 2003:
   Aitchison, Jean, Psycholinguistic Perspectives on Language Change, in: JANDA/JOSEPH 2003: 736–743.

ALEXIADOU ET AL. 2007:
   Alexiadou, Artemis, Liliane Haegeman & Melita Stavrou, *Noun Phrase in the Generative Perspective*, Studies in Generative Grammar 71, Berlin & New York 2007.

ALLAM 1973:
   Allam, Schafik, *Hieratische Ostraka und Papyri aus der Ramessidenzeit* I & II, Urkunden zum Rechtsleben im alten Ägypten 1, Tübingen 1973. (aus dem Nachlass von Jaroslav Černý)

ALLAM 1985:
   Allam, Schafik, Trois lettres d'affaires (P. Cairo CG 58056, 58058, 58060), in: Posener-Kriéger, Paule (Hg.), *Mélanges Gamal Eddin Mokhtar* I, Bibliothèque d'Étude de l'Institut français d'archéologie orientale du Caire 97, Kairo 1985, 19–30.

ALLAM 1987:
   Allam, Schafik, Trois missives d'un commandant (Pap. CGC 58053-5), in: *Annales du service des antiquités de l'Égypte* 71, 1987, 5–25, Tf. 1–5a.

ALLEN 1984:
   Allen, James P., *The Inflection of the Verb in the Pyramid Texts* I & II, Bibliotheca Aegyptiaca 2, Malibu 1984.

ALLEN 1994:
   Allen, James P., Colloquial Middle Egyptian. Some Observations on the Language of Heka-Nakht, in: *Lingua Aegyptia* 4, 1994, 1–12.

ALLEN 2000:
   Allen, James P., *Middle Egyptian. An Introduction to the Language and Culture of Hieroglyphs*, Cambridge 2000.

ALLEN 2002:
   Allen, James P., *The Heqanakht Papyri*, New York 2002.

ALLEN 2004:
   Allen, James P., Traits dialectaux dans les Textes des Pyramides du Moyen Empire, in: Bickel, Susanne & Bernard Mathieu, *D'un monde à l'autre. Textes des Pyramides & Textes des Sarcophages. Actes de la table ronde internationale „Textes des Pyramides versus Textes des Sarcophages". IFAO 24–26 septembre 2001*, Bibliothèque d'Étude 139, Kairo 2004, 1–15.

ALLEN 2009:
Allen, James P., Old and New in the Middle Kingdom, in: Silverman, Donald P., William K. Simpson & J. Wegner (Hgg.): *Archaism and Innovation. Studies in the Culture of Middle Kingdom Egypt*, New Haven, Philadelphia 2009, 263–275.

ALLEN 2013:
Allen, James P., *The Ancient Egyptian Language. An Historical Study*, Cambridge 2013.

ALLEN ³2014:
Allen, James P., *Middle Egyptian. An Introduction to the Language and Culture of Hieroglyphs. Third Edition*, Cambridge ³2014.

ALTENMÜLLER 2005:
Altenmüller, Hartwig, *Einführung in die Hieroglyphenschrift*, Hamburg 2005.

ASSMANN 2001:
Assmann, Jan, *Tod und Jenseits im Alten Ägypten*, München 2001.

BAER 1966:
Baer, Klaus, A Deed of Endowment in a Letter of the Time of Ppjj I?, in: *Zeitschrift für Ägyptische Sprache und Altertumskunde* 93, 1966, 1–9.

BAINES 1983:
Baines, John, Literacy and Ancient Egyptian Society, in: *Man. A Monthly Record of Anthropological Science (New Series)* 18/3, 1983, 572–599.

BAINES 2007:
Baines, John, Literacy and Ancient Egyptian Society, in: ders. (Hg.), *Visual and Written Culture in Ancient Egypt*, Oxford 2007, 33–62.

BAINES/EYRE 1983:
Baines, John & Christopher Eyre, Four Notes on Literacy, in: *Göttinger Miszellen* 61, 1983, 65–96.

BAKIR 1968:
Bakir, Abd el-Mohsen, The Middle Kingdom Cairo Letter. A Reconsideration (Papyrus 91061 = CGC No. 58045), in: *The Journal of Egyptian Archaeology* 54, 1968, 57–59, Tf. 7–7a.

BAKIR 1970:
Bakir, Ab del-Mohsen, *Egyptian Epistolography from the Eighteenth to the Twenty-First Dynasty*, Bibliothèque d'Étude de l'Institut français d'archéologie orientale du Caire 48, Kairo 1970.

BARNS 1948:
Barns, John, Three Hieratic Papyri in the Duke of Northumberland's Collection, in: *The Journal of Egyptian Archaeology* 34, 1948, 35–46, Tf. 10–11.

BARTA 1984:
Barta, Winfried, in: Helck, Wolfgang & Eberhard Otto (Hgg.), *Lexikon der Ägyptologie* V, Wiesbaden 1984, 156–180, s. v. *Re*.

BARWIK 2011:
Barwik, Mirosław, *The Twilight of Ramesside Egypt. Studies on the History of Egypt at the End of the Ramesside Period*, Warschau 2011.

BELLION 1987:
Bellion, Madeleine, *Égypte ancienne. Catalogue des manuscrits hiéroglyphiques et hiératiques et des dessins, sur papyrus, cuir ou tissu, publies ou signales*, Paris 1987.

BERRUTO 2010:
Berruto, Gaetano, Identifying Dimensions of Linguistic Variation in a Language Space, in: Schmidt, Jürgen E. & Peter Auer (Hgg.), *Language and Space. An International Handbook of Linguistic Variation. Theories and Methods* I, Handbücher zur Sprach- und Kommunikationswissenschaft 30, Berlin & New York 2010, 226–241.

BIRCH/HAWKINS 1844(1982):
    Birch, Samuel & Edward Hawkins (Hgg.), *Select papyri in the hieratic character from the collections of the British Museum* III, London 1844 (unveränderter Nachdruck 1982).
BOMMAS 1999:
    Bommas, Martin, Zur Datierung einiger Briefe an die Toten, in: *Göttinger Miszellen* 173, 1999, 53–60.
BORCHARDT 1899:
    Borchardt, Ludwig, Der zweite Papyrusfund von Kahun und die zeitliche Festlegung des Mittleren Reiches der ägyptischen Geschichte, in: *Zeitschrift für Ägyptische Sprache und Altertumskunde* 37, 1899, 89–103.
BORGHOUTS 2010:
    Borghouts, Joris F., *Egyptian. An Introduction to the Writing and Language of the Middle Kingdom* I & II, Löwen & Leiden 2010.
BRITAIN 2010:
    Britain, David, Language and Space. The Variationist Approach, in: Schmidt, Jürgen E. & Peter Auer (Hgg.), *Language and Space. An International Handbook of Linguistic Variation. Theories and Methods* I, Handbücher zur Sprach- und Kommunikationswissenschaft 30, Berlin & New York 2010, 142–163.
BROSE 2014:
    Brose, Marc, *Grammatik der dokumentarischen Texte des Mittleren Reiches*, Lingua Aegyptia Studia Monographica 13, Hamburg 2014.
BROVARSKI 2000:
    Brovarski, Edward, *The Senedjemib Complex* I, Der Manuelian, Peter & William K. Simpson (Hgg.), Giza Mastabas 7, Boston 2000.
BRUGSCH 1855:
    Brugsch, Heinrich, *Grammaire Démotique contenant les principes généraux de la langue et de l'écriture populaires des anciens Égyptiens*, Berlin 1855.
BRUNNER 1980:
    Brunner, Helmut, in: Helck, Wolfgang & Eberhard Otto (Hgg.), *Lexikon der Ägyptologie* III, Wiesbaden 1980, 383–384, s. v. *Kemit*.
BRYAN 1984:
    Bryan, Betsy M., Evidence for Female Literacy from Theban Tombs of the New Kingdom, in: *Bulletin of the Egyptological Seminar* 6, New York 1984, 17–32.
BUNGARTEN 1979:
    Bungarten, Theo, Das Korpus als empirische Grundlage in der Linguistik und Literaturwissenschaft, in: Bergenholtz, Henning et al. (Hgg.), *Empirische Textwissenschaft. Aufbau und Auswertung von Text-Corpora*, Königstein Ts 1979, 220–267.
BUßMANN ³2002:
    Bußmann, Hadumod, *Lexikon der Sprachwissenschaft*, Stuttgart ³2002.
BYBEE 1985:
    Bybee, Joan L., Diagrammatic Iconicity in Stem-Inflection Relations, in: HAIMAN 1985b, 11–47.
CAMINOS 1963:
    Caminos, Ricardo A., Papyrus Berlin 10463, in: *The Journal of Egyptian Archaeology* 49, 1963, 29–37, Tf. 6–6a.
CAMINOS 1975:
    Caminos, Ricardo A., in: Helck, Wolfgang & Eberhard Otto (Hgg.), *Lexikon der Ägyptologie* I, Wiesbaden 1975, 855–864, s. v. *Brief*.
CAMINOS 1980:
    Caminos, Ricardo A., in: Helck, Wolfgang & Eberhard Otto (Hgg.), *Lexikon der Ägyptologie* III, Wiesbaden 1980, 1066–1067, s. v. *literarischer Brief*.

CAMINOS 1982:
: Caminos, Ricardo A., in: Helck, Wolfgang & Eberhard Otto (Hgg.), *Lexikon der Ägyptologie* IV, Wiesbaden 1982, 243–244, s. v. *Musterbrief*.

CAMPBELL ²2004:
: Campbell, Lyle, *Historical Linguistics. An Introduction*, Edinburgh ²2004.

CAMPBELL/JANDA 2001:
: Campbell, Lyle & Richard Janda, Introduction. Conceptions of Grammaticalization and their Problems, in: *Language Sciences* 23, 2001, 93–112.

CARNARVON/CARTER 1912:
: Carnarvon, George E. S. M. H. & Howard Carter (Hgg.), *Five Years' Explorations at Thebes. A Record of Work Done 1907–1911*, London et al. 1912.

CASAS GÓMEZ 1997:
: Casas Gómez, Miguel, Diaphasische Variation und Fachsprache, in: *Zeitschrift für romanische Philologie* 113,2, 1997, 173–189.

CAUVILLE 2012:
: Cauville, Sylvie, *Offerings to the Gods in Egyptian Temples*, Löwen et al. 2012.

ČERNÝ 1935:
: Černý, Jaroslav, *Ostraca hiératiques. Catalogue Générale du Musée égyptien du Caire Nos. 25501–25832*, Kairo 1935.

ČERNÝ 1937:
: Černý, Jaroslav, *Catalogue des ostraca hiératiques non littéraires de Deir el-Medineh. Nos. 114 à 189*, Documents de fouilles de l'institut français d'archéologie orientale du Caire 4, Kairo 1937.

ČERNÝ 1939:
: Černý, Jaroslav, *Late Ramesside Letters*, Bibliotheca Aegyptiaca 9, Brüssel 1939.

ČERNÝ/GARDINER 1957:
: Černý, Jaroslav & Alan H. Gardiner, *Hieratic Ostraca* I, Oxford 1957.

ČERNÝ/GROLL 1975:
: Černý, Jaroslav & Sarah I. Groll, *A Late Egyptian Grammar*, Studia Pohl: Series Major 4, Rom 1975.

ČERNÝ/GROLL ⁴1993:
: Černý, Jaroslav, Sarah I. Groll & Christopher Eyre, *A Late Egyptian Grammar*, Studia Pohl: Series Major 4, Rom ⁴1993.

COLLIER/QUIRKE 2002:
: Collier, Mark & Stephen Quirke (Hgg.), *The UCL Lahun Papyri. Letters*, BAR International Series 1083, Oxford 2002.

COSERIU 1980:
: Coseriu, Eugenio, „Historische Sprache" und „Dialekt", in: Göschel, Joachim et al. (Hgg.), *Dialekt und Dialektologie. Ergebnisse des internationalen Symposions „Zur Theorie des Dialekts" Marburg/Lahn, 5.–10. September 1977*, Wiesbaden 1980, 106–122.

COSERIU 1988:
: Coseriu, Eugenio, *Sprachkompetenz. Grundzüge der Theorie des Sprechens*, Tübingen 1988.

COULON 1997:
: Coulon, Laurent, Véracité et rhétorique dans le autobiographies égyptiennes de la Première Période intermédiare, in: *Bulletin de l'institut français d'archéologie orientale* 97, 1997, 109–138.

CROFT 1996:
: Croft, William, What's a Head?, in: Rooryck, Johan & Laurie Zaring (Hgg.), *Phrase Structure and the Lexicon*, Studies in Natural Language and Linguistic Theory 33, Dordrecht 1996.

CROFT ²2003:
: Croft, William, *Typology and Universals*, Cambridge ²2003.

DARESSY 1927:
Daressy, Georges, Quelques ostraca de Biban el Molouk, in: *Annales du service des antiquités de l'Égypte* 27, 1927, 161–182.

DAVID 2006:
David, Arlette, *Syntactic and Lexico-Semantic Aspects of the Legal Register in Ramesside Royal Decrees*, Göttinger Orientforschungen, IV. Reihe Ägypten 38/5, Wiesbaden 2006.

DAVIS 1973:
Davis, Virginia L., *Syntax of the Negative Particles bw and bn in Late Egyptian*, Münchner Ägyptologische Studien 29, 1973.

DEINES 1954:
Deines, Hilde von, Die Demonstrativa im Wundenbuch des Pap. E. Smith, in: *Mitteilungen des Instituts für Orientforschung der deutschen Akademie der Wissenschaften zu Berlin* 2/1, 1954, 1–29.

DEMARÉE 2002:
Demarée, Robert J., *Ramesside Ostraca*, London 2002.

DEPUYDT 1993:
Depuydt, Leo, Zur Bedeutung der Partikeln 𓇋𓅱 und 𓇋, in: *Göttinger Miszellen* 136, 1999, 11–25.

DEPUYDT 1998:
Depuydt, Leo, The Meaning of Old and Middle Egyptian 𓇋𓅱 Jw in light of the Distinction between Narration and Discussion, in: Shirun-Grumach, Irene (Hg.), *Jerusalem Studies in Egyptology*, Ägypten und Altes Testament 40, Wiesbaden 1998, 19–36.

DEPUYDT 1999a:
Depuydt, Leo, Analyzing the Use of Idioms Past (with Special Focus on Sovereign Nubia), in: *Studien zur Altägyptischen Kultur* 27, 1999, 33–63.

DEPUYDT 1999b:
Depuydt, Leo, *Fundamentals of Egyptian Grammar I. Elements*, Norton (MA) 1999.

DER MANUELIAN 1999:
Der Manuelian, Peter, Semi-Literacy in Egypt. Some Erasures from the Amarna Period, in: Teeter, Emily & John A. Larson (Hgg.), *Gold of Praise. Studies on Ancient Egypt in Honor of Edward F. Wente*, Studies in Ancient Oriental Civilization 58, Chicago 1999, 285–298.

DI BIASE-DYSON ET AL. 2009:
Di Biase-Dyson, Camilla, Frank Kammerzell & Daniel A. Werning, Glossing Ancient Egyptian. Suggestions for Adapting the Leipzig Glossing Rules, in: *Lingua Aegyptia* 17, 2009, 343–366.

DIESSEL 1999:
Diessel, Holger, *Demonstratives. Form, Function, and Grammaticalization*, Typological Studies in Language 42, Amsterdam & Philadelphia 1999.

EBERLE/SCHULZ 2004:
Eberle, Andrea & Regina Schulz, *Koptisch. Ein Leitfaden durch das Saïdische*, Languages of the World Materials 7, München 2004.

EBERT 1992:
Ebert, Robert P., Internal and External Factors in Syntactic Change in an Historical Speech Community, in: Gerritsen, Marinel & Dieter Stein (Hgg.), *Internal and External Factors in Syntactic Change*, Trends in Linguistics. Studies and Monographs 61, Berlin 1992, 201–228.

ECO 1994:
Eco, Umberto, *Die Suche nach der vollkommenen Sprache*, München 1994.

EDEL 1955/64:
Edel, Elmar, *Altägyptische Grammatik*, Analecta Orientalia 34/39, Rom 1955/1964.

EDEL 2008a:
: Edel, Elmar (hrsg. von Seyfried, Karl-J. & Gerd Vieler), *Die Felsgräbernekropole der Qubbet el-Hawa bei Assuan. 1. Abteilung* I. *Architektur, Darstellungen, Texte, archäologischer Befund und Funde der Gräber QH 24 – QH 34p*, Paderborn et al. 2008.

EDEL 2008b:
: Edel, Elmar (hrsg. von Seyfried, Karl-J. & Gerd Vieler), *Die Felsgräbernekropole der Qubbet el-Hawa bei Assuan. 1. Abteilung* IV. *Pläne und Tafeln der Gräber QH 24 – QH 209*, Paderborn et al. 2008.

EDWARDS 1982:
: Edwards, Iorwerth E. S., The Bankes Papyri I and II, in: *The Journal of Egyptian Archaeology* 68, 1982, 126–133, Tf. 12–13.

EGDERTON 1951:
: Edgerton, William F., Early Egyptian Dialect Interrelationships, in: *Bulletin of the American Schools of Oriental Research* 122, 1951, 9–12.

EGEDI 2010:
: Egedi, Barbara, Possessive Constructions in Egyptian and Coptic. Distribution, Definiteness, and the Construct State Phenomenon, in: *Zeitschrift für Ägyptische Sprache und Altertumskunde* 137, 2010, 1–12.

EICHLER 1991:
: Eichler, Eckhard, Untersuchungen zu den Königsbriefen des Alten Reiches, in: *Studien zur Altägyptischen Kultur* 18, 1991, 141–171.

EISENBERG 2005:
: Eisenberg, Peter, Das Verb als Wortkategorie des Deutschen. Zum Verhältnis von synthetischen und analytischen Formen, in: Knobloch, Clemens & Burkhard Schaeder (Hgg.), *Wortarten und Grammatikalisierung. Perspektiven in System und Erwerb*, Linguistik – Impulse & Tendenzen 12, Berlin & New York 2005, 21–41.

EL-HAMRAWI 2004:
: El-Hamrawi, Mahmoud, Alte-Reichs-Sprache und Mittlere-Reichs-Sprache in abydenischen Texten der 11.–12. Dynastie, in: *Lingua Aegyptia* 12, 2004, 89–122.

ELIZAINCÍN 1988:
: Elizaincín, Adolfo, Variation und Diaphasik, in: Albrecht, Jörn, Jens Lüdtke & Harald Thun (Hgg.), *Energeia und Ergon II. Das sprachtheoretische Denken Eugenio Coserius in der Diskussion, Festschrift für Eugenio Coseriu*, Tübingen 1988, 267–273.

ENGSHEDEN 2003:
: Engsheden, Åke, *La reconstitution du verbe en égyptien de tradition 400–30 avant J.-C.*, Uppsala Studies in Egyptology 3, Uppsala 2003.

ERFURT 1996:
: Erfurt, Jürgen, Sprachwandel und Schriftlichkeit, in: Günther, Hartmut & Otto Ludwig (Hgg.), *Schrift und Schriftlichkeit. Ein interdisziplinäres Handbuch internationaler Forschung* II, Handbücher zur Sprach- und Kommunikationswissenschaft 10, 1996, 1387–1404.

ERMAN 1880:
: Erman, Adolf, *Neuaegyptische Grammatik*, Leipzig 1880.

ERMAN 1889:
: Erman, Adolf, *Die Sprache des Papyrus Westcar. Eine Vorarbeit zur Grammatik der älteren aegyptischen Sprache*, Leipzig 1889.

ERMAN [3]1911:
: Erman, Adolf, Ägyptische Grammatik mit Schrifttafel, Literatur, Lesestücken und Wörterverzeichnis, Porta Linguarum Orientalium 15, Berlin [3]1911.

ERMAN 1919:
: Erman, Adolf, *Reden, Rufe und Lieder auf Gräberbildern des Alten Reiches*, Berlin 1919.

ERMAN ²1933:
Erman, Adolf, *Neuaegyptische Grammatik*, Leipzig ²1933.
ERMAN/GRAPOW 1926–1931(1971):
Erman, Adolf & Hermann Grapow, *Wörterbuch der Ägyptischen Sprache* I–V, Berlin & Leipzig 1926–1931 (unveränderter Nachdruck 1971).
ERMAN/GRAPOW 1926 (1971):
Erman, Adolf & Hermann Grapow, *Wörterbuch der Ägyptischen Sprache* I, Berlin & Leipzig 1926 (unveränderter Nachdruck 1971).
ERMAN/GRAPOW 1928(1971):
Erman, Adolf & Hermann Grapow, *Wörterbuch der Ägyptischen Sprache* II, Berlin & Leipzig 1928 (unveränderter Nachdruck 1971).
ERMAN/GRAPOW 1929(1971):
Erman, Adolf & Hermann Grapow, *Wörterbuch der Ägyptischen Sprache* III, Berlin & Leipzig 1929 (unveränderter Nachdruck 1971).
ERMAN/GRAPOW 1931(1971):
Erman, Adolf & Hermann Grapow, *Wörterbuch der Ägyptischen Sprache* V, Berlin & Leipzig 1931 (unveränderter Nachdruck 1971).
EYRE 1991:
Eyre, Christopher J., Was Ancient Egyptian Really a Primitive Language?, in: *Lingua Aegyptia* 1, 1991, 97–124.
EYRE 1994:
Eyre, Christopher J., Word Order Hierarchies and Word Order Change in the History of Egyptian, in: *Lingua Aegyptia* 4, 1994, 117–138.
EYRE/BAINES 1989:
Eyre, Christopher & John Baines, Interactions between Orality and Literacy in Ancient Egypt, in: Schousboe, Karen & Mogens T. Larsen (Hgg.), *Literacy and Society*, Kopenhagen 1989, 91–119.
FAROUT 2004:
Farout, Dominique, La lettre au mort de Qaou el-Kébir. Une céramique inscrite, in: *Égypte, Afrique & Orient* 36, 2004, 45–52.
FECHT 1960:
Fecht, Gerhard, *Wortakzent und Silbenstruktur. Untersuchungen zur Geschichte der ägyptischen Sprache*, Ägyptologische Forschungen 21, Glückstadt1960.
FECHT 1969:
Fecht, Gerhard, Der Totenbrief von Nag' ed-Der; in: *Mitteilungen des Deutschen Archäologischen Instituts Kairo* 24, 1969, 105–128.
FISCHER-ELFERT 1986:
Fischer-Elfert, Hans-Werner, *Die satirische Streitschrift des Papyrus Anastasi I*, Ägyptologische Abhandlungen 44, Wiesbaden 1986.
FISCHER-ELFERT ²1992:
Fischer-Elfert, Hans-Werner, *Die Streitschrift des Papyrus Anastasi I*, Helck, Wolfgang (Hg.), Kleine Ägyptische Texte, Wiesbaden ²1992.
FORTMANN 1996:
Fortmann, Christian, *Konstituentenbewegung in der DP-Struktur. Zur funktionalen Analyse der Nominalphrase im Deutschen*, Tübingen 1996.
FRANDSEN 1974:
Frandsen, Paul J., *An Outline of the Late Egyptian Verbal System*, Kopenhagen 1974.
FRANDSEN 1978:
Frandsen, Paul J., A Fragmentary Letter of the Early Middle Kingdom, in: *Journal of the American Research Center in Egypt* 15, 1978, 25–31, Tf. 5–8.

FRANKE 1998:
   Franke, Detlef, Das Entfernen eines Sprachtabus. Nochmals zur Konstruktion *w3j r*, in: *Göttinger Miszellen* 165, 1998, 51–56.
FRANKFORT 1933:
   Frankfort, Henri (Hg.), *The Cenotaph of Seti I at Abydos* I & II, Egypt Exploration Society 39, London 1933.
GARDINER 1913:
   Gardiner, Alan H., *Theban Ostraca I. Hieratic Texts* (edited from the Originals, now mainly in the Royal Ontario Museum of Archaeology, Toronto, and the Bodleian Library, Oxford), London 1913, 1–16 a–o.
GARDINER 1927:
   Gardiner, Alan H., An Administrative Letter of Protest, in: *The Journal of Egyptian Archaeology* 13, 1927, 75–78.
GARDINER 1937:
   Gardiner, Alan H., *Late Egyptian Miscellanies*, Bibliotheca Aegyptiaca 7, Brüssel 1937.
GARDINER 1948a:
   Gardiner, Alan H., *Ramesside Administrative Documents*, London 1948.
GARDINER 1948b:
   Gardiner, Alan H., *The Wilbour Papyrus 2. Commentary,* Oxford 1948.
GARDINER 1951:
   Gardiner, Alan H., A Protest against Unjustified Tax-Demands, in: *Revue d'égyptologie* 6, 1951, 115–133.
GARDINER ³1957(2001):
   Gardiner, Alan H., *Egyptian Grammar: Being an Introduction to the Study of Hieroglyphs*, Oxford ³1957 (unveränderter Nachdruck 2001).
GARDINER/SETHE 1928:
   Gardiner, Alan H. & Kurt Sethe, *Egyptian Letters to the Dead mainly from the Old and Middle Kingdom*, London 1928.
GESTERMANN 2006:
   Gestermann, Louise, Briefe in das Jenseits, in: Janowski, Bernd & Gernot Wilhelm (Hgg.), Texte aus der Umwelt des Alten Testaments. Neue Folge III. *Briefe*, 289–306.
GLANVILLE 1928:
   Glanville, Stephen R. K., The Letters of Aahmōse of Peniati, in: *The Journal of Egyptian Archaeology* 14, 1928, 294–312, Tf. 30–35.
GOEDICKE 1967:
   Goedicke, Hans, Ein Brief aus dem Alten Reich (Pap. Boulaq 8), in: *Mitteilungen des Deutschen Archäologischen Instituts Kairo* 22, 1967, 1–8.
GOEDICKE 1980:
   Goedicke, Hans, in: Helck, Wolfgang & Eberhard Otto (Hgg.), *Lexikon der Ägyptologie* III, Wiesbaden 1980, 481–482, s. v. *Königsbrief.*
GOEDICKE 1984:
   Goedicke, Hans, *Studies in the Hekanakhte Papers*, Baltimore 1984.
GOEDICKE 1988:
   Goedicke, Hans, Papyrus Boulaq 8 Reconsidered, in: *Zeitschrift für Ägyptische Sprache und Altertumskunde* 115, 1988, 136–146.
GOEDICKE/WENTE 1962:
   Goedicke, Hans & Edward F. Wente, *Ostraka Michaelides*, Wiesbaden 1962.

GOLDWASSER 1990:
: Goldwasser, Orly, On the Choice of Registers – Studies in the Grammar of Papyrus Anastasi I, in: Groll, Sarah I. (Hg.), *Studies in Egyptology Presented to Miriam Lichtheim*, Jerusalem 1990, 120–149.

GOLDWASSER 1991:
: Goldwasser, Orly, On Dynamic Canonicity in Late-Egyptian. The Case of the Literary Letter and Personal Prayer, in: *Lingua Aegyptia* 1, 1991, 129–141.

GOLDWASSER 1995:
: Goldwasser, Orly, *From Icon to Metaphor. Studies in the Semiotics of the Hieroglyphs*, Orbis Biblicus et Orientalis 142, Freiburg (Schweiz)/Göttingen 1995.

GOLDWASSER 1999:
: Goldwasser, Orly, "Low" and "High" Dialects in Ramesside Egyptian, in: Grunert, Stefan & Ingelore Hafemann (Hgg.), *Textcorpus und Wörterbuch. Aspekte zur ägyptischen Lexikographie*, Probleme der Ägyptologie 14, Leiden et al. 1999, 311–328.

GOLDWASSER 2002:
: Goldwasser, Orly, *Prophets, Lovers and Giraffes: Wor(l)d Classification in Ancient Egypt, with an Appendix by Matthias Müller*, Junge, Friedrich & Wolfhart Westendorf (Hgg.), Göttinger Orientforschungen. IV. Reihe Ägypten 38. Classification and Categorisation in Ancient Egypt 3, hrsg. von Goldwasser, Orly et al., Wiesbaden 2002.

GOLDWASSER 2006:
: Goldwasser, Orly, On the New Definition of Classifier Languages and Scripts, in: *Lingua Aegyptia* 14, 2006, 473–484.

GOLDWASSER/GRINEVALD 2012:
: Goldwasser, Orly & Colette Grinevald, What are „Determinatives" good for?, in: *Lingua Aegyptia Studia Monographia* 9, Hamburg 2012, 17–53.

GOURDON 2006:
: Gourdon, Yannis, Le nom des épouses abydéniennes de Pépy Ier et la formule de serment à la fin de l'Ancien Empire, in: *Bulletin de l'institut français d'archéologie orientale* 106, 2006, 89–103.

GRAEFE ^{6}2001:
: Graefe, Erhart, unter Mitarbeit von Jochem Kahl, *Mittelägyptische Grammatik für Anfänger*, Wiesbaden ^{6}2001.

GRANDET/MATHIEU 1990:
: Grandet, Pierre & Bernard Mathieu, *Cours d'égyptien hiéroglyphique*, Paris 1990.

GRAPOW 1938:
: Grapow, Hermann, Vom Hieroglyphisch-Demotischen zum Koptischen. Ein Beitrag zur ägyptischen Sprachgeschichte, in: *Sitzungsberichte der Deutschen Akademie der Wissenschaften zu Berlin. Philosophisch-historische Klasse* 28, 1938, 322–349.

GRDSELOFF 1949:
: Grdseloff, Bernhard, A new Middle Kingdom Letter from El-Lāhūn, in: *The Journal of Egyptian Archaeology* 35, 1949, 59–62.

GREENBERG 1978:
: Greenberg, Joseph H., How Does a Language Acquire Gender Markers?, in: Greenberg, Joseph H. et al. (Hgg.), *Universals of Human Language* III. Word Structure, Stanford 1978, 47–82.

GREENBERG 1981:
: Greenberg, Joseph H., Nilo-Saharan moveable -k as Stage III Article (with a Penutian typological parallel), in: *Journal of African Languages and Linguistics* 3, 1981, 105–112.

GRIFFITH 1898:
: Griffith, Francis L., *Hieratic Papyri from Kahun and Gurob principally of the Middle Kingdom. The Petrie Papyri* I & II, London 1898.

GRIFFITH 1909(1973):
  Griffith, Francis L., *Catalogue of the Demotic Papyri in the John Rylands Library Manchester* III, Manchester & London 1909 (unveränderter Nachdruck: Hildesheim & New York 1973).
GROLL 1991:
  Groll, Sarah I., Semiotics, Pragmatics and Structuralism as a means to determine the degree of connectedness between utterances. I: *p3*-A versus Ø-A, in: *Lingua Aegyptia* 1, 1991, 143–153.
GROSSMAN/RICHTER 2015:
  Grosman, Eitan & Tonio Sebastian Richter, The Egyptian-Coptic language: its setting in space, time and culture, in: Grossman, Eitan, Martin Haspelmath & Tonio Sebastian Richter (Hgg.), *Egyptian-Coptic Linguistics in Typological Perspective*, Empirical Approaches to Language Typology 55, Berlin/München/Boston 2015, 69–101.
GUGLIELMI 1973:
  Guglielmi, Waltraud, *Reden, Rufe und Lieder auf altägyptischen Darstellungen der Landwirtschaft, Viehzucht, des Fisch- und Vogelfangs vom Mittleren Reich bis zur Spätzeit*, Tübinger Ägyptologische Beiträge 1, Bonn 1973.
GUNDACKER 2010:
  Gundacker, Roman, Eine besondere Form des Substantivalsatzes. Mit besonderer Rücksicht auf ihre dialektale und diachrone Bedeutung, in: *Lingua Aegyptia* 18, 2010, 41–117.
GUNN 1924:
  Gunn, Battiscombe, *Studies in Egyptian Syntax*, Paris 1924.
GUNN 1925:
  Gunn, Battiscombe, A Sixth Dynasty Letter from Saqqara, in: *Annales du service des antiquités de l'Égypte* 25, 1925, 242–255.
GUNN 1927:
  Gunn, Battiscombe, The Stela of Apries at Mîtrahîna, in: *Annales du service des antiquités de l'Égypte* 27, 1927, 211–237.
GUNN 1933:
  Gunn, Battiscombe, Graffiti from the Entrance Passage, in: FRANKFORT 1933, 87–96.
GUTSCHMIDT/PEUST 1997:
  Gutschmidt, Holger & Carsten Peust (Hgg.), *Über die Vokalisation des Ägyptischen* (nach dem hinterlassenen Manuskript von Paul-Heinrich Zunke), Monographien zur Ägyptischen Sprache 1, Göttingen 1997.
HABACHI 1972:
  Habachi, Labib, *The Second Stela of Kamose and his Struggle against the Hyksos Ruler and his Capital*, Abhandlungen des Deutschen Archäologischen Instituts Kairo 8, Glückstadt et al. 1972.
HAIMAN 1980:
  Haiman, John, The Iconicity of Grammar. Iconicity and Motivation, in: *Language* 56/3, 1980.
HAIMAN 1985a:
  Haiman, John, *Natural Syntax. Iconicity and Erosion*, Cambridge u. a. 1985.
HAIMAN 1985b:
  Haiman, John (Hg.), *Iconicity in Syntax*, Typological Studies in Language 6, Amsterdam 1985.
HAIMAN/THOMPSON 1984:
  Haiman, John & Sandra A. Thompson, 'Subordination' in Universal Grammar, in: Brugmann, Claudia & Monica Macauley (Hgg.), *Proceedings of the Tenth Annual Meeting of the Berkeley Linguistics Society*, Berkeley 1984, 510–523.
HALLIDAY ²1989:
  Halliday, Michael A. K., *Spoken and Written Language*, Oxford ²1989.
HANNIG ³2001:
  Hannig, Rainer, *Großes Handwörterbuch Ägyptisch – Deutsch (2800–950 v. Chr.). Die Sprache der Pharaonen*, Kulturgeschichte der Antiken Welt 64, Mainz ³2001.

HANNIG 2003:
  Hannig, Rainer, *Ägyptisches Wörterbuch I. Altes Reich und Erste Zwischenzeit*, Kulturgeschichte der Antiken Welt 98, Mainz 2003.
HANNIG 2006:
  Hannig, Rainer, *Ägyptisches Wörterbuch II, Teil 1 & 2. Mittleres Reich und Zweite Zwischenzeit*, Kulturgeschichte der Antiken Welt 112, Mainz 2006.
HANNIG ^{4}2006:
  Hannig, Rainer, *Großes Handwörterbuch Ägyptisch – Deutsch (2800–950 v. Chr.). Die Sprache der Pharaonen. Marburger Edition*, Kulturgeschichte der Antiken Welt 64, Mainz ^{4}2006.
HASPELMATH 1999:
  Haspelmath, Martin, Why is Grammaticalization irreversible?, in: *Linguistics* 37, 1999, 1043–1068.
HASPELMATH 2008:
  Haspelmath, Martin, Alienable vs. Inalienable Possessive Constructions. Syntactic Universals and Usage Frequency, *Leipzig Spring School on Linguistic Diversity*, March 2008, Arbeitspapier, 2008, 1–14. (http://www.eva.mpg.de/lingua/conference/08_springschool/files/courses.html [Zugriff 26.05.2014])
HASPELMATH 2015:
  Haspelmath, Martin, The Three Adnominal Possessive Constructions in Egyptian-Coptic. Three Degrees of Grammaticalization, in: Haspelmath, Martin, Tonio S. Richter & Eitan Grossman (Hgg.), *Egyptian-Coptic Linguistics in Typological Perspective*, Empirical Approaches to Language Typology 55, Berlin/München/Boston 2015, 261–287.
HASSAN 1936:
  Hassan, Selim, *Excavations at Gîza* II (1930–1931), Kairo 1936.
HAYES 1955:
  Hayes, William C., *A Papyrus of the Late Middle Kingdom in the Brooklyn Museum*, New York 1955.
HAYES 1957:
  Hayes, William C., Varia from the Time of Hatshepsut, in: *Mitteilungen des Deutschen Archäologischen Instituts Kairo* 15, 1957, 78–90, Tf. 10–13.
HAYES 1959:
  Hayes, William C., *The Scepter of Egypt. A Background for the Study of the Egyptian Antiquities in The Metropolitan Museum of Art* II. The Hyksos Period and the New Kingdom (1675–1080 B. C.), Cambridge (Massachusetts) 1959.
HAYES 1960:
  Hayes, William C., A Selection of Thutmoside Ostraca from Dēr el-Baḥri, in: *The Journal of Egyptian Archaeology* 46, 1960, 29–52, Tf. 9–13a.
HEINE 1997:
  Heine, Bernd, *Possession. Cognitive Sources, Forces and Grammaticalization*, Cambridge 1997.
HEINE 2003:
  Heine, Bernd, Grammaticalization, in: JANDA/JOSEPH 2003, 575–601.
HEINE ET AL. 1991:
  Heine, Bernd, Ulrike Claudi & Friederike Hünnemeyer, *Grammaticalization. A Conceptual Framework*, Chicago & London 1991.
HEINE/REH 1984:
  Heine, Bernd & Mechthild Reh, *Grammaticalization and Reanalysis in African Languages*, Hamburg 1984.
HELCK 1955:
  Helck, Wolfgang, *Urkunden der 18. Dynastie* IV/17. *Biographische Inschriften von Zeitgenossen Thutmosis' III. und Amenophis' II.*, Berlin 1955.

HELCK 1967:
Helck, Wolfgang, Eine Briefsammlung aus der Verwaltung des Amuntempels, in: *Journal of the American Research Center in Egypt* 6, 1967, 135–151.

HELCK ²1983:
Helck, Wolfgang, *Historisch-biographische Texte der 2. Zwischenzeit und neue Texte der 18. Dynastie*, Kleine Ägyptische Texte 6/1, Wiesbaden ²1983.

HELCK 1986:
Helck, Wolfgang, in: Helck, Wolfgang & Eberhard Otto (Hgg.), *Lexikon der Ägyptologie* VI, Wiesbaden 1986, 596–601, s. v. *Titel und Titulaturen*.

HIMMELMANN 1997:
Himmelmann, Nikolaus P., *Deiktikon, Artikel, Nominalphrase. Zur Emergenz syntaktischer Struktur*, Tübingen 1997.

HIMMELMANN 2001:
Himmelmann, Nikolaus P., Articles, in: Haspelmath, Martin et al. (Hgg.), *Language Typology and Language Universals. An International Handbook* I, Handbücher zur Sprach- und Kommunikationswissenschaft 20, Berlin & New York 2001, 831–841.

HINTZE 1947:
Hintze, Fritz, Die Haupttendenzen der ägyptischen Sprachentwicklung, in: *Zeitschrift für Phonetik und Allgemeine Sprachwissenschaft* 1/3, Berlin 1947, 85–108.

HINTZE 1950:
Hintze, Fritz, „Konversion" und „analytische Tendenz" in der ägyptischen Sprachentwicklung, in: *Zeitschrift für Phonetik und Allgemeine Sprachwissenschaft* 4, 1/2, Berlin 1950, 41–56.

HOCH 1994:
Hoch, James E., *Semitic Words in Egytian Texts of the New Kingdom and Third Intermediate Period*, Princeton 1994.

HOCK ²1991:
Hock, Hans H., *Principles of Historical Linguistics*, Berlin et al. ²1991.

HOFFMANN (F.) 2007:
Hoffmann, Friedhelm & Joachim F. Quack, *Anthologie der demotischen Literatur*, Einführungen und Quellentexte zur Ägyptologie 4, Berlin 2007.

HOFFMANN 2000:
Hoffmann, Friedhelm, *Ägypten. Kultur und Lebenswelt in griechisch-römischer Zeit. Eine Darstellung nach den demotischen Quellen*, Berlin 2000.

HOFFMANN 2007:
Hoffmann, Michael, *Funktionale Varietäten des Deutschen – kurz gefasst*, Potsdam 2007.

HOFFMANN ²1998:
Hoffmann, Walter, Probleme der Korpusbildung in der Sprachgeschichtsschreibung und Dokumentation vorhandener Korpora, in: Besch, Werner et al. (Hgg.), *Sprachgeschichte. Ein Handbuch zur Geschichte der deutschen Sprache und ihrer Erforschung* I, Handbücher zur Sprach- und Kommunikationswissenschaft 2, Berlin ²1998, 875–889.

HOPPER 1998:
Hopper, Paul J., The Paradigm at the End of the Universe, in: Giacalone Ramat, Anna & Paul J. Hopper (Hgg), *The Limits of Grammaticalization*, Typological Studies in Language 37, Amsterdam 1998, 147–158.

HOPPER/TRAUGOTT ²2008:
Hopper, Paul J. & Elizabeth C. Traugott, *Grammaticalization*, Cambridge ²2008.

HORNUNG 1999:
Hornung, Erik, *Das esoterische Ägypten. Das geheime Wissen der Ägypter und sein Einfluß auf das Abendland*, München 1999.

HUMBOLDT 1822(1843):
: Humboldt, Wilhelm von, Ueber das vergleichende Sprachstudium in Beziehung auf die verschiedenen Epochen der Sprachentwicklung, in: Brandes, Carl (Hg.), *Wilhelm von Humboldt's gesammelte Werke* III, Berlin 1843, 241–268. (ursprünglich in: Abhandlungen der historisch-philologischen Klasse der Königlichen Akademie der Wissenschaften zu Berlin 1820–21, Berlin 1822, 239–260.)

JÄGER 2004:
: Jäger, Stephan, *Altägyptische Berufstypologien*, Lingua Aegyptia Studia Monographica 4, Göttingen 2004.

JAMES 1962:
: James, Thomas G. H., *The Ḥekanakhte Papers and Other Early Middle Kingdom Documents*, Egyptian Expedition Publications 19, New York 1962.

JANDA/JOSEPH 2003:
: Janda, Richard D. & Brian D. Joseph (Hgg.), *The Handbook of Historical Linguistics*, Malden & Oxford 2003.

JANSEN-WINKELN 1994:
: Jansen-Winkeln, Karl, *Text und Sprache in der 3. Zwischenzeit. Vorarbeiten zu einer spätmittelägyptischen Grammatik*, Ägypten und Altes Testament 26, Wiesbaden 1994.

JANSEN-WINKELN 1995:
: Jansen-Winkeln, Karl, Diglossie und Zweisprachigkeit im alten Ägypten, in: *Wiener Zeitschrift für die Kunde des Morgenlandes* 85, 1995, 85–115.

JANSEN-WINKELN 1996:
: Jansen-Winkeln, Karl, *Spätmittelägyptische Grammatik der Texte der 3. Zwischenzeit*, Ägypten und Altes Testament 34, Wiesbaden 1996.

JANSEN-WINKELN 2000:
: Jansen-Winkeln, Karl, Bemerkungen zum „Genitiv" im Ägyptischen, in: *Zeitschrift für Ägyptische Sprache und Altertumskunde* 127, 2000, 27–37.

JANSEN-WINKELN 2011:
: Jansen-Winkeln, Karl, Sprachgeschichte und Textdatierung, in: *Studien zur Altägyptischen Kultur* 40, 2011, 155–179.

JANSEN-WINKELN 2012:
: Jansen-Winkeln, Karl, Zu Sprache und Datierung des Amduat, in: The Journal of Egyptian Archaeology 98, 2012, 87-106.

JANSSEN 1960:
: Janssen, Jac J., Nine Letters from the Time of Ramses II, in: *Oudheidkundige Mededelingen uit het Rijksmuseum van Oudheden te Leiden* 41, 1960, 31–47.

JANSSEN 1991:
: Janssen, Jac J., *Late Ramesside Letters and Communications*, Hieratic Papyri in the British Museum 6, London 1991.

JANSSEN 1992:
: Janssen, Jac J., Literacy and Letters at Deir el-Medîna, in: Demarée, Robert J. & Arno Egberts, *Village Voices. Proceedings of the Symposium "Texts from Deir el-Medîna and their Interpretation" Leiden, May 31 – June 1, 1991*, Leiden 1992, 81–94.

JENNI 2004:
: Jenni, Hanna, Sätze zum Ausdruck von Zugehörigkeit und Besitz im Ägyptischen, in: *Lingua Aegyptia* 12, 2004, 123–131.

JENNI 2005:
: Jenni, Hanna, Die pronominalen Erweiterungen beim Imperativ und der Ausdruck verbaler Reflexivität im Ägyptischen, in: *Zeitschrift für Ägyptische Sprache und Altertumskunde* 132, 2005, 112–122.

JENNI 2009:
Jenni, Hanna, The Old Egyptian Demonstratives pw, pn and pf, in: *Lingua Aegyptia* 17, 2009, 119–137.

JOHNSON 1987:
Johnson, Janet H., The Use of the Articles and the Generic in Demotic, in: Vleeming, Sven (Hg.), *Aspects of Demotic Lexicography. Acts of the Second International Conference for Demotic Studies Leiden, 19–21 September 1984*, Studia Demotica 1, Löwen 1987, 41–55.

JOHNSON ²2004:
Johnson, Janet H., *The Demotic Verbal System*, Studies in Ancient Oriental Civilizations 38, Chicago ²2004.

JOHNSTON 2010:
Johnston, Barbara, Language and geographical space, in: Schmidt, Jürgen E. & Peter Auer (Hgg.), *Language and Space. An International Handbook of Linguistic Variation. Theories and Methods* I, Handbücher zur Sprach- und Kommunikationswissenschaft 30, Berlin & New York 2010, 1–18.

JONES 2000:
Jones, Dilwyn, *An Index of Ancient Egyptian Titles, Epithets and Phrases of the Old Kingdom* II, Oxford 2000.

JUNGE 1979:
Junge, Friedrich, Der Gebrauch von *jw* im mittelägyptischen Satz, in: Görg, Manfred & Edgar Pusch (Hgg.), *Festschrift Elmar Edel. 12. März 1979*, Ägypten und Altes Testament 1, Bamberg 1979, 263–271.

JUNGE 1984:
Junge, Friedrich, in: Helck, Wolfgang & Eberhard Otto (Hgg.), *Lexikon der Ägyptologie* V, Wiesbaden 1984, 1176–1211, s. v. *Sprache*.

JUNGE 1985:
Junge, Friedrich, Sprachstufen und Sprachgeschichte, in: *Zeitschrift der Deutschen Morgenländischen Gesellschaft. Supplement* IV, Stuttgart 1985, 17–34.

JUNGE 2001:
Junge, Friedrich, in: Redford, Donald B. (Hg.), *The Oxford Encyclopedia of Ancient Egypt* II, Oxford 2001, 258–267, s. v. *language*.

JUNGE 2003:
Junge, Friedrich, *Die Lehre Ptahhoteps und die Tugenden der ägyptischen Welt*, Orbis Biblicus et Orientalis 193, Freiburg/Schweiz & Göttingen 2003.

JUNGE ³2008:
Junge, Friedrich, *Neuägyptisch. Einführung in die Grammatik*, Wiesbaden ³2008.

JUNKER 1940:
Junker, Hermann, *Giza IV. Die Mastaba des K3jjmʿnḫ (Kai-em-anch)*, Wien & Leipzig 1940.

KAHL 1994:
Kahl, Jochem, *Das System der ägyptischen Hieroglyphenschrift in der 0.–3. Dynastie*, Junge, Friedrich & Wolfhart Westendorf (Hgg.), Göttinger Orientforschungen. IV. Reihe Ägypten 29, Wiesbaden 1994.

KAHL 2000:
Kahl, Jochem, *nb* („jeder") als Quantitäts-Substantiv in der frühen ägyptischen Sprache, in: *Göttinger Miszellen* 175, Göttingen 2000, 5–7.

KAHL 2002:
Kahl, Jochem (unter Mitarbeit von Markus Bretschneider und Barbara Kneißler), *Frühägyptisches Wörterbuch. Erste Lieferung 3 – f*, Wiesbaden 2002.

KAHL ET AL. 1995:
Kahl, Jochem, Nicole Kloth & Ursula Zimmermann, *Die Inschriften der 3. Dynastie. Eine Bestandsaufnahme*, Rößler-Köhler, Ursula (Hg.), Ägyptologische Abhandlungen 56, Wiesbaden 1995.

KAMMERZELL 1993:
Kammerzell, Frank, Aristoteles, Derrida und ägyptische Phonologie. Zu systematischen Verschiedenheiten von geschriebener und gesprochener Sprache, in: Curto, Silvio et al. (Hgg.), *Sesto Congresso Internazionale di Egittologia* II, Turin 1993, 243–251.

KAMMERZELL 1998(2009):
Kammerzell, Frank, *Sprachkontakte und Sprachwandel im Alten Ägypten*, unpubl. Habilitationsschrift (erweiterte Fassung 2009), Göttingen 1998 (Berlin 2009).

KAMMERZELL 1999a:
Kammerzell, Frank, Klassifikatoren und Kategorienbildung in der ägyptischen Hieroglyphenschrift, in: *Spektrum. Informationen aus Forschung und Lehre* 3, 1999, 29–34.

KAMMERZELL 1999b:
Kammerzell, Frank, Zur Interpretation einiger Beispiele graphemsprachlicher Varianz im Ägyptischen, in: *Göttinger Beiträge zur Sprachwissenschaft* 2, 1999, 61–97.

KAMMERZELL 2000:
Kammerzell, Frank, Egyptian Possessive Constructions. A Diachronic Typological Perspective, in: *Zeitschrift für Sprachtypologie und Universalienforschung* 53, 2000, 97–108.

KAMMERZELL 2001a:
Kammerzell, Frank, Zur Umschreibung und Lautung, in: Hannig, Rainer (Hg.), *Großes Handwörterbuch Ägyptisch – Deutsch (2800-950 v. Chr.). Die Sprache der Pharaonen*, Kulturgeschichte der Antiken Welt 64, Mainz ³2001, XXIII–LIX.

KAMMERZELL 2001b:
Kammerzell, Frank, Die Entstehung der Alphabetreihe. Zum ägyptischen Ursprung der semitischen und westlichen Schriften, in: Borches, Dörte et al. (Hgg.), *Hieroglyphen. Alphabete. Schriftreformen. Studien zu Multiliteralismus, Schriftwechsel und Orthographieneuregelungen*, Lingua Aegyptia Studia Monographia 3, hrsg. von Kammerzell, Frank & Gerald Moers, Göttingen 2001, 118–157; mit einer Tafel.

KASSER 1984:
Kasser, Rodolphe, Terminologie dialectale dans les dictionnaires coptes. Fiction commode ou réalité scientifiquement fondée, in: Junge, Friedrich (Hg.), *Studien zu Sprache und Religion Ägyptens* I: *Sprache. Festschrift Wolfhart Westendorf*, Göttingen 1984, 433–443.

KASSER 1991:
Kasser, Rodolphe, in: Atiya, Aziz S. (Hg.), *The Coptic Encyclopedia*, New York et al. 1991, 97–101, s. v. *Grouping and Major Groups of Dialects*.

KELLER ³2003:
Keller, Rudi, *Sprachwandel. Von der unsichtbaren Hand in der Sprache*, Tübingen & Basel ³2003.

KITCHEN 1975-1990:
Kitchen, Kenneth A., *Ramesside Inscriptions. Historical and Biographical* I–VII, Oxford 1975–1990.

KITCHEN 1975:
Kitchen, Kenneth A., *Ramesside Inscriptions. Historical and Biographical* I, Oxford 1975.

KITCHEN 1979:
Kitchen, Kenneth A., *Ramesside Inscriptions. Historical and Biographical* II, Oxford 1979.

KITCHEN 1980:
Kitchen, Kenneth A., *Ramesside Inscriptions. Historical and Biographical* III, Oxford 1980.

KITCHEN 1982:
   Kitchen, Kenneth A., *Ramesside Inscriptions. Historical and Biographical* IV, Oxford 1982.
KITCHEN 1983a:
   Kitchen, Kenneth A., *Ramesside Inscriptions. Historical and Biographical* V, Oxford 1983.
KITCHEN 1983b:
   Kitchen, Kenneth A., *Ramesside Inscriptions. Historical and Biographical* VI, Oxford 1983.
KITCHEN 2000:
   Kitchen, Kenneth A., *Ramesside Inscriptions. Translated & Annotated. Translations* III. *Ramesses II, his Contemporaries*, Oxford/Malden (MA) 2000.
KOCH 1990:
   Koch, Roland, *Die Erzählung des Sinuhe*, Bibliotheca Aegyptiaca 17, 1990.
KOCH 1994:
   Koch, Peter, Funktionale Aspekte der Schriftkultur, in: Günther, Hartmut & Otto Ludwig (Hgg.), *Schrift und Schriftlichkeit. Ein interdisziplinäres Handbuch internationaler Forschung* I, Handbücher zur Sprach- und Kommunikationswissenschaft 10, 1994, 587–604.
KROEBER 1970:
   Kroeber, Burkhart, *Die Neuägyptizismen vor der Amarnazeit. Studien zur Entwicklung der ägyptischen Sprache vom Mittleren zum Neuen Reich*, Tübingen 1970.
KRUCHTEN 1999:
   Kruchten, Jean-Marie, From Middle Egyptian to Late Egyptian, in: *Lingua Aegyptia* 6, 1999, 1–97.
KRUCHTEN 2000:
   Kruchten, Jean-Marie, Assimilation and Dissimilation at Work in the Late Egyptian Verbal System. The Verb Forms built by Means of the Auxiliary *iri* from the Second Part of the Nineteenth Dynasty until Early Demotic, in: *The Journal of Egyptian Archaeology* 86, 2000, 57–65.
KRUG 2000:
   Krug, Manfred G., *Emerging English Modals. A Corpus-based Study of Grammaticalization*, Berlin 2000.
KUPREYEV 2014:
   Kupreyev, Maxim, The Origins and Development of the Definite Article in Egyptian-Coptic, in: *Studies in Ancient Art and Civilization* 18, Krakau 2014, 223–237.
KURTH 2007:
   Kurth, Dieter, *Einführung ins Ptolemäische 1. Eine Grammatik mit Zeichenliste und Übungsstücken*, Hützel 2007.
KURTH 2008:
   Kurth, Dieter, *Einführung ins Ptolemäische 2. Eine Grammatik mit Zeichenliste und Übungsstücken*, Hützel 2008.
KURTH 2011:
   Kurth, Dieter, Zur Definition des Ptolemäischen, in: *Göttinger Miszellen* 229, 2011, 65–80.
KURYŁOWICZ 1965:
   Kuryłowicz, Jerzy, The Evolution of Grammatical Categories, in: *Diogenes* 51, 1965, 55–71.
LABOV 1972:
   Labov, William, *Sociolinguistic Patterns*, Philadelphia, 1972.
LABOV 2001:
   Labov, William, *Principles of Linguistic Change* II. *Social Factors*, Malden (MA)/Oxford 2001.
LABOV 2007:
   Labov, William, Transmission and Diffusion, in: *Language* 83/2, 2007, 344–387.

LABOW 2005:
  Labow, Dagmar, *Flavius Josephus. Contra Apionem Buch 1. Einleitung, Text, textkritischer Apparat, Übersetzung und Kommentar*, Beiträge zur Wissenschaft vom Alten und Neuen Testament 167, Stuttgart 2005.
LACAU 1926:
  Lacau, Pierre, *Stèles du Nouvel Empire I, Catalogue Générale du Musée égyptien du Caire Nos. 34065(sic.)–34189*, Kairo 1926. (Inhalt ab Nr. 34001)
LACAU 1949:
  Lacau, Pierre, *Une stele juridique de Karnak,* Supplément aux Annales du service des antiquités de l'Égypte 13, Kairo 1949.
LAMBDIN 1982:
  Lambdin, Thomas O., *Introduction to Sahidic Coptic*, Macon 1983.
LAYTON 2000:
  Layton, Bentley, *A Coptic Grammar. With Chrestomathy and Glossary. Sahidic Dialect*, Diem, Werner & Lutz Edzard (Hgg.), Porta Linguarum Orientalium. Neue Serie 20, Wiesbaden 2000.
LAYTON ²2004:
  Layton, Bentley, *A Coptic Grammar. With Chrestomathy and Glossary. Sahidic Dialect*, Diem, Werner & Lutz Edzard (Hgg.), Porta Linguarum Orientalium. Neue Serie 20, Wiesbaden ²2004.
LEFEBVRE ²1955:
  Lefebvre, Gustave, *Grammaire de l'Égyptien classique*, Bibliothèque d'Étude de l'Institut français d'archéologie orientale du Caire 12, Kairo 1955.
LEHMANN ²2002:
  Lehmann, Christian, *Thoughts on Grammaticalization*, Arbeitspapiere des Seminars für Sprachwissenschaft der Universität Erfurt 9, Erfurt ²2002.
LEHMANN 2004:
  Lehmann, Christian, Theory and Method in Grammaticalization, in: *Zeitschrift für Germanistische Linguistik* 32/2, 2004, 152–187.
LEHMANN 2012:
  http://www.christianlehmann.eu/ (Zugriff Mai 2015).
LEITZ ³2009:
  Leitz, Christian, *Quellentexte zur ägyptischen Religion I. Die Tempelinschriften der griechisch-römischen Zeit*, Gestermann, Louise & Christian Leitz (Hgg.), Einführungen und Quellentexte zur Ägyptologie, Berlin ³2009.
LEPSIUS 1837:
  Lepsius, Carl Richard, *Lettre à M. le professeur H. Rossellini, membre de l'Institute de Correspondence Archéologique etc. etc. sur l'alphabet hiéroglyphique par le Dr. Richard Lepsius, secrétaire-rédacteur de l'Institut Archéologique*, Rom 1837.
LESKO 1982–1990:
  Lesko, Leonard H., *A Dictionary of Late Egyptian* I–V, Providence 1982–1990.
Lesko 1990:
  Lesko, Leonard H., Some Comments on Ancient Egyptian Literacy and Literati, in: Israelit-Groll, Sarah (Hg.), *Studies in Egyptology presented to Miriam Lichtheim* II, Jerusalem 1990, 656–667.
LIEVEN 2007:
  Lieven, Alexandra von, *Grundriss des Laufes der Sterne. Das sogenannte Nutbuch*, Frandsen, John (Hg.), The Carlsberg Papyri 8, The Carsten Niebuhr Institute of Ancient Eastern Studies Publications 31, Kopenhagen 2007.
LIEVEN 2013:
  Lieven, Alexandra von, Why Should we Date Texts by Historic Linguistic Dating?, in: Moers, Gerald et al. (Hgg.), *Dating Egyptian Literary Texts* I. Göttingen 9–12 June 2010, Lingua Aegyptia Studia Monographica 11, Hamburg 2013, 161–176.

LIGHTFOOT 1979:
Lightfoot, David W., *Principles of Diachronic Syntax*, Cambridge Studies in Linguistik 23, Cambridge 1979.

LINCKE 2011:
Lincke, Eliese-Sophia, *Die Prinzipien der Klassifizierung im Altägyptischen*, Göttinger Orientforschungen, IV. Reihe Ägypten 38/6, Wiesbaden 2011.

LOHWASSER 2000:
Lohwasser, Angelika, Gibt es mehr als zwei Geschlechter? Zum Verhältnis von Gender und Alter, in: Lohwasser, Angelika (Hg.), *Geschlechterforschung in der Ägyptologie und Sudanarchäologie*, Internet-Beiträge zur Ägyptologie und Sudanarchäologie 2, Berlin 2000, 33–41. (Online unter: http://www2.rz.hu-berlin.de/nilus/net-publications/ibaes2)

LOPRIENO 1980:
Loprieno, Antonio, Osservazioni sullo sviluppo dell'articolo prepositivo in eziano e nelle lingue semitiche, in: *Oriens antiquus* 19, 1980, 1–27.

LOPRIENO 1982:
Loprieno, Antonio, Methodologische Anmerkungen zur Rolle der Dialekte in der ägyptischen Sprachentwicklung, in: *Göttinger Miszellen* 53, 1982, 75–95.

LOPRIENO 1995:
Loprieno, Antonio, *Ancient Egyptian. A Linguistic Introduction*, Cambridge et al. 1995.

LOPRIENO 1996a:
Loprieno, Antonio, Linguistic Variety and Egyptian Literature, in: ders. (Hg.), *Ancient Egyptian Literature. History and Forms*, Probleme der Ägyptologie 10, Leiden et al. 1996, 515–529.

LOPRIENO 1996b:
Loprieno, Antonio, (Hg.), *Ancient Egyptian Literature. History and Forms*, Probleme der Ägyptologie 10, Leiden et al. 1996.

LOPRIENO 2001:
Loprieno, Antonio, From Ancient Egyptian to Coptic, in: Haspelmath, Martin et al. (Hgg.), *Language Typology and Language Universals. An International Handbook* II, Handbücher zur Sprach- und Kommunikationswissenschaft 20, Berlin & New York 2001, 1742–1761.

LOPRIENO 2006:
Loprieno, Antonio, On fuzzy Boundaries in Egyptian Syntax, in: Moers, Gerald et al. (Hgg.), *jn.t dr.w* II. *Festschrift für Friedrich Junge*, Göttingen 2006, 429–441.

LOPRIENO 2015:
Loprieno, Antonio, Typological Remodeling in Egyptian Language History. Salience, Source and Conjunction, in: Grossman, Eitan, Martin Haspelmath & Tonio Sebastian Richter (Hgg.), *Egyptian-Coptic Linguistics in Typological Perspective*, Empirical Approaches to Language Typology 55, Berlin/München/Boston 2015, 323–340.

LOPRIENO/MÜLLER 2012:
Lorpieno, Antonio & Matthias Müller, Ancient Egyptian and Coptic, in: Frajzyngier, Zygmunt & Erin Shay (Hgg.), *The Afroasiatic Languages*, Cambridge 2012, 102–144.

LÜDTKE/MATTHEIER 2005:
Lüdtke, Jens & Klaus J. Mattheier, Variation – Varietäten – Standardsprachen. Wege für die Forschung, in: Lenz, Alexandra N. & Klaus J. Mattheier (Hgg.), *Varietäten. Theorie und Empirie*, Frankfurt a. M. 2005, 13–39.

LUFT 1992:
Luft, Ulrich, *Das Archiv von Illahun*, Hieratische Papyri aus den Staatlichen Museen zu Berlin – Preußischer Kulturbesitz, Lieferung 1. Briefe, Berlin 1992. (Lose Blatt-Sammlung)

LUFT 2006:
Luft, Ulrich, *Urkunden zur Chronologie der späten 12. Dynastie. Briefe aus Illahun*, Wien 2006.

LYONS 1999:
Lyons, Christopher, *Definiteness*, Cambridge 1999.
MACKEY 1978:
Mackey, William F., The importation of bilingual education models, in: Alatis, James E. (Hg.), *International dimensions of bilingual education*, Georgetown University Round Table on Language and Linguistics 29, Washington 1978, 1–18.
MALAISE/WINAND 1999:
Malaise, Michel & Jean Winand, *Grammaire raisonnée de l'égyptien classique*, Ægyptiaca Leodiensia 6, Liège 1999.
MARIETTE 1871:
Mariette, Auguste, *Les papyrus égyptiens du Musée de Boulaq* I, Paris 1871.
MASPERO 1875:
Maspero, Gaston, Mémoire sur quelques papyrus du Louvre, in: *Notices et extraits des manuscrits de la Bibliothèque Nationale* 24/1, Paris 1875, 1–123, 14 unnummerierte Tafeln.
MCMAHON 1994:
McMahon, April M. S., *Understanding Language Change*, Cambridge 1994.
MEILLET 1926:
Meillet, Antoine, *Linguistique historique et linguistique générale* I, Paris 1926.
MŒHLUM 2010:
Mœhlum, Brit, Language and Social Spaces, in: Schmidt, Jürgen E. & Peter Auer (Hgg.), *Language and Space. An International Handbook of Linguistic Variation. Theories and Methods* I, Handbücher zur Sprach- und Kommunikationswissenschaft 30, Berlin & New York 2010, 18–33.
MÖLLER 1909:
Möller, Georg, *Hieratische Lesestücke für den akademischen Gebrauch* I. *Alt- und Mittelhieratische Texte*, Leipzig 1909.
MÖLLER 1910:
Möller, Georg, *Hieratische Lesestücke für den akademischen Gebrauch* III. *Musterbriefe und geschäftliche Texte des Neuen Reiches*, Leipzig 1910.
MÖLLER ²1927–1936:
Möller, Georg, *Hieratische Paläographie. Die aegyptische Buchschrift in ihrer Entwicklung von der fünften Dynastie bis zur römischen Kaiserzeit* I–IV, Leipzig ²1927–1936.
MÖLLER/GARDINER 1911:
Möller, Georg & Alan H. Gardiner (Hgg.), *Schriftstücke der VI. Dynastie aus Elephantine. Zaubersprüche für Mutter und Kind. Ostraka*, Hieratische Papyrus aus den Königlichen Museen zu Berlin III, Leipzig 1911.
MONTET 1936:
Montet, Pierre, Les tombeaux dits de Kasr-el-Sayad, in: *Kêmi* 6, 1936, 81–129.
MÜLLER 2011:
Müller, Matthias, Ägyptologische Phonologie? Möglichkeiten und Grenzen linguistischer Modelle bei der Beschreibung des Lautsystems einer extinkten Sprache, in: Verbovsek, Alexandra et al. (Hgg.), *Methodik und Didaktik in der Ägyptologie. Herausforderungen eines kulturwissenschaftlichen Paradigmenwechsels in den Altertumswissenschaften*, Ägyptologie und Kulturwissenschaft IV, hrsg. von Assmann, Jan und Hubert Roeder, München 2011, 509–531.
MÜLLER (H. M.) 2013:
Müller, Horst M., *Psycholinguistik – Neurolinguistik. Die Verarbeitung von Sprache im Gehirn*, Paderborn 2013.
MÜLLER 2013:
Müller, Stefan, Unifying everything: Some Remarks on Simpler Syntax, Construction Grammar, Minimalism and HPSG, in: *Language* 89/4, 2013, 920–950.

NEUMANN 1996:
Neumann, Dorothea, The dative and the grammar of body parts in German, in: Chappell, Hilary & William McGregor (Hgg.), *The Grammar of Inalienability. A typological perspective on body part terms and the part-whole relation*, Empirical Approaches to Language Typology 14, Berlin/New York 1996, 745–779.

NEVEU 1998:
Neveu, François, *La langue des Ramsès. Grammaire du néo-égyptien*, Paris 1998.

NICHOLS 1986:
Nichols, Johanna, Head-marking and Dependent-marking Grammar, in: *Language* 62, 1986, 56–119.

NICHOLS 1988:
Nichols, Johanna, On Alienable and Inalienable Possession, in: Shipley, William (Hg.), *In Honor of Mary Haas. From the Haas Festival Conference on Native American Linguistics*, Berlin 1988, 475–521.

NICHOLS 1992:
Nichols, Johanna, *Linguistic Diversity in Space and Time*, London & Chicago 1992.

O'GRADY ET AL. ³1996:
O'Grady, William, Michael Dobrovolsky & Francis Katamba, *Contemporary Linguistics. An Introduction*, London ³1996.

OBSOMER ²2009:
Obsomer, Claude, *Égyptien hiéroglyphique. Grammaire pratique du moyen égyptien*, Brüssel ²2009.

OCKINGA ³2012:
Ockinga, Boyo, *Mittelägyptische Grundgrammatik*, Mainz ³2012.

ORÉAL 2011:
Oréal, Elsa, *Les particules en égyptien ancien. De l'ancien égyptien à l'égyptien classique*, Bibliothèque d'étude 152, Kairo 2011.

OSING 1975:
Osing, Jürgen, in: Helck, Wolfgang & Eberhard Otto (Hgg.), *Lexikon der Ägyptologie* I, Wiesbaden 1975, 1074–1075, s. v. *Dialekte*.

OSING 1976:
Osing, Jürgen, *Die Nominalbildung des Ägyptischen* I & II, Mainz 1976.

OTTO 1959(1973):
Otto, Eberhard, Mittelägyptisch, in: Helck, Wolfgang (Hg.), *Ägyptische Schrift und Sprache, Handbuch der Orientalistik* 1,1. *Ägyptologie*, 1959 (unveränderter Nachdruck 1973), 73–80.

PARKER 1955:
Parker, Richard A., The function of the Imperfective *sḏm.f* in Middle Egyptian, in: *Revue d'Égyptologie* 10, 1955, 49–59.

PEDEN 1994:
Peden, Alexander J., *The Reign of Ramesses IV.*, Warminster 1994.

PETERSMARCK 2012:
Petersmarck, Edina, *Die Kemit. Ostraka, Schreibtafel und ein Papyrus*, Göttinger Miszellen Beihefte 12, Göttingen 2012.

PEET 1926:
Peet, Eric T., Two Eighteenth Dynasty Letters. Papyrus Louvre 3230, in: *The Journal of Egyptian Archaeology* 12, 1926, 70–74.

PEET 1930:
Peet, Eric T., Two Letters from Akhetaton, in: *Annals of Archaeology and Anthropology* 17/3-4, 1930, 82–97, Tf. 18–30.

PENDLEBURY 1951:
Pendlebury, John D. S., *The City of Akhenaten III. The Central City and the Official Quarters, The Excavations at Tell El-Amarna during the Seasons of 1926–1927 and 1931–1936*, Egypt Exploration Fund 44 I & II, London 1951.

PEUST 1999:
Peust, Carsten, *Egyptian Phonology. An Introduction to the Phonology of a Dead Language*, Monographien zur Ägyptischen Sprache 2, Göttingen 1999.

PEUST 2004:
Peust, Carsten, Hungersnotstele, in: Wilhelm, Gernot & Bernd Jankowski (Hgg.), *Texte aus der Umwelt des Alten Testaments. Neue Folge 1. Texte zum Rechts- und Wirtschaftsleben*, Gütersloh 2004, 208–217.

PEUST 2006:
Peust, Carsten, Das Lehrstück Kemit, in: Janowski, Bernd & Gernot Wilhelm (Hgg.), Texte aus der Umwelt des Alten Testaments. Neue Folge III. *Briefe*, Gütersloh 2006, 307–313.

PINTZUK 2003:
Pintzuk, Susan, Variationist Approaches to Syntactic Change, in: JANDA/JOSEPH 2003, 509–528.

PLANK 1984:
Plank, Frans, The Modals Story Retold, in: *Studies in Language* 8/3, 1984, 305–364.

POLZ/SEILER 2003:
Polz, Daniel & Anne Seiler, *Die Pyramidenanlage des Nub-Cheper-Re Intef in Draʿ Abu el-Naga. Ein Vorbericht*, Sonderschrift des Deutschen Archäologischen Instituts 24, Mainz 2003.

POSENER-KRIÉGER 1978:
Posener-Kriéger, Paule, A Letter to the Governor of Elephantine, in: *The Journal of Egyptian Archaeology* 64, 1978, 84–87, Tf. 14–14a.

POSENER-KRIÉGER 1980:
Posener-Kriéger, Paule, Fragments de papyrus provenant de Saqqarah, in: *Revue d'égyptologie* 32, 1980, 83–93, Tf. 6–7.

POSENER-KRIÉGER/CENIVAL 1968:
Posener-Kriéger, Paule & Jean L. de Cenival, *The Abu Sir Papyri*, Hieratic Papyri in the British Museum 5, London 1968.

PUSCH 2001:
Pusch, Claus D., Ikonizität, in: Haspelmath, Martin et al. (Hgg.), *Language Typology and Language Universals. An International Handbook* I, Handbücher zur Sprach- und Kommunikationswissenschaft 20, Berlin & New York 2001, 369–384.

QUACK 1991:
Quack, Joachim F., Über die mit ʿnḫ gebildeten Namenstypen und die Vokalisation einiger Verbalformen, in: *Göttinger Miszellen* 123, 1999, 91–100.

QUACK 1993:
Quack, Joachim F., Ein altägyptisches Sprachtabu, in: *Lingua Aegyptia* 3, 1993, 59–79.

QUACK 1994:
Quack, Joachim F., *Die Lehren des Ani. Ein neuägyptischer Weisheitstext in seinem kulturellen Umfeld*, Orbis biblicus et orientalis 141, Freiburg (CH) 1994.

QUACK 2003a:
Quack, Joachim F., Zum Charakter der ‚zweiradikaligen' Verben des Ägyptischen, in: Bender, Marvin L. et al. (Hgg.), *Selected Comparative-Historical Afrasian Linguistic Studies in Memory of Igor M. Diakonoff*, München 2003, 167–174. 174a.

QUACK 2003b:
Quack, Joachim F., Rezension Carsten Peust: Egyptian Phonology. An Introduction to the Phonology of a Dead Language, Göttingen 1999, in: *Zeitschrift der Deutschen Morgenländischen Gesellschaft* 153, Wiesbaden 2003.

QUACK 2006:
Quack, Joachim F., Die Rolle der Hieroglyphenschrift in der Theorie vom griechischen Vokalalphabet, in: Ernst, Wolfgang & Friedrich Kittler (Hgg.), *Die Geburt des Vokalalphabets aus dem Geist der Poesie. Schrift, Zahl und Ton im Medienverbund*, München 2006, 75–98.

QUACK 2009a:
Quack, Joachim F., D. Kurth – Einführung ins Ptolemäische. Teil 1, *Welt des Orients* 39, 2009, 130–139.

QUACK 2009b:
Quack, Joachim F., D. Kurth – Einführung ins Ptolemäische. Teil 2, *Welt des Orients* 39, 2009, 272–282.

QUACK 2010a:
Quack, Joachim F., Was ist Ptolemäisch?, in: *Die Welt des Orients* 40/1, 2010, 70–92.

QUACK 2010b:
Quack, Joachim F., Inhomogenität von ägyptischer Sprache und Schrift in Texten aus dem späten Ägypten, in: Lembke, Katja et al. (Hgg.), *Tradition and Transformation. Egypt under Roman Rule*, Culture and History of the Ancient Near East 41, Leiden/Boston 2010, 313–341.

QUACK 2013:
Quack, Joachim F., Von der Vielfalt der ägyptischen Sprache in der griechisch-römischen Zeit, in: *Zeitschrift für ägyptische Sprache und Altertumskunde* 140, 2013, 36–53.

QUACK 2015:
Quack, Joachim F., Rohrfedertorheiten? Bemerkungen zum römerzeitlichen Hieratisch, in: Verhoeven, Ursula (Hg.), *Ägyptologische „Binsen"-Weisheiten I–II. Neue Forschungen und Methoden der Hieratistik. Akten zweier Tagungen in Mainz im April 2011 und März 2013*, Mainz/Stuttgart 2015, 435–468.

QUIRKE 1990:
Quirke, Stephen, *The Administration of Egypt in the Late Middle Kingdom. The Hieratic Documents*, Malden 1990.

REEVES/WILKINSON 2002:
Reeves, Nicholas & Richard H. Wilkinson, *The Complete Valley of the Kings. Tombs and Treasures of Egypt's Greatest Pharaohs*, London 2002.

REINTGES 2004:
Reintges, Chris H., *Coptic Egyptian (Sahidic Dialect). A Learner's Grammar*, Möhlig, Wilhelm J. G. & Bernd Heine (Hgg.), Afrikawissenschaftliche Lehrbücher 15, Köln 2004.

RIJKHOFF 1992:
Rijkhoff, Jan, *The Noun Phrase. A Typological Study of its Form and Structure*, Amsterdam 1992.

RISSANEN 2008:
Rissanen, Matti, Corpus Linguistics and Historical Linguistics, in: Lüdeling, Anke & Merja Kytö (Hgg.), *Corpus Linguistics. An International Handbook* I, Handbücher zur Sprach- und Kommunikationswissenschaft 29, Berlin & New York 2008, 53–68.

RITTER 1995:
Ritter, Thomas, *Das Verbalsystem der königlichen und privaten Inschriften. XVIII. Dynastie bis einschließlich Anemophis III.*, Göttinger Orientforschungen, IV. Reihe Ägypten 30, Wiesbaden 1995.

ROCCATI 1968:
Roccati, Alessandro, Una lettera inedita dell'antico regno, in: *The Journal of Egyptian Archaeology* 54, 1968, 14–22, Tf. 4–4a.

SANDMAN 1938:
Sandman, Maj, *Texts from the Time of Akhenaten*, Bibliotheca Aegyptiaca 8, Brüssel 1938.

SATZINGER 1977:
   Satzinger, Helmut, in: Helck, Wolfgang & Eberhard Otto (Hgg.), *Lexikon der Ägyptologie* II, Wiesbaden 1977, 78–79, s. v. *Fachsprache*.
SATZINGER 1991:
   Satzinger, Helmut, in: Atiya, Aziz S. (Hg.), *The Coptic Encyclopedia* VIII, New York et al. 1991, 60–65, s. v. *Bohairic, Pronounciation of Late*.
SATZINGER 1994:
   Satzinger, Helmut, Das Ägyptische „Aleph"-Phonem, in: Bietak, Manfred et al. (Hgg.), *Zwischen den beiden Ewigkeiten. Festschrift Gertrud Thausing*, Wien 1994, 191–205.
SATZINGER 2004a:
   Satzinger, Helmut, Some Remarks on the Afroasiatic Case System, in: *Wiener Zeitschrift für die Kunde des Morgenlandes* 94, 2004, 177–183.
SATZINGER 2004b:
   Satzinger, Helmut, Statuses and Cases of the Afroasiatic Personal Pronoun, in: Takács, Gábor (Hg.), *Egyptian and Semito-Hamitic (Afro-Asiatic) Studies in memoriam W. Vycichl*, Leiden & Boston 2004, 487–498.
SCHAD 2006:
   Schad, Brigitte, *Die Entdeckung des „Briefes" als literarisches Ausdrucksmittel in der Ramessidenzeit*, Hamburg 2006.
SCHARFF 1924:
   Scharff, Alexander, Briefe aus Illahun, in: *Zeitschrift für Ägyptische Sprache und Altertumskunde* 59, 1924, 20–51, Tf. 1–12.
SCHENKEL 1962:
   Schenkel, Wolfgang, *Frühmittelägyptische Studien*, Bonn 1962.
SCHENKEL 1966:
   Schenkel, Wolfgang, Die Konversion, ein Epiphänomen der kemischen (ägyptisch-koptischen) Sprachgeschichte, in: *Mitteilungen des Deutschen Archäologischen Instituts Kairo* 21, 1966, 123–132.
SCHENKEL 1986:
   Schenkel, Wolfgang, in: Helck, Wolfgang & Eberhard Otto (Hgg.), *Lexikon der Ägyptologie* VI, Wiesbaden 1986, 114–122, s. v. *Syllabische Schreibung*.
SCHENKEL 1990:
   Schenkel, Wolfgang, *Einführung in die altägyptische Sprachwissenschaft*, Darmstadt 1990.
SCHENKEL 1999:
   Schenkel, Wolfgang, ś-Kausativa, t-Kausativa und „innere" Kausativa. Die ś-Kausativa der Verben I.ś in den Sargtexten, in: *Studien zur Altägyptischen Kultur* 27, 1999, 313–352.
SCHENKEL 2007:
   Schenkel, Wolfgang, Die Partikel *iw* und die Intuition des Interpreten. Randbemerkungen zu Antonio Loprieno ‚On fuzzy boundaries in Egyptian syntax', in: *Lingua Aegyptia* 15, 2007, 161–200.
SCHENKEL 2009:
   Schenkel, Wolfgang, Zur Silbenstruktur des Ägyptischen, in: *Lingua Aegyptia* 17, 2009, 259–276.
SCHENKEL 2012:
   Schenkel, Wolfgang, *Tübinger Einführung in die klassisch-ägyptische Sprache und Schrift*, Tübingen 2012.
SCHERER 2006:
   Scherer, Carmen, *Korpuslinguistik*, Heidelberg 2006.

SCHEUTZ 1999:
: Scheutz, Hannes, Umgangssprache als Ergebnis von Konvergenz- und Divergenzprozessen zwischen Dialekt und Standardsprache, in: Stehl, Thomas (Hg.), *Dialektgenerationen, Dialektfunktionen, Sprachwandel*, Tübinger Beiträger zur Linguistik 411, Tübingen 1999, 105–131.

SCHLEICHER ²1873:
: Schleicher, August, *Die Darwinsche Theorie und die Sprachwissenschaft. Offenes Sendschreiben an Herrn Dr. Ernst Häckel, o. Professor der Zoologie und Director des zoologischen Museums an der Universität Jena*, Weimar ²1873.

SCHNEIDER 2002:
: Schneider, Thomas, *Lexikon der Pharaonen*, Zürich 2002.

SCHWEITZER 2005:
: Schweitzer, Simon, *Schrift und Sprache der 4. Dynastie*, Menes. Studien zur Kultur und Sprache der ägyptischen Frühzeit und des Alten Reiches 3, Wiesbaden 2005.

SETHE 1906:
: Sethe, Kurt, *Urkunden der 18. Dynastie II. Historisch-biographische Urkunden aus der Zeit der Könige Thutmosis' I und II*, Leipzig 1906.

SETHE 1924:
: Sethe, Kurt, *Ägyptische Lesestücke zum Gebrauch im Akademischen Unterricht*, Leipzig 1924.

SETHE 1925:
: Sethe, Kurt, Das Verhältnis zwischen Demotisch und Koptisch und seine Lehren für die Geschichte der ägyptischen Sprache, in: *Zeitschrift der Deutschen Morgenländischen Gesellschaft* 79, Neue Folge 4/1, Leipzig 1925, 290–316.

SETHE ²1928:
: Sethe, Kurt, *Ägyptische Lesestücke zum Gebrauch im Akademischen Unterricht*, Leipzig ²1928.

SETHE 1933:
: Sethe, Kurt, *Urkunden des Alten Reiches* I, Leipzig 1933.

SHISHA-HALEVY 1991:
: Shisha-Halevy, Ariel, in: Atiya, Aziz S. (Hg.), *The Coptic Encyclopedia* VIII, New York et al. 1991, 53–60, s. v. *Bohairic*.

SILVERMAN 1981:
: Silverman, David P., Plural Demonstrative Constructions in Ancient Egyptian, in: *Revue d'égyptologie* 33, 1981, 59–65.

SIMPSON 1965:
: Simpson, William K., *Papyrus Reisner II. Accounts of the Dockyard Workshop at This in the Reign of Sesostris I*, Boston 1965.

SIMPSON 1966:
: Simpson, William K., The Letter to the Dead from the Tomb of Meru (N 3737) at Nag' ed-Deir, in: *The Journal of Egyptian Archaeology* 52, 1966, 39–52.

SIMPSON 1970:
: Simpson, William K., A Late Old Kingdom Letter to the Dead from Nag' ed-Deir N 3500, in: *The Journal of Egyptian Archaeology* 56, 1970, 58–62, Tf. 46–46a.

SIMPSON 1974:
: Simpson, William K., *The Terrace of the Great God at Abydos. The Offering Chapels of Dynasties 12 and 13*, Publications of the Pennsylvania-Yale Expedition to Egypt 5, New Haven 1974.

SIMPSON 1996:
: Simpson, Robert S., *Demotic Grammar in the Ptolemaic Sacerdotal Decrees*, Oxford 1996.

SIMPSON 1999:
Simpson, William K., The Nag'-ed-Deir Papyri, in: Teeter, Emily & John A. Larson (Hgg.), *Gold of Praise. Studies on Ancient Egypt in Honor of Edward F. Wente*, Studies in Ancient Oriental Civilization 58, Chicago 1999, 387–396.

SMITHER 1942:
Smither, Paul C., An Old Kingdom Letter concerning the Crimes of Count Sabni, in: *The Journal of Egyptian Archaeology* 28, 1942, 16–19.

SMITHER 1945:
Smither, Paul C., The Semnah Despatches, in: *The Journal of Egyptian Archaeology* 31, 1945, 3–10, Tf. 2–7.

STAUDER 2013:
Stauder, Andréas, *Linguistic Dating of Middle Egyptian Literary Texts*, Lingua Aegyptia Studia Monographica 12, Hamburg 2013.

STAUDER 2014:
Stauder, Andréas, *The Earlier Egyptian Passive. Voice and Perspective*, Lingua Aegyptia Studia Monographica 14, Hamburg 2014.

STAUDER 2015:
Stauder, Andréas, A rare Change. The De-Grammaticalization of an Inflectional Passive Marker into an Impersonal Subject Pronoun in Earlier Egyptian, in: Haspelmath, Martin, Tonio S. Richter & Eitan Grossman (Hgg.), *Egyptian-Coptic Linguistics in Typological Perspective*, Empirical Approaches to Language Typology 55, Berlin/München/Boston 2015, 455–532.

STERN 1874:
Stern, Ludwig, Urkunde über den Bau des Sonnentempels zu On, in: *Zeitschrift für Ägyptische Sprache und Altertumskunde* 12, 1874, 85–96.

STOLZ 2011:
Stolz, Thomas, *Europäische Besitzungen. Areallinguistische und typologische Gedanken zur gespaltenen Possession*, Bremen 2011. (http://www.fb10.uni-bremen.de/sksv/dokumente/tstolz/Stolz_IDS_2011_Abstract.pdf [Zugriff 27.05.2014])

STRICKER 1944:
Stricker, Bruno H., De indeeling der egyptische taalgeschiedenis, in: *Oudheidkundige Mededeelingen uit het Rijksmuseum van Oudheden te Leiden* 25, Leiden 1944, 12–51.

SWEENEY 1994:
Sweeney, Deborah, Idiolects in Late Ramesside Letters, in: *Lingua Aegyptia* 4, 1994, 275–324.

SWEENEY 1998:
Sweeney, Deborah, Women and Language in the Ramesside Period, or, Why Women Don't Say Please, in: Eyre, Christopher E. (Hg.), *Proceedings of the Seventh International Congress of Egyptologists, Cambridge, 3–9 September 1995*, Orientalia Lovaniensia Analecta 82, Löwen 1998, 1109–1117.

SWEENEY 2001:
Sweeney, Deborah, *Correspondence and Dialogue. Pragmatic Factors in Late Ramesside Letter-Writing*, Ägypten und Altes Testament 49, Wiesbaden 2001.

SZCZEPANIAK 2009:
Szczepaniak, Renata, *Grammatikalisierung im Deutschen. Eine Einführung*, Tübingen 2009.

TEUBERT 2006:
Teubert, Wolfgang, Korpuslinguistik, Hermeneutik und die soziale Konstruktion der Wirklichkeit, in: *Linguistik online* 28, 3/05, 2006, 41–60. (https://bop.unibe.ch/linguistik-online/issue/view/162 [Zugriff 18.05.2014])

THISSEN 1998:
   Thissen, Heinz-Josef, Vom Bild zum Buchstaben – vom Buchstaben zum Bild. Von der Arbeit an Horapollons Hieroglyphika, in: *Akademie der Wissenschaften und der Literatur. Abhandlungen der Geistes- und Sozialwissenschaftlichen Klasse* 1998/3, Mainz und Stuttgart 1998, 3–28.

THISSEN 2001:
   Thissen, Heinz-Josef, *Des Niloten Horapollon Hieroglyphenbuch I. Text und Übersetzung*, Leipzig 2001.

TRAUGOTT 2003:
   Traugott, Elizabeth C., Constructions in Grammaticalization, in: JANDA/JOSEPH 2003, 624–647.

TRESSON 1922:
   Tresson, Paul, *La stèle de Koubân*, Bibliothèque d'Étude de l'Institut français d'archéologie orientale du Caire 9, Kairo 1922.

VERHOEVEN 2003:
   Verhoeven, Ursula, Post ins Jenseits. Formular und Funktion altägyptischer Briefe an Tote, in: Wagner, Andreas (Hg.), *Bote und Brief. Sprachliche Systeme der Informationsübermittlung im Spannungsfeld von Mündlichkeit und Schriftlichkeit, Symposion des Interdisziplinären Arbeitskreises Nordostafrikanische-Westasiatische Studien (IAK-NWS), 21.–23. 10. 1999*, Nordostafrikanische/Westasiatische Studien 4, Frankfurt a. M. 2003, 31–51.

VERHOEVEN 2015:
   Verhoeven, Ursula, Stand und Aufgaben der Erforschung des Hieratischen und der Kursivhieroglyphen, in: dies. (Hg.), *Ägyptologische „Binsen"-Weisheiten I–II. Neue Forschungen und Methoden der Hieratistik. Akten zweier Tagungen in Mainz im April 2011 und März 2013*, Mainz/Stuttgart 2015, 23–63.

VERNUS 1978:
   Vernus, Pascal, Littérature et autobiographie. Les inscriptions de *s3-mwt* surnommé *KYKY*, in: *Revue d'Égyptologie* 30, 1978, 115–146.

VERNUS 1990a:
   Vernus, Pascal, La structure ternaire du système des déictiques dans les Textes des Sarcophages, in: *Studi di Egittologia e di Antichità Puniche* 7, 1990, 27–45.

VERNUS 1990b:
   Vernus, Pascal, *Future at Issue. Tense, Mood and Aspect in Middle Egyptian*. Studies in Syntax and Semantics, Yale Egyptological Studies 4, New Haven 1990.

VERNUS 1996:
   Vernus, Pascal, Langue litteraire et diglossie, in: Loprieno, Antonio (Hg.), *Ancient Egyptian Literature. History and Forms*, Probleme der Ägyptologie 10, Leiden et al. 1996, 555–564.

VERNUS 1997:
   Vernus, Pascal, *Les Parties du Discours en Moyen Égyptien. Autopsie d'une théorie*, Cahiers de la Société d'Égyptologie 5, Genf 1997.

VERNUS 1998:
   Vernus, Pascal, Processus de grammaticalisation dans la langue égyptienne, in: *Comptes rendus des séances de l'Académie des Inscriptions et Belles-Lettres* 142/1, 1998, 191–210.

VERNUS 2013:
   Vernus, Pascal, The Royal Command (*wd-nsw*). A Basic Deed of Executive Power, in: Moreno García, Juan Carlos (Hg.) *Ancient Egyptian Administration*, Handbuch der Orientalistik I, 104, Leiden/Boston 2013, 259–340.

VÖLKEL 2007:
   Völkel, Svenja, *Morphosyntax & Syntax. Possessive Constructions*, Handout zum Seminar ‚Strukturen austronesischer Sprachen', Department of English and Linguistics, Johannes Gutenberg-Universität Mainz, Wintersemester 2006/07.

WENTE 1961:
: Wente, Edward F., A Letter of Complaint to the Vizier To, in: *Journal of Near Eastern Studies* 20, 1961, 252–257.

WENTE 1967:
: Wente, Edward F., *Late Ramesside Letters*, The Oriental Institute of the University of Chigaco. Studies in Ancient Oriental Civilizations 33, Chicago 1967.

WENTE 1990:
: Wente, Edward F., *Letters from Ancient Egypt*, Atlanta 1990.

WERNING: IM DRUCK
: Werning, Daniel, "Genitive" Possessive Constructions in Égyptien de tradition: Compound Construction vs. of-Construction, in: Grossmann, Eitan & Stéphane Polis (Hgg.), *Possession in Ancient Egyptian*, Berlin, im Druck. (Vorabversion des Artikels unter www.academia.edu)

WESTCOTT 1971:
: Westcott, Roger W., Linguistic Iconism, in: *Language* 47/2, 1971, 416–428.

WESTENDORF 1959:
: Westendorf, Wolfhart, Das geminierende passive *sḏm-f* (*mrr-f*) imperfektisch oder emphatisch?, in: *Zeitschrift für Ägyptische Sprache und Altertumskunde* 84, 1959, 147–155.

WESTENDORF 1962:
: Westendorf, Wolfhart, *Grammatik der medizinischen Texte*, ders. (Hg.), Grundriss der Medizin der Alten Ägypter VIII, Berlin 1962.

WILLEMS 1991:
: Willems, Harco, The End of Seankhenptah's Household (Letter to the Dead Cairo JdE 25975), in: *Journal of Near Eastern Studies* 50, 1991, 183–191.

WIMMER 1995:
: Wimmer, Stefan, *Hieratische Paläographie der nicht-literarischen Ostraka der 19. und 20. Dynastie* I & II, Ägypten und Altes Testament 28, Wiesbaden 1995.

WINAND 1992:
: Winand, Jean, *Études de néo-égyptien. La morphologie verbale* I, Aegyptiaca Leodiensia 2, Liège 1992.

WOLFRAM/SCHILLING-ESTES 2003:
: Wolfram, Walt & Natalie Schilling-Estes, Dialectology and Linguistic Diffusion, in: JANDA/JOSEPH 2003, 713–735.

WURZEL 2001:
: Wurzel, Wolfgang U., Ökonomie, in: Haspelmath, Martin et al. (Hgg.), *Language Typology and Language Universals. An International Handbook* I, Handbücher zur Sprach- und Kommunikationswissenschaft 20, Berlin & New York 2001, 384–400.

ZEIDLER 1992:
: Zeidler, Jürgen, Altägyptisch und Hamitosemitisch. Bemerkungen zu den Vergleichenden Studien von Karel Petráček, in: *Lingua Aegyptia* 2, 1992, 189–222.

ZEIDLER 1993:
: Zeidler, Jürgen, A new approach to the Late Egyptian "Syllabic Orthography", in: Zaccone, Gian Maria & Tomaso Ricardi di Netro (Hgg.), *Sesto congresso internazionale di Egittologia* II. *Atti*, Turin 1993, 579–590.

ZIBELIUS 1980:
: Zibelius, Karola, in: Helck, Wolfgang & Eberhard Otto (Hgg.), *Lexikon der Ägyptologie* III, Wiesbaden 1980, 84, s. v. *Hungersnotstele*.

ZONHOVEN 2000:
: Zonhoven, Louis, *Mittelägyptische Grammatik. Eine praktische Einführung in die ägyptische Sprache und die Hieroglyphenschrift*, Leiden 2000.

Internetquellen

British Museum Onlinedatenbank (BM OD):
https://www.britishmuseum.org/research/collection_online/search.aspx (Zugriff Mai 2015)
http://tinyurl.com/nvdw54w (Zugriff Mai 2015) = http://www.britishmuseum.org/research/collection_online/collection_object_details.aspx?objectId=118174&partId=1&searchText=10300&page=1

British Museum: The Ramesseum Papyri, British Museum Online Research Catalogue (BM-RP OD):
http://www.britishmuseum.org/research/publications/online_research_catalogues/rp/the_ramesseum_papyri.aspx (Zugriff Mai 2015)

Brooklyn Museum Onlinedatenbank (BrM OD):
http://www.brooklynmuseum.org/opencollection/egyptian (Zugriff Mai 2015)

Deir el-Medina online:
http://www.leidenuniv.nl/nino/dmd/dmd.html (Zugriff Mai 2015)

Durham University Oriental Museum, Egyptian Collection:
https://www.dur.ac.uk/oriental.museum/collections/egypt/ (Zugriff 27.05.2014)

LEHMANN 2012:
http://www.christianlehmann.eu/ (Zugriff Mai 2015)

LOHWASSER 2000:
http://www2.rz.hu-berlin.de/nilus/net-publications/ibaes2 (Zugriff Mai 2015)

Metropolitan Museum of Art Onlinedatenbank (MMA OD):
http://www.metmuseum.org/collection/the-collection-online/search (Zugriff Mai 2015)

Musée de Grenoble Onlinedatenbank (MG OD):
http://www.museedegrenoble.fr/TPL_CODE/TPL_OEUVRE/PAR_TPL_IDENTIFIANT/17/951-antiquites.htm#oeuvre_17 (Zugriff Mai 2015)

Musées d'art et d'histoire de Genève Onlinedatenbank (MAH OD):
http://www.ville-ge.ch/musinfo/bd/mah/collections/index.php (Zugriff Mai 2015)

Museum of Fine Arts, Boston Onlinedatenbank = gizapyramids.org (MFA OD):
http://www.gizapyramids.org/view/sites/asitem/PeopleTombs@1923/0?t:state:flow=97d1e3f2-6b8f-4618-8751-8e09709b13f2 (Zugriff Mai 2015)

Rijksmuseum van Oudheden, Leiden Onlinedatenbank (RMO OD):
http://www.rmo.nl/collectie (Zugriff Mai 2015)

Stolz 2011:
http://www.fb10.uni-bremen.de/sksv/dokumente/tstolz/Stolz_IDS_2011_Abstract.pdf (Zugriff Mai 2015)

The World Atlas of Language Structures online:
http://wals.info/ (Zugriff Mai 2015)

Thesaurus Linguae Aegyptiae (TLA):
http://aaew.bbaw.de/tla/index.html (Zugriff Mai 2015)

University College London, Petrie Museum Onlinedatenbank (UCL OD):
http://petriecat.museums.ucl.ac.uk/ (Zugriff Mai 2015)
http://www.ucl.ac.uk/museums-static/digitalegypt/hu/archive/uc16244.jpg (Zugriff Mai 2015)
http://www.ucl.ac.uk/museums-static/digitalegypt/qau/archive/uc16163.jpg (Zugriff Mai 2015)

Anhang I – Textkorpus

Das Textkorpus ist aufgeteilt in

- Private Briefe, Verwaltungsmitteilungen
- Briefe vom und an den Wesir
- Briefe vom und an den König bzw. aus dem königlichen Umfeld
- Briefe an Tote

und in dieser Reihenfolge in den nachstehenden Tabellen aufgeführt. Die Sortierung innerhalb der Gruppen erfolgt chronologisch, in den Subkorpora mit ähnlicher (Grob-) Datierung wie bspw. den Illahun-Papyri wurde aufsteigend nach Registrierungsnummer geordnet. Die Angaben in der Spalte „Publikationen" geben die verwendeten Abbildungen bzw. Wiedergaben der Textzeugen (als Foto/Faksimile des Originals bzw. in hieroglyphischer Umsetzung [H]) an; die zugehörigen Bearbeitungen sind im Literaturverzeichnis aufgeschlüsselt. Die Publikation der Illahun-Papyri von COLLIER/QUIRKE 2002 beinhaltete zusätzlich eine CD-ROM mit Fotos der jeweiligen Papyri, so dass bei diesen in der Spalte Publikation zusätzlich „CD-ROM" notiert wurde. Sind in den jeweiligen Online-Datenbanken der Museen Abbildungen vorhanden, wurde dies als Kürzel OD (Onlinedatenbank) und einem Museumskürzel vermerkt:

BM	= British Museum, London
BM-RP	= British Museum, London: The Ramesseum Papyri, British Museum Online Research Catalogue
BrM	= Brooklyn Museum, New York
MAH	= Musées d'art et d'histoire de Genève
MFA	= Museum of Fine Arts, Boston
MG	= Musée de Grenoble
MMA	= Metropolitan Museum of Art, New York
RMO	= Rijksmuseum van Oudheden, Leiden
UCL	= University College London, Petrie Museum

Die Internetadressen der Onlinedatenbanken sind im Anschluss an das Literaturverzeichnis unter „Internetquellen" angegeben.

Private Briefe, Verwaltungsmitteilungen

Text	Datierung	Kategorie	Publikationen
Papyrus Berlin P. 11301 (80 A) [Abu Sir Papyrus]	AR: 5. Dyn., Djedkare-Isesi	privater Brief (juristische Angelegenheit)	Möller 1909: Tf. 1; Posener-Kriéger/Cenival 1968: Tf. 80, 80a.
Papyrus London BM EA 10735 (frame 4; 80 B+C) [Abu Sir Papyrus]	AR: 5. Dyn., Djedkare-Isesi	privater Brief (stark zerstört, Inhalt stellenweise unklar)	Posener-Kriéger/Cenival 1968: Tf. 80, 80a.
Papyrus Kairo CG 58043/JE 15000 [= pBoulaq 8]	AR: 6. Dyn., frühe Regierungszeit Pepis I.	privater Brief (persönl. Erkundigung, Anforderung Nahrungsmittel)	Mariette 1871: Tf. 39; Baer 1966: 2 [H]; Goedicke 1967: 2 [H].
Papyrus Turin CG 54002	AR: 6. Dyn., Pepi II.	privater Brief (Verwaltungsangelegenheiten)	Roccati 1968: Tf. 4, 4a.
Papyrus Kairo JE 52001 A	AR: 6. Dyn., Merenre oder Pepi II.	privater Brief (Arbeit an Pyramidenkomplex)	Posener-Kriéger 1980: Tf. 6, Abb. 1.
Papyrus Berlin P. 8869	AR–1.Zw.Zt. (vermutl. 6. Dyn.)	privater Brief (juristische Angelegenheit)	Möller/Gardiner 1911: Tf. 2–3b; Smither 1942: 17 [H].
Papyrus Kopenhagen P. Haun Inv.Nr. Hier. 1	MR: (späte) 11. Dynastie	privater Brief (Verwaltungsangelegenheit)	Frandsen 1978: Tf. 5.
Papyrus New York MMA 22.3.516 [= pHekanacht I]	MR: 12. Dyn., Sesostris I.[979]	privater Brief (persönl. Brief an Familie)	James 1962: Tf. 1–4a; Goedicke 1984: Tf. 4–7; Allen 2002: Tf. 8–9. Tf. 26–29.

---

[979] Nach Allen 2002: 128.

Text	Datierung	Kategorie	Publikationen
Papyrus New York MMA 22.3.517 [= pHekanacht II]	MR: 12. Dyn., Sesostris I.	privater Brief (persönl. Brief an Familie)	James 1962: Tf. 5–7a; Goedicke 1984: Tf. 1–3; Allen 2002: Tf. 10–11. Tf. 30–33.
Papyrus New York MMA 22.3.518 [= pHekanacht III]	MR: 12. Dyn., Sesostris I.	offizieller Brief an Vorgesetzten	James 1962: Tf. 8–9; Goedicke 1984: Tf. 8; Allen 2002: Tf. 12–13. Tf. 34–37.
Papyrus New York MMA 22.3.524 [= pMeketre]	MR: 12. Dyn., Sesostris I.[980]	offizieller Brief an Vorgesetzten	James 1962: Tf. 21; MMA OD
Papyrus Kairo CG 58045/JE 31061[981]	MR: (späte) 11. Dyn.	offizieller Brief an Vorgesetzten (Bericht über Verwaltungsangelegenheiten)	James 1962: Tf. 26–27; Bakir 1968: Tf. 7–7a.
Papyrus London BM EA 10549	MR: (frühe) 12. Dyn.	privater Brief (persönlich)	James 1962: Tf. 24–25; BM OD
Papyrus London BM EA 10567	MR: späte 11. bis frühe 12. Dyn.[982]	offizieller Brief an Vorgesetzten	James 1962: Tf. 27–28.
Writing Board MMA 28.9.4	MR: 12. Dyn. (nach MMA)	Zwei Musterbriefe	James 1962: Tf. 30; MMA OD
Papyrus London BM EA 10752 [= Papyrus Ramesseum C; Semna Despatch 1: rto. 1. Blatt, Zeilen 1–13]	MR: 12. Dyn., Amenemhet III.	offizieller Brief [Abschrift] (Bericht aus Festung über Grenzaktivitäten)	Smither 1945: Tf. 2–2a; BM OD; BM-RP OD

---

980 Nach MMA Datenbank: http://www.metmuseum.org/Collections/search-the-collections/545453 (Zugriff: 27.05.2014).
981 James (1962: 92) und Bakir (1968: Tf. 7) geben die Nummer (JE) 91061 an, Bellion jedoch 31061, vgl. Bellion 1987: 118.
982 Nach James 1962: 94.

Text	Datierung	Kategorie	Publikationen
Papyrus London BM EA 10752 [= Papyrus Ramesseum C; Semna Despatch 2: rto. 2. Blatt, Zeilen 1–6]	MR: 12. Dyn., Amenemhet III.	offizieller Brief [Abschrift] (Bericht aus Festung über Grenzaktivitäten)	Smither 1945: Tf. 3–3a; BM OD; BM-RP OD
Papyrus London BM EA 10752 [= Papyrus Ramesseum C; Semna Despatch 3: rto. 2. Blatt, Zeilen 7–14 & rto. 3. Blatt, Zeilen 1–6]	MR: 12. Dyn., Amenemhet III.	offizieller Brief [Abschrift] (Bericht aus Festung über Grenzaktivitäten)	Smither 1945: Tf. 3–4a; BM OD; BM-RP OD
Papyrus London BM EA 10752 [= Papyrus Ramesseum C; Semna Despatch 4: rto. 3. Blatt, Zeilen 7–14 & rto. 4. Blatt, Zeilen 1–5]	MR: 12. Dyn., Amenemhet III.	offizieller Brief [Abschrift] (Bericht aus Festung über Grenzaktivitäten)	Smither 1945: Tf. 4–5a; BM OD; BM-RP OD
Papyrus London BM EA 10752 [= Papyrus Ramesseum C; Semna Despatch 5: rto. 4. Blatt, Zeilen 6–12]	MR: 12. Dyn., Amenemhet III.	offizieller Brief [Abschrift] (Bericht aus Festung über Grenzaktivitäten)	Smither 1945: Tf. 5–5a; BM OD; BM-RP OD
Papyrus London BM EA 10752 [= Papyrus Ramesseum C; Semna Despatch 6: rto. 5. Blatt, Zeilen 1–13]	MR: 12. Dyn., Amenemhet III.	offizieller Brief [Abschrift] (Bericht aus Festung über Grenzaktivitäten)	Smither 1945: Tf. 6–6a; BM OD; BM-RP OD
Papyrus London BM EA 10752 [= Papyrus Ramesseum C; Semna Despatch 7: rto. 6. Blatt, Zeilen 1–7]	MR: 12. Dyn., Amenemhet III.	offizieller Brief [Abschrift] (Bericht aus Festung über Grenzaktivitäten)	Smither 1945: Tf. 7–7a; BM OD; BM-RP OD
Papyrus London BM EA 10752 [= Papyrus Ramesseum C; Semna Despatch 8: rto. 6. Blatt, Zeilen 8–13]	MR: 12. Dyn., Amenemhet III.	offizieller Brief [Abschrift] (Bericht aus Festung über Grenzaktivitäten)	Smither 1945: Tf. 7–7a; BM OD; BM-RP OD

Text	Datierung	Kategorie	Publikationen
Papyrus Berlin P. 10003, A [Illahun-Papyrus]	MR: 12. Dyn., Sesostris III.	Verwaltungs-mitteilung (kurzer Bericht)	Borchardt 1899: 97 [H]; Möller 1909: Tf. 18.
Papyrus Berlin P. 10012, 18–21 [Illahun-Papyrus]	MR: 12. Dyn., Sesostris III.	Verwaltungs-mitteilung (über heliakischen Sothis-Aufgang)	Borchardt 1899: 99 [H]; Möller 1909: Tf. 19; Sethe ²1928: 96–97 [H].
Papyrus Berlin P. 10019 [Illahun-Papyrus]	MR: 12. Dyn., Sesostris III.	Verwaltungs-mitteilung (Anweisungen)	Luft 1992.
Papyrus Berlin P. 10014 [Illahun-Papyrus]	MR: 12. Dyn., Amenemhet III.	Verwaltungs-mitteilung (Lederbestellung)	Borchardt 1899: 91 [H]; Möller 1909: Tf. 18; Sethe ²1928: 97 [H].
Papyrus Berlin P. 10016 [Illahun-Papyrus]	MR: 12. Dyn., Amenemhet III.	Verwaltungs-mitteilung (Lieferungen)	Scharff 1924: Tf. 1 [H]; Luft 2006: 29–33.
Papyrus Berlin P. 10018 [Illahun-Papyrus]	MR: 12. Dyn., Amenemhet III.	Verwaltungs-mitteilung (Lieferungen)	Luft 2006: 36–37. 134–139. Tf. 4–9.
Papyrus Berlin P. 10021 [Illahun-Papyrus]	MR: 12. Dyn., Amenemhet III.	Verwaltungs-mitteilung (Anweisungen)	Scharff 1924: Tf. 9–10 [H]; Luft 2006: 44. 140–141 (Tf. 10–11).
Papyrus Berlin P. 10023 A, B [Illahun-Papyrus]	MR: 12. Dyn., Amenemhet III.	A: Verwaltungs-mitteilung (Beschwerde) B: Antwort Horemsafs auf A	Luft 1992; Scharff 1924: Tf. 2–3 [H].
Papyrus Berlin P. 10024 A, B [Illahun-Papyrus]	MR: 12. Dyn., Amenemhet III.	A: Verwaltungs-mitteilung (Beschwerden) B: Verwaltungs-mitteilung (Bericht)	Luft 2006: 50. 142–144 (Tf. 12–14).

Text	Datierung	Kategorie	Publikationen
Papyrus Berlin P. 10025 [Illahun-Papyrus]	MR: 12. Dyn., Amenemhet III.	Verwaltungs- mitteilung (Antwort auf voran- gegangene Beschul- digung)	Scharff 1924: Tf. 4–5 [H]; Luft 1992.
Papyrus Berlin P. 10026 [Illahun-Papyrus]	MR: 12. Dyn., Amenemhet III.	Verwaltungs- mitteilung (Namensliste; Liefer- bestätigung)	Luft 2006: 59–60. 145 (Tf. 15).
Papyrus Berlin P. 10030 A, B [Illahun-Papyrus]	MR: 12. Dyn., Amenemhet III.	A: Verwaltungs- mitteilung (Bericht; Personal- angelegenheiten) B: Mitteilung des Bürgermeisters	Luft 1992.
Papyrus Berlin P. 10031 A [Illahun-Papyrus]	MR: 12. Dyn., Amenemhet III.	A: Verwaltungs- mitteilung (Lieferbestätigung)	Luft 2006: 63–64. 146–149 (Tf. 16–19).
Papyrus Berlin P. 10033 [Illahun-Papyrus]	MR: 12. Dyn., Amenemhet III.	Verwaltungs- mitteilung (Anweisungen)	Luft 1992.
Papyrus Berlin P. 10035 [Illahun-Papyrus]	MR: 12. Dyn., Amenemhet III.	Verwaltungs- mitteilung (u. a. Liefer- bestätigung)	Luft 2006: 69–70. 150–151 (Tf. 20–21).
Papyrus Berlin P. 10036 [Illahun-Papyrus]	MR: 12. Dyn., Amenemhet III.	Verwaltungs- mitteilung	Luft 1992.
Papyrus Berlin P. 10037 A-C [Illahun-Papyrus]	MR: 12. Dyn., Amenemhet III.	Verwaltungs- mitteilung	Scharff 1924: Tf. 6–7 [H]. Luft 2006: 75–81.
Papyrus Berlin P. 10038 C, D [Illahun-Papyrus]	MR: 12. Dyn., Amenemhet III.	C: Verwaltungs- mitteilung (Bitte um mehr Personal; Abrech- nungen) D: Verwaltungs- mitteilung (Kenntnis- nahme)	Luft 1992.

Text	Datierung	Kategorie	Publikationen
Papyrus Berlin P. 10042 [Illahun-Papyrus]	MR: 12. Dyn., Amenemhet III.	C: Verwaltungsmitteilung (Besteuerung)	Luft 1992.
Papyrus Berlin P. 10050 [Illahun-Papyrus]	MR: 12. Dyn., Sesostris III.	Verwaltungsmitteilung (Lederbestellung für Sandalenmacher)	Borchardt 1899: 98 [H]; Möller 1909: Tf. 18; Sethe ²1928: 97 [H].
Papyrus Berlin P. 10063 [Illahun-Papyrus]	MR: 12. Dyn., Amenemhet III.	Verwaltungsmitteilung	Luft 1992.
Papyrus Berlin P. 10066 [Illahun-Papyrus]	MR: 12. Dyn., Amenemhet III.	Verwaltungsmitteilung (Festvorbereitungen)	Luft 1992.
Papyrus Berlin P. 10074 [Illahun-Papyrus]	MR: 12. Dyn., Amenemhet III.	Verwaltungsmitteilung (Bericht über Beschwerden)	Luft 1992.
Papyrus Berlin P. 10081 B [Illahun-Papyrus]	MR: 12. Dyn., Amenemhet III.	Verwaltungsmitteilung	Luft 2006: 103. 162–163 (Tf. 32–33).
Papyrus London UC 32092 A–C [Illahun Papyrus]	MR: (späte) 12. Dyn.	A: Verwaltungsmitteilung (Getreidelieferung) B: fragmentarisch C: Verwaltungsmitteilung	Collier/Quirke 2002: 4. 6. 8. CD-ROM.
Papyrus London UC 32098 A, E [Illahun Papyrus]	MR: (späte) 12. Dyn.	A: Verwaltungsmitteilung (Gärtner) E: Verwaltungsmitteilung (Kinder)	Collier/Quirke 2002: 10. CD-ROM.

Text	Datierung	Kategorie	Publikationen
Papyrus London UC 32099 B, D [Illahun Papyrus]	MR: (späte) 12. Dyn.	B: Verwaltungsmitteilung (Pyramidenstadt "Sesostris-gerechtfertigt-ist-zufrieden") D: Verwaltungsmitteilung	Collier/Quirke 2002: 12. 14. CD-ROM.
Papyrus London UC 32106 A, G [Illahun Papyrus]	MR: (späte) 12. Dyn.	A: Verwaltungsmitteilung (Pyramidenstadt "Sesostris-gerechtfertigt-ist-zufrieden") G: Verwaltungsmitteilung	Collier/Quirke 2002: 16. 18. CD-ROM.
Papyrus London UC 32109 A, B, E [Illahun Papyrus]	MR: (späte) 12. Dyn.	A: Verwaltungsmitteilung (?) B: offizieller Brief (Einleitungsformel) E: Verwaltungsmitteilung	Collier/Quirke 2002: 18. 20. CD-ROM.
Papyrus London UC 32112 [Illahun Papyrus]	MR: (späte) 12.Dyn.	Verwaltungsmitteilung (Bringen einer Frau)	Collier/Quirke 2002: 22. CD-ROM.
Papyrus London UC 32113 A, B [Illahun Papyrus]	MR: (späte) 12. Dyn.	A: Verwaltungsmitteilung B: Verwaltungsmitteilung (Lieferung)	Collier/Quirke 2002: 24. 26. CD-ROM
Papyrus London UC 32114 A, D, E [Illahun Papyrus]	MR: (späte) 12. Dyn.	A: offizieller Brief (Einleitungsformel) D: Verwaltungsmitteilung (?) E: fragmentarisch	Collier/Quirke 2002: 28. 30. CD-ROM.
Papyrus London UC 32115 C [Illahun Papyrus]	MR: (späte) 12. Dyn.	Verwaltungsmitteilung	Collier/Quirke 2002: 32. CD-ROM.
Papyrus London UC 32116 C [Illahun Papyrus]	MR: (späte) 12. Dyn.	Verwaltungsmitteilung	Collier/Quirke 2002: 34. CD-ROM.

Text	Datierung	Kategorie	Publikationen
Papyrus London UC 32117 A [Illahun Papyrus]	MR: (späte) 12. Dyn.	A: Verwaltungsmitteilung	Collier/Quirke 2002: 36. CD-ROM.
Papyrus London UC 32118 D [Illahun Papyrus]	MR: (späte) 12. Dyn.	D: Verwaltungsmitteilung (über zwei Beamte)	Collier/Quirke 2002: 38. 40. CD-ROM.
Papyrus London UC 32119 A, F [Illahun Papyrus]	MR: (späte) 12. Dyn.	A: Verwaltungsmitteilung F: Verwaltungsmitteilung (an den Tempelvorsteher)	Collier/Quirke 2002: 42. 44. CD-ROM.
Papyrus London UC 32122 [Illahun Papyrus]	MR: (späte) 12. Dyn.	Verwaltungsmitteilung	Collier/Quirke 2002: 50. 52. CD-ROM.
Papyrus London UC 32123 [Illahun Papyrus]	MR: (späte) 12. Dyn.	Verwaltungsmitteilung (über einen Frevel)	Collier/Quirke 2002: 54. 56. CD-ROM.
Papyrus London UC 32124 [Illahun Papyrus]	MR: (späte) 12. Dyn.	Verwaltungsmitteilung (Diener nimmt unerlaubt Honig)	Collier/Quirke 2002: 58. 60. CD-ROM.
Papyrus London UC 32126 [Illahun Papyrus]	MR: (späte) 12. Dyn.	Verwaltungsmitteilung (über Personalliste)	Collier/Quirke 2002: 62. 64. CD-ROM.
Papyrus London UC 32128 [Illahun Papyrus]	MR: (späte) 12. Dyn.	zwei Verwaltungsmitteilungen (über Abgaben, Gefolgsleute)	Collier/Quirke 2002: 66. CD-ROM.
Papyrus London UC 32131 [Illahun Papyrus]	MR: (späte) 12. Dyn.	Verwaltungsmitteilung	Collier/Quirke 2002: 68. 70. CD-ROM.
Papyrus London UC 32148 A [Illahun Papyrus]	MR: (späte) 12. Dyn.	Verwaltungsmitteilung (über Königsdiener)	Collier/Quirke 2002: 74. CD-ROM.
Papyrus London UC 32149 B [Illahun Papyrus]	MR: (späte) 12. Dyn.	Verwaltungsmitteilung (fragmentarisch)	Collier/Quirke 2002: 76. CD-ROM.
Papyrus London UC 32150 [Illahun Papyrus]	MR: (späte) 12. Dyn.	Verwaltungsmitteilung (fragmentarisch)	Collier/Quirke 2002: 76. CD-ROM.

Text	Datierung	Kategorie	Publikationen
Papyrus London UC 32151 [Illahun Papyrus]	MR: (späte) 12. Dyn.	Verwaltungs-mitteilung (über Herstellung von ‚Süßem')	Collier/Quirke 2002: 78. CD-ROM.
Papyrus London UC 32156 [Illahun Papyrus]	MR: (späte) 12. Dyn.	Verwaltungs-mitteilung (über Getreidelieferungen)	Collier/Quirke 2002: 84. CD-ROM.
Papyrus London UC 32197 [Griffith lot. IV.4; Illahun Papyrus]	MR: (späte) 12. Dyn.	offizieller Brief (an Vorgesetzten)	Griffith 1898: Tf. 28. Collier/Quirke 2002: 88. 90. CD-ROM.
Papyrus London UC 32198 [Griffith lot. II.2; Illahun Papyrus]	MR: (späte) 12. Dyn.	offizieller Brief (Bestätigung über Durchführung von Befehlen an Vorge-setzten)	Griffith 1898: Tf. 29. Collier/Quirke 2002: 92. 94. CD-ROM.
Papyrus London UC 32199 [Griffith lot. II.2; Illahun Papyrus]	MR: (späte) 12. Dyn.	offizieller Brief (Bestätigung über Weitergabe einer Information)	Griffith 1898: Tf. 29. Collier/Quirke 2002: 96. 98. CD-ROM.
Papyrus London UC 32200 [Griffith lot. XV.1; Illahun Papyrus]	MR: (späte) 12. Dyn.	private Mitteilung an eine Frau (über Verlauf einer juristischen Angelegenheit)	Griffith 1898: Tf. 30. Collier/Quirke 2002: 100. 102. CD-ROM.
Papyrus London UC 32201 [Griffith lot. VI.4; Illahun Papyrus]	MR: (späte) 12. Dyn.	offizieller Brief (Organisatorisches bzgl. Transport)	Griffith 1898: Tf. 30–31; Collier/Quirke 2002: 104. 106. CD-ROM.
Papyrus London UC 32202 [Griffith lot. VI.6; Illahun Papyrus]	MR: 12. Dyn., Amenemhet III.	offizieller Brief (Verwaltungs-angelegenheit; Pyramidenbezirk Sesostris' II.)	Griffith 1898: Tf. 31; Collier/Quirke 2002: 110. 112. CD-ROM.
Papyrus London UC 32204 [Griffith lot. VI.8; Illahun Papyrus]	MR: (späte) 12. Dyn.	Modellbrief (?) (sarkastischer Inhalt mit Antwort)	Griffith 1898: Tf. 32. Collier/Quirke 2002: 118. CD-ROM.

Text	Datierung	Kategorie	Publikationen
Papyrus London UC 32205 [Griffith lot. III.4; Illahun Papyrus]	MR: (späte) 12. Dyn., Amenemhet IV.	offizieller Brief (Verwaltungs-angelegenheiten; Fischfangerträge)	Griffith 1898: Tf. 33. Collier/Quirke 2002: 120. 122. CD-ROM.
Papyrus London UC 32206 [Griffith lot. III.6; Illahun Papyrus]	MR: (späte) 12. Dyn.	(private?) Mitteilung (Bitte um Lebens-mittel)	Griffith 1898: Tf. 34. Collier/Quirke 2002: 124. CD-ROM.
Papyrus London UC 32209 [Griffith lot. XII.1; Illahun Papyrus]	MR: (späte) 12. Dyn.	fragmentarisch (Ergreifung eines Geflohenen)	Griffith 1898: Tf. 34. Collier/Quirke 2002: 128. 130. CD-ROM.
Papyrus London UC 32210 [Griffith lot. VIII.1; Illahun Papyrus]	MR: (späte) 12. Dyn.	offizieller Brief (Bericht über Verwaltungs-angelegenheiten)	Griffith 1898: Tf. 35. Collier/Quirke 2002: 132. 134. CD-ROM.
Papyrus London UC 32211 [Griffith lot. VI.9; Illahun Papyrus]	12. Dyn., zweite Hälfte	Verwaltungs-mitteilung	Griffith 1898: Tf. 35. Collier/Quirke 2002: 136. CD-ROM.
Papyrus London UC 32212 [Griffith lot. V.1; Illahun Papyrus]	MR: (späte) 12. Dyn.	offizieller Brief (Bericht über Lieferungen)	Griffith 1898: Tf. 35. Collier/Quirke 2002: 138. 140. CD-ROM.
Papyrus London UC 32213 [Griffith lot. VI.5; Illahun Papyrus]	MR: (späte) 12. Dyn.	offizieller Brief (Verwaltungs-angelegenheiten)	Griffith 1898: Tf. 36. Collier/Quirke 2002: 142. 144. CD-ROM.
Papyrus London UC 32214 [Griffith lot. LVI.1; Illahun Papyrus]	MR: (späte) 12. Dyn.	offizieller Brief (Verwaltungs-angelegenheiten)	Griffith 1898: Tf. 36–37. Collier/Quirke 2002: 146. 148. CD-ROM.

Text	Datierung	Kategorie	Publikationen
Papyrus London UC 32215 [Griffith lot. LXV.1; Illahun Papyrus]	MR: (späte) 12. Dyn.	Verwaltungsmitteilung	Griffith 1898: Tf. 37. Collier/Quirke 2002: 150. CD-ROM.
Papyrus London UC 32216 [Griffith lot. LXV.1; Illahun Papyrus]	MR: (späte) 12. Dyn.	Verwaltungsmitteilung (mit Stofflisten)	Griffith 1898: Tf. 37. Collier/Quirke 2002: 152. 154. CD-ROM.
Papyrus Kairo "El-Lahun" (Sammlung Michaelides) [Illahun-Papyrus]	MR: (späte) 12. Dyn.	Verwaltungsmitteilung	Grdseloff 1949: 59–62.
Papyrus New York MMA 27.3.560 [= pDeir el-Bahri 2]	NR: 18. Dyn., Hatschepsut/ Thutmosis III.	Verwaltungsmitteilung (Anweisungen)	Hayes 1957: Tf. 13, Abb. 2; Hayes 1959: 178, Abb. 99; MMA OD
Ostrakon New York MMA "pDeir el-Bahri 7"	NR: 18. Dyn., Hatschepsut/ Thutmosis III.	Verwaltungsmitteilung (Beschwerde über alten Arbeiter)	Hayes 1960: Tf. 10–10a, Abb. 7.
Papyrus London BM EA 10102	NR: 18. Dyn., Hatschepsut	offizieller Brief (mit Anweisungen; Verwaltungsangelegenheiten)	Glanville 1928: Tf. 31–32. 35.
Papyrus London BM EA 10103	NR: 18. Dyn., Hatschepsut	privater Brief (Nachfrage nach Gesundheit)	Glanville 1928: Tf. 32–33. 35.
Papyrus London BM EA 10104	NR: 18. Dyn., Hatschepsut	privater (?) Brief [Abschrift] (Einleitungsformel)	Glanville 1928: 311, Abb. 1. Tf. 34–35.
Papyrus London BM EA 10107	NR: 18. Dyn., Hatschepsut	Verwaltungsmitteilung (juristische Angelegenheit)	Glanville 1928: Tf. 33. 35.

Text	Datierung	Kategorie	Publikationen
Papyrus Paris Louvre E 3230a	NR: 18. Dyn., Hatschepsut	privater Brief	Maspero 1875: 105–107 + 2 unnummerierte Tafeln; Peet 1926: Tf. 17 [H].
Papyrus Paris Louvre E 3230b	NR: 18. Dyn., Hatschepsut	persönliche Mitteilung (Beschwerde)	Maspero 1875: 105–107 + 2 unnummerierte Tafeln; Peet 1926: Tf. 17 [H].
Papyrus Berlin P. 10463	NR: 18. Dyn., Amenophis II.	Verwaltungsmitteilung (mit Anweisungen)	Caminos 1963: Tf. 6–6a.
Ostrakon Kairo CG 25664/JE 96040/SR 01171)	NR: 18. Dyn.	private Mitteilung (Anweisung)	Černý 1935: 74*. Tf. 71.
Ostrakon Kairo CG 25667/JE 95600	NR: 18. Dyn.	Verwaltungsmitteilung (Anweisungen) fragmentarisch	Černý 1935: 74*. Tf. 71.
Papyrus Liverpool[983] „Robert Mond 1"	NR: 18. Dyn., amarnazeitlich	privater Brief	Peet 1930: Tf. 18–19, 22–25.
Papyrus Liverpool[984] „Robert Mond 2"	NR: 18. Dyn., amarnazeitlich	privater Brief	Peet 1930: Tf. 20–21, 26–29.
Ostrakon „Amarna 1"	NR: 18. Dyn., Echnaton	private Mitteilung (Anweisung)	Pendlebury 1951: Tf. 84.
Ostrakon „Amarna 2"	NR: 18. Dyn., Echnaton	private Mitteilung (Anweisung)	Pendlebury 1951: Tf. 84.
Ostrakon „Amarna 3"	NR: 18. Dyn., Echnaton	private Mitteilung (Anweisung)	Pendlebury 1951: Tf. 84.

983 Verbleib des Papyrus in Liverpool laut Bakir 1970: 5.
984 Verbleib des Papyrus in Liverpool laut Bakir 1970: 5.

Text	Datierung	Kategorie	Publikationen
Papyrus Kairo CG 58057	NR: 19. Dyn., Ramses I.–Sethos I.	privater Brief (geschäftliche Angelegenheit)	Möller 1910: Tf. 8; Allam 1973: Tf. 86; Kitchen 1975: 238 [H].
Papyrus Kairo CG 58058/JE 95696/SR 625 [= pBoulaq 16]	NR: 19. Dyn., Ramses I.–Sethos I.	privater Brief (Anweisungen)	Bakir 1970: Tf. 6. Tf. VIII; Kitchen 1980: 156 [H]; Allam 1985: Tf. 3–4.
Papyrus Alnwick/Durham[985] „Northumberland I"	NR: 19. Dyn., Ramses I.–Sethos I.	privater Brief (Fragen nach Wohlergehen; Anweisungen)	Barns 1948: 36–37. Tf 9–10; Kitchen 1975: 239–240 [H].
Papyrus Kairo CG 58053/JE 32747	NR: 19. Dyn., Sethos I.	offizieller Brief (militärische Anweisungen)	Bakir 1970: Tf. 1. Tf. I–II; Kitchen 1975: 322 [H]; Allam 1987: Tf. 1–2.
Papyrus Kairo CG 58054/JE 32748	NR: 19. Dyn., Sethos I.	Verwaltungsmitteilung (Anweisungen; Nachfragen)	Bakir 1970: Tf. 2–3. Tf. III–IV; Kitchen 1975: 323–324 [H]; Allam 1987: Tf. 3–4.
Papyrus Kairo CG 58055/JE 32881	NR: 19. Dyn., Sethos I.	offizielle Mitteilung (Anweisungen)	Bakir 1970: Tf. 3–4. Tf. V–VI; Kitchen 1975: 324–325 [H]; Allam 1987: Tf. 5.
Ostrakon London BM EA 66300 [= Ostrakon Osireion 2]	NR: 19. Dyn., Sethos I.	private Mitteilung (Anweisung)	Gunn 1933: Tf. 90. 92; Kitchen 1975: 128 [H]; Demarée 2002: Tf. 203; BM OD

---

985 Die ägyptische Sammlung des vierten Herzogs von Northumberland wurde 1947 „*vollständig*" von der Durham Universität erworben: https://www.dur.ac.uk/oriental.museum/collections/egypt/ (Zugriff 27.05.2014); laut TLA befindet sich der Papyrus jedoch im Schloss der Familie Northumberland, Alnwick Castle.

Text	Datierung	Kategorie	Publikationen
Papyrus St. Petersburg 1117 [= pErmitage 1117]	NR: 19. Dyn., Ramses II.	privater Brief (Nachfrage nach Wohlergehen)	Bakir 1970: Tf. 19–20. Tf XXXVI; Kitchen 1980: 489–490.
Ostrakon Oxford oAshmolean 0086 [= oGardiner 86]	NR: 19. Dyn., Ramses II.	offizieller Brief (Bericht)	Černý/Gardiner 1957: Tf. 81–82; Kitchen 1980: 138–140 [H].
Ostrakon Oxford oAshmolean 0362 [= oGardiner 362]	NR: 19. Dyn., Ramses II.	offizieller Brief (Bericht)	Černý/Gardiner 1957: Tf. 107; Kitchen 1980: 637–639 [H].
Papyrus London BM EA 10248 [= pAnastasi 8+9]	NR: 19. Dyn., Ramses II.	offizielle Briefe [Abschriften] (Anweisungen; Nachfragen; Berichte)	Birch/Hawkins 1844(1982): Tf. 140–143; Bakir 1970: Tf. 28–35. Tf. XXXVIII; Kitchen 1980: 499–508 [H].
Papyrus Leiden I.349	NR: 19. Dyn., Ramses II.	offizieller Brief (Bericht)	Bakir 1970: Tf. 17–18. Tf. XXIII–XXIV; Kitchen 1980: 250–251 [H].
Papyrus Turin 1977	NR: 19. Dyn.	privater Brief	Möller 1910: 7–8; Bakir 1970: Tf. 26–27. Tf. XXXIII.
Papyrus Bologna B 3161 [= pBologna 1086]	NR: 19. Dyn., Merenptah–Sethos II.	offizieller Brief (Bericht)	Möller 1910: Tf. 9–11; Kitchen 1982: 78–81 [H].
Ostrakon London BM EA 5627	NR: 19. Dyn.	offizieller Brief (Verwaltungs-angelegenheiten)	Černý/Gardiner 1957: Tf. 90; BM OD

Text	Datierung	Kategorie	Publikationen
Ostrakon Alexandria „Ostrakon Michaelides 85"	NR: 19. Dyn.	offizieller Brief (Bericht)	Goedicke/Wente 1962: Tf. 93.
Papyrus Paris Louvre E 11006/ pLouvre 1050 [= pMallet III-VI bzw. Anastasi 1050]	NR: 20. Dyn., Ramses IV.[986]	offizieller Brief (Anweisungen)	Bakir 1970: Tf. 21–23. Tf. XXVII–XXX; Kitchen 1983b: 65–68 [H].
Papyrus Paris Louvre E 27151	NR: 20. Dyn., Ramses III.–V.[987]	offizieller Brief (Verwaltungs-angelegenheit)	Posener-Kriéger 1978: Tf. 14–14A.
Papyrus London BM EA 75015 [= pBankes I]	NR: (späte) 20. Dyn.	offizieller Brief (juristische Angelegenheit)	Edwards 1982: 128–129, Abb. 1–2 [H]; BM OD
Papyrus Valençay 2	NR: 20. Dyn., Ramses IX.	offizieller Brief (Antwort auf Anweisungen)	Gardiner 1951: 132–133.
Papyrus Valençay 1	NR: 20. Dyn., Ramses IX.[988]	offizieller Brief (Beschwerde wg. zu hoher Steuer-forderung)	Gardiner 1951: 129–131.
Papyrus Berlin P. 10487 [= LRL 21]	NR: 20. Dyn., Ramses XI.	offizieller Brief (u. a. Anweisung bez. zweier Medjay)	Černý 1939: 36–37 [H]; Janssen 1991: Tf. 50.
Papyrus Berlin P. 10488 [= LRL 34]	NR: 20. Dyn., Ramses XI.	Verwaltungs-mitteilung (Bericht über Aussage zweier Medjay)	Černý 1939: 53–54 [H]; Janssen 1991: Tf. 51.
Papyrus Berlin P. 10489 [= LRL 35]	NR: 20. Dyn., Ramses XI.	offizieller Brief (u. a. Bericht über Unterredung mit zwei Medjay)	Černý 1939: 54–55 [H]; Janssen 1991: Tf. 52.

---

986 Jahr 3–4 nach Peden 1994: 72–73.
987 Posener-Kriéger (1978: 85) datiert den Brief paläographisch an das Ende bzw. kurz nach dem Ende der Regierungszeit Ramses' III.
988 Gardiner (1951: 9) datiert den Papyrus unter Ramses XI.

Text	Datierung	Kategorie	Publikationen
Papyrus Berlin P. 10494 [= LRL 12]	NR: 20. Dyn., Ramses XI.	offizieller Brief (Anweisungen)	Černý 1939: 23–24 [H]; Janssen 1991: Tf. 54.
Papyrus Cairo CG 58061/JE 95580 [= LRL 41]	NR: 20. Dyn., (vermutl. Ramses XI.)[989]	privater Brief (Anweisung bez. Hörensagen)	Černý 1939: 62 [H]; Janssen 1991: Tf. 56.
Papyrus Genf MAH D187 [= LRL 26]	NR: 20. Dyn., Ramses XI.	offizieller Brief (Anweisungen)	Černý 1939: 41–42 [H]; Janssen 1991: Tf. 57–58; MAH OD
Papyrus Genf MAH D192 [= LRL 17]	NR: 20. Dyn., Ramses XI.	privater Brief (Bericht über Wohlergehen)	Černý 1939: 33–34 [H]; Janssen 1991: Tf. 61–62; MAH OD
Papyrus Genf MAH D407 [= LRL 8]	NR: 20. Dyn., Ramses XI.	privater Brief (mit Empfangsbestätigung über Speere; Erkundigung nach Wohlergehen und Personen)	Černý 1939: 13–17 [H]; Janssen 1991: Tf. 63–64; MAH OD
Papyrus Leiden AMS 38a [= pLeiden I, 369] [= LRL 1]	NR: 20. Dyn., Ramses XI.	privater (?) Brief (u. a. Frage nach Wohlergehen; Beschwerde über zu wenig Antworten)	Černý 1939: 1–2 [H]; Janssen 1991: Tf. 65; RMO OD
Papyrus Leiden AMS 38b [= pLeiden I, 370] [= LRL 5]	NR: 20. Dyn., Ramses XI.	offizieller Brief (Verwaltungsangelegenheiten; Anweisungen)	Černý 1939: 9–11 [H]; Janssen 1991: Tf. 66-67; RMO OD
Papyrus London BM EA 10100 [= LRL 30]	NR: 20. Dyn., Ramses XI.	offizieller Brief (Anweisungen; Bestätigung des Vorgehens)	Černý 1939: 50–51 [H]; Janssen 1991: Tf. 31–32; BM OD

---

989 Zur Datierung dieses Papyrus (eine Generation nach Butehamun) vgl. Janssen 1991: 34, Anm. 4.

Text	Datierung	Kategorie	Publikationen
Papyrus London BM EA 10284 [= LRL 29]	NR: 20. Dyn., Ramses XI.	privater Brief (Bestätigung des Vorgehens)	Černý 1939: 48-49 [H]; Janssen 1991: Tf. 33–34; BM OD
Papyrus London BM EA 10300 [= LRL 23]	NR: 20. Dyn.,[990] Ramses XI.	privater Brief (Wunsch nach Wohlergehen)	Černý 1939: 37–39 [H]; Janssen 1991: Tf. 35–36; BM OD
Papyrus London BM EA 10326 [= LRL 9]	NR: 20. Dyn., Ramses XI.	privater Brief (Bericht über Wohlergehen; private Angelegenheiten)	Černý 1939: 17–21 [H]; Janssen 1991: Tf. 37–38; BM OD
Papyrus London BM EA 10375 [= LRL 28]	NR: 20. Dyn., Ramses XI.	offizieller Brief (Bericht)	Černý 1939: 44–48 [H]; Janssen 1991: Tf. 39–40; BM OD
Papyrus London BM EA 10412 [= LRL 36]	NR: 20. Dyn., Ramses XI.	privater Brief (Bestätigung von Anweisungen; landwirtschaftliche Angelegenheiten)	Černý 1939: 55–56 [H]; Janssen 1991: Tf. 41–42.
Papyrus London BM EA 10417 [= LRL 14]	NR: 20. Dyn., Ramses XI.	privater Brief (Bericht über Wohlergehen auf Nachfrage)	Černý 1939: 27–28 [H]; Janssen 1991: Tf. 43–44; BM OD
Papyrus London BM EA 10430 [= LRL 42]	NR: 20. Dyn., Ramses XI.	privater Brief (u. a. Bericht über landwirtschafliche Angelegenheiten; Schlachtung)	Černý 1939: 62–63 [H]; Janssen 1991: Tf. 45.
Papyrus London BM EA 10433 [= LRL 27A]	NR: 20. Dyn., Ramses XI.	privater Brief (Fragment; Anweisungen?)	Černý 1939: 43 [H]; Janssen 1991: Tf. 46.

---

[990] Laut Homepage des BM datiert der Papyrus in die 21. Dynastie, s. http://tinyurl.com/nvdw54w (Zugriff 27.05.2014).

Text	Datierung	Kategorie	Publikationen
Papyrus Los Angeles Getty Museum 83.Al.46 no.1 [991] [= pPhillipps] [= LRL 15]	NR: 20. Dyn., Ramses XI.	privater Brief (Ratschlag zur eigenen Sicherheit)	Černý 1939: 28–30 [H]; Janssen 1991: Tf. 90–91.
Papyrus Oxford pAshmolean 1945.93 [= pGriffith] [= LRL 6]	NR: 20. Dyn., Ramses XI.	privater Brief (Bericht über Wohlergehen)	Černý 1939: 12 [H]; Janssen 1991: Tf. 48–49.
Papyrus Paris BN 196,1 [= LRL 19]	NR: 20. Dyn., Ramses XI.	Verwaltungs-mitteilung (Anweisungen; Nachfrage)	Černý 1939: 35 [H]; Janssen 1991: Tf. 68–69.
Papyrus Paris BN 196,2 [= LRL 10]	NR: 20. Dyn., Ramses XI.	privater Brief (u. a. Erkundigung nach Wohlergehen; Nachfrage bez. Speere)	Černý 1939: 21–22 [H]; Janssen 1991: Tf. 70–71.
Papyrus Paris BN 196,3 [= LRL 31]	NR: 20. Dyn., Ramses XI.	privater Brief (u. a. Anweisungen bez. Speere)	Černý 1939: 51–52 [H]; Janssen 1991: Tf. 72–73.
Papyrus Paris BN 196,4 [= LRL 25]	NR: 20. Dyn., Ramses XI.	privater Brief (Fragment; Anweisungen)	Černý 1939: 40–41 [H]; Janssen 1991: Tf. 74.
Papyrus Paris BN 197,2 [= LRL 11]	NR: 20. Dyn., Ramses XI.	privater Brief (Bericht über Wohl-ergehen; Anweisung)	Černý 1939: 22–23 [H]; Janssen 1991: Tf. 75.
Papyrus Paris BN 197,3 [= LRL 18]	NR: 20. Dyn., Ramses XI.	offizieller Brief (Bestätigung des Vorgehens)	Černý 1939: 34 [H]; Janssen 1991: Tf. 76.
Papyrus Paris BN 197,4 [= LRL 7]	NR: 20. Dyn., Ramses XI.	privater Brief (Erkundigung nach Wohlergehen)	Černý 1939: 13 [H]; Janssen 1991: Tf. 77.
Papyrus Paris BN 197,5 [= LRL 20]	NR: 20. Dyn., Ramses XI.	Verwaltungs-mitteilung (Anweisungen)	Černý 1939: 35–36 [H].

---

991 Laut Jansen 1991: Tf. 90–91.

Text	Datierung	Kategorie	Publikationen
Papyrus Paris BN 197,6 [= LRL 43]	NR: 20. Dyn., Ramses XI.	privater Brief (u. a. Erkundigung nach Wohlergehen; Erwähnung bereits gesandter Briefe)	Černý 1939: 64 [H]; Janssen 1991: Tf. 79.
Papyrus Paris BN 198,1 [= LRL 45]	NR: 20. Dyn., Ramses XI.	offizieller Brief (Bericht über Personal)	Černý 1939: 65–67 [H]; Janssen 1991: Tf. 80–81.
Papyrus Paris BN 198,2 [= LRL 46]	NR: 20. Dyn., Ramses XI.	privater Brief (Diskussion um Hörensagen eines Scherzes/Beschwerde)	Černý 1939: 67–68 [H]; Janssen 1991: Tf. 82–83.
Papyrus Paris BN 198,3 [= LRL 47]	NR: 20. Dyn., Ramses XI.	privater Brief (Anweisungen und Beschwerde)	Černý 1939: 68–70 [H]; Janssen 1991: Tf. 84–85.
Papyrus Paris BN 199,1 [= LRL 32]	NR: 20. Dyn., Ramses XI.	Verwaltungsmitteilung (Anweisung zur Einzäunung eines Bereiches)	Černý 1939: 53 [H]; Janssen 1991: Tf. 86.
Papyrus Paris BN 199,2 [= LRL 33]	NR: 20. Dyn., Ramses XI.	privater Brief (Verwaltungsangelegenheiten, Namensliste)	Černý 1939: 53 [H]; Janssen 1991: Tf. 86.
Papyrus Paris BN 199,3 [= LRL 48]	NR: 20. Dyn., Ramses XI.	privater Brief (Anweisung zur Kommunikation mit dem Wesir)	Černý 1939: 70 [H]; Janssen 1991: Tf. 87.
Papyrus Paris BN 199,4 [= LRL 49]	NR: 20. Dyn., Ramses XI.	privater Brief (Fragment; u. a. Tochter einer Dienerin)	Černý 1939: 71 [H]; Janssen 1991: Tf. 87.
Papyrus Paris BN 199,5–9+196,5+198,4 [= LRL 3]	NR: 20. Dyn., Ramses XI.	privater Brief (persönliche Erledigungen; Erkundigungen nach Wohlergehen)	Černý 1939: 5–7 [H]; Janssen 1991: Tf. 88–89.

Text	Datierung	Kategorie	Publikationen
Papyrus Turin 1971 [= LRL 16]	NR: 20. Dyn., Ramses XI.	privater Brief (Bestätigung eines Auftrags; Erkundigung nach Speeren)	Černý 1939: 31–33 [H]; Janssen 1991: Tf. 92–93.
Papyrus Turin 1972 [= LRL 4]	NR: 20. Dyn., Ramses XI.	privater Brief (u. a. Bericht über Reise)	Černý 1939: 7–8 [H]; Janssen 1991: Tf. 94.
Papyrus Turin 1973 [= LRL 2]	NR: 20. Dyn., Ramses XI.	privater Brief (Erkundigung nach Wohlergehen)	Černý 1939: 2–5 [H]; Janssen 1991: Tf. 95–96.
Papyrus Turin 1974 + 1945 [= LRL 24]	NR: 20. Dyn., Ramses XI.	privater Brief (Erkundigungen nach Wohlergehen; Bericht über eigenes Befinden)	Černý 1939: 39–40 [H]; Janssen 1991: Tf. 97–98.
Papyrus Turin 1975 [= LRL 22]	NR: 20. Dyn., Ramses XI.	Verwaltungsmitteilung (Bestätigung eines Orakels)	Černý 1939: 37 [H]; Janssen 1991: Tf. 99.
Papyrus Turin 1979 [= LRL 27]	NR: 20. Dyn., Ramses XI.	privater Brief (Anweisungen bez. des Priesters des Sobek)	Černý 1939: 42–43 [H]; Janssen 1991: Tf. 100.
Papyrus Turin 2021 vso. [= LRL 40]	NR: 20. Dyn., Ramses XI.	privater Brief (Fragment; Einleitungsformel)	Černý 1939: 61–62 [H]; Kitchen 1983: 742 [H]; Janssen 1991: Tf. 102.
Papyrus Turin 2026 [= LRL 50]	NR: 20. Dyn., Ramses XI.	privater Brief (u. a. Erkundigung nach Wohlergehen; Abwicklung von Angelegenheiten bez. Speeren)	Černý 1939: 71–74 [H]; Janssen 1991: Tf. 103–104.
Papyrus Turin 2069 [= LRL 39]	NR: 20. Dyn., Ramses XI.	privater Brief (u. a. Anweisungen bez. Rationen)	Černý 1939: 61 [H]; Janssen 1991: Tf. 105.

Text	Datierung	Kategorie	Publikationen
Papyrus Turin CGT 54101 [= LRL 38]	NR: 20. Dyn., Ramses XI.	privater Brief	Černý 1939: 60–61 [H]; Janssen 1991: Tf. 108–109.

Briefe vom und an den Wesir

Text	Datierung	Kategorie	Publikationen
Papyrus Kairo JE 49623	AR: 6. Dyn., Merenre, Neferkare	Mitteilung an den Wesir (Beschwerde eines Truppenführers)	Gunn 1925: Tf. 1–1a; Gardiner 1927: 75 [H].
Papyrus Boston MFA E 38.2064, Abschnitt D [= pReisner II, section D]	MR: 12. Dyn., Sesostris I.	Brief des Wesirs (Anweisungen)	Simpson 1965: Tf. 7–7a.
Papyrus Boston MFA E 38.2064, Abschnitt E [= pReisner II, section E]	MR: 12. Dyn., Sesostris I.	Brief des Wesirs (Anweisungen)	Simpson 1965: Tf. 8–8a.
Papyrus Boston MFA E 38.2064, Abschnitt G [= pReisner II, section G]	MR: 12. Dyn., Sesostris I.	Brief des Wesirs (Anweisungen)	Simpson 1965: Tf. 10–10a.
Ostrakon Oxford oAshmolean 0013 [= oGardiner 13]	NR: 19. Dyn., Ramses II.	Verwaltungsmitteilung [Abschrift/Entwurf] an den Wesir	Černý/Gardiner 1957: 9. Tf. 30–30a; Kitchen 1980: 29–30 [H].
Ostrakon Toronto ROM A11	NR: 19. Dyn., Ramses II.	4 Briefe [Abschrift/Entwurf] an zwei Wesire (Verwaltungsangelegenheiten, Bericht)	Gardiner 1913: 16 b–o; Kitchen 1980: 31–44 [H].
Ostrakon Oxford oAshmolean 0071 [= oGardiner 71]	NR: 19. Dyn., Ramses II.	Verwaltungsmitteilung an den Wesir (Bericht)	Černý/Gardiner 1957: Tf. 54; Kitchen 1980: 30–31 [H].
Ostrakon Kairo CG 25832/JE 96268; SR 01433 [= oCarnarvon 300 I+Y+Z]	NR: 19. Dyn., Ramses II.	Brief an den Wesir (Verwaltungsangelegenheiten)	Černý 1935: 120*, Tf. 120–121; Kitchen 1980: 44–45.

Text	Datierung	Kategorie	Publikationen
Ostrakon Kairo IFAO 0037 [= oDeM 114]	NR: 19. Dyn., Ramses II.	Brief des Wesirs (Anweisungen)	Černý 1937: 1. Tf. 1–1a; Kitchen 1980: 45–46 [H].
Ostrakon Alexandria „Michaelides 66", rto.	19. Dyn., Merenptah–Sethos II.	Brief des Wesirs (Anweisungen)	Goedicke/Wente 1962: Tf. 43; Kitchen 1980: 178 [H].
Ostrakon Kairo CG 25831/JE 96267/SR 01432 [= oCarnarvon 411]	NR: (späte) 19. Dyn.–(frühe) 20. Dyn.	Brief an den Wesir (Bericht)	Černý 1935: 119*; Tf. 119; Kitchen 1982: 361 [H].
Ostrakon London BM EA 65933 [= oNash 11]	NR: 19.–20. Dyn.	Verwaltungs-mitteilung an den Wesir (Bericht)	Černý/Gardiner 1957: Tf. 72. 115; Kitchen 1983a: 583–584; Demarée 2002: Tf. 179–180; BM OD
Ostrakon Chicago (IL) OIM 16991	NR: 20. Dyn., Ramses III.	Brief an den Wesir (Bestellung, Bericht)	Wente 1961: Tf. 7–8; Kitchen 1983a: 559–560 [H].
Ostrakon London BM EA 50734 + Ostrakon London BM EA 50742 + Ostrakon Oxford Ashmolean 0099 [= oGardiner 99] + Ostrakon Kairo CG 25673/JE 96019/SR 1149	NR: 20. Dyn., Ramses III. oder später	Brief an den Wesir (Beschwerde)	Černý/Gardiner 1957, Tf. 67; Kitchen 1983a: 563–564 [H]; Demaree 2002: Tf. 133–134.
Ostrakon Oxford Ashmolean 0059 [= oGardiner 59]	NR: 20. Dyn., vermutl. Ramses IV.	Brief an den Wesir (Bericht)	Černý/Gardiner 1957: Tf. 58; Kitchen 1983b: 79 [H].
Papyrus Deir el-Medine DeM 28	NR: 20. Dyn., Ramses IV–IX	Brief des Wesirs (Anweisungen)	Černý 1986: Tf. 18–19a.

Text	Datierung	Kategorie	Publikationen
Papyrus Deir el-Medine DeM 13 rto.[992]	NR: 20. Dyn. (vermutl. Ramses IX.)	Brief an den Wesir (Bericht)	Černý 1978: Tf. 29–29a; Kitchen 1983b: 524 [H].
Papyrus Paris Louvre N 3169	NR: 20. Dyn., (vermutl. Ramses XI.)	Mitteilung des Wesirs (Anweisungen)	Maspero 1875: 110–113 + unnummerierte Tafel; Kitchen 1983b: 523 [H].

Briefe vom und an den König bzw. aus dem königlichen Umfeld

Text	Datierung	Kategorie[993]	Publikationen
Mastaba Saqqara LS16[S209], Inschriften Raschepses	AR: 5. Dyn., Djedkare-Asosi	Brief des Königs an den Wesir [Abschrift]	Sethe 1933: 179–180; Eichler 1991: 150.
Mastaba Giza G2370, Inschriften Senedjemib	AR: 5. Dyn., Djedkare-Asosi	1. Brief des Königs an den Wesir [Abschrift]	Sethe, 1933: 62–63; Eichler 1991: 143; Brovarski 2000: 92, Abb. 1. Tf. 61–63b.
Mastaba Giza G2370, Inschriften Senedjemib	AR: 5. Dyn., Djedkare-Asosi	2. Brief des Königs an den Wesir [Abschrift]	Sethe 1933: 62–63; Eichler 1991: 146; Brovarski 2000: 96, Abb. 2. Tf. 65–66.
Grab Qubbet el-Hawa A 8/QH 34n [= Grab Assuan 34n], Inschriften Herchuf	AR: 6. Dyn., Pepi II.	Brief des Königs an Gaufürsten/Wesir [Abschrift]	Sethe 1933: 128–131; Eichler 1991: 153; Edel 2008a: Abb. 8; Edel 2008b: Tf. 28.
Inschrift Koptos Dekret M, Tempelwand Min-Tempel Koptos	1. Zw.Zt.: 8. Dyn., Neferkauhor	Offizieller Brief des Königs	Sethe 1933: 300–301; Goedicke 1967: 187.

---

992 Das Dokument wird in einigen anderen Publikationen als „pDeM 14 verso" bezeichnet, vgl. Deir el-Medina online: http://www.leidenuniv.nl/nino/dmd/dmd.html (Zugriff 27.05.2014).

993 Zu Kategorien von ‚Briefen' des Königs, insbesondere den Begriffen Dekret/Erlass s. Fußnote 345.

Text	Datierung	Kategorie[993]	Publikationen
Stele Berlin ÄM 1204	MR: 12. Dyn., Sesostris III.	Brief des Königs (Anweisungen)	Sethe 1924: 70–71. Simpson 1974: Tf. 1.
Papyrus Brooklyn 35.1446 (Fragmente B + C)	2. Zw.Zt. : 13. Dyn.[994]	Zwei Briefe des Königs (Anweisungen)	Hayes 1955: Tf. 5; Helck ²1983: 11; BM OD
Stele Kairo JE 30770	2. Zw.Zt: 17. Dyn.,[995] Nebcheper-Re Intef	Offizieller Brief des Königs	Sethe 1924: 98; Helck ²1983: 73–74.
Tafel Kairo JE 41790 [= Carnarvon Tablet 1]	2. Zw.Zt.–NR: 15./17.–18. Dyn. (Apophis/Kamose)	Kein Brief; Bericht des Königs	Carnarvon/Carter 1912: Tf. 28; Helck ²1983: 82–91 [H].
Stele Luxor J.43 [= zweite Kamose-Stele]	2. Zw.Zt.–NR: 15./17.–18. Dyn. (Apophis/Kamose)	enthält Brief des Königs Apophis [Zeilen 20–24]; umgebender Text: Bericht des Königs	Habachi 1972: Tf. 7; Helck ²1983: 91–97 [H].
Stele Kairo CG 34006	NR: 18. Dyn., Thutmosis I.	Offizieller Brief des Königs	Sethe 1906: 79–81; Lacau 1926: 11–13, Tf. 5.
Stele Boston MFA 25.632 [= Semna Stele (37)]	NR: 18. Dyn., Amenophis II.	Offizieller Brief des Königs	Helck 1955: 17–18.
Papyrus London UC 32782 und 32783 [= pGurob I.1 und I.2]	NR: 18. Dyn., Amenophis IV. (später: Echnaton)	Brief an den König (Bericht)	Griffith 1898: Tf. 38; Sandman 1938: 147–148.
Ostrakon Kairo CG 25676/JE 43938	NR: 19. Dyn., Ramses II.	Brief an den König	Černý 1935: 76*, Tf. 74.

---

994 Nach Quirke 1990: 127–154.
995 Nach Polz/Seiler 2003.

Text	Datierung	Kategorie[993]	Publikationen
Stele Grenoble Ur. 1 + Ur. 33 [= Kubân Stele], Zeilen 31-36	NR: 19. Dyn., Ramses II.	Brief des Vizekönigs von Kush an den König (Überschwemmungsbericht)	Tresson 1922: Tf. 3; Kitchen 1979: 359; MG OD
Ostrakon Berlin P 12337	NR: 19. Dyn., Ramses II.	Brief an den König (Verwaltungsmitteilung mit Liste)	Möller/Gardiner 1911: Tf. 31–31a; Kitchen 1980: 145–46 [H].
Papyrus Leiden AMS 25c [= pLeiden I, 368]	NR: 19. Dyn., Ramses II.	Verwaltungsmitteilung an den Prinzen Chaemwese (Bitte um Anweisungen)	Janssen 1960: 39. Tf. 14; Bakir, Tf. 16–17. Tf XXII; Kitchen 1979: 894 [H]; RMO OD
Papyrus Leiden I, 367	NR: 19. Dyn., Ramses II.	Brief an den Prinzen Ramses-Maat-Ptah (Bitte um Rückmeldung)	Janssen 1960: 38–39. Tf 13; Bakir 1970: Tf. 15–16. Tf. XXII; Kitchen 1968: 911 [H].
Papyrus Leiden I, 366	NR: 19. Dyn., Ramses II.	Brief an die Sängerin des Amun "Rennut" (Tochter Ramses II.)	Janssen 1960: 37–38. Tf. 11–12; Bakir 1970: Tf. 14–15; Tf. XIX–XX; Kitchen 1979: 910–911 [H].
Papyrus Leiden AMS 24 a-2 [= pLeiden I, 365]	NR: 19. Dyn., Ramses II.	privater Brief von Mitgliedern des königl. Haushalts untereinander (Antwort auf Fragen nach Wohlergehen)	Janssen 1960: 37. Tf. 9–10; Bakir 1970: Tf. 12–13. Tf. XVII–XVIII; Kitchen 1980: 232–233 [H]; RMO OD
Papyrus Leiden I, 364	NR: 19. Dyn., Ramses II.	privater Brief von Mitgliedern des königl. Haushalts untereinander (Fragen nach Wohlergehen)	Janssen 1960: 36–37. Tf. 7–8; Bakir 1970: Tf. 11–12; Tf. XVI; Kitchen 1980: 231–232 [H].

Text	Datierung	Kategorie[993]	Publikationen
Papyrus Leiden I, 362	NR: 19. Dyn., Ramses II.	private Mitteilung von Mitgliedern des königl. Haushalts untereinander	Janssen 1960: 35–36. Tf. 5; Bakir 1970: Tf. 10–11. Tf XIV; Kitchen 1979: 926–927.
Papyrus Leiden I, 360	NR: 19. Dyn., Ramses II.	privater Brief von Mitgliedern des königl. Haushalts untereinander (Fragen nach Wohlergehen)	Möller 1910: 12–13; Janssen 1960: 35. Tf. 3–4; Bakir 1970: Tf. 9. Tf. XII; Kitchen 1980: 230 [H].
Papyrus Leiden I, 363	NR: 19. Dyn., Ramses II.	private Mitteilung von Mitgliedern des königl. Haushalts untereinander	Möller 1910: 11; Janssen 1960: 36. Tf. 6; Bakir 1970: Tf. 11. Tf. XV; Kitchen 1980: 231 [H].
Papyrus Leiden I, 361	NR: 19. Dyn., Ramses II.	private Mitteilung von Mitgliedern des königl. Haushalts untereinander	Janssen 1960: 35. Tf. 4; Bakir 1970: Tf. 10. Tf. XIII; Kitchen 1980: 233–234 [H].
Papyrus London BM EA 10243 [= pAnastasi II], 5,6–6,4	NR: 19. Dyn., Merenptah	Modellbrief mit Königseulogie	Gardiner 1937: 15–16 [H]; BM OD
Papyrus London BM EA 10243 [= pAnastasi IV], 10,8–11,8	NR: 19. Dyn., Sethos II.	Brief des Königs	Gardiner 1937: 46–47 [H]; BM OD
Ostrakon Kairo JE 72467/SR 01482 [= KVO 06]	NR: 19. Dyn., Sethos II.	Verwaltungsmitteilung [Entwurf] an den König	Daressy 1927: 174; Kitchen 1982: 339 [H].
Papyrus Kairo ESP A–E [= pCairo A–E]	NR: 20. Dyn., Ramses IX.	Briefsammlung A: privater Brief (fragmentarisch) B: offizieller Brief des Königs C: Verwaltungs-	Helck 1967: 146–151 [H]; Kitchen 1982: 518–522 [H].

Text	Datierung	Kategorie	Publikationen
		mitteilung des Hohepriesters des Amun D: Verwaltungsmitteilung des Hohepriesters des Amun E: Verwaltungsmitteilung an den Schreiber und Chefarzt des Amuntempels (Bestellung)	
Papyrus Turin Museo Egizio 1896	NR: 20. Dyn., Ramses XI.	offizieller Brief des Königs an den Vizekönig von Kush	Möller 1910: 6–7; Bakir 1970: Tf. 24–25. Tf. XXXI; Kitchen 1983b: 734–735 [H].

Briefe an Tote

Text	Datierung	Kategorie	Publikationen
Leinentuch Kairo, CG 25975 [= Cairo Linen]	AR: 6. Dyn.	Brief an Tote	Gardiner/Sethe 1928: Tf. 1–1a.
Gefäß Berlin P 22573 [= Berlin Bowl]	1. Zw.Zt.	Brief an Tote	Gardiner/Sethe 1928: Tf. 5–5a.
Gefäß Chicago (IL) OIM 13945	1. Zw.Zt.	Brief an Tote	Gardiner/Sethe 1928: Tf. 10, Abb. 1–3.
Papyrus Boston MFA 04.2059	1. Zw.Zt.	Brief an Tote (?)	Simpson 1999: 392.
Papyrus Boston MFA 9764 [= pNaga ed Deir 3500]	1. Zw.Zt.	Brief an Tote	Simpson 1970: Tf. 46.
Papyrus Boston MFA E 38.2121 [= pNaga ed-Deir 3737]	1. Zw.Zt.	Brief an Tote	Simpson 1966: Tf. 9–9a.

Gefäß London UC 16163 [= Qaw Bowl]	1. Zw.Zt. (6.–11. Dyn. nach Bommas 1999: 59.)	Brief an Tote	Gardiner/Sethe 1928: Tf. 2–2a; Farout 2004: 46. 49–50; UCL OD UCL Website: http://www.ucl.ac.uk/museums-static/digitalegypt/qau/archive/uc16163.jpg (Zugriff Mai 2015).
Gefäß London UC 16244 [= Hu Bowl]	1. Zw.Zt. (späte 11. Dyn. nach Bommas 1999: 59.)	Brief an Tote	Gardiner/Sethe 1928: Tf. 4–4a; UCL OD UCL Website: http://www.ucl.ac.uk/museums-static/digitalegypt/hu/archive/uc16244.jpg (Zugriff: Mai 2015).

Anhang II – Chronologie des Alten Ägypten

Gekürzte Übersicht nach SCHNEIDER (2002: 313–324); die deutschen Schreibungen der Königsnamen wurden den in der vorliegenden Arbeit verwendeten angepasst.

Frühzeit und Thinitenzeit: um 3150–2740 v. Chr.
Altes Reich (Dyn. 3–6): um 2740–2180 v. Chr.
    5. Dynastie (2500–2350 v. Chr.)
    Userkaf   um 2500–2490
    Sahure   um 2490–2475
    Neferirkare   um 2475–2465
    Schepseskare   um 2465–2460
    Neferefre   um 2460–2455
    Niuserre   um 2455–2420
    Menkauhor   um 2420–2410
    Djedkare-Isesi   um 2410–2380
    Unas   um 2380–2350
    6. Dynastie (2318/2348–2168/2198 v. Chr.)
    Teti   um 2318–2300
    Userkare   um 2300
    Pepi I.   um 2295–2250
    Antiemsaf I.   um 2250–2245
    Pepi II.   um 2245–2180
    Antiemsaf II.   um 2180
    Nitokris   um 2180
    (bzw. die obigen Daten mit 30 Jahre höherem Ansatz)
1. Zwischenzeit (Dyn. [7][996]8–11) (2168/2198–1938 v. Chr.)
Mittleres Reich[997] **(Dyn. 12)**: 1938–1759 v. Chr.
    12. Dynastie[998] (1938–1759 v. Chr.)
    Amenemhet I.   1939/8–1909
    Sesostris I.   1919–1875/4
    Amenemhet II.   1877/6–1843/2
    Sesostris II.   1845/4–1837
    Sesostris III.   1837–1818
    Amenemhet III.   1818/7–1773/2
    Amenemhet IV.   1773–1764/3
    Neferusobek   1763–1759

---

996 Die ursprünglich angenommene 7. Dynastie existiert laut Schneider nicht.
997 Ab Reichseinigung durch Mentuhotep II.
998 Sollte sich für Sesostris III. ein »Jahr 39« bestätigen, müssen die Daten der vorhergehenden Herrscher laut Schneider um je 20 Jahre angehoben werden.

2. Zwischenzeit (Dyn. 13-17): 1759–1539/30 v. Chr.
    13. Dynastie   (1759–1630 v. Chr.)
    15. Dynastie   (1630–1522 v. Chr.)
    Salitis/Scharek
    Bnon
    Apachnan/Chijaran-Chajran
    Iannas/Jinassi'
    Archles/ Sikruhaddu
    Apophis
    Chalmudi
   16. Dynastie (Lokale Kleinkönige)
    17. Dynastie   (1625–1539 v. Chr.)
    Antef V.   1625–1622
    Rahotep   1622–1619
    Sebekemsaf I.   1619–1603
    Djehuti   1602
    Mentuhotep VI. 1601
    Nebiriut   1601–1582
    Bebanch/Seweserenre   1580–1572
    …   …
    Antef VII.   vor 1560
    Senachtenre   um 1560
    Seqenenre   bis um 1545
    Kamose   um 1545–1539/30

Neues Reich (Dyn. 18–20): 1539/0–1076/70? v. Chr.
    18. Dynastie   (1539/0–1292 v. Chr.)

	nach Helck	nach Krauss
Ahmose	1530–1504	1539–1514
Amenhotep I.	1504–1483	1514–1493
Thutmosis I.	1483–1470	1493–1482
Thutmosis II.	1470–1467	1482–1479
Hatschepsut	1467–1445	1479–1458
Thutmosis III.	1467–1413	1479–1426
Amenhotep II.	1413–1388	1426–1400
Thutmosis IV.	1388–1379	1400–1390
Amenhotep III.	1379–1340	1390–1353
Amenhotep IV./Echnaton	1340–1324	1353–1336
Meretaton		1336–1335
Semenchkare	1324–1319	1335–1332
Tutanchamun	1319–1309	1332–1323
Eje	1309–1305	1323–1319
Haremhab	1305–1292	1319–1292

19. Dynastie	(1292–1190 v. Chr.)
Ramses I.	1292–1290
Sethos I.	1290–1279
Ramses II.	1279–1213
Merenptah	1213–1204
Sethos II.	1204–1198
Amenmesse	1203–1200
Siptah	1198–1193
Tausret	1193–1190
20. Dynastie	(1190–um 1175 v. Chr.)
Sethnacht	1190–1187
Ramses III.	1187–1156
Ramses IV.	1156–1150
Ramses V.	1150–1145
Ramses VI.	1145–1137
Ramses VII.	1137–1129
Ramses VIII.	1128
Ramses IX.	1127–1109
Ramses X.	1109–1105
Ramses XI.	1105–1076/70?

3. Zwischenzeit und Spätzeit: 1069–332 v. Chr.
Griechisch-römische Zeit: 332 v. Chr.–4. Jh. n. Chr.

Index Originalbeispiele (Belegstellen)

(1) Papyrus Kairo JE 49623, Kol. 5 93
(2) Papyrus Kairo CG 58043/
  JE 15000 [=Papyrus Boulaq 8], Kol. 9 94
(3) Grab Qubbet el-Hawa A 8/
  QH 34n [= Grab Assuan 34n],
  Inschriften Herchuf, Kol. 5 94
(4) Papyrus Kairo JE 49623, Kol. 3 95
(5) Grab Qubbet el-Hawa A 8/
  QH 34n [= Grab Assuan 34n],
  Inschriften Herchuf, Kol. 4 95
(6) Mastaba Giza G2370, Inschriften
  Senedjemib, 1. Brief, Kol. 5–6 95
(7) Papyrus Kairo CG 58043/JE 15000
  [= Papyrus Boulaq 8], Kol. 7 .... 8, 96
(8) Papyrus Kairo JE 49623, Kol. 5 96
(9) Grab Qubbet el-Hawa A 8/QH 34n
  [= Grab Assuan 34n],
  Inschriften Herchuf, Kol. 3 102
(10) Grab Qubbet el-Hawa A 8/QH 34n
  [= Grab Assuan 34n],
  Inschriften Herchuf, Kol. 6–7 103
(11) Grab Qubbet el-Hawa A 8/QH 34n
  [= Grab Assuan 34n],
  Inschriften Herchuf, Kol. 15–16 103
(12) Grab Qubbet el-Hawa A 8/QH 34n
  [= Grab Assuan 34n],
  Inschriften Herchuf, Kol. 21 104
(13) Mastaba Giza G2370,
  Inschriften Senedjemib, 1. Brief, Kol. 3 . 104
(14) Papyrus Kairo CG 58043/JE 15000
  [= pBoulaq 8], Kol. 6–7......................... 104
(15) Mastaba Giza G2370,
  Inschriften Senedjemib, 2. Brief, Kol. 7 .. 105
(16) Mastaba Giza G4561,
  Inschriften des Kaemanch, Gang
  Westwand, 2. Register........................... 106
(17) Grab des Sauti, Nag Hammadi,
  Innenraum Ostwand, erstes Register,
  4. Szene... 106
(18) Grab des Sauti, Nag Hammadi,
  Innenraum Ostwand, drittes Register,
  2. Szene... 106
(19) Grab des Idu, Nag Hammadi,
  Innenraum Westwand,
  drittes Register...................................... 106
(20) Papyrus New York MMA 22.3.516
  [= pHekanacht I], Kol. 4 110
(21) Papyrus New York MMA 22.3.516
  [= pHekanacht I], Kol. 5–6.................... 110
(22) Papyrus New York MMA 22.3.516
  [= pHekanacht I], vso. Kol. 1 .... 8, 111
(23) Papyrus New York MMA 22.3.516
  [= pHekanacht I], vso. Kol. 3–4............. 112
(24) Papyrus New York MMA 22.3.517
  [= pHekanacht II], Kol. 35–36............... 113
(25) Papyrus New York MMA 22.3.518
  [= pHekanacht III], Kol. 4 113
(26) Papyrus New York MMA 22.3.516
  [= pHekanacht I], Kol. 4–5 114
(27) Papyrus New York MMA 22.3.516
  [= pHekanacht I], vso. Kol. 17............... 115
(28) Papyrus New York MMA 22.3.517
  [= pHekanacht II], Kol. 41 115
(29) Papyrus New York MMA 22.3.516
  [= pHekanacht I], vso. Kol. 16 116
(30) Papyrus London BM EA 10567,
  Kol. 10–11 116
(31) Papyrus London BM EA 10752
  [= Papyrus Ramesseum C;
  Semna Despatch 3], Z. x+9–10.............. 117
(32) Papyrus London BM EA 10752
  [= Papyrus Ramesseum C;
  Semna Despatch 3], Z. x+12–13............ 118
(33) Papyrus London UC 32201
  [Griffith lot. VI.4; Illahun Papyrus],
  Z. 11–14.. 120
(34) Papyrus London UC 32106 A, G
  [Illahun Papyrus], Z. 1 121
(35) Papyrus Brooklyn 35.1446
  [Fragmente B+C], Z. 12–13 122
(36) Stele Kairo JE 30770, Z. 4–5 123
(37) Stele Kairo JE 30770, Z. 6–7 123
(38) Papyrus Liverpool „Robert Mond 2",
  Z. 23–24.. 124

(39) Papyrus London BM EA 10102
[Korrespondenz Ahmose Penjati],
Z. 1–2 124
(40) Papyrus London BM EA 10102
[Korrespondenz Ahmose Penjati],
Z. 7–14 125
(41) Ostrakon Oxford oAshmolean 0362
[= oGardiner 362], Z. 3 127
(42) Ostrakon Oxford oAshmolean 0362
[= oGardiner 362], Z. 5 127
(43) Papyrus London UC 32202
[Griffith lot. VI.6; Illahun Papyrus]
Kol. 2–3 129
(44) Papyrus London BM EA 10248
[= pAnastasi 8+9], Kol. 2, Z. 5 130
(45) (= Bsp. (10)) Grab Qubbet el-Hawa
A 8/QH 34n [= Grab Assuan 34n],
Inschriften Herchuf, Kol. 6–7 132
(46) Papyrus Kairo CG 58055/ JE 32881
Z. 6 132
(47) Papyrus Alnwick/Durham
„Northumberland I", vso. Z. 6–7 133
(48) Papyrus Kairo CG 58054/JE 32748
vso. Z. 10–11 133
(49) Papyrus Valençay 1, vso. Z. 2 134
(50) Grab Qubbet el-Hawa A 8/QH 34n
[= Grab Assuan 34n], Inschriften
Herchuf, Kol. 18–19 140
(51) Mastaba Giza G2370, Inschriften
Senedjemib, 1. Brief, Kol. 3 141
(52) Leinentuch Kairo, CG 25975
[= Cairo Linen], Kol. 7 142
(53) Grab Qubbet el-Hawa A 8/QH 34n
[= Grab Assuan 34n], Inschriften
Herchuf, Kol. 13 142
(54) Papyrus Kairo CG 58043/JE 15000
[= pBoulaq 8], Kol. 9 143
(55) Grab Qubbet el-Hawa A 8/QH 34n
[= Grab Assuan 34n], Inschriften
Herchuf, Kol. 3 144
(56) Papyrus Turin 1973, Z. 5 144
(57) Papyrus Leiden I, 366, vso. Z. 1 144
(58) Papyrus London BM EA 10375, Z. 1 145
(59) Leinentuch Kairo CG 25975
[= Cairo Linen], Kol. 1 150
(60) Leinentuch Kairo CG 25975
[= Cairo Linen], Kol. 1 150
(61) Mastaba Saqqara LS16[S209],
Inschriften Raschepses, Z. 1 151
(62) Leinentuch Kairo CG 25975
[= Cairo Linen], Kol. 6 151

(63) Grab Qubbet el-Hawa A 8/
QH 34n [= Grab Assuan 34n],
Inschriften Herchuf, Kol. 12 151
(64) Leinentuch Kairo CG 25975
[= Cairo Linen], Kol. 4 152
(65) Grab Qubbet el-Hawa A 8/QH 34n
[= Grab Assuan 34n], Inschriften
Herchuf, Kol. 19 152
(66) Leinentuch Kairo CG 25975
[= Cairo Linen], Kol. 12 152
(67) Papyrus Turin 1972, Z. 2 152
(68) Papyrus Kairo CG 58057, Z. 1 153
(69) Papyrus London BM EA 10375,
vso. Z. 1 .... 153, 155
(70) Leinentuch Kairo CG 25975
[= Cairo Linen], Kol. 3–4 153
(71) Gefäß London UC 16163
[= Qaw Bowl], innen, Z. 2 153
(72) Mastaba Saqqara LS16[S209],
Inschriften Raschepses, Kol. 7–10 154
(73) Papyrus Kairo ESP A–E
[= pCairo A–E], Dokument B,
Z. 23 (B.7) 155
(74) (= Beispiel (69)) Papyrus London
BM EA 10375, vso. Z. 1 .... 153, 155
(75) Papyrus Kairo ESP A–E,
Dokument C, Z. 48 (C.11) 156
(76) Papyrus Turin 1973, Z. 2–3 156
(77) Papyrus London BM EA 10326, Z. 3 156
(78) Papyrus Turin 1972, Z. 2 156
(79) Papyrus Turin 1974 + 1945, Z. 1 157
(80) Papyrus Paris BN 197,2, Z. 4 157
(81) Grab Qubbet el-Hawa A 8/QH 34n
[= Grab Assuan 34n], Inschriften
Herchuf (6. Dynastie), Kol. 6 158
(82) Grab Qubbet el-Hawa A 8/QH 34n
[= Grab Assuan 34n], Inschriften
Herchuf, Kol. 11 158
(83) Papyrus Kairo CG 58043/JE 15000
[= pBoulaq 8] (6. Dynastie, Pepi I.),
Kol. 7 158
(84) Papyrus Kopenhagen P. Haun
Inv.Nr. Hier. 1, Kol. x+2 159
(85) Papyrus London BM EA 10752
[= Papyrus Ramesseum C; Semna
Despatch 5], Z. x+10 159
(86) Papyrus London BM EA 10102,
vso. Z. 6 159
(87) Papyrus Valençay 2, Z. 6 159
(88) Papyrus Genf MAH D192, Z. 7 160